U0534973

宋明理学中的荀学文献集成

朱锋刚 编著

中国社会科学出版社

图书在版编目(CIP)数据

宋明理学中的荀学文献集成 / 朱锋刚编著. — 北京：中国社会科学出版社，2024.7
ISBN 978-7-5227-3632-7

Ⅰ.①宋… Ⅱ.①朱… Ⅲ.①荀况(前313-前238)—哲学思想—研究 Ⅳ.①B222.65

中国国家版本馆 CIP 数据核字(2024)第 110699 号

出 版 人	赵剑英	
责任编辑	韩国茹	
责任校对	张爱华	
责任印制	张雪娇	

出　　版	中国社会科学出版社	
社　　址	北京鼓楼西大街甲 158 号	
邮　　编	100720	
网　　址	http://www.csspw.cn	
发 行 部	010-84083685	
门 市 部	010-84029450	
经　　销	新华书店及其他书店	
印　　刷	北京君升印刷有限公司	
装　　订	廊坊市广阳区广增装订厂	
版　　次	2024 年 7 月第 1 版	
印　　次	2024 年 7 月第 1 次印刷	
开　　本	710×1000　1/16	
印　　张	30.75	
插　　页	2	
字　　数	504 千字	
定　　价	188.00 元	

凡购买中国社会科学出版社图书，如有质量问题请与本社营销中心联系调换
电话：010-84083683
版权所有　侵权必究

目 录

文献编纂整理情况说明 …………………………………… 1

孙　复 ………………………………………………………… 1
胡　瑗 ………………………………………………………… 3
梅尧臣 ………………………………………………………… 4
石　介 ………………………………………………………… 5
欧阳修 ………………………………………………………… 7
张方平 ………………………………………………………… 13
韩　琦 ………………………………………………………… 16
李　觏 ………………………………………………………… 18
苏　洵 ………………………………………………………… 22
祖无择 ………………………………………………………… 23
蔡　襄 ………………………………………………………… 23
邵　雍 ………………………………………………………… 24
陈　襄 ………………………………………………………… 25
韩　维 ………………………………………………………… 28
刘　敞 ………………………………………………………… 29
曾　巩 ………………………………………………………… 33
司马光 ………………………………………………………… 35
张　载 ………………………………………………………… 42
王安石 ………………………………………………………… 43
刘　攽 ………………………………………………………… 49

徐　　积	50
孙　　觉	53
吕　　陶	54
程　颢　程　颐	57
吕希哲	62
苏　　轼	63
苏　　辙	70
耿南仲	70
孔文仲	73
范祖禹	75
吕大临	78
陆　　佃	79
王　　雱	85
孔平仲	85
黄　　裳	86
秦　　观	88
李　　复	89
张舜民	90
陈师道	90
晁补之	92
游　　酢	97
邵伯温	98
晁说之	99
邹　　浩	104
萧　　楚	107
饶　　节	108
周行己	108
陈　　渊	109
刘安节	110
尹　　焞	112
许景衡	112

罗从彦	113
朱　震	113
谢　薖	115
李昭玘	115
胡安国	116
王昭禹	116
叶梦得	121
张九成	121
朱　松	123
张　浚	123
胡　寅	124
冯时行	126
刘子翚	126
范　浚	127
胡　宏	129
胡　铨	131
倪　朴	132
史　浩	132
陈长方	133
王十朋	134
林光朝	139
汪应辰	140
程　迥	141
韩元吉	141
陆　游	144
周必大	144
杨万里	147
朱　熹	151
陈　埴	208
刘清之	208
薛季宣	209

唐仲友	211
吕祖谦	212
陈傅良	213
陆九渊	215
赵汝愚	219
杨　简	225
袁　甫	226
陈　亮	226
刘　爚	228
袁　燮	229
叶　适	231
黄　榦	241
项安世	241
周　南	243
陈　淳	244
韩　淲	248
赵秉文	248
张　洽	252
吴仁杰	252
李如圭	254
吕乔年	256
孙应时	256
程公说	257
洪咨夔	257
真德秀	258
魏了翁	276
陈耆卿	277
杜　范	278
王　迈	279
赵汝腾	279
刘克庄	280

蔡　模	281
林希逸	283
王　柏	285
陈大猷	287
吴子良	287
汤　汉	288
车若水	289
许　衡	290
黄　震	290
陈　著	298
赵顺孙	299
许月卿	303
方逢辰	303
郝　经	305
吕大圭	309
黄仲元	310
刘辰翁	311
金履祥	312
陈文蔚	317
史绳祖	318
刘　炎	319
姚　燧	320
戴表元	321
熊　禾	322
胡一桂	323
熊朋来	324
刘　荀	324
吴　澄	326
胡炳文	328
陈　栎	330
同　恕	332

马端临	332
袁 桷	351
唐 元	352
柳 贯	352
虞 集	353
程端学	354
陈 旅	355
苏天爵	356
吴 莱	357
贡师泰	360
史伯璿	360
张以宁	361
汪克宽	362
王充耘	363
熊良辅	363
陈 基	364
戴 良	365
赵 汸	366
李 简	367
王天与	367
董 鼎	368
陈 樫	369
董真卿	369
陈师凯	370
徐 硕	371
张九韶	372
胡 翰	373
宋 濂	373
朱 右	378
徐一夔	378
王 袆	379

苏伯衡	382
赵㧑谦	383
方孝孺	384
曹　端	389
薛　瑄	390
邱　濬	393
陈献章	402
周　瑛	403
胡居仁	404
张　吉	406
蔡　清	406
邹　智	409
夏尚朴	409
湛若水	410
王守仁	411
韩邦奇	412
季　本	414
邹守益	415
欧阳南野	416
胡　直	417
章　潢	422
焦　竑	430
潘士藻	431
顾允成	432
冯从吾	432
高攀龙	434
刘宗周	435
孙奇逢	439
黄宗羲	439
王船山	472

文献编纂整理情况说明

　　本文献集成在整理过程中共搜集过该时期 400 余位思想家的相关文献，共辑录从宋初三先生到黄宗羲、王夫之等此期儒学主要流派 200 余位思想家引论荀学的相关文献。其中，有半数思想家显性层面只字未提荀学，由此也可知该时期思想家们对待荀学的整体态度或学术倾向。与宋（元）时期相比较，明代思想家谈论荀学的人数明显减少，且整体上评价呈现下降趋势。性恶、非孟、与法家（李斯）的关系是被讨论较多的问题，但因其他议题都较分散，若按照主题归类的话，整个篇幅结构明显不均衡，且有的文献无法归类。因此文献整理大体上以思想家生卒时间先后排序，从出场次第我们多少可直观地感受到荀学地位的愈趋式微及在此基调下讨论荀学问题时呈现的复杂性。相较孟子学，宋明理学讨论荀学的相关文献整体上少且过于零散，不少重要思想家正面谈及荀子的文献甚少，如张载、邵雍等，有的甚至根本未曾提及，如周敦颐等。故凡是没有明确提及或引论荀子的思想家都无法在文献目录中体现，却已经表明了他们对待荀学的态度。他们选择不谈荀学的态度及其与荀学的内在思想关系有待今后进一步深入挖掘。所收集文献大体上分为四种：一、专论荀子类，如苏轼、王安石、叶适、方孝孺等人有此类论述，但所占比重小。二、引用《荀子》来评议荀子（学）得失或佐证某个观点。三、在开展问题叙述时将荀子作为儒学史上的重要人物予以整体性评判，但不涉及《荀子》文本。四、考订名物、制度等时引证《荀子》相关文献。大多数文献都比较细碎，选取时尽可能兼顾篇幅并考虑作者所讨论问题语境的完整呈现。

　　文献整理所涉及的思想人物既包括了如程颢、程颐、朱熹、陆九渊、王阳明、湛甘泉等理学代表人物，同时还尽可能搜集与之相关的人物包括门生弟子、思想好友、思想对手（如王安石），以及与其时空上有交集的其他儒家流派（如司马光）等。上述考虑的初衷是基于尽量将理学内部的复杂性及相涉学术论域努力完整呈现。因此，本文献集成使用"思想家"而非"理学家"一词来指称所涉相关人物。学界关于相关思想家已有的文集或全集的古籍整理著作，为课题组开展工作提供了很大的支持和帮助，难以一一具名，在此一并特别感谢。为了便于读者查阅引用，部分文献标注了如《理学丛书》《全集》等现代古籍整理出版的相关引用信息。其中，部分词句的句读会因理解有别而略有不同，若有错讹由编纂者负责。另外，编纂者基本上标注了思想家们引述《荀子》文献的出处，还借鉴学界成果进行了相应注释，以便读者了解相关的文义。另外，引证同一本书时，只在第一次标注完整的版本（出版）信息，后面再出现的话只标注作者、书名、卷数或页码，版本（出版社及年份）信息省略，不再逐一标注。

文献搜集整理工作期待完满却难有止境，编纂者翻检了大量文献，勉力去做，鉴于所涉人物过多，难言有边际，肯定会有遗漏。学无止境，希望在后续的进一步研究中逐步完善。编纂者期望通过整理、集成较为完备的相关文献，为学界该领域的研究者或兴趣爱好者提供文献支撑，为学界推进相关问题的深入研究贡献绵薄之力。

孙　复

孙复（992—1057），字明复，号富春，北宋晋州平阳人。与胡瑗、石介并称"宋初三先生"。著有《春秋尊王发微》等。

1. 董仲舒论

孔子而下，至西汉间，世称大儒者，或曰：孟轲氏、荀卿氏、扬雄氏而已，以其立言垂范、明道救时、功丰德巨也。至于董仲舒，则忽焉而不举，此非明有所未至，识有所未周乎？何哉？昔者秦灭群圣之言，欲愚四海也。盖天夺之，鉴以授于汉，故生仲舒于孝武之世焉。于时大教颓缺，学者疏阔，莫明大端。仲舒煜然奋起，首能发圣道之本根，新孝武之耳目，上自二帝，下迄三代，其化基治具咸得之于心，而笔之于书，将以缉乾纲之绝纽，辟王道之梗涂矣。故其对策推明孔氏，抑黜百家。凡诸不在六艺之科、孔子之术者，皆绝其道，勿使并进，息灭邪说，斯可谓尽心于圣人之道者也。噫！暴秦之后，圣人之道晦矣。晦而复明者，仲舒之力也。彼孟轲、荀卿当战国之际，虽则诸子纷乱，然去圣未远，先王之典经尽在。扬雄处新室之间，虽则大祸是惧。然汉有天下滋久，讲求典礼，抑亦云备。故其微言大法盛于闻见，揭而行之，张以为教，易尔。若仲舒燔灭之余，典经已坏，其微言大法希于闻见，探而索之，驾以为说，不其难哉？况乎暴秦之祸，甚于战国之乱与新室之惧耶，然四子之道一也。使易地而处，则皆然矣。①

2. 上孔给事书

所谓夫子之道者，治天下、经国家大中之道也。其道基于伏羲，渐于神农，著于黄帝、尧、舜，章于禹、汤、文、武、周公。然伏羲而下，创制立度或略或繁，我圣师夫子从而益之、损之，俾协厥中，笔为六经。由是治天下、经国家大中之道焕然而备，此夫子所谓大也，其出乎伏羲、神农、黄帝、

---

① （宋）孙复：《孙明复小集》，清钞徐坊校跋本，宋集珍本丛刊，第8—9页。

尧、舜、禹、汤、文、武、周公也远矣。

噫！自夫子殁，诸儒学其道，得其门而入者鲜矣，惟孟轲氏、荀卿氏、扬雄氏、王通氏、韩愈氏而已。彼五贤者天俾夹辅于夫子者也。天又以代有空阔诞谩、奇崄淫丽、谲怪之说乱我夫子之道，故不并生之。一贤殁，一贤出，羽之翼之，垂诸无穷，此天之意也，亦甚明矣。不然，则战国迫于李唐，空阔诞谩、奇崄淫丽、谲怪之说乱我夫子之道者数矣，非一贤殁，一贤出，羽之翼之，则晦且坠矣。既晦且坠，则天下夷狄矣，斯民鸟兽矣。由是言之，则五贤之烈大矣。后之人不以夫子之道为心则已，若以为心，则五贤之烈其可忽乎哉。

近得友人石介书，盛称执事于圣祖家庙中，构五贤之堂像而祠之，且曰孔侯之心至矣。吾辈不是之而将何之也？复闻之，跃然而起，大呼张洞、李蕴，曰：昔夫子之道得五贤而益尊，今五贤之烈由龙图①而愈明。龙图公，圣人之后也，为宋巨贤，宜乎尽心于此矣。龙图公其不尽心，则孰尽心哉？国朝自柳仲涂开、王元之禹偁、孙汉公何、种明逸放、张晦之景②既往，虽来者纷纷，鲜克有议于斯文者，诚可悲也。斯文之下，衰也久矣。俾天下皆如龙图构五贤之堂像而祠之，则斯文其有不兴乎？吾辈得不奔走于墙藩之下，一拜龙图公之贤哉，又且贺斯文将复也。接之、拒之，惟执事之命。③

3. 信道堂记

圣贤之迹，无进也，无退也，无毁也，无誉也，唯道所在而已。用之则行，舍之则藏。孰为进哉？孰为退哉？考诸三王而不谬，建诸天地而不悖，质诸鬼神而无疑者，百世以俟圣人而不惑。孰为毁哉？孰为誉哉？吾之所为道者，尧、舜、禹、汤、文、武、周公、孔子之道也，孟轲、荀卿、扬雄、王通、韩愈之道也。吾学尧、舜、禹、汤、文、武、周公、孔子、孟轲、荀卿、扬雄、王通、韩愈之道三十年，处乎今之世，故不知进之所以为进也，

---

① 孔道辅（987—1040），孔子第四十五代孙，曾在孔庙西侧建立五贤祠，撰写《五贤堂记》。曾任龙图阁待制、龙图阁直学士。请孙复撰写过《兖州邹县建孟庙记》。

② 柳仲涂（946—999）：柳开，字仲涂，宋代文学家，著有《河东集》。王禹偁（954—1001），字元之，宋代诗人、散文家。孙何（961—1004），字汉公，著有《驳史通》。种放（955—1015），字明逸，道士、易学家。张景（970—1018），字晦之，与柳开交游。柳开等对北宋儒学复兴运动有着不容忽视的影响。参见陈来等《中国儒学史》（宋元卷），北京大学出版社 2011 年版。

③ （宋）孙复：《孙明复小集》，第 26—27 页。

退之所以为退也，毁之所以为毁也，誉之所以为誉也。其进也，以吾尧、舜、禹、汤、文、武、周公、孔子、孟轲、荀卿、扬雄、王通、韩愈之道进也，于吾躬，何所进哉？其退也，以吾尧、舜、禹、汤、文、武、周公、孔子、孟轲、荀卿、扬雄、王通、韩愈之道退也，于吾躬，何所退哉？其见毁也，以吾尧、舜、禹、汤、文、武、周公、孔子、孟轲、荀卿、扬雄、王通、韩愈之道见毁也，于吾躬，何所毁哉？其获誉也，以吾尧、舜、禹、汤、文、武、周公、孔子、孟轲、荀卿、扬雄、王通、韩愈之道获誉也，于吾躬，何所誉哉？故曰：圣贤之迹，无进也，无退也，无毁也，无誉也，唯道所存而已。……景祐五年正月三日记①

4. 诗

论学

冥观天地何云为？茫茫万物争蕃滋。羽毛鳞介各异趣，披攘攫搏纷相随。人亦其间一物尔，饿食渴饮无休时。苟非道义充其腹，何异鸟兽安须眉。人生在学勤始至，不勤求至无由期。孟轲、荀卿、扬雄氏，当时未必皆生知。因其钻仰久不已，遂入圣域争先驰。既学便当穷远大，勿事声病淫哇辞。斯文下衰吁已久，勉思驾说扶颠危。击暗驰声明大道，身与姬孔为藩篱。是非丰杂若不学，慎无空使精神疲。②

胡　瑗

胡瑗（993—1059），字翼之，北宋泰州如皋人，世称安定先生。与孙复、石介并称"宋初三先生"。著有《春秋要义》等。

顺五行之性

木曰曲直，金曰从革，此亦自然之性也。木可揉而为曲直方负，故为之

---

① （宋）孙复：《孙明复小集》，第32页。
② （宋）孙复：《孙明复小集》，第38页。

相其方则中矩，负则中规，直则中矢，方则中舆，又负中轮，曲中钩，惟矫之何如尔。荀子曰：木之钩者，必将待檃栝矫，然后直。又曰：木直中绳，揉以为轮，其曲中规，虽有槁暴，不复挺者，揉使之然也。① 是曲直者，木之性也。人君顺五行之性，修其木德，营建宫室，不夺农时，斧斤以时入山林，材木不可胜用。若是，则木顺其曲直矣。若用民力夺农时，斩不时之材，供非度之用，如此，则木不曲直矣。从革者，以金性虽至刚，方随鼓铸而变，故镕之则流形，范之则成器，利可以为剑戟，锐可以为戈矛，惟镕范之如何耳！故董仲舒曰：金之在镕，惟冶者之所铸，② 故能变革者，岂非金之性哉？故人君能顺五行之性，而修其金德，兵兴以法，师出以时，持旌仗，临战誓士，足以抗威武而诛叛逆，此之谓金从革矣，则如周有牧野之命，汤有南巢之兵是也。若其师出逾时，兵兴无法，好攻战之事，轻百姓之命，以致杀人满野，伤人盈城，如此则金不从革矣。故古之秦皇黩武、汉之孝武穷兵是也。③

梅尧臣

梅尧臣（1002—1060），字圣俞，世称宛陵先生，北宋宣州宣城人。著有《宛陵集》等。

送曾子固、苏轼

屈宋出于楚，王马出于蜀。荀、扬亦二国，自接大儒躅。各去百数年，高下非近局。钩陈豹尾科，登俊何炳缛。楚蜀得曾、苏，超然皆绝足。父子兄弟间，光辉自联属。古何相辽阔，今何相迩续。朝廷有巨公，讲索无遗录。正如唐虞时，元凯同启沃④。何言五百载，此论不可告。二君从兹归，名价同惊俗。⑤

---

① 《荀子·劝学》。
② 《汉书·董仲舒传》。
③ （宋）胡瑗：《洪范口义》（卷上），《钦定四库全书》，经部二，书类。
④ 元凯：八元八凯简称。泛指贤臣、才士。启沃，典出《尚书》："若岁大旱，用汝作霖雨。启乃心，沃朕心。"后用"启沃"指竭诚开导、辅佐君王。
⑤ （宋）梅尧臣：《宛陵集》（卷五十三），《钦定四库全书》，集部三，别集类二。

石 介

石介（1005—1045），字守道，小字公操，北宋兖州奉符县人，号徂徕先生，与孙复、胡瑗并称"宋初三先生"。著有《徂徕集》。

1. 荀况或言兵，杜牧曾深考。纵横文武术，难以寻常较。①
2. 堂堂高夫子，立言肩荀扬。②
3. 君为儒者岂知兵，何事欣随璧马行。裴度樽前坐韩愈，赵成账下立荀卿。③
4. 道视荀扬虽未至，分於管鲍已知深。④
5. 噫！孟轲氏、荀况氏、扬雄氏、王通氏、韩愈氏五贤人，吏部为贤人之卓。不知更几千万亿年复有孔子，不知更几千数百年复有吏部。⑤
6. 道大坏，由一人存之；天下国家大乱，由一人扶之。周室衰，诸侯乱，道大坏也，孔子存之。孔子没，杨墨作，道大坏也，孟子存之；战国盛，仪秦起，道大坏也，荀况存之。⑥
7. 公仪、子望、明复皆宗周公、孔子。公仪有《常刑》三篇，子望有《辅弼明对》四十卷，明复有《春秋尊王发微》十七卷，皆荀卿之述作也。四人可谓魁贤大儒，相国俱收之，则相国之贤，视孟尝、平津远矣。⑦
8. 尧、舜、禹之道剥于癸，天授之汤、尧、舜、禹之道；复汤之道剥于辛，天授之文、武、周公、汤之道；复文、武、周公之道剥于幽、厉，天授之孔子，文、武、周公之道；复孔子之道始剥于杨、墨，中剥于庄、韩，又剥于秦、莽，又剥于晋宋、隋、梁、陈五代，终剥于佛老，天授之孟轲、荀卿、扬雄、王通、韩愈，孔子之道复。今斯文也，剥已极矣，而不复，天岂

---

① （宋）石介：《徂徕石先生文集》（卷二），陈植锷点校，中华书局1984年版，第18页。
② （宋）石介：《徂徕石先生文集》（卷三），第30页。
③ （宋）石介：《徂徕石先生文集》（卷四），第47页。
④ （宋）石介：《徂徕石先生文集》（卷四），第49页。
⑤ （宋）石介：《徂徕石先生文集》（卷七），第79页。
⑥ （宋）石介：《徂徕石先生文集》（卷八），第84页。
⑦ （宋）石介：《徂徕石先生文集》（卷九），第97页。

遂丧斯文哉！斯文丧，则尧、舜、禹、汤、周公、孔子之道不可见矣。嗟夫！小子不肖，然每至于斯，未尝不流涕横席，终夜不寝也。顾已无孟轲、荀卿、扬雄、文中子、吏部之力，不能亟复斯文，其心亦不敢须臾忘。此惟执事怜之。①

9. 且夫书乃六艺之一耳，善如钟、王，妙如虞、柳，在人君左右供奉图写而已，近乎执技以事上者与。夫皋陶前而伯禹后，周公左而召公右，谟明弼谐，坐而论道者，不亦远哉！古之圣人大儒，有周公，有孔子，有孟轲，有荀卿，有扬雄，有文中子，有吏部。古之忠弼良臣，有皋陶，有伊尹，有萧、张，有房、魏，皆不闻善于书。数千百年间，独钟、王、虞、柳辈以书垂名。今视钟、王、虞、柳，其道其德孰与荀、孟诸儒，皋、夔众臣胜哉！夫治世者道，书以传圣人之道者已。能传圣人之道足矣，奚必古有法乎？今有师乎？②

10. 自周以上圣人，若伏羲、黄帝、尧、舜、禹、汤、文王、武王皆有天下，独孔子无位，身为旅人，聘七十国，卒不遇，乃遭厄陈、畏匡、削迹伐树之困。自周以下贤人，若孟轲，后车数十乘，从者数百人，以传食于诸侯。荀况，三为祭酒，再为兰陵令。③

11. 孔子下千有余年，能举之者孟轲氏、荀卿氏、扬雄氏、文中子、吏部、崇仪而已，岂一毫发一缕丝力所能维持之哉？故常思得如孟轲、荀、扬、文中子、吏部、崇仪者，推为宗主，使主盟于上，以恢张斯文。而不知有盟主在目前，乃汲汲焉狂奔浪走数千里外，而访寻之未得，且临餐忘食，中夜泣下，谓斯文必坠，不能使圣人之道大开通而无榛塞也。……噫！孟轲、荀卿、扬雄、文中子、吏部能得圣人之道，止能维持之而不绝乎地。时无君，己无位，何尝施其道一二于斯民哉？岂若状元，亲得赫赫圣天子，复旦暮当宰理天下，则又能施其道于吾君，致吾君卓然在乎三五之上。施其道于斯民，薰然游乎至和之中。呜呼！物极则反。斯文之弊极矣，非陛下聪明神圣如尧、舜，如禹、汤，非状元恢闳伟杰如荀、孟，如韩、柳，斯文不复矣。④

12. 孔子，圣人也。以圣人而历聘于七十国之君与其大夫，无一人能知孔

---

① （宋）石介：《徂徕石先生文集》（卷十二），第141页。
② （宋）石介：《徂徕石先生文集》（卷十五），第176页。
③ （宋）石介：《徂徕石先生文集》（卷十五），第179页。
④ （宋）石介：《徂徕石先生文集》（卷十五），第180—181页。

子之圣者。孟轲、荀卿,圣人之徒也。以圣人之徒,游说于当时,卒亦不遇。而况当孔子、孟轲、荀卿之时,列国各自为政,能用一贤人,则强于邻国,伯于诸侯。如孔子,用则又岂至是而已哉!用圣人之徒,利于其国,若是而皆忽焉不用。今夫政一出于朝廷,州郡守天子土地,养天子民人,执天子教条,畏天子法令,功赏刑罚大小归诸天子,毫发不敢有诸己,虽其国有如孔子、孟子、荀卿之徒,于我何利焉?况孔子、孟子、荀卿之徒,旷几千百年而后有一人生。而今之州郡,礼布衣,下白屋,虚怀劳已,吐哺握发,孜孜不怠昼夜。且古之列国,用一贤人则强国、伯诸侯,今得一贤士无分寸利于其国,又况万无孔子、孟、荀之徒接引如是之劳,礼貌如是之隆。推是而言,贤于古人列国远矣。……生乱世为圣人,不若为庸人之生治世也。①

13. 孟、荀、扬、文中子、吏部,勉而为中,制而为法,思之而至也。至者,至于中也,至于法也。至于中,至于法,则至于孔子也。至于孔子而为极矣,其不至焉者,识杂之也,甚者为杨、墨,为老、庄,为申、韩,为鬼、佛。②

14. 三才五常为根柢,不亦坚乎?尧、舜、禹、汤为枝干不亦茂乎?……孟、荀、扬、韩为流派不亦远乎?③

欧阳修

欧阳修(1007—1072),字永叔,号醉翁,晚号六一居士,北宋吉州庐陵永丰人,世称欧阳文忠公。曾主修《新唐书》,撰有《新五代史》。有《欧阳文忠公集》传世。

1. 青松赠林子国华

青松生而直,绳墨易为功。良玉有天质,少加磨与砻。子诚怀美材,但

---

① (宋)石介:《徂徕石先生文集》(卷十六),第193—194页。
② (宋)石介:《徂徕石先生文集》(卷十八),第213页。
③ (宋)石介:《徂徕石先生文集》(卷十九),第221页。

未遭良工。养育既坚好，英华充厥中。于谁以成之，孟韩荀暨雄。①

2. 本论下

昔荀卿子之说，以为人性本恶，著书一篇以持其论。予始爱之，及见世人之归佛者，然后知荀卿之说谬焉甚矣。人之性善也！彼为佛者，弃其父子，绝其夫妇，于人之性甚戾，又有蚕食虫蠹之弊，然而民皆相率而归焉者，以佛有为善之说故也。呜呼！诚使吾民晓然知礼义之为善，则安知不相率而从哉？奈何教之谕之之不至也？②

3. 襄州谷城县夫子庙碑记

《记》曰："释奠必有合，有国故则否。"谓凡有国，各自祭其先圣、先师，若唐虞之夔、伯夷，周之周公，鲁之孔子。其国之无焉者，则必合于邻国而祭之。然自孔子殁，后之学者莫不宗焉，故天下皆尊以为先圣，而后世无以易。学校废久矣，学者莫知所师，又取孔子门人之高弟曰颜回者而配焉，以为先师。隋、唐之际，天下州县皆立学，置学官、生员，而释奠之礼遂以著令③。其后州县学废，而释奠之礼，吏以其著令，故得不废。学废矣，无所从祭，则皆庙而祭之。荀卿子曰：仲尼，圣人之不得势者也。④ 然使其得势，则为尧、舜矣。不幸无时而殁，特以学者之故，享弟子春秋之礼。而后之人不推所谓释奠者，徒见官为立祠而州县莫不祭之，则以为夫子之尊由此为盛。⑤

4. 郑荀改名序

三代之衰，学废而道不明，然后诸子出。自老子厌周之乱，用其小见，以为圣人之术止于此，始非仁义而诋圣智。诸子因之，益得肆其异说。至于

---

① （宋）欧阳修：《欧阳修集》（卷四），《居士集》（卷四），《钦定四库全书》，集部四，别集类三。
② （宋）欧阳修：《欧阳修集》（卷十七），《居士集》（卷十七）。该条分别收录于（宋）真德秀《续文章正宗》（卷一），倪澄重编，（明）胡松增订，《钦定四库全书》，集部八，总集类。真德秀评述如下："愚谓公以世人之归佛而知荀卿性恶之说为非，其论美矣。至《与李诩书》其说乃如此，故附见焉。"（明）黄宗羲：《黄宗羲全集》（第三册），《宋元学案》（卷一）《庐陵学案》（卷四）（欧阳修）《文集》，浙江古籍出版社2005年版，第258—260页。
③ 著令：书面写定的规章制度。
④ 《荀子·非十二子》。
⑤ （宋）欧阳修：《欧阳修集》（卷三十九），《居士集》（卷三十九）。

战国，荡而不反，然后山渊、齐秦、坚白异同之论兴，圣人之学几乎其息。最后荀卿子独用《诗》《书》之言，贬异扶正，著书以非诸子，尤以劝学为急。荀卿，楚人。尝以学干诸侯，不用，退老兰陵，楚人尊之。及战国平，三代《诗》《书》未尽出，汉诸大儒贾生、司马迁之徒莫不尽用荀卿子，盖其为说最近于圣人而然也。

荥阳郑昊，少为诗赋。举进士，已中第，遂弃之曰："此不足学也。"始从先生、长者学问，慨然有好古不及之意。郑君年尚少，而性淳明，辅以强力之志，得其是者而师焉，无不至也。将更其名，数以请，予使之自择，遂改曰荀。于是又见其志之果也。夫荀卿者，未尝亲见圣人，徒读其书而得之。然自子思、孟子已下，意皆轻之。使其与游、夏并进于孔子之门，吾不知其先后也。世之学者，苟如荀卿，可谓学矣，而又进焉，则孰能御哉！[①]

5. 韵总序

倕工于为弓而不能射，羿与逄蒙，天下之善射者也；奚仲工于为车而不能御，王良、造父，天下之善御者也。此荀卿子所谓"艺之至者不两能"[②]，信哉。儒者学乎圣人，圣人之道直以简。然至其曲而畅之，以通天下之理，以究阴阳、天地、人鬼、事物之变化。君臣、父子、吉凶、生死，凡人之大伦，则六经不能尽其说，而七十子与孟轲、荀、杨之徒各极其辩而莫能殚焉。夫以孔子之好学，而其所道者，自尧、舜而后则详之，其前盖略而弗道，其亦有所不暇者欤？儒之学者，信哉远且大而用功多，则其有所不暇者宜也。文字之为学，儒者之所用也。其为精也，有声形曲直毫厘之别，音响清浊相生之类，五方言语风俗之殊，故儒者莫暇精之。其有精者，则往往不能乎其他。是以学者莫肯舍其所事而尽心乎此，所谓不两能者也，必待乎用心专者而或能之，然后儒者有以取焉。[③]

6. 答吴充秀才书

昔孔子老而归鲁，六经之作，数年之顷尔。然读《易》者如无《春秋》，

[①] （宋）欧阳修：《欧阳修集》（卷四十四），《居士集》（卷四十四）。
[②] 《荀子·王制》。
[③] （宋）欧阳修：《欧阳修集》（卷四十二），《居士集》（卷四十二）。

读《书》者如无《诗》,何其用功少而至于至也!圣人之文虽不可及,然大抵道胜者文不难而自至也。故孟子皇皇不暇著书,荀卿盖亦晚而有作。若子云、仲淹,方勉焉以模言语,此道未足而强言者也。后之惑者,徒见前世之文传,以为学者文而已,故愈力愈勤而愈不至。此足下所谓终日不出于轩序,不能纵横高下皆如意者,道未足也。若道之充焉,虽行乎天地,入于渊泉,无不之也。

先辈之文浩乎霈然,可谓善矣。而又志于为道,犹自以为未广,若不止焉,孟、荀可至而不难也。修学道而不至者,然幸不甘于所悦而溺于所止,因吾子之能不自止,又以励修之少进焉。①

7. 答李诩第一书

夫自信笃者,无所待于人;有质于人者,自疑者也。今吾子自谓"夫子与孟、荀、扬、韩复生,不能夺吾言",其可谓自信不疑者矣,而返以质于修。使修有过于夫子者,乃可为吾子辩,况修未及孟、荀、扬、韩之一二也。修非知道者,好学而未至者也。②

8. 答李诩第二书

前辱示书及《性诠》三篇,见吾子好学善辩,而文能尽其意之详。今世之言性者多矣,有所不及也,故思与吾子卒其说。

修患世之学者多言性,故常为说曰:"夫性,非学者之所急,而圣人之所罕言也。"《易》六十四卦不言性,其言者动静、得失、吉凶之常理也;《春秋》二百四十二年不言性,其言者善恶、是非之实录也;《诗》三百五篇不言性,其言者政教兴衰之美刺也;《书》五十九篇不言性,其言者尧、舜、三代之治乱也;《礼》《乐》之书虽不完,而杂出于诸儒之记,然其大要,治国修身之法也。六经之所载,皆人事之切于世者,是以言之甚详。至于性也,百不一二言之,或因言而及焉,非为性而言也,故虽言而不究。

予之所谓不言者,非谓绝而无言,盖其言者鲜,而又不主于性而言也。《论语》所载七十二子之问于孔子者,问孝、问忠、问仁义、问礼乐、问修身、问为政、问朋友、问鬼神者有矣,未尝有问性者。孔子之告其弟子者,凡数千

---

① (宋)欧阳修:《欧阳修集》(卷四十七),《居士集》(卷四十七)。
② (宋)欧阳修:《欧阳修集》(卷四十七),《居士集》(卷四十七)。

言，其及于性者一言而已。予故曰："非学者之所急，而圣人之罕言也。"

《书》曰"习与性成"，《语》曰"性相近，习相远"者，戒人慎所习而言也。《中庸》曰"天命之谓性，率性之谓道"者，明性无常，必有以率之也。《乐记》亦曰"感物而动，性之欲"者，明物之感人无不至也。然终不言性果善、果恶，但戒人慎所习与所感，而勤其所以率之者尔。予故曰"因言以及之，而不究也。"

修少好学，知学之难。凡所谓六经之所载，七十二子之所问者，学之终身，有不能达者矣；于其所达，行之终身，有不能至者矣。……

或有问曰：性果不足学乎？予曰：性者，与身俱生，而人之所皆有也。为君子者，修身治人而已，性之善恶不必究也。使性果善邪，身不可以不修，人不可以不治；使性果恶邪，身不可以不修，人不可以不治。不修其身，虽君子而为小人，《书》曰"惟圣罔念作狂"是也；能修其身，虽小人而为君子，《书》曰"惟狂克念作圣"是也。治道备，人斯为善矣，《书》曰"黎民于变时雍"是也；治道失，人斯为恶矣，《书》曰"殷顽民"，又曰"旧染污俗"是也。故为君子者，以修身治人为急，而不穷性以为言。夫七十二子之不问，六经之不主言，或虽言而不究，岂略之哉，盖有意也。

或又问曰：然则三子言性，过欤？曰：不过也。其不同何也？曰：始异而终同也。使孟子曰人性善矣，遂怠而不教，则是过也；使荀子曰人性恶矣，遂弃而不教，则是过也；使扬子曰人性混矣，遂肆而不教，则是过也。然三子者，或身奔走诸侯以行其道，或著书累千万言以告于后世，未尝不区区以仁义礼乐为急。盖其意以谓善者一日不教，则失而入于恶；恶者勤而教之，则可使至于善；混者驱而率之，则可使去恶而就善也。其说与《书》之"习与性成"，《语》之"性近习远"，《中庸》之"有以率之"，《乐记》之"慎物所感"皆合。夫三子者，推其言则殊，察其用心则一，故予以为推其言不过始异而终同也。凡论三子者，以予言而一之，则嗫嚅者可以息矣。①

9. 代人上王枢密求先集序书

某闻《传》曰："言之无文，行而不远。"君子之所学也，言以载事，而文以饰言，事信言文，乃能表见于后世。《诗》《书》《易》《春秋》，皆善载

---

① （宋）欧阳修：《欧阳修集》（卷四十七），《居士集》（卷四十七）。

事而尤文者，故其传尤远。荀卿、孟轲之徒亦善为言，然其道有至、有不至，故其书或传或不传，犹系于时之好恶而兴废之。其次楚有大夫者，善文其讴歌以传。汉之盛时，有贾谊、董仲舒、司马相如、扬雄，能文其文辞以传。由此以来，去圣益远，世益薄或衰，下迄周、隋，其间亦时时有善文其言以传者，然皆纷杂灭裂不纯信，故百不传一。幸而一传，传亦不显，不能若前数家之焯然暴见而大行也。甚矣，言之难行也！事信矣，须文；文至矣，又系其所恃之大小，以见其行远不远也。《书》载尧、舜，《诗》载商、周，《易》载九圣，《春秋》载文、武之法，《荀》《孟》二家载《诗》《书》《易》《春秋》者，楚之辞载《风》《雅》，汉之徒各载其时，主声名、文物之盛以为辞。后之学者荡然无所载，则其言之不纯信，其传之不久远，势使然也。……故其言之所载者大且文，则其传也章；言之所载者不文而又小，则其传也不章。

……夫文之行虽系其所载，犹有待焉。《诗》《书》《易》《春秋》，待仲尼之删正。荀、孟、屈原无所待，犹待其弟子而传焉。汉之徒，亦得其史臣之书。其始出也，或待其时之有名者而后发；其既殁也，或待其后之纪次者而传。其为之纪次也，非其门人故吏，则其亲戚朋友。①

10. 与谢景山书

与君谟往还书，不如此何以发明？然何必惧人之多见也？若欲炫长而耻短，则是有争心于其中，有争心则意不在于谋道也。荀卿曰"有争气者，不可与辩"②，此之谓也。③

11. 杂史类

然自司马迁之多闻，当其作《史记》，必上采《帝系》《世本》，旁及战国荀卿所录，以成其书，则诸家之说，可不备存乎？④

12. 儒家类

仲尼之业，垂之六经，其道闳博，君人、治物、百王之用，微是无以为

---

① （宋）欧阳修：《欧阳修集》（卷六十八），《居士外集》（卷十八）。
② 《荀子·劝学》。
③ （宋）欧阳修：《欧阳修集》（卷六十九），《居士外集》（卷十九）。
④ （宋）欧阳修：《欧阳修集》（卷一二四），《崇文总目叙释》。

法。故自孟轲、扬雄、荀卿之徒，又驾其说，扶而大之。历世诸子，转相祖述，自名一家，异端其言，或破碎于大道。然计其作者之意，要之孔氏，不有殊焉。①

张方平

张方平（1007—1091），字安道，号乐全居士，北宋应天府宋城人。著有《乐全集》。

1. 恩贷之罚

臣闻《洪范》三德平康正直，言用正直之德以治平康之世也。盖刚柔并用，威惠相济之谓正，直刚而不柔则非。绥怀之道，惠而罔威，则成姑息之弊。且子产有宽猛之说，而谓宽则使民易犯，不若猛以为政。荀卿有轻重之论，而谓轻则令人无畏，不若重之近理。夫子产，仁人。荀卿，正士。其言刑法乃后宽而尚猛，是重而非轻。彼岂乐苛惨而贵杀伐哉？诚审乎治法之宜尔也。②

2. 治乱刑重轻论

王者，法天之震曜杀戮，而为威狱刑罚；法天之生殖长养，而为温慈惠和，此德刑之本。然而刑罚世轻世重，惟齐非齐，故《周官》有三典之法，《吕刑》有五罚之用，随时立制，固不同道。而荀卿之言，犯治之刑固重，犯乱之刑固轻，其义何耶？请得论之。荀卿之发此论也，盖言象刑之事以为治，世不当有象刑尔，故其言曰：治古不用刑邪，是象刑固不用矣。治古犹有犯刑者耶，则是杀人者不死，伤人者不刑，乃非所以为治之道也。③愚以为象刑之说，固不可以为训。荀卿之言抑未足以折中，是皆过犹不及之辞也。治古

---

① （宋）欧阳修：《欧阳修集》（卷一二四），《崇文总目叙释》。
② （宋）张方平：《乐全集》（卷六），《钦定四库全书》，集部三，别集类二。
③ 《荀子·正论》。

之不当有象刑，则明矣。而荀卿以为"犯治之刑固重"①，亦不察矣。夫先王之致理也，议事以制，不为刑辟，惧民之有争心也，故礼以立其本，信以行其令，仁以全其恕，义以断其宜，训之以廉让，成之以节文。故为冠婚嘉事之制，以重其成人之礼；为之祭祀共养之道，以长其孝爱之心；为之贵贱、等级、采章、文物之数，以严其奉上之诚；为之聘享、宴好、揖让、登降之仪，以笃其交接之义；为之乡射、辞让之法，以序其恭睦之分；为之歌乐、仪节之则，以保其和易之性。是故君子无物而不在礼矣。有一不由此者且得谓之治世乎，犹惧民之未尽至于善也，故求圣哲之上明察之，官慈惠之，师忠信之，长以临牧之，以训导之。是故百姓无动而不遇于善矣。有一不由此者且得谓之治世乎？夫如是，又何重刑之有？故夏有乱政而作禹刑，商有乱政而作汤刑，周有乱政而作九刑，皆在叔世三辟之兴也，非治古之事也。《舜典》曰"象以典刑"，《益稷》曰皋陶"方施象刑，惟明"，皆为法象之意。……而荀卿先矫其说，抑未能折之以中，故不行于汉氏诸儒。故愚曰：二家之说过犹不及者也。其为是乎？②

3. 《中庸论》上篇

《中庸》曰："天命之谓性，率性之谓道，修道之谓教。"此圣人所以参天人之理，极性命之际，举大中之要，正教化之端者也。至于孟、荀、扬三子善恶之论，则其于《中庸》之教异矣。或问其说。对曰：三子之言性，一人之性也。中庸之为道，天下之化也。夫天下之人，虽风俗异宜，贤愚殊品，至于口之于味也，必同嗜焉；耳之于声也，必同乐焉；目之于色也，必同好焉。至于心，岂独不同乎？是故天下之心，所同贵者五常之道也。……人禀五行而生，含好恶之明，圣人因其性之所同贵者，于是推仁以广爱，制义以从宜，礼以正名，智以应变，信以著诚天下，以治彝伦，以叙而民。曾不知此本为己之性也，而归德于上者，以治乱有系也。且夫五方之民，夷貊之类，嗜欲相戾，言语不通，其性之不率教也。盖天地之气所肖偏者何则？文王作德，西戎为仁让之邦；箕子行化，东夷为礼义之国；幽厉淫虐，成康之俗以坏；桀纣暴酷，禹汤之民可诛。秦居镐京而戎政兴，子居九夷而夷不陋。被

---

① 《荀子·正论》。
② （宋）张方平：《乐全集》（卷十六）。

发而祭，伊川为陆浑①；椎髻既朝，瓯越②为汉郡。以是为言，民性何常哉？惟化之从也。……是故大化之行也，则天下之性如一人；大乱之作也，亦以一人之情变天下。愚故曰：中庸者，天下之化也；圣人所以极性命之理，而正教化之端者也。③

4. 应贤良方正能直言极谏科对制策一道

圣策曰：且道者，万世无弊，而前代有忠文相救之说法者。百王不易，而旧典著轻重异用之宜者。夫董生推道，盖探其本而言；荀卿论刑，盖有所激而发。彼三代之弊，虽有忠文相救之说，至于法天顺人之意，其可改乎？此则万世无弊之本也。彼治乱之世，虽有轻重、异用之宜，至于遏恶扶善之用，其可殊乎？此则百王不易之制也。④

5. 请节录《唐书·纪传》进御

荀子曰：圣王有百，吾孰法焉？欲观圣王之迹，则于其粲然者矣。禹汤有传政而不若周之察也。非无善政也，久故也。传者久则论略，近则论详当。今之世而君必谈尧舜，臣必称禹稷，是拘儒迂生之谈，非适时济用者也。⑤

6. 行状

荀卿曰：圣王有百，吾孰法焉？禹汤有传政而不若周之察也。唐室治乱于今最近，请节略《唐书·纪传》中事迹，今可施行。有益时政者，日录一两条上进，善者可以为准的，恶者可以为鉴戒。⑥

---

① 陆浑是西戎中一个比较强大的部落，是春秋中后期缓冲晋楚之间关系的小国。《左传·僖公二十二年》中提到："初平王之东迁也，辛有（周平王时大夫）适伊川，见披发而祭于野者，曰：'不及百年，此其戎乎！其礼先亡矣。'秋，秦、晋迁陆浑之戎于伊川。"

② 瓯越，是活动于中国东部沿海一带的古民族。作为地域名称，始见于《战国策·赵策》："断发文身，错臂左衽，瓯越之民也。"

③ （宋）张方平：《乐全集》（卷十七）。

④ （宋）张方平：《乐全集》（卷十八）。

⑤ （宋）张方平：《乐全集》（卷二十四）。

⑥ （宋）张方平：《乐全集》（附录）。

韩 琦

韩琦（1008—1075），字稚圭，自号赣叟，北宋相州安阳人。有《安阳集》等传世。

1. 策问

问：孔子没，能传其道者孟、荀、扬、王、韩五贤而已矣。其著书立言与六经相左右，执卷者皆知之矣。昌黎氏以谓"孟氏醇乎醇者也，荀与扬大醇而小疵"，后之学者从而是之。至于王氏，当隋季作《六经》①《中说》，以拯将坠之教。其门人之高第者皆为唐辅相而不能尊大师说，昌黎氏复无一言以称之，其于孔子之道有所未至者邪？文公去圣最远，卓然奋起，与四贤者并驱而争先，排斥佛老，而躬践其言，后世无加焉。五贤之事业于孔子之道固其先后，子大夫明乎先圣之术，愿次其优劣，著之于篇，毋让。②

2. 五贤赞（并序）

余既新夫子之宫，乃绘诸弟子，及左氏③而下释经诸儒于东西序，又图孟、荀、扬、王、韩五贤于书楼之北壁。遣人自国庠，得前人所撰孔子弟子暨释经诸儒之赞，署于其侧，独五贤者无赞焉。诸生欲其速备也，亟请鄙文以补之。余惜其缺，诺焉而不敢让。

荀 子

诸子之兴，实自周季。各持其言，求售于世。六国好权，遂甘其说。或嵬而师，或琐而位。吾道日昏，斯文将坠。时则荀卿，力攘众伪。述数万言，以见其志。区判儒墨，统维仁义。时或用焉，至王则易。文公之篇，论亦云

---

① 《六经》指王通所著的六部书：《续诗》《续书》《元经》《礼经》《乐论》《赞易》，唐时已全部失传。
② （宋）韩琦：《安阳集》（卷二十三），四一，《钦定四库全书》，集部三，别集二。
③ 指左丘明。

至。始考其辞，若不醇粹。及其要归，鲜与孔异。虽小疵焉，道则奚累。轲雄之间，在我无愧。

扬 子

书煨秦火，郁而未光。在汉之武，始焉表章。去圣云邈，微言孰详。人各名家，尚迷大方。及其季也，篆刻相攘。贤乎子云，翼然高翔。学通天地，道该帝皇。笔之于书，德音洋洋。周孔之法，弛而再张。鄙哉史坚，而不自量。非圣作经，引为谤伤。经者伊何，乃道之常。苟能明道，胡用不臧。岂比吴楚，僭号称王。一时之訾，万世之长。故嗣孔孟，曰荀曰扬。

文中子

炎刘既终，天下幅裂。扰焉及隋，人命将绝。时亦有文，甚乎剽窃。人不知非，万涂一辙。大道之郁，几乎息灭。伊我仲淹，独参圣哲。遭世未夷，教其可阙。乃举大法，备于《中说》。续彼《六经》，绍孔之烈。斯昔师荀，实相秦孽。叛师之言，儒坑书爇。胡为房魏，佐唐称杰。达不称师，惟德之劣。彼诚可罪，在我奚缺。荀之非孟，恣其毁喋。终孟之道，与孔并列。文公不言，是非孰别。学者之疑，兹焉可决。皮子之碑，司空之碣。恶可诬哉，万古昭晢。

文 公

有唐之隆，天下一宇。滞焉以兴，弊焉以补。独时之文，荡无所主。不沦沈谢，则入徐庾。其徒实繁，罔不自许。独吾文公，惟圣是矩。挺然一变，而至于古。道古之道，语古之语。学者靡然，始师而附。朱翟塞涂，繄孟之御。去圣匪遐，力则易举。炽哉佛老，乱我中土。驱彼世人，日陷邪蛊。作蠹千祀，其孰敢侮。独吾文公，既攻且拒。以身扞之，帝亦云忤。流离炎荒，道行躬苦。否则诸夏，化为夷虏。惟荀与扬，功实未伍。肩孟其谁，不曰吾祖。①

---

① （宋）韩琦：《安阳集》（卷二十三），六一、七一、八一。

李 觏

李觏（1009—1059），字泰伯，号盱江先生，北宋建昌军南城人。存有《直讲李先生文集》。

1. 《盱江集》原序

孔子没千有余祀，斯文衰敝。其间作者孟轲、荀卿、贾谊、董仲舒、扬雄、王通之徒，异代相望而不能兴衰救敝者，位不得而志不行也。苟得位以行其志，则三代之风吾知其必复。嗟乎！秦汉以来，礼乐则不为，而任刑以驱其民，将纳于治，适所以乱之也。①

2. 礼论第六

或曰：《乐记》曰："圣人作乐以应天，制礼以配地，礼乐明备，天地官矣。"又以天地卑高，动静方物，在天成象，在地成形，以为礼者，天地之别也。地气上齐，天气下降，阴阳相摩，天地相荡，雷霆风雨，四时日月，百化之兴，以为乐者，天地之和也。由此观之，则礼乐之比隆竞大，盖已著矣。而吾子统之于礼，益有疑焉？

曰：彼以礼为辨异，乐为统同，推其象类，以极于天地之间，非能本礼乐之所出者也。礼也者，岂止于辨异而已哉？乐也者，岂止于统同而已哉？是皆见其一而忘其二者也。

曰：古之言礼乐者，必穷乎天地阴阳，今吾子之论，何其小也？

曰：天地阴阳者，礼乐之象也。人事者，礼乐之实也。言其象，止于尊大其教；言其实，足以轨范于人。前世之言教道者众矣，例多阔大，其意汪洋，其文以旧说为陈熟，以虚辞为微妙，出入混沌，上下鬼神，使学者观之耳目惊眩，不知其所取，是亦教人者之罪也。

或问：孟子曰："恻隐之心，人皆有之；羞恶之心，人皆有之；辞让之

---

① （宋）李觏：《李觏集》，王国轩点校，中华书局2011年版，"直讲李先生文集序"第1页。

心，人皆有之；是非之心，人皆有之。恻隐之心，仁之端也；羞恶之心，义之端也；辞让之心，礼之端也；是非之心，智之端也。"孟子既言人皆有仁义之性，而吾子之论独谓圣人有之，何如？

曰：孟子以为人之性皆善，故有是言耳。古之言性者四：孟子谓之皆善，荀卿谓之皆恶，扬雄谓之善恶混，韩退之谓性之品三：上焉者，善也；中焉者，善恶混也；下焉者，恶而已矣。今观退之之辩，诚为得也，孟子岂能专之？

曰：性之说既尽之矣，然其以礼与仁、义、智并列，何如？

曰：是皆据世俗而言，不及为之统率耳。辞让者，义之一节也。又淳于髡问曰："男女授受不亲，礼也。嫂溺则援之以手乎？"孟子曰："嫂溺不援，是豺狼也。男女授受不亲，礼也；嫂溺援之以手，权也。"夫权，智之动，义之会也。详孟子此言，则义而智者，不在先王之礼欤？

曰：孟子据所闻为礼，以己意为权，而不谓先王之礼，固有其权也。自今言之，则必曰男女授受不亲，礼也。嫂溺援之以手，亦礼也。《丧服四制》曰："父在，为母齐衰期者，见无二尊也。""百官备，百物具，不言而事行者，扶而起；言而后事行者，杖而起；身自执事而后行者，面垢而已。秃者不髽，伛者不袒，跛者不踊，老病不止酒肉。凡此八者，以权制者也。"若是，则先王之礼岂无权乎？然其上文则曰："恩者，仁也；理者，义也；节者，礼也；权者，智也。"于此则是言之者惑矣。其所谓恩者，为父斩衰三年也；所谓理者，为君亦斩衰三年也。若兹二服与父在为母齐衰、扶杖、面垢、不髽、不袒、不踊、不止酒肉之事，非礼何以著？自今言之，则必总四制以为礼，而分仁、义、智于其间可也。①

3. 官人第六

《大司徒》："凡建邦国，以土圭土其地而制其域。诸公之地，封疆方五百里，其食者半。诸侯之地，封疆方四百里，其食者参之一。诸伯之地，封疆方三百里，其食者参之一。诸子之地，封疆方二百里，其食者四之一。"② 诸男之地，封疆方百里，其食者四之一。大哉！封建之礼！此周之所以本支百

---

① （宋）李觏：《李觏集》（卷二），第18—19页。
② 《周礼·地官司徒》。

世乎？荀卿有言："兼制天下，立七十一国，姬姓独居五十三人，而天下不称偏焉。"① 富辰曰："昔周公吊二叔之不咸，故封建亲戚以蕃屏周。管、蔡、郕、霍、鲁、卫、毛、聃、郜、雍、曹、滕、毕、原、酆、郇，文之昭也。邘、晋、应、韩，武之穆也。凡蒋、邢、茅、胙、祭，周公之子也。"② 然则先王于其族类有不厚乎？《诗》曰："凡今之人，莫如兄弟。""兄弟阋于墙，外御其侮。"平王东迁，而晋、郑是依，其世与年，过于所卜，由此涂出也。岂尝有兄弟之国敢问鼎之轻重者哉？③

4. 教道第九

……观惠帝之失天下，可无寒心也哉？荀卿曰："圣王有百，吾孰法焉？欲观圣王之迹，则于其粲然者矣，后王是也。"④ 道过三代谓之荡，法贰后王谓之不雅。然则舍周其何适哉？孔子曰："甚矣！吾衰也，久矣！吾不复梦见周公。"噫！犹有望于今之世乎？⑤

5. 叙陈公燮字

夫道者，通也，无不通也。孰能通之，中之谓也。居东焉，则远于西；南焉，则远于北。立乎中，则四方均焉。故《易》曰："黄中通理。"凡卦以得中为贵，兹圣人之意也。有问身之安者，必对以导养也。有问食之美者，必对以牲牢也。言不可不先其大者也。……缓急之势异也。

古之言王道者，是亦先其大者也。后之执王道者，是以轻药石贱糗糒，病饿且不救者也。王莽亦尝井田矣，房琯亦尝车战矣，岂不取笑？孔子谓："微管仲，吾其被发左衽"，而曰"无道桓文之事"者，过也。荀卿之非孟子"略法先王而不知其统"⑥，太史公论儒者"博而寡要，劳而无功"亦有以也。⑦

---

① 《荀子·儒效》。
② 《左传·僖公二十》。
③ （宋）李觏：《李觏集》（卷十二），第113页。
④ 《荀子·非相》。
⑤ （宋）李觏：《李觏集》（卷十四），第126页。
⑥ 《荀子·非十二子》。
⑦ （宋）李觏：《李觏集》（卷二十五），第284—285页。

6. 答李观书

觏白宗人秘校足下：八月初，徐秀才至，得所寓书，甚大惠。觏不肖，且未识君子之容，而屈辱厚意，以道艺见咨，顾无以当之，虽然，敢不荐其说？

来书谓孔子之后有孟、荀、扬、王、韩、柳，国朝柳如京、王黄州、孙丁、张晦之及今范、欧阳皆其继者也。而自谦让，以为畚土壤筑太山，欲登于前贤之阃，而问其何如。

足下年少初仕，不汲汲于进取，而转从寂寞之道，此非今人之心，古人之心也。曾子曰："尊其所闻，则高明矣；行其所知，则光大矣。"① 苟取之以明，守之以诚，尚可为圣人之徒。矧曰"前贤之阃"哉？然谓之贤者，岂非所论列十数公乎？足下欲以为法，当考其所为工拙，不宜但徇其名也。

孟氏荀扬醇疵之说，闻之旧矣，不可复轻重。文中子之书已泯绝，唯《中说》行，然出于门人所记，观其意义，往往有奇奥处，而陷在虚夸腐脆之间。隋书无本传，又不得案其行事。……足下以愚言为不妄，则可法与否，昭昭然矣。路远不获相见，勉之。李觏白②

7. 黄寺丞通诗

麻姑山直斗牛角，形胜拥断东南隅。五百年来畜英气，特为吾宋生真儒。李姓觏名泰伯字，风骨古秀飘髯须。其人于世少似者，无乃稷契荀孟徒。自伤出处苦奇剥，不得寸禄遮妻孥。归来筑室郡北郭，反关唯作文字娱。先生之门足高第，中间仲父有辈无。曾继先生列科举，简编满载三十车。先生不遇子亦退，高文懿行夸江湖。麻源谷口田数顷，岁计取足无赢余。生涯俯就隐意决，便弃城邑庐郊墟。上有慈亲享甘旨，下有子弟森庭除。平生胸臆渺溟澈，惟学虞卿穷著书。平生志气薄云汉，惟学子陵闲钓鱼。每当春秋社时候，万象潇洒神仙居。岩花野卉照几席，溪风谷霭清襟裾。先生乘兴或还往，杀鸡炊黍开尊壶。共评古今正经史，不知口角清涎濡。名教果有如是乐，彦辅之言诚岂诬。莲社竹溪托高逸，究竟未免归狂愚。争如仲父与泰伯，相乐以道情愉愉。文酒逢迎二十载，一日不见已为疏。松门大开俗不到，水云轩

---
① "所知"处原文应为"所闻"。"光大"处原文应为"广大"。
② （宋）李觏：《李觏集》（卷二十八），第336—337页。

槛空清虚。仰爱二友嗟不与，欲别仙墅犹踟蹰。①

苏　洵

苏洵（1009—1066），字明允，一说自号老泉，北宋眉州眉山人。著有《嘉祐集》。

1. 上欧阳内翰②第二书

内翰谏议执事：士之能以其姓名闻乎天下后世者，夫岂偶然哉？以今观之，乃可以见。生而同乡，学而同道，以某问某，盖有曰吾不闻者焉；而况乎天下之广，后世之远，虽欲求仿佛，岂易得哉？古之以一能称，以一善书者，愚未尝敢忽也。今夫群群焉而生，逐逐焉而死者，更千万人不称不书也。彼之以一能称，以一善书者，皆有以过乎千万人者也。

自孔子没，百有余年而孟子生。孟子之后，数十年而至荀卿子。荀卿子后乃稍阔远，二百余年而扬雄称于世。扬雄之死，不得其继千有余年，而后属之韩愈氏。韩愈氏没三百年矣，不知天下之将谁与也？且夫以一能称，以一善书者，皆不可忽，则其多称而屡书者，其为人宜尤可贵重。奈何数千年之间，四人而无加，此其人宜何如也？天下病无斯人，天下而有斯人也，宜何以待之？

洵一穷布衣，于今世最为无用，思以一能称，以一善书，而不可得者也。况夫四子者之文章，诚不敢冀其万一。顷者张益州见其文，以为似司马子长。洵不悦，辞焉。夫以布衣，而王公大人称其文似司马迁，不悦而辞，无乃为不近人情？诚恐天下之人不信，且惧张公之不能副其言，重为世俗笑耳。若执事，天下所就而折衷者也。不知其不肖，称之曰："子之《六经论》，荀卿子之文也。"平生为文，求于千万人中使其姓名仿佛于后世而不可得，今也一旦而得齿于四人者之中，天下乌有是哉？意者其失于斯言也。执事于文称师鲁，于诗称子美、圣俞，未闻其有此言也，意者其戏也。

---

① （宋）李觏：《盱江外集》（卷三），《钦定四库全书》，集部三，别集类二。
② 指欧阳修。当时，欧阳修为翰林学士。唐宋时翰林学士也称翰林内翰。

惟其愚而不顾，日书其所为文，惟执事之求而致之。既而屡请而屡辞焉，曰："吾未暇读也。"退而处，不敢复见，甚惭于朋友，曰："信矣，其戏也！"虽然，天下不知其为戏，将有以议执事，洵亦且得罪。执事怜其平生之心，苟以为可教，亦足以慰其衰老，惟无曰荀卿云者，幸甚！①

2. 答陈公美四首

仲尼为群婢，一走十四年。荀卿老不出，五十干诸田。顾彼二夫子，岂其陷狂颠。出处固无定，不失称圣贤。彼亦诚自信，谁能恤多言。②

祖无择

祖无择（1011—1084），字择之，祖籍范阳，北宋上蔡人。少从孙复学经，有《龙学文集》传世。

李泰伯退居类稿序

孔子没千有余祀，斯文衰敝。其间作者孟轲、荀卿、贾谊、董仲舒、扬雄、王通之徒，异代相望而不能兴衰救敝者，位不得，而志不行也；苟得位，以行其志，则三代之风吾知其必复。嗟乎！秦汉以来，礼乐则不为，而任刑以殴其民，将纳于治，适所以乱之也。③

蔡襄

蔡襄（1012—1067），字君谟，北宋兴化军仙游县人。有《蔡忠惠公文集》传世。

---

① 苏洵：《苏洵集》，《嘉祐集卷十二 书九首》。可参见王琳、邢培顺编选《苏洵 苏辙集》，凤凰出版传媒集团、凤凰出版社2007年版，第171—172页。
② 苏洵：《嘉祐集》卷十六，《钦定四库全书》，集部三，别集类二。
③ （宋）祖无择：《龙学文集》（卷八），《钦定四库全书》，集部三，别集类二。

1. 姑胥行

香泾无故流，胥台有余基。太伯以德启，后王结心师。夫差昔好战，戈矛临越陲。天蟹须食稻，未拯吴人饥。于今十一贡，贫甚吴王时。全吴古都会，腴田溉湖陂。雨旸适小变，数米不足炊。吾知事本末，本末何由知。家户徼福利，坐轮黄衣儿。平籴连拖漕，入朵天兵颐。困窭不夕储，势若偷生为。长虑且后顾，荀卿有良规。①

2. 亳州永城县庙学记

孔子没，其书传于后，而学者由其言以之道，顾有不至者，非道之远，盖利汩之也。战国以材智相倾，士以儒文其身，而挟其私术，趋时向利。独孟轲、荀况颛其所守，而不屈于当时。②

3. 策问

问：孟子拒杨、墨，荀子亦非墨子，扬子又曰"杨、墨塞路"。以三子之言，墨子果有悖于圣人之道，而不可用也。韩退之云："孔子必用墨子，墨子必用孔子，不相用，不足为孔墨。"观其说，墨子又若无悖于圣人之道，而果可用也。墨子之书颇见于时，是尧舜而非桀纣。圣人作焉，决不可废。尚同、兼爱、右鬼、尚贤，推极其言，亦有异于孔子之道乎？其无有乎？孔、墨同，三子唱言而深拒之，何哉？其道诚异，退之又何取之，而不畏后人也？四子者，皆圣人之徒，然其所尚之异如是，得无说哉？深于道者，为余言之。③

邵 雍

邵雍（1012—1077），字尧夫，自号安乐先生、伊川翁等，谥康节，北宋时人。著有《皇极经世》《观物内外篇》等。

---

① （宋）蔡襄：《端明集》（卷一），《钦定四库全书》，集部三，别集类二。
② （宋）蔡襄：《端明集》（卷二十八）。
③ （宋）蔡襄：《端明集》（卷三十三）。

和王安之少卿韵

却恐乡人未甚知，相知深后又何疑。
贫时与禄是可受，老后得官难更为。
自有林泉安素志，况无才业动丹墀。
荀杨若守吾儒分，免被韩文议小疵。①

陈　襄

陈襄（1017—1080），字述古，北宋侯官人。因居古灵，故号古灵先生，与郑穆、陈烈、周希孟并称"古灵四先生"。著有《古灵集》。

1. 弹秀州军事判官李定状

臣窃以任人之术莫大于分别邪正，而知君子、小人之道也。君子之道，好义而不顾其利，故其言也忠。小人之道，好利而不顾其义，故其言也佞。此君人者不可不察也。……孔子曰：远佞人。荀卿曰："谄谀我者，吾贼"②。斯至论也。③

2. 《大有》

大有，以君臣言之，是大有天下之众贤；以君民言之，是大有天下之万民也。……凡有血气者，莫不尊亲是也，夫大有天下之万物者。《荀子·王制》曰："天之所覆，地之所载，莫不尽其美，致其用。"北海走马、吠犬，南海羽翮、齿革、曾青、丹干，东海紫紶、鱼盐，西海皮革、文旄，泽人足乎木，山人足乎鱼，农夫不陶冶足器械，工贾不耕田足菽粟矣。④

---

① （宋）邵雍：《邵雍集》，《伊川击壤集》（卷之七），郭彧整理，中华书局2014年版，第270页。
② 《荀子·修身》。
③ （宋）陈襄：《古灵集》（卷六），《奏状》，《钦定四库全书》，集部三，别集类二。
④ （宋）陈襄：《古灵集》（卷十），《易讲义》。

3. 《随》

孔子叹随时之义"大矣哉"者，此也。又君子内有常德而外随时，是随之正也。若内无常德而外从于物，是回邪诡随之道也。此正如经权之义。经者，道之常；权者，经之变也。故执经而无权则胶矣，离经而用权则贼矣。故荀子曰"道者，体常而尽变"① 是也。

……

初九，官有渝，贞吉。出门，交有功。

渝，变也。官，有所专主者也。有所专主，则不可变。渝，《易》曰："立不易方。"《传》曰："守道不如守官。"荀子曰："精于道者，治三官"② 是也。夫随之为道，主于随时之宜，以变不可，固执一道，不足以为随。③

4. 策题六道

问：孔子没，圣人之道失其传。百氏之说纷然肆，邪说以枭乱天下。孟轲、荀卿氏作，相与提仁义之言以辟之。陵迟至于汉唐，道益大坏。扬雄、韩愈氏又从而扶持、辨正，然后孔子之道熄而复明，国家承平百年。儒学虽盛，而释老二氏源流益炽，至于庄、韩、管仲之学亦相继而起，天下荧惑，学者不知非焉，此今日之患也。④

5. 与孙运使书

某观天地万物之变，凡是其类者，举相同也。……盖圣人者不世出，同人之道难遇也。或死于吾前，或生于吾后，或并世而不相知，或异地而不相接。故禹之去汤也，五百有余岁，禹以不得汤为忧；汤之去武王也，五百有余岁，汤以不得武王为忧；周公之去孔子也，五百有余岁，周公以不得孔子为忧。孔子尝曰："吾不复梦见周公。"又曰："圣人吾不得而见之。"至于孟轲，又不得见孔子矣。荀卿不得见孟轲矣，扬雄不得见荀卿矣，韩愈不得见扬雄矣。古之人不见其同，往往有诵其诗，读其书，思其人，而想望焉者，

---

① 《荀子·解蔽》。
② 《荀子·解蔽》。
③ （宋）陈襄：《古灵集》（卷十一），《易讲义》。
④ （宋）陈襄：《古灵集》（卷十三），《议论策题》。

非为天位也,非为天禄也,思不得与其所同以济吾道焉耳。①

6. 谢两浙运使张学士差试官启

贡举之法,非古士君子之患也。……若孟轲、荀卿、扬雄、韩愈氏之作,天也。古之选士也以德,今之选士也以文。德,故人得之实而难于为士。文,故人得之伪而难于有司。知其德,文可知也;知其文,未知其德也。法之弊,由此涂出也。②

7. 送章衡秀才序

予观天地人物,有可合之势。求合乎天下之方圆者,在知规矩;求合乎天下之轻重者,在知权衡。天地之道,难通也;神明,难明也;万物之理,难齐一也。圣人尽心而诚焉,罔不通,罔不明,罔有不齐一。圣人者,天地之合也;贤人者,求合乎圣人者也。然则圣人不世出,乌乎合?曰:存则合乎人,亡则合乎经。颜渊氏合乎人,孟、荀、扬、韩合乎经,其事则同。好学以尽心,诚心以尽物,推物以尽理,明理以尽性,和性以尽神,如是而已。③

8. 天台县孔子庙记

自唐以来,天下郡县始立孔子庙,追尊王爵。……天台县有孔子庙……先树正殿,塑孔子南向,左右十哲。曾子自余弟子六十有一人,与诸儒传经者二十有一人,皆图诸壁间,皆以其所追爵等降,如周之服冕、圭璧。惟孟轲、荀卿、扬雄、韩愈氏服儒服焉。④

9. 至诚尽人物之性赋 (以惟至诚尽人物之性为韵)

性理虽奥,圣神可知。……孟轲明四端之由,荀子辨五音之正。知之者善,成之者圣,稽诸高厚而不悖,质之幽明而孰病,况于人乎,况事伦乎,

---

① (宋)陈襄:《古灵集》(卷十四)。
② (宋)陈襄:《古灵集》(卷十七)。
③ (宋)陈襄:《古灵集》(卷十八)。
④ (宋)陈襄:《古灵集》(卷十八)。

莫不尽其性。①

10. 和正辞职方以浚河留滞

万锸如云浚禹沟,荀卿桥畔舣行舟。珠躔合照贤人聚,银汉无波海客留。且作东山携伴乐,未应南浦送君忧。辛夷花发春醅熟,只俟郊原雨少休。②

韩　维

韩维（1017—1098），字持国，北宋颍昌人。有《南阳集》传于世。

1. 议僖祖庙状

盖王者之祖,有系天下者矣。诸侯之祖,有系一国者矣。大夫士之祖,有系一家者矣。亦其理势然也。荀卿曰："王者、天、太祖,诸侯不敢坏,大夫、士有常宗,所以别贵始。贵始,德之本也。"③ 盖有天下之始,若后稷有一国之始；若周公、大夫、士之始,若三桓所以贵者,配天也,不祧也,有常宗也。此其所以别也。今直以契、稷为本统之祖,则是下同大夫士之礼,非荀卿之所谓别也。④

2. 议谋杀法状

荀卿有言,曰："法而不议,则法之所至者必废。"⑤ 然则法待议而后行,所从来久矣。今令所因之谋得用旧律而原免,已伤之情复以后敕而奏决,法以正其本,议以尽其类,则何谓而不可也。⑥

---

① （宋）陈襄：《古灵集》（卷二十一）。
② （宋）陈襄：《古灵集》（卷二十四）。
③ 《荀子·礼论》。
④ （宋）韩维：《南阳集》（卷二十五），《钦定四库全书》，集部三,别集类二。
⑤ 《荀子·王制》。
⑥ （宋）韩维：《南阳集》（卷二十六）。

刘 敞

刘敞（1019—1068），字原父，一作原甫，北宋临江新喻人，与弟刘攽合称为"北宋二刘"。著有《公是集》等。

1. 或问乡饮酒之礼

不以仁而为之，不以不仁而不为，上也。以仁而为之，以不仁而不为，次也。不知仁而为之仁，不知不仁而不为不仁，下也。不以仁而为之，不以不仁而不为者，性也。未始入于非，以仁而为之，以不仁而不为者，智也。畏乎不仁，不知仁而为之仁，不知不仁而不为不仁者，出入也，有幸矣。不知仁而为之仁，亦有不知仁而不为，不知不仁而不为不仁，亦有不知不仁而为之，不知仁而不为，亦有知仁而不为，不知不仁而为之，亦有知不仁而为之。荀子不知性，扬子不知命，韩子不知道。荀子言圣人之性以恶，言圣人之道以伪。恶乱性，伪害道，荀子之言不可为治。扬子剧秦美新，畏祸投阁，苟悦其生而不顾义。汤有夏台，文王有羑里，周公奔楚，仲尼畏于匡，非其义，贵之不受；非其罪，虐之不辞。①

2. 或曰仁义礼智　不若道之全

人之性善而自以为恶，人之情正而自以为邪。非情无性，非性无善。性之与情，犹神之与形乎？今夫盲者不能别五色，聋者不能昭五声，非无聪明也，形不使也。人之所以去善，而为不善者，亦若此矣。岂性不善哉？情不使也。因之谓性恶矣，是亦谓耳目非善也。夫盲者不梦，盲而梦明，俄然觉则盲矣。聋者不梦，聋而梦聪，俄然觉则聋矣。然则聪明非不存也，物有蔽焉耳。人之困于情，亦犹是也。②

---

① （宋）刘敞：《公是弟子记》（卷三），《钦定四库全书》，子部一，儒家类。
② （宋）刘敞：《公是弟子记》（卷三）。

3. 评王安石论性

王安石曰：性者，太极也；情者，五行也。五行生于太极，而后有利害。利害非所以言太极也。情生于性，而后有善恶。善恶非所以言性也，谓性善恶者妄也。① 刘子曰：王子之言，其谓人无性焉，可已。夫太极者，气之先而无物之物者也。人之性，亦无物之物乎？圣人之言人性也，固以有之为言，岂无之为言乎？是乱名者也。王子曰：人之性，无善恶之称。彼善、不善者，情之成名也。然则圣人无所言性，可矣。《易》曰："乾道变化，各正性命。"夫不以物为无性，性为无善，而以性为善，或不得本者也。如物也而无性，性也而无善，则乾尚何化，而化尚何正之有？夫言性而明其无性者，不足以明性，而固惑于有性者也，说何以免此？王子曰：情生于性而有善恶焉。善恶乃非性也。往应之曰：雏生于卵而有雌雄，然则雌雄生于卵之前乎？生于雏之后乎？雌雄生于卵，卵虽无雌雄之辨，不可谓卵无雌雄也。善生于性，性虽未有善之动，岂可谓性无善哉？彼卵而无雌雄，性乃可以无善矣。②

4. 评欧阳修论性

永叔曰：以人性为善，道不可废。以人性为恶，道不可废。以人性为善恶混，道不可废。以人性为上者善，下者恶，中者善恶混，道不可废。然则学者虽毋言性，可也。③ 刘子曰：仁义，性也；礼乐，情也。以人性为仁义，犹以人情为礼乐也。非人情无所作礼乐，非人性无所明仁义。性者，仁义之本；情者，礼乐之本也。圣人惟欲道之达于天下，是以贵本。今本在性而勿言，是欲导其流而塞其源，食其实而伐其根也。夫不以道之不明为言，而以言之不及为说，此不可以明道，而惑于言道；不可以无言，而迷于有言者也。④

5. 衢江溥书

溥来临江乃先生乡里。……观其微言、笃论皆根柢孔孟，而扶植名教，

---

① 《临川文集·原性》。
② （宋）刘敞：《公是弟子记》（卷四）。
③ （宋）欧阳修：《欧阳修集》（卷十七），《居士集·本论下》（卷十七）。
④ （宋）刘敞：《公是弟子记》（卷四）。

醇于荀、扬远甚，真有大功于圣门，遂并工刻之，以广其传。①

6. 初到毗陵

献岁涉重江，仲春安我居。众物已熙熙，新花生绕庐。解装慰羁旅，置此琴与书。稍稍道吾真，幽襟得轩虚。颇闻兰陵俗，尚有荀卿余。文章幸仰止，凤好今欲撼。膏雨复应候，带经得耕锄。歌成拟焱氏，赋就期相如。出处方自尔，名声亦从渠。无烦畏礧民，屑屑俎豆予。②

7. 上仁宗论辨邪正

《书》曰："君子在野，小人在位，民弃不保，天降之咎。"此谓用小人则民叛，而天降咎也。仲尼曰："君子中庸，小人反中庸。"荀子亦曰："君子、小人相反也。"③夫小人所为，既与君子相反戾，则安可使之并处哉？所议安能得其协和哉？夫天子无官爵，无职事，但能辨别君子、小人而进退之，乃天子之职也。自古称明王、明君后者，无他，惟能辨别君子、小人，而用舍之方为明矣。④

8. 论性

人之性必善乎？曰：然。人之性可为尧舜乎？曰：否。性同也，而善不同；善同也，而性不同。故善有上、有中、有下。上之中又有上焉，中之中又有中焉，下之中又有下焉。上之上者，圣也，其次仁也；中之上者，君子也，其次善人也；下之上者，有常也，其次齐民也。仁不能圣，善不能为君子，齐民不能有常，而谓人皆可以为尧舜，谬也。曰：苟如是，人有性矣。性有善矣，善有等矣，则学无益乎？曰：否。玉之为物也，人知其宝也，有相倍差者，有相十百者，有相千万者，则岂一玉哉？人之性，何以异于是？虽有万镒之玉，不剖不见宝，不琢不见用。人之学，何以异于是？孔子曰："圣人，吾不得而见之矣。得见君子者，斯可矣。善人，吾不得而见之矣。得见有恒者，斯可矣。"世乱礼废，人莫自学。学又不能克其性，此孔子所为喟

---

① （宋）刘敞：《公是弟子记》（卷四）。
② （宋）刘敞：《公是集》（卷四）。
③ 《荀子·不苟》作："君子，小人之反也。"
④ （宋）刘敞：《公是集》（卷三十一）。

叹。然则人之情恶乎？曰：否。情者，性之动也。性既善矣，情安云恶？子见夫影乎？形曲而曲，形直而直，夫情亦犹是矣。性者，仁义也；情者，礼乐也。今夫人未有不亲其亲者，今夫人未有不尊其尊者。亲亲之谓仁，尊尊之谓义，故性者，仁义也。亲其亲，欢然乐矣；尊其尊，肃然恭矣。肃然恭者，礼之本也；欢然乐者，乐之原也。故情者，礼乐也。故圣人以仁义治人性，以礼乐治人情，未有言礼乐而非善者也。背其性或毁仁义，此非性之过也，背其性也；丧其情或弃礼乐，此非情之过也，丧其情也，物有夺之矣。是故适其理则喜，违其分则怒，亲之则爱，害之则恶，生则乐，死则哀，此皆民之善者也。君臣以此相保，父子以此相亲，夫妇以此相睦，长幼以此相序，贤、不肖以此相别，圣人以此起，君子以此治，奚谓不善耶？今夫水火，人所恃以生也，火失则焚，水决则溺，非水火之罪也。焚者相继，溺者相及，无怨乎水火而弃之者，水火利用也。独至于情而以谓不善乎？无已则忘其情者而善乎？禽兽、木石之为乎？是可知也。孟子曰："人之性善。"人之性皆可为尧舜。此过言也。尧之时不为无人，尧而已矣。舜之时不为无人，舜而已矣。文、武、周公之时不为无人，文、武、周公而已矣。孔子之时，可以治国家天下者，惟七十余士，亦不为无人，孔子而已矣。安在人可为尧舜哉？荀子曰："人之性恶，其善者伪。"① 此悖言也。夫古之人曷为乃教人反其性，背其真而为道哉？信斯言也，是圣王礼义无所积而起也。杨子曰："人之性善恶混。"此饰言也。善则善矣，恶则恶矣。彼圣人者，生而神焉，其何恶之存？韩子曰："人之性上者善，下者恶，中者善恶混。"此虚言也。昔者仲尼不云乎"性相近，习相远"，必上者而善，下者而恶，是白黑而已，何相近之有？是四者皆非，所以尽性也，若孟子可谓知之矣。故不知性之善者，不知仁义之所出也；不知情之善者，不知礼乐之所出也。是故有反仁义于性而为道，丧礼乐于情而为达，生于其心，害于其躬，发于其躬，害于其俗。圣人复起必从吾言矣。②

9. 续谥法

教化无方曰尼，先觉任重曰挚。……知德中庸曰伋（子思），蹈道知言曰

---

① 《荀子·性恶》。
② （宋）刘敞：《公是集》（卷四十六）。

轲，隐居放言曰逸（夷逸），反性敦礼曰况（荀），兼爱尚贤曰翟，上同遵俭曰翟（墨子）。①

10. 问管仲。曰：人也。（或曰：人当作仁，亦非也。管仲之功为仁耳。仁之道，非管仲所尽，仲尼亦不轻予之。荀子谓之野人②，亦非也，义不合。）③

曾 巩

曾巩（1019—1083），字子固，北宋江西抚州人，世称"南丰先生"。著有《元丰类稿》等。

1. 讲官议

孔子之语教人曰：不愤悱，不启发；举一隅不以三隅反，则不告也。孟子之语教人曰：有答问者。荀子之语教人曰："不问而告谓之傲，问一而告二谓之囋。傲，非也。囋，非也。君子如响。"④ 故礼无往教而有待问，则师之道有问而告之者尔。世之挟书而讲者，终日言，而非有问之者也，乃不自知其强聒，而欲以师自任，何其妄也！

古之教世子之法，太傅审父子、君臣之道以示之，少傅奉世子以观太傅之德行而审喻之。则示之以道者，以审喻之为浅，故不为也。况于师者，何为也哉？正己而使观之者化尔。

故得其行者，或不得其所以行；得其言者，或不得其所以言也。仰之而弥高，钻之而弥坚。德如是，然后师之道尽。故天子不得而召也，诸侯不得而友也，又况得而臣之乎？此伊尹、太公、子思、孟子之徒，所以忘人之势，而唐虞三代大有为之君，所以自忘其势也。⑤

---

① （宋）刘敞：《公是集》（卷四十六）。
② 《荀子·大略》。
③ （宋）刘敞：《公是七经小传》（卷下）。
④ 《荀子·劝学》。原文"响"为"向"。
⑤ （宋）曾巩：《曾巩集》（上册），《元丰类稿》（卷九），陈杏珍，晁继周点校，中华书局1984年版，第149页。

2. 上欧阳学士第一书

学士执事：夫世之所谓大贤者，何哉？以其明圣人之心于百世之上，明圣人之心于百世之下。其口讲之，身行之，以其余者又书存之，三者必相表里。其仁与义，磊磊然横天地，冠古今，不穷也；其闻与实，卓卓然轩士林，犹雷霆震而风飙驰，不浮也。则其谓之大贤，与穹壤等高大，与《诗》《书》所称无间宜矣。

夫道之难全也，周公之政不可见，而仲尼生于干戈之间，无时无位，存帝王之法于天下，俾学者有所依归。仲尼既没，析辨诡词，骈驾塞路。观圣人之道者，宜莫如于孟、荀、扬、韩四君子之书也，舍是醨矣。退之既没，骤登其域，广开其辞，使圣人之道复明于世，亦难矣哉。近世学士，饰藻缋以夸诩，增刑法以趋向，析财利以拘曲者，则有闻矣。仁义礼乐之道，则为民之师表者，尚不识其所为，而况百姓之蚩蚩乎！圣人之道泯泯没没，其不绝若一发之系千钧也，耗矣衰哉！非命世大贤以仁义为己任者，畴能救而振之乎？①

3. 阆州张侯庙记

事常蔽于其智之不周，而辨常过于所惑。智足以周于事，而辨至于不惑，则理之微妙皆足以尽之。今夫推策灼龟，审于梦寐，其为事至浅，世常尊而用之，未之有改也；坊庸道路、马蚕猫虎之灵，其为类至细，世常严而事之，未之有废也。水旱之灾、日月之变，与夫兵师疾疠、昆虫鼠豕之害，凡一慝之作，世常有祈有报，未之有止也。金縢之书，云汉之诗，其意可谓至，而其辞可谓尽矣。夫精神之极，其叩之无端，其测之甚难，而尊而信之，如此其备者，皆圣人之法。何也？彼有接于物者，存乎自然，世既不得而无，则圣人固不得而废之，亦理之自然也。圣人者，岂用其聪明哉？善因于理之自然而已。其智足以周于事，而其辨足以不惑，则理之微妙皆足以尽之也。故古之有为于天下者，尽己之智而听于人，尽人之智而听于神，未有能废其一也。《书》曰："朕志先定，询谋佥同，鬼神其依，龟筮协从。"所谓尽己之智而听于人，尽人之智而听于神也。由是观之，则荀卿之言以谓"雩筮救日，

---

① （宋）曾巩：《曾巩集》（上册），《元丰类稿》（卷十五），第 231 页。

小人以为神者"①，以疾夫世之不尽在乎己者而听于人，不尽在乎人者而听于神，其可也。谓神之为理者信然，则过矣；蔽生于其智之不周，而过生于其所惑也。②

司马光

司马光（1019—1086），字君实，号迂叟，北宋陕州夏县人，世称涑水先生。主持编纂编年体通史《资治通鉴》。著有《温国文正司马公文集》《稽古录》等。

1. 居家杂仪

十岁，男子出就外傅，居宿于外，读《诗》《礼》《传》，为之讲解，使知仁、义、礼、智、信。自是以往，可以读孟、荀、扬子。博观群书，凡所读书必择其精要者而诵之（如《礼记》《学记》《大学》《中庸》《乐记》之类，他书仿此。）。其异端非圣贤之书、传，宜禁之，勿使妄观以惑乱其志。观书皆通，始可学文辞。③

2. 重音一千四百八十三

倓（徒甘切。《说文》：安也。……荀子"倓然见管仲之能"④，又徒滥切，动也。又吐滥切，夷人以财赎罪也。）。⑤

---

① 见《荀子·天论》，原文为："雩而雨，何也？曰：无何也，犹不雩而雨也。日月食而救之，天旱而雩，卜筮然后决大事，非以为得求也，以文之也。故君子以为文，而百姓以为神。以为文则吉，以为神则凶也。"

② （宋）曾巩：《曾巩集》（上册），《元丰类稿》（卷十八），第296页。

③ （宋）司马光：《司马氏书仪》（卷四），《居家杂仪》，王云五主编：《丛书集成》（初编），《司马氏书仪》，商务印书馆1935年版，第45页。此条被（明）章潢收录于《图书编》（卷一百十一）《五祀总论》。

④ 《荀子·仲尼》。

⑤ （宋）司马光编：《类篇》（卷二十二），上海古籍出版社1988年版，第277页。

3. 女部四百四十六

娶（逡遇切。《说文》：取妇也。……荀卿子有闾娶子奢。又遵须切，又双雏切。）。①

4. 稷下赋

齐王乐五帝之遐风，嘉三王之茂烈，致千里之奇士，总百家之伟说，于是筑巨馆，临康衢，盛处士之游，壮学者之居，美矣哉。……齐王沛然来游，欣然自喜，谓稷下之富尽海内之美，慨乎有自得之志矣。祭酒荀卿进而称曰：吾王辟仁义之涂，殖《诗》《书》之林，安人之虑广，致治之意深。然而诸侯未服，四邻交侵，士有行役之怨，民有愁痛之音意者，臣等道术之浅薄，未足以称王之用心故也。王曰：先生之责，寡人深矣。愿卒闻之。对曰：臣闻之，珷玞乱玉，鱼目间珠，泥沙涨者其泉恩，莨莠茂者其芜。网者弃纲而失叙，行者多歧而丧涂。今是非一概，邪正同区，异端角进，大道羁孤，何以齐踪于夏商，继轸于唐虞，诚能拨去浮末，敦明本初，修先王之典礼，践大圣之规模，德被品物，威加海隅，忠正修列，谗邪放疏。行其言不必饱其腹，用其道不必暖其肤，使臣饭粱龁肥而餐骄君之禄，不若荷钼秉耒而为尧舜之徒。惜夫！美食、华衣、高堂、闲室、凤藻、鸱义、豹文、麋质，诵无用之言，费难得之日，民未治不与？其忧国将危，不知其失。臣窃以大王为徒慕养贤之名，而未睹用贤之实也已。②

5. 乞印行《荀子》、扬子《法言》状（皇祐二年上）

臣伏以战国以降，百家蜂起；先王之道，荒塞不通。独荀卿、扬雄排攘众流，张大正术，使后世学者坦知去从。国家博采艺文，扶翼圣化。至于庄、列异端，医方细伎，皆命摹刻，以广其传。顾兹二书，犹有所阙。虽民间颇畜私本，文字讹误，读不可通。诚恐贤达之言，寖成废缺。今欲乞降下崇文院将《荀子》、扬子《法言》本精加考校，讫雕板送国子监，依诸书例印卖。③

---

① （宋）司马光编：《类篇》（卷三十五），第458页。
② （宋）司马光：《传家集》（卷一），《钦定四库全书》，集部三，别集类二。
③ （宋）司马光：《传家集》（卷十八）。

司马光

6. 乞简省细务不必尽关圣览上殿劄子

盖言人君明，则百官得其人；百官得其人，则众事无不美也。又曰：元首丛脞哉！股肱惰哉！万事堕哉！盖言人君细碎无大略，则群臣不尽力；群臣不尽力，则万事皆废坏也。此二者治乱之至要也。荀子曰："明主好要，暗主好详。主好要，则百事详。主好详，则百事荒。"① 故为人君者，自有职事，固不当详察细务也。然则人君之职谓何？臣愚以为量材而授官，一也；度功而加赏，二也；审罪而行罚，三也。材有长短，故官有能否；功有高下，故赏有厚薄；罪有小大，故罚有轻重。此三者，人君所当用心，其余皆不足言也。②

7. 答明太祝（端）书

足下之志，则诚美矣。其所从求之人，则非也。孟子谓曹交，曰：夫道若大路，然岂难知哉？人病不求耳，子归而求之，有余师。荀子曰：学者诵数以贯之，思索以通之，为其人以处之，除其害以养之。③ 足下傥察二子之言，则虽闭门求之道，乌有不至者哉？

8. 答陈秘校（充）书

足下书所称引古今传道者，自孔子及孟、荀、扬、王、韩、孙、柳、张、贾才十人耳。若语其文，则荀扬以上不专为文；若语其道，则恐韩、王以下未得与孔子并称也；若论学古之人，则又不尽于此十人者也。孔子自称"述而不作"，然则孔子之道非取诸己也，盖述三皇、五帝、三王之道也。三皇、五帝、三王亦非取诸己也，钩探天地之道以教人也。故学者苟志于道，则莫若本之于天地，考之于先王，质之于孔子，验之于当今。四者皆冥合无间，然后勉而进之，则其智之所及，力之所胜，虽或近或远，或小或大，要为不失其正焉。舍是而求之，有害无益矣。彼数君子者，诚大贤也，然于道殆不能无驳而不粹者焉。足下必欲求道之真，则莫若以孔子为的而已。④

---

① 《荀子·王霸》。
② （宋）司马光：《传家集》（卷二十八）。
③ 出自《荀子·劝学》，原文尾句为"除其害者以持养之"。
④ （宋）司马光：《传家集》（卷五十九）。

9. 景仁答中和论

《中庸》曰："中者，天下之大本。"……君实又曰：曷若治心、养气，专以中为事，动静、默语未尝不在乎中。此正所谓择善而固执之，诚之者也。至于不勉而中，不思而得，从容中道，岂治心、养气者所能办哉？所谓诚者，非别有一物也，但诚其心而已矣。心至于不勉不思而中道至矣。譬如，钟大叩之则大鸣，小叩之则小鸣，以其中虚也，大小自外而至者也。钟岂预设小大于中，而应之哉？所谓过与不及者，亦因时称事而为之中也。时有异变，事有异宜，亦岂可预设中于心，而待之也？荀卿、《大学》，君实之所信也。其论心不过曰虚，曰静，曰定。虚、静、定，虽非兀然如木石，亦岂可形容哉？孟子曰："操则存，舍则亡。出入无时，莫知其乡。"惟心之谓欤，亦言心之无定在也。《书》曰："惟精惟一，允执厥中。"盖言心能精一，则信执其中也。君实既以大本之中便为无过与不及，则其下岂当复云发而皆中节也？《经》云：惟至诚为能尽其性，尽其性则能尽人之性，尽人之性则尽物之性，尽物之性则可以赞天地之化育。然则位天地，育万物，盖圣人得位者之所能也。①

10. 答韩秉国书

《大学》曰："知止而后有定，定而后能静，静而后能安，安而后能虑，虑而后能得。"又曰："为人君止于仁，为人臣止于敬，为人子止于孝，为人父止于慈，与国人交止于信，言所止各有在也。"荀子曰"德操，然后能定；能定，然后能应。能定、能应，夫是之谓成人。"② 亦言所定在于德也。又曰："人何以知道？曰：心。心何以知？曰：虚一而静。心未尝不藏也，然而有所谓虚。不以所已藏，害所将受，谓之虚。心未尝不两也，然而有所谓静。不以梦剧乱知，谓之静。"③ 然则虚者，固不为空洞无物；静者，固不谓兀然而木石也。凡曰虚，曰静，曰定云者，如《大学》与荀卿之言，则得中而近道矣。如佛老之言，则失中而远道矣。光所以不好佛老者，正谓其不得中道，

---

① （宋）司马光：《传家集》（卷六十二）。
② 《荀子·劝学》。
③ 《荀子·解蔽》。

可言而不可行故也。借使有人真能独居宴坐，屏物弃事以求虚无寂灭，心如死灰，形如槁木，及有物欻然来感之，必未免出应之，则其喜怒哀乐未必皆能中节也。曷若治心、养气专以中为事？动静、语默、饮食、起居未始不在乎中，则物虽辐凑横至，一以中待之，无有不中节者矣。①

11. 答秉国第二书

夫喜怒哀乐之未发，常设中于厥心，岂有形于外哉？荀卿、《太②学》所谓虚静定者，非寂然无思虑也。虚者，不以欲恶蔽其明也。静者，不以怵迫乱其志也。定者，不以得丧易其操也。《中庸》所谓中者，动静云为无过与不及也。二者虽皆为治心之术，其事则殊矣。③

12. 功名论

《大禹谟》曰："任贤勿贰，去邪勿疑，疑谋勿成，百志惟熙。"荀子曰："人主有六患：使贤者为之，则与不肖规之；使智者虑之，则与愚者论之；使修士行之，则与污邪之人疑之，虽欲成立得乎哉？譬之，是犹立直木而恐其影之枉也，惑莫大焉。语曰：好女之色，恶者之孽也。公正之士，众人之痤也。修乎道之人，污邪之贼也。今使污邪之人，论其怨贼，而求其无偏，得乎哉！譬之，是犹立往④木而求其影之直也，乱莫大焉。"⑤噫！人主苟不知其贤则已矣。已审知其贤，授之以政，而复疑之何哉？凡忠直之臣，行其道于国家，则必与。夫天下之奸邪。为怨敌矣。非喜与之为怨也，不与之为怨，则君不尊，国不治，功不立也。以一人之身，日与天下之奸邪为怨，更进迭毁于君前，而君不能决，兼听而两可之。如是，则忠直之臣求欲无危不可得也。君子非爱死而不为也，知其身死而功不立，奸邪愈炽，忠良愈恐，政治愈乱，国家愈危也。是以君子难进易退，辞贵就贱，被发佯狂逃匿山林者，以此故也。此所谓用贤不能专，与不用同也。明主为之不然，审求天下之大贤而亟用之，专信之，举社稷百姓而委属之。虽有至亲不能夺也，虽有至贵

---

① （宋）司马光：《传家集》（卷六十三）。
② 应为"大"。
③ （宋）司马光：《传家集》（卷六十三）。
④ 应为"枉"。
⑤ 《荀子·君道》。

不敢争也，虽有逸巧不能间也。确然若胶漆之相合，视其际而不可得见也。然后贤者得竭其心而施其才，不忧怨贼之口，不惧猜嫌之迹。人主端拱无为，享其功利，收其荣名而已矣。古之圣帝明王用此道，而光宅四海，长育万物，功如天地，名若日月者，多矣。①

13. 知人论

魏文侯与田子方饮。文侯曰：钟声不比乎左高。田子方笑。文侯曰：何笑？子方曰：臣闻之，君明乐，官不明乐音。今君审于音，臣恐其聋于官也，是以笑。荀子曰："治国有道，人主有职。若夫贯日而治详，一日而曲列之，是所以使夫百吏官人为也，不足以是伤游玩安燕之乐。若夫论一相以兼率之，使臣下百吏莫不宿道乡方而务，是夫人主之职也。人主者，守至约而详，事至佚而功，垂衣裳，不下簟席之上，而海内之民莫不愿得以为帝王。夫是之谓至约，乐莫大焉。人主者，以官人为能者也；匹夫者，以自能为能者也。人主得使人为之，匹夫则无所移之。百亩一守，事业穷，无所移之也。今以一人兼听天下，日有余而治不足者，使人为之也。大有天下，小有一国，必自为之然后可，则劳苦耗悴莫甚焉。如是，则虽臧获不肯与天子易势业。"②"以是统天下，一四海，何故必自为之？自为之者，役夫之道也，墨子之说也。论德使能而官施之者，圣王之道也，儒之所谨守也。《传》曰：农分田而耕，贾分货而贩，百工分事而劝，士大夫分职而听，建国诸侯之君分土而守，三公总方而议，则天子恭己而已矣。"③ 由是言之，人君之事，守莫大于知人也。昔者舜导百川不如禹，殖百谷不如稷，布五教不如契，听五刑不如皋陶，典百工不如垂，典山泽不如益，典礼不如伯夷，典乐不如夔。然而明此八者之本，能知其人而任使之者，舜也。譬如车之有毂，宫之有栋，人之有心，此群圣所以为之，役而归之功也。呜呼！帝王之事，美矣！大矣！固不可得而言也。齐桓公兄弟争国暴于豺狼，闺门不治甚于狗彘，然独能知管仲之贤，举国而委之。一则仲父，二则仲父，是以兵车之会，三乘车之会，六指麾左右而诸侯莫敢不从。后世言桓公者，徒知其贤，而不复知其恶也。"孔子言卫

---

① （宋）司马光：《传家集》（卷六十四），论一。
② 《荀子·王霸》。
③ 《荀子·王霸》。原文"统天下"为"县天下"，无"自"，据通行本改、补。

灵公之无道。季康子曰：夫如是，奚而不丧？子曰：仲叔圉治宾客，祝佗治宗庙，王孙贾治军旅。夫如是，奚其丧齐?"文宣帝荒淫狂悖甚于桀纣，然而知杨愔之贤，悉以国事委之。时人以为主昏于上，政清于下。凡此皆淫昏暴乱之君也，徒以能知贤人而用之，大者以霸，其次以安，小者以存。况乎以圣君而用贤臣，是犹王良之御六骥，逢蒙之关繁弱①，孟贲之挥干将②，何适而不达？何射而不中？何击而不断哉？或曰：人主之职在知人，则既知之矣。抑以尧之圣而失之四凶，孔子之圣而失之宰我、子羽，夫人岂易知也哉？曰：是则然矣。③

14. 性辩

孟子以为人性善，其不善者外物诱之也。荀子以为人性恶，其善者圣人教之也。是皆得其一偏而遗其大体也。夫性者，人之所受于天以生者也，善与恶必兼有之。是故虽圣人不能无恶，虽愚人不能无善，其所受多少之间则殊矣。善至多而恶至少则为圣人，恶至多而善至少则为愚人，善恶相半则为中人。圣人之恶不能胜其善，愚人之善不能胜其恶。不胜则从而亡矣。故曰："惟上智与下愚不移。"虽然不学则善日消，而恶日滋；学焉则恶日消，而善日滋。故曰："惟圣罔念作狂。""惟狂克念作圣。"必曰圣人无恶，则安用学矣？必曰愚人无善，则安用教矣？譬之于田，稻粱、藜莠相与滋生。善治田者，耘其藜莠而养其稻粱；不善治田者，反之。善治性者，长其善而去其恶；不善治性者，反之。孟子以为仁、义、礼、智皆出乎性者也，是岂可谓之不然乎？然不知暴慢贪惑亦出乎性也，是知稻粱之生于田，而不知藜莠之亦生于田也。荀子以为争夺残贼之心人之所生而有也，不以师法、礼义正之则悖乱而不治，是岂可谓之不然乎？然殊不知慈爱、羞愧之心亦生而有也，是知藜莠之生于田，而不知稻粱之亦生于田也。故扬子以为人之性善恶混。混者，善恶杂处于身中之谓也。顾人择而修之何如耳，修其善则为善人，修其恶则为恶人。斯理也，岂不晓然明白哉！如孟子之言，所谓长善者也；荀子之言，所谓去恶者也；扬子则兼之矣。韩文公解扬子之言以为"始也混，而今也善

---

① 逢蒙，后羿的徒弟，一个善于射箭但品行不端的小人。繁弱：古良弓名。
② 孟贲：战国时勇士。干将：古代名剑。
③ （宋）司马光：《传家集》（卷六十五）。

恶",亦非知扬子者也。①

15. 说《玄》

呜呼!扬子云真大儒者邪!孔子既没,知圣人之道者,非子云而谁?孟与荀殆不足拟,况其余乎?观《玄》之书,明则极于人,幽则尽于神,大则包宇宙,细则入毛发,合天地人之道以为一。……《易》,天也;《玄》者,所以为之阶也。子将升天而废其阶乎?②

16. 毋我知

孔子曰:"微管仲,吾其被发左衽矣。如其仁!如其仁!"孟、荀氏之言曰:"仲尼之门,五尺童子羞称五伯。"以是观之,孟、荀氏之道概诸孔子,其隘甚矣。

17. 道同

迁叟曰:合天下而君之之谓王。……自孟、荀氏而下,皆曰由王道而王,由伯道而霸,道岂有二哉?得之有浅深,成功有小大耳。譬诸水为畎,为浍,为谷,为溪,为川,为渎,若所钟则海也。大夫、士,畎、浍也;诸侯,溪、谷也;州牧,川也;方伯,渎也;天子,海也。小大虽殊,水之性奚以异哉?③

张 载

张载(1020—1077),字子厚,世称横渠先生,北宋时人。著有《正蒙》《横渠易说》《经学理窟》等。

1. 义理

释氏之学,言以心役物,使物不役心;周孔之道,岂是物能役心,虚室

---

① (宋)司马光:《传家集》(卷六十六)。
② (宋)司马光:《传家集》(卷六十七)。
③ (宋)司马光:《传家集》(卷七十四)。

生白？今之性灭天理而穷人欲，今复反归其天理。古之学者便立天理，孔孟而后，其心不传，如荀扬皆不能知。义理之学，亦须深沉方有造，非浅易轻浮之可得也。盖惟深则能通天下之志，只欲说得便似圣人，若此则是释氏之所谓祖师之类也。此道自孟子后千有余岁，今日复有知者。若此道天不欲明，则不使今日人有知者。既使人知之，似有复明之者。志于道者，能自出义理，则是成器。①

2. 拾遗

张子曰：范巽之尝言神奸物怪，某以言难之，谓："天地之雷霆草木至怪也，以其有定形故不怪；人之陶冶舟车亦至怪也，以其有定理故不怪。今言鬼者不可见其形，或云有见者且不定，一难信；又以无形而移变有形之物，此不可以理推，二难信。又尝推天地之雷霆草木，人莫能为之；人之陶冶舟车，天地亦莫能为之。今之言鬼神，以其无形则如天地，言其动作则不异于人，岂谓人死之鬼反能兼天人之能乎？"今更就世俗之言评之：如人死皆有知，则慈母有深爱其子者，一旦化去，独不日日凭人言语托人梦寐存恤之耶？言能福善祸淫，则或小恶反遭重罚，而大憝反享厚福，不可胜数。又谓"人之精明者能为厉"，秦皇独不罪赵高，唐太宗独不罚武后耶？又谓"众人所传不可全非"，自古圣人独不传一言耶？圣人或容不言，自孔孟而下，荀况、扬雄、王仲淹、韩愈，学亦未能及圣人，亦不见略言者。以为有，数子又或偶不言，今世之稍信实亦未尝有言亲见者。②

王安石

王安石（1021—1086），字介甫，号半山，北宋抚州临川人。有《临川集》等存世。

---

① 张载：《张子全书》，《经学理窟三》，林乐昌编校，西北大学出版社2015年版，第81页。
② 张载：《张子全书》，《性理拾遗》，第299—300页。

1. 读墨

谁为尧舜徒，孔子而已矣。人皆是尧舜，未必知孔子。伯夷不辱身，柳下援而止。孔子尚有言，我则异于是。兼爱为无父，排斥固其理。孔墨必相用，自古宁有此。退之嘲鲁连①，顾未知之耳。如何蔽于斯，独有见于彼。凡人工自私，翟也信奇伟。惜乎不见正，遂与中庸诡。退之醇孟轲，而驳荀扬氏。至其趣舍间，亦又蔽于己。化而不自知，此语孰云俚？咏言以自警，吾诗非好诋。②

2. 陈动之秘丞挽辞二首

年高汉贾谊，官过楚荀卿。望古君无憾，论今我未平。有风吹画翣，无日照佳城。空复文章在，流传世上名。③

3. 周公

甚哉！荀卿之好妄也！载周公之言，曰："吾所执贽而见者十人，还贽而相见者三十人，貌执者百有余人，欲言而请毕事千有余人。"④ 是诚周公之所为，则何周公之小也！

夫圣人为政于天下也，初若无为于天下，而天下卒以无所不治者，其法诚修也。故三代之制，立庠于党，立序于遂，立学于国，而尽其道以为养贤教士之法。是士之贤虽未及用，而固无不见尊养者矣。此则周公待士之道也。诚若荀卿之言，则春申、孟尝之行，乱世之事也，岂足为周公乎？且圣世之事，各有其业，讲道、习艺患日之不足，岂暇游公卿之门哉？彼游公卿之门，求公卿之礼者，皆战国之奸民，而毛遂、侯嬴之徒也。荀卿生于乱世，不能考论先王之法著之天下，而惑于乱世之俗，遂以为圣世之事亦若是而已，亦已过也。且周公之所礼者大贤与，则周公岂唯执贽见之而已？固当荐之天子，而共天位也。如其不贤，不足与共天位，则周公如何其与之为礼也？

---

① 指鲁仲连，战国时齐国人，有计谋，但不肯做官。常周游各国，排难解纷。
② 王水照主编：《王安石全集》第五册，《临川文集》（卷四），复旦大学出版社2016年版，第194页。
③ 王水照主编：《王安石全集》第五册，《临川文集》（卷三十五），第693页。
④ 《荀子·尧问》。

子产听郑国之政，以其乘舆济人于溱、洧。孟子曰："惠而不知为政。"盖君子之为政，立善法于天下，则天下治。立善法于一国，则一国治。如其不能立法，而欲人人悦之，则日亦不足矣。使周公知为政，则宜立学校之法于天下矣。不知立学校，而徒能劳身以待天下之士，则不惟力有所不足，而势亦有所不得也。

或曰："仰禄之士犹可骄，正身之士不可骄也。"夫君子之不骄，虽暗室不敢自慢，岂为其人之仰禄而可以骄乎？呜呼！所谓君子者，贵其能不易乎世也。荀卿生于乱世，而遂以乱世之事量圣人。后世之士尊荀卿以为大儒而继孟子者，吾不信矣。[1]

4. 礼论

呜呼！荀卿之不知礼也。其言曰："圣人化性而起伪。"[2] 吾是以知其不知礼也。知礼者，贵乎知礼之意。而荀卿盛称其法度节奏之美，至于言"化"则以为"伪"也，亦乌知礼之意哉？故礼始于天而成于人。知天而不知人则野，知人而不知天则伪。圣人恶其野而疾其伪，以是礼兴焉。今荀卿以谓圣人之化性为起伪，则是不知天之过也，然彼亦有见而云尔。凡为礼者，必诎其放傲之心，逆其嗜欲之性，莫不欲逸而为尊者劳，莫不欲得而为长者让，擎跽曲拳以见其恭。夫民之于此，岂皆有乐之之心哉？患上之恶己，而随之以刑也。故荀卿以为特劫之法度之威，而为之于外尔，此亦不思之过也。

夫斫木而为之器，服马而为之驾，此非生而能者也。故必削之以斧斤，直之以绳墨，圆之以规，而方之以矩，束联胶漆之，而后器适于用焉。前之以衔勒之制，后之以鞭策之威，驰骤舒疾，无得自放，而一听于人，而后马适于驾焉。由是观之，莫不劫之于外而服之以力者也。然圣人舍木而不为器，舍马而不为驾者，固亦因其天资之材也。今人生而有严父、爱母之心，圣人因其性之欲而为之制焉。故其制虽有以强人，而乃以顺其性之欲也。圣人苟不为之礼，则天下盖将有慢其父而疾其母者矣。此亦可谓失其性也。得性者以为伪，则失其性者乃可以为真乎？此荀卿之所以为不思也。

---

[1] 王水照主编：《王安石全集》第六册，《临川文集》(卷六十四)，第1163—1164页。
[2] 《荀子·性恶》。

夫狙猿之形非不若人也，欲绳之以尊卑而节之以揖让，则彼有趋于深山大麓而走耳，虽畏之以威而驯之以化，其可服邪？以谓天性无是而可以化之使伪耶，则狙猿亦可使为礼矣。故曰：礼始于天而成于人。天则无是而人欲为之者，举天下之物，吾盖未之见也。①

5. 荀卿

荀卿载孔子之言曰："'由！智者若何？仁者若何？'子路曰：'智者使人知己，仁者使人爱己。'子曰：'可谓士矣。'子曰：'赐！智者若何？仁者若何？'子贡曰：'智者知人，仁者爱人。'子曰：'可谓士君子矣。'子曰：'回！智者若何？仁者若何？'颜渊曰：'智者知己，仁者爱己。'子曰：'可谓明君子矣。'"② 是诚孔子之言欤？吾知其非也。夫能近见而后能远察，能利狭而后能泽广，明天下之理也。故古之欲知人者必先求知己，欲爱人者必先求爱己。此亦理之所必然，而君子之所不能易者也。请以事之近而天下之所共知者谕之。

今有人于此，不能见太山于咫尺之内者，则虽天下之至愚，知其不能察秋毫于百步之外也。盖不能见于近则不能察于远，明矣。而荀卿以谓"知己者贤于知人者"，是犹能察秋毫于百步之外者，为不若见太山于咫尺之内者之明也。今有人于此食不足以厌其腹，衣不足以周其体者，则虽天下之至愚，知其不能以赡足乡党也。盖不能利于狭则不能泽于广，明矣。而荀卿以谓"爱己者贤于爱人者"，是犹以赡足乡党为不若食足以厌腹、衣足以周体者之富也。由是言之，荀卿之言，其不察理已甚矣。故知己者，智之端也，可推以知人也；爱己者，仁之端也，可推以爱人也。夫能尽智、仁之道，然后能使人知己、爱己。是故能使人知己、爱己者，未有不能知人、爱人者也。能知人、爱人者，未有不能知己、爱己者也。今荀卿之言，一切反之。吾是以知其非孔子之言，而为荀卿之妄矣。

扬子曰："自爱，仁之至也。"③ 盖言能自爱之道，则足以爱人耳，非谓不能爱人而能爱己者也。噫！古之人爱人不能爱己者有之矣，然非吾所谓爱

---

① 王水照主编：《王安石全集》第六册，《临川文集》（卷六十六），第1198—1199页。该条收录于（宋）真德秀《续文章正宗》（卷一），倪澄重编，（明）胡松增订：《钦定四库全书》，集部八，总集类。
② 《荀子·子道》。
③ 扬雄：《法言·君子》。

人，而墨翟之道也。若夫能知人而不能知己者，亦非吾所谓知人矣。①

6. 原性

或曰："孟、荀、扬、韩四子者，皆古之有道仁人。而性者，有生之大本也。以古之有道仁人而言有生之大本，其为言也宜无惑，何其说之相戾也？吾愿闻子之所安。"

曰："吾所安者，孔子之言而已。夫太极者，五行之所由生，而五行非太极也。性者，五常之太极也，而五常不可以谓之性。此吾所以异于韩子。且韩子以仁、义、礼、智、信五者谓之性，而曰天下之性恶焉而已矣。五者之谓性而恶焉者，岂五者之谓哉？孟子言人之性善，荀子言人之性恶。夫太极生五行，然后利害生焉，而太极不可以利害言也。性生乎情，有情然后善恶形焉，而性不可以善恶言也。此吾所以异于二子。孟子以恻隐之心人皆有之，因以谓人之性无不仁。就所谓性者如其说，必也怨毒忿戾之心人皆无之，然后可以言人之性无不善，而人果皆无之乎？孟子以恻隐之心为性者，以其在内也。夫恻隐之心与怨毒忿戾之心，其有感于外而后出乎中者，有不同乎？荀子曰：'其为善者伪也。'就所谓性者如其说，必也恻隐之心人皆无之，然后可以言善者伪也，为人果皆无之乎？荀子曰：'陶人化土而为埴，埴岂土之性也哉？'夫陶人不以木为埴者，惟土有埴之性焉，乌在其为伪也？且诸子之所言，皆吾所谓情也，习也，非性也。扬子之言为似矣，犹未出乎以习而言性也。古者有不谓喜、怒、爱、恶、欲情者乎？喜、怒、爱、恶、欲而善，然后从而命之曰仁也、义也；喜、怒、爱、恶、欲而不善，然后从而命之曰不仁也、不义也。故曰：有情然后善恶形焉。然则善恶者，情之成名而已矣。孔子曰：'性相近也，习相远也。'吾之言如此。"

"然则'上智与下愚不移'，有说乎？"

曰："此之谓智愚，吾所云者性与善恶也。恶者之于善也，为之则是；愚者之于智也，或不可强而有也。伏羲作《易》，而后世圣人之言也，非天下之至精、至神，其孰能与于此？孔子作《春秋》，则游、夏不能措一辞。盖伏羲之智，非至精、至神不能与。惟孔子之智，虽游、夏不可强而能也，况所谓下愚者哉？其不移明矣。"

---

① 王水照主编：《王安石全集》第六册，《临川文集》（卷六十八），第1227—1228页。

或曰："四子之云尔，其皆有意于教乎？"

曰："是说也，吾不知也。圣人之教，正名而已。"①

7.【佚文】（九一）

荀况曰："大飨先大羹，贵饮食之本也。"② 夫大羹，肉湇也，不致五味。凡所以荐鬼神，养宾客，则必共之。非特共之，又贵而先之者。古之时，禽兽尝逼人矣，圣人教之田罟，则亦以除患故也。未知火化，非所以养生；修火之利，则使之免死而已。当是时，人知食肉而饮其湇，其相养亦足矣。③

8. 性论

古之善言性者，莫如仲尼，仲尼，圣之粹者也。仲尼而下，莫如子思，子思，学仲尼者也。其次莫如孟轲，孟轲，学子思者也。……噫，以一圣二贤之心而求之，则性归于善而已矣。其所谓愚智不移者，才也，非性也。性者，五常之谓也；才者，愚智昏明之品也。……夫有性有才之分，何也？曰：性者，生之质也，五常是也，虽上智与下愚，均有之矣。盖上智得之之全，而下愚得之之微也。……仲尼、子思、孟轲之言，有才性之异，而荀卿乱之。扬雄、韩愈惑乎上智下愚之说，混才与性而言之。④

9. 荀卿论上

杨、墨之道未尝不称尧、舜也，未尝皆不合于尧、舜也。然而孟子之所以疾之若是其至者，盖其言出入于道而已矣。荀卿之书，修仁义忠信之道，具礼乐刑政之纪，上祖尧、舜，下法周、孔，岂不美哉？然后世之名，遂配孟子，则非所宜矣。夫尧、舜、周、孔之道，亦孟子之道也；孟子之道，亦尧、舜、周、孔之道也。荀卿能知尧、舜、周、孔之道，而乃以孟子，杂于杨朱、墨翟之间，则何知彼而愚于此乎？昔墨子之徒，亦当誉尧、舜而非桀、

---

① 李之亮注译：《王安石集》，中州古籍出版社 2010 年版，第 96—97 页。王水照主编：《王安石全集》第六册，《临川文集》（卷六十八），第 1234—1235 页。
② 《荀子·礼论》。
③ 王安石：《周官新义》（卷三），《钦定四库全书》，经部四，礼类一。王水照主编：《王安石全集》第三册，《周礼新义》卷三，第 127 页。
④ 王水照主编：《王安石全集》第七册，《临川先生文集》附录一，第 1827—1828 页。

纣,岂不至当哉?然礼乐者,尧、舜之所尚也,乃欲非而弃之,然则徒能尊其空名尔,乌能知其所以尧、舜乎!荀卿之尊尧、舜、周、孔,亦诚知所尊矣,然孟子者,尧、舜、周、孔之徒也,乃以杂于杨朱、墨翟而并非之,是岂异于誉尧、舜而非礼乐者耶?昔者圣贤之著书也,将昭道德于天下,而揭教化于后世尔,岂可以托尊圣贤之空名,而信其邪谬之说哉?今有人于此,杀其兄弟,戮其子孙,而能尽人子之道以事其父母,则是岂得不为罪人耶?荀卿之尊尧、舜、周、孔而非孟子,则亦近乎此矣。盖孟子以谓人之为仁义,非戕其性而后可为,故以告子之言为祸仁义矣。荀卿以为人之性恶,则岂非所谓祸仁义者哉?顾孟子之生,不在荀卿之后焉尔,使孟子出其后,则辞而辟之矣。①

10. 佚文(三〇六)

"惟辟作福,惟辟作威。"荀子曰:"擅生杀之谓王,能利害之谓王。"②义如此。君王用人惟己,亦"作福"之义。③

刘 攽

刘攽(1023—1089),字贡夫,一作贡父、赣父,号公非。北宋时人。刘敞之弟。著有《东汉刊误》等。

1. 贺参政某侍郎启

伏惟庆慰,恭以某官率性纯粹,践行中庸,奥学究乎天人,令望允于文武,暴阳秋之和气,谐金石之正声,乃其毓粹元精,禀符人杰,周雅所咏,老成重于典刑。荀卿有言:大儒所以美俗而自雍容,法从辉光。④

---

① 王水照主编:《王安石全集》第七册,第1826—1827页。
② 《资治通鉴·周纪五》或《史记·范雎蔡泽列传》。
③ 王水照主编:《王安石全集》第二册,《尚书新义》(卷七),第161页。宋陈渊对此条曾有评议。
④ (宋)刘攽:《彭城集》(卷二十八),《钦定四库全书》,集部三,别集类二。

2. 行状

故朝散大夫给事中集贤院学士权判南京留司御史台刘公行状

尝论曰：荀子不知性，扬子不知命，韩子不知道。荀子言人性恶，则善无所起；扬子畏死而投阁；韩子汲汲求用于时，以不得出王公大人之门为己忧。是三子其盛者也，而其蔽至是，况其下者乎！至说《春秋》，其所发明尤多。①

徐 积

徐积（1028—1103），字仲车，自号南郭翁，北宋楚州山阳人，受业于胡瑗。著有《节孝集》等。

1. 欲求圣人之道（编者加，原文无）

然善论圣者必观其世，且如孔子处周之季天下如何哉？所以车辙马迹遍于天下而不自以为劳，岂好为哉？冀一得用以行其道而济斯人尔，至于见佛肸、南子②而不自为污也。然圣人之变疑卓尔不可及。有志者跂而学之，亦何难哉！此孟子所以学而至之，荀杨则不及也。③

2. 荀子辩④

荀子曰：人之性恶，其善者伪也。古者圣人以人之性恶，以为偏险而不正，悖乱而不治，是以为之起礼义，制法度，以矫饰人之情性而正之，以扰化人之情性而道之也，使皆出于理，合于道也。

辩曰：荀子非也。且人之性既恶矣，又恶知恶之可矫，而善之可为也？

---

① （宋）刘攽：《彭城集》（卷三十五）。
② 《论语》中关于佛（bì）肸（xī）的论述见《阳货》，关于南子的论述见《雍也》。
③ （宋）徐积：《节孝语录》，（宋）江端礼录，《钦定四库全书》，子部一。
④ 徐积此处辩驳荀子的话皆出自《荀子·性恶》。该条收录于《宋元学案》（卷一），《安定学案》之安定门人徐积。除了徐积诸如"荀子非也""荀子过矣""荀子谬也"等断语外，黄百家完整摘录了《荀子辩》一文，在相应段落后加了案语。后文将黄百家案语置于脚注中标明。

矫性之矫如矫木之矫，则是杞柳为于桮棬之类也。何异于告子哉？弗思而已矣。余以为礼义者，所以充其未足之善；法制者，矫其已习之恶。

荀子曰：凡性者，天之就也。不可学，不可事。

辩曰：荀子过矣。① 若如此论，则是上之教可废，而下之学可弃也，又乌用礼义为哉？余以为天能命人之性，而不能就人之性。惟人能就其性。如此，则与孔子之意合。孔子曰："成性存存，道义之门。"

荀子曰：今人之性，目可以见，耳可以听。何以见之？明不离目。何以听之？聪不离耳。目明而耳聪，不可学，明矣。

辩曰：荀子过矣。② 夫奚物而不可学也？赤子之性也，不匍匐矣。既匍匐也，不能行，必须左右扶持，犹曰姑徐徐云耳，然而卒能之楚，之秦，之天下者，其故何哉？盖曰学而已也。至于耳目则何独不然？其始也，目不能视矣，耳不能听矣。然而明可以察秋毫之末，聪可以辩五声之和，卒能如此者，其故何哉？亦曰学而已也。夫奚物而不可学耶？

荀子曰：今人之性，饥而欲饱，寒而欲暖，劳而欲休，人之情性也。今人饥，见长者而不敢先食者，将有所让也；劳而不敢求息者，将有所代也。夫子之让乎父，弟之让乎兄，子之代乎父，弟之代乎兄，为此行者皆反于性而悖于情也。故顺情性则不辞让矣，辞让则悖于情性矣。用此观之，人之性恶明矣，其善伪也。

辩曰：荀子谬矣。③ 夫饥而欲饱，寒而欲暖，劳而欲休，此人情之常也，虽圣人亦不免矣。至于子之让乎父，弟之让乎兄，子之代父，弟之代兄，此二行皆出于其性也。何反于性而悖于情哉？有是性即有是行也，无是性即无是行也。乌有性恶而能为孝弟哉？弗思而已矣。

荀子曰：凡礼义者，是生于圣人之伪，非故生于人之性也。故陶人合土

---

① 百家谨案：正唯耳目之有聪明，故圣人因明，继以规矩，以为方员平直，因聪，继以六律，以正五音，而有视听之学。正惟性之善，圣人制为礼义法度，而有复性之学。

② 百家谨案：饱暖安逸，固人性情。然己既饱暖安逸，而见父兄之饥劳，试问此时之为子弟者，亦不知其心能安否？夫欲饱暖安逸，人之情也，其不安于父兄饥劳之心，性之善也。让代其父兄，顺乎性之善也。

③ 百家谨案：荀子固不识性，实由乎不识礼义也。夫性即土也，而礼义非瓦也；性即木也，而礼义非器也。况性不可以土木喻哉！夫性果何物也？即此心之恻隐、羞恶、恭敬、是非，仁义礼智之理也。而此心不能不应万事，于是圣人取此心恭敬之性而为经曲之礼，羞恶之性而为咸宜之义。是礼与义即性也。云"顺其性而为礼义"者，并多此"顺"与"为"字。至若土与木，曷尝有瓦与器来，而以之相拟乎？由先生之辩，不足以折荀子也。

而生瓦，然则瓦生于陶人之伪，非故生于人之性。工人斫木而生器，然则器生于工人之伪，非故生于人之性也。

辩曰：荀子谬矣。夫欲行其实者，必先正其名。名正则教行矣。礼义之伪与作伪之伪有以异乎？其无以异乎？在人者必皆谓之伪，则何事而不可言伪？言性恶者，将以贵礼义也。今乃以礼义而加之伪名，则是欲贵之而反贱之也。奚不曰：陶人因土而生瓦，工人因木而生器，圣人因人而生礼义也？何必曰伪？

荀子曰：薄愿美①，狭愿广，贫愿富，贱愿贵，苟无之中者必求于外。故富而不愿财，贵而不愿势，苟有之中者不及于外。用此观之，人之欲为善者，为性恶也。

辩曰：荀子过甚矣，何不顾孟子之意也！孟子以仁、义、礼、智谓之四端。夫端，亦微矣。其谓仁者，岂遂足用为仁哉；其谓义者，岂遂足用为义哉。是在其养而大之也。此所谓"薄愿美，狭愿广，贫愿富，贱愿贵"，以其不足于中而必求于外也，安得曰"富而不愿财，贵而不愿势，苟有中而不求于外"耶？故人之欲为善，以其善之未足也，而有可充之资，可为之质也，何必待性恶而后为善哉？性恶而为善，譬如搏水上山。善而为善，如水之流而就湿也，火之始然而燥也，岂不顺也！噫！荀子过矣！②

荀子曰：性善则去圣王，息礼义。性恶则兴圣王，贵礼义。

辩曰：一阴一阳，天地之常道也。男有室，女有归，人伦之常道也。君必有民，民必有君，所以为天下也。不然，何以为天下？圣王之兴，岂为性恶而已哉？故性善，得圣王则愈治，得礼义则愈兴，安得曰"去圣王，息礼义"？性善而得礼义，如物萌而得膏雨也，勃然矣，有何不可哉？荀子过矣。

荀子曰：凡人之性，尧、舜之与桀、跖一也。君子之与小人，其性一也。

辩曰：天下之性恶而已。尧、舜、盗跖亦恶而已。是自生民以来，未尝有一人性善也。未尝有一人性善，其礼义曷从而有哉？其所谓圣人者，曷从而为圣人哉？

---

① 荀子原文为："薄愿厚，恶愿美。"

② 百家谨案：天下未有无其物而可强为者，即如荀子言"合土生瓦，斫木生器"，亦必有是土木而后可生瓦器，岂无是土木而陶人工人强生瓦器乎？且荀子云"人之欲为善者，为性恶也"，不知如果性恶，安有欲为善之心乎？即此有欲为之心，已足验人心之善矣！先生云"何不顾孟子之意"，似迂。彼既主张性恶，岂顾孟子哉！

荀子曰：尧问于舜，"人情何如？"舜对："人情甚不美。妻子具而孝衰于亲，嗜欲得而信衰于友，爵禄盈而忠衰于君。"

辩曰：荀子载尧舜之言则吾不知也。至于妻子具而孝衰于亲，则是妻子未具而尝有孝矣。嗜欲得而信衰于友，则是嗜欲未得而尝有信矣。爵禄盈而忠衰于君，则是爵禄未盈而尝有忠矣。则是天下之性，未尝无孝，未尝无信，未尝无忠，而人之性果善矣。其所以不善者，外物害之也，岂性之罪哉！学荀子者，以吾言为何如？①

孙 觉

孙觉（1028—1090），字莘老，北宋江苏高邮人，是胡瑗、陈襄的学生。著有《春秋经解》。

秋筑王姬之馆于外

荀子云：从道不从君，从义不从父，人之大行也。入则孝，出则弟，人之小行也。② 盖事有不中于道，理有不合于义者，则虽君父有命，有不必从，惟道义之所在耳。③

---

① （宋）徐积：《节孝集》（卷二十九），《钦定四库全书》，集部三，别集类二。百家谨案：荀子之学与告子极相似，而有辨。"陶人合土以生瓦，工人斫木以生器"，此"杞柳、桮棬"之说也。"礼义为伪"，此"义外"之说也。以性为恶，即"食色为性，生之谓性"也。但告子之以杞柳喻性、桮棬喻义者，以为人生所有之本质，惟此知觉，而知觉无礼义也。欲得理于我，必须向天地万物上求之，使与我之知觉合而为一，而后为作圣之功。而不知此知觉之遂感而通不失其宜者，即礼义也。然告子之"东流、西流"，亦只言性无善恶，须复求理于外。而荀子则直以人欲横流者为性，竟云性恶，反礼义为矫性之伪物矣。嗟乎！性道难言也！孔子明言"求诸己"，孟子明言"性善""万物皆备"，程子明言"性即理"也，朱子明言"虚灵不昧，具众理而应万事"。彼告子、荀子以礼义为外，人皆知为异端，犹可言也；欲明为儒者，不识吾性之即为礼义，猖猖焉欲以沿门乞火为秘旨，凡有反求诸己者，即便妄诋之为禅，不可言也。

② 语见《荀子·子道》，原文依次言"小行、中行、大行"，此处先言"大行"后言"小行"，未言"上顺下笃，人之中行也"。

③ （宋）孙觉：《春秋经解》（卷三），庄公上，元年春王正月，《钦定四库全书》，经部五，春秋类。

吕 陶

吕陶（1028—1104），字元钧，北宋眉州彭山。著有《吕陶集》。

1. 送唐子方序

治乱之源出于任人，而贤不肖进退，系天下之幸不幸，世主安得不慎取舍哉。……荀卿书虽杂言王霸，至于论足国之道，则曰："节用以礼，裕民以政。"又曰："儒术诚行，则天下泰而富。"① 夫上所以任公者，本节用、裕民之道矣。公所以报上者，施儒术而跻富寿也，推而措之揆席以翊成大化，则良史必书其详，此姑述公之行尔。②

2. 论略

圣人著其始终以贻后王之戒，可以意得而有，不可以文辨。故论刑赏失柄则王道归于笔削，其文则史，其义则裁之以权制；故论《春秋》天人精禩之际，莫若修己以奉顺政，执其中则万端不失于偏陂；故论《洪范》明天性者长于教；故论孟轲言而不知其归，则或叛去礼义；故论荀卿緷所以议道，而不可议以数；故论扬雄不以天下动其心，则能保天下之治。……故有论略，言古验今，庶乎有补而已也。③

3. 荀卿论

天下之物理，其始若不可究，其终必有归。星之所经躔次④，舍⑤合散犯守，纷错陵乱，莫得而息。然所统者，北辰也。水之东西曲折，源长派⑥广，

---

① 《荀子·富国》。
② （宋）吕陶：《净德集》（卷十三），《钦定四库全书》，集部三，别集类二。
③ （宋）吕陶：《净德集》（卷十五）。
④ 躔次：指日月星辰在运行轨道上的位次。
⑤ 舍：星次，星宿运行所到之处。
⑥ 派：水的支流。

吕陶

聚为四渎①，离为百川，荡溢泛滥，莫得而测。然所赴者，海也。途之远而上下险艰易直，或向秦蜀，或通吴楚，舟车人迹，莫得而穷。然所会者，中国也。一言而可以尽天下之物理者，盖知其归也。言乎规，则天下之圆者不能遗矣；言乎矩，则天下之方者不能遗矣。方圆者，归于规矩而已者。道德仁义者，其微发于神明，其著极于万物，幽及于鬼神，明见于礼乐，笼络万世之前，驰骋千载之外，弛张变化于天地，同其归可得而知欤。以宗主言之，则止乎圣人也；以法度言之，则存乎皇极也；总其大分而言之，则谓之名教也。名教者，虽无知、不肖之人可以纳诸其中，而贤智、才能之士不可出乎其外也。毫说、佞论又安得而过乎？仲尼尝谓："博学于文，约之以礼，可以弗畔。"其称道前古之君，则以尧为巍巍荡荡，舜为恭己而治，禹无间然已。②卫灵公问陈，则对以俎豆。子贡欲弃信，则答以去兵。夫以天纵之圣，生知于道，则固能放言高议，恢其端于无垠，神其用于不测，谓天下之治皆出于我矣，而乃曰：以礼约文，则可以弗畔。而又推尊尧舜禹之善，如此夫以傍徨天下，欲伸其道以济斯民之心，则固宜举一切便利之事，求合于时，然后得奋其志矣。乃以问陈、答礼、贵信、贱兵，其言之不苟则又如此，得非以道德仁义之大分归于名教而不苟越，其外乎名教之不可越。故博学者必约以礼，尧舜禹必为后世之所推，尊君子之言，必无所苟也。孟子奔走战国，开说诸侯，而善必称尧舜，政必陈三代。养生送死，必得其详，其迹虽类迂阔，其心则仲尼无异焉。惜乎！荀卿之不出于此，而务为毫说、佞论，往往越于名教之外，而不知其归也。为仁义、礼乐之宗主，万世仰而师之者，圣人也。荀卿曰：尧舜、跖，其性耳。③ 又曰：礼乐生于圣人之伪，则万世安所师乎？④ 为二帝、三王之法度，万世推而仿之者，皇极也。荀卿曰：有治人，无治法。⑤ 又曰：欲观先王之迹，则于后王，彼治而无法。不本于先王，而本于

---

① 四渎：古代对四条独流入海的大河（长江、黄河、淮河、济水）的称呼。
② "尧为巍巍荡荡"，《论语·泰伯》中原文为："尧之大哉为君也！巍巍乎！唯天为大，唯尧则之。荡荡乎，民无能名焉。""舜为恭己而治"，在《论语·卫灵公》中原文为："子曰：'无为而治者，其舜也与！夫何为哉？恭己正南面而已矣。'""禹无间然已"，《论语·泰伯》中原文为："禹，吾无间然矣。"
③ 《荀子·性恶》。
④ 《荀子·性恶》。
⑤ 《荀子·君道》。

后王，则万世安。① 所仿乎失其宗主，忘其法度，则必越于名教之外也。越于名教之外，则何为而不妄哉？斯言也，未足以适当时天下之用，而足以启后世天下之害也。立说好异，夸辨太过，而不知其归矣。②

4. 圣人制富贵论

天之生斯人而谓之灵于万物者，盖以有五性之动、七情之役。利欲之端潜伏于中而莫知其已也。……荀卿子著书力言治道，至于分义之际，未尝不丁宁焉。其说曰：辨莫大于分，分莫大于礼。③ 又曰：分者，义之别。④ 又曰：礼者，法之大分。⑤ 与《戴记》之说皆相表里，而深明夫圣人制礼之本意欤。⑥

5. 有性可以为德论

天之生斯人，均是一气也。而人之有生，何其纷纷而不一乎？或聪明睿智而为圣，或修慎饬励而为贤，或顽冒庸妄而为愚。是三者，自孔子、子思、孟轲、荀卿、杨雄、韩愈皆为之说，学者尝闻之矣。孔子以为"性相近，习相远也"；子思以为"天命者性，率性者道。性，自诚而明；教，自明而诚也"；孟轲以为"性之无不善，如水之无不下"，"人性善也"，荀卿以为"待礼义然后治，待师法然后正"，"人性恶也，善其伪也"；杨雄以为"修其善则为善人，修其恶则为恶人，性混善恶也"；韩愈以为"上者就学而愈明，下者畏威而寡罪，中人介上下之间也"。性之为性者一面说之如此，则学者将谁适从乎？会孔子、子思、孟轲之论亦莫之从矣。所谓"性之相近，而习之相远"、"命之为性，而率之为道者"，是性之可为善也，性之可以为善信乎？如水之无不下矣，非孔子、子思、孟轲之论将谁从耶？⑦

---

① 《荀子·非相》。
② （宋）吕陶：《净德集》（卷十五）。
③ 《荀子·非相》。
④ 《荀子·富国》。
⑤ 《荀子·劝学》。
⑥ （宋）吕陶：《净德集》（卷十七）。
⑦ （宋）吕陶：《净德集》（卷十七）。

6. 吕希述字说

周衰教敝，异端诸子之学不极不根，散漫四出，天下随流四溃。孟子惧斯道之失其传也，于是力持纲常以起废坠，故其书一出，仁义而会之王道。嗣孟子之业者，荀、杨、王、韩也。四子之言，虽所蓄有醇疵，所骋有详略，要其归皆祖述六经之趣，而得其传。君之名，义取于斯矣。……夫百家异变，众说殊指，交攻竞骛而不知所以。折衷君子，沈潜而深思，力本而笃信，非孔孟，四子之道吾安能述而传焉。①

7. 送周茂叔殿丞

予尝持是说，以观世俗情伪，而愤君子之所不足，反而求诸传记。至仲尼称伯夷、柳下惠，荀卿氏推尊子弓，扬子云珍君平，畏仲元②，而乃知君子之道，虽晦必明，虽屈必伸。盖圣人之待天下，必推之以至公而教存焉。然则道人之善而有警于世，非佞也，公天下而为言也。③

程 颢 程 颐

程颢（1032—1085），字伯淳，号明道，世称明道先生，河南府洛阳人。北宋理学的奠基者，"洛学"代表人物。与弟程颐世称"二程"。著有《定性书》《识仁篇》等。

程颐（1033—1107），字正叔，世称伊川先生，北宋理学的奠基者，"洛学"代表人物。与兄程颢世称"二程"。著有《周易程氏传》等。

1. 韩愈亦近世豪杰之士。如《原道》中言语虽有病，然自孟子而后，能将许大见识寻求者，才见此人。至如断曰："孟子醇乎醇。"又曰："荀与扬，择焉而不精，语焉而不详。"若不是他见得，岂千余年后便能断得如此分明

---

① （宋）吕陶：《净德集》（卷十九）。
② 严遵，字君平，西汉著名学者，著有《老子指归》等。李弘，字仲元，蜀人也。为人公正，敢直言，为扬雄称道。
③ （宋）吕陶：《净德集》（卷二十九）。

也。如扬子看老子，则谓："言道德则有取，至如捶提仁义，绝灭礼学，则无取。"若以老子"剖斗折衡，圣人不死，大盗不止"，为救时反本之言，为可取，却尚可恕。如老子言"失道而后德，失德而后仁，失仁而后义，失义而后礼"，则自不识道，已不成言语，却言其"言道德则有取"，盖自是扬子已不见道，岂得如愈也。①

2. 孟子言"养心莫善于寡欲"，欲寡则心自诚。荀子言"养心莫善于诚"，既诚矣，又何养？此已不识诚，又不知所以养。②

3. 问：游宣德云"人能戒慎恐惧于不睹不闻之间，则无声无臭之道可以驯致"，此说如何？曰：驯致，渐进也。然此亦大纲说，固是自小以致大，自修身可以至于尽性至命。然其间有多少般数，其所以至之之道当如何。荀子曰："始乎为士，终乎为圣人。"今人学者须读书，才读书便望为圣贤，然中间至之之方更有多少。荀子虽能如此说，却以礼义为伪，性为不善。他自情性尚理会不得，怎生到得圣人。大抵以尧所行者欲力行之，以多闻多见取之，其所学者皆外也。③

4. 或曰：传记有言，太古之时人有牛首蛇身者，莫无此理否？曰："固是。既谓之人，安有此等事？但有人形似鸟喙，或牛首者耳。《荀子》中自说。"问："太古之时，人还与物同生否？"曰："同。""莫是纯气为人，繁气为虫否？"曰："然。人乃五行之秀气，此是天地清明纯粹气所生也。"或曰："人初生时，还以气化否？"曰："此必烛理，当徐论之。且如海上忽露出一沙岛，便有草木生。有土而生草木，不足怪。既有草木，自然禽兽生焉。"或曰："先生语录中云：'焉知海岛上无气化之人？'如何？"曰："是近人处固无，须是极远处有，亦不可知。"曰："今天下未有无父母之人。古有气化，今无气化，何也？"曰："有两般。有全是气化而生者，若腐草化为萤是也。既是气化，到合化时自化。有气化生之后而种生者。且如人身上着新衣服，过几日，便有虮虱生其间，此气化也。气既化后，更不化，便以种生去。此

---

① （宋）程颢、程颐：《程氏遗书》（第一），（宋）朱熹：《朱子全书》（外编）（第2册），上海古籍出版社、安徽教育出版社2010年版，第19页。
② （宋）程颢、程颐：《程氏遗书》（第二上），《程氏遗书》，（宋）朱熹：《朱子全书》（外编）（第2册），第34页。
③ （宋）程颢、程颐：《程氏遗书》（第十八），（宋）朱熹：《朱子全书》（外编）（第2册），第244—245页。

理甚明。"或问:"宋齐丘《化书》云:'有无情而化为有情者,有有情而化为无情者。无情而化为有情者,若枫树化为老人是也。有情而化为无情者,如望夫化为石是也。'此语如何?"曰:"莫无此理。枫木为老人,形如老人也,岂便变为老人?川中有蝉化为花,蚯蚓化为百合,如石蟹、石燕、石人之类有之。固有此理。某在南中时,闻有采石人,因采石石陷,遂在石中,幸不死,饥甚,只取石膏食之。不知几年后,因别人复来采石,见此人在石中,引之出,渐觉身硬,才出,风便化为石。此无可怪,盖有此理也。若'望夫石',只是临江山有石如人形者。今天下凡江边有石立者,皆呼为'望夫石。'如呼'马鞍'、'牛头'之类,天下同之。"①

5. 问:人性本明,因何有蔽?曰:此须索理会也。孟子言人性善是也。虽荀、杨亦不知性。孟子所以独出诸儒者,以能明性也。性无不善,而有不善者才也。性即是理,理则自尧、舜至于涂人一也。才禀于气,气有清浊,禀其清者为贤,禀其浊者为愚。又问:愚可变否?曰:可。孔子谓"上智与下愚不移",然亦有可移之理,惟自暴自弃者则不移也。曰:下愚所以自暴自弃者,才乎?曰:固是也,然却道他不可移不得。性只一般,岂不可移,却被他自暴自弃不肯去学,故移不得,使肯学时,亦有可移之理。②

6. 问:召公何以疑周公?曰:召公何尝疑周公?《书》称"召公不说",何也?请观《君奭》一篇,周公曾道召公疑他来否,古今人不知《书》之甚。《书》中分明说:"召公为保,周公为师,相成王为左右,召公不说,周公作《君奭》。"此已上是孔子说也。且召公初升为太保,与周公并列,其心不安,故不说尔。但看此一篇,尽是周公留召公之意,岂有召公之贤而不知周公者乎?《诗》中言"周大夫刺朝廷之不知"。岂特周大夫?当时之人虽甚愚者,亦知周公刺朝廷之不知者,为成王尔。成王煞是中才,如"天大雷电以风",而"启金縢之书",成王无事而启金縢之书作甚?盖二公道之如此,欲成王悟周公尔。近人亦错看却其诗,云"荀子书犹非孟子,召公心未说周公"③,甚非也。④

---

① (宋)程颢、程颐:《程氏遗书》(第十八),(宋)朱熹:《朱子全书》(外编)(第2册),第253—254页。
② (宋)程颢、程颐:《程氏遗书》(第十八),(宋)朱熹:《朱子全书》(外编)(第2册),第260页。
③ 该句出自曾巩《圣贤》一诗。
④ (宋)程颢、程颐:《程氏遗书》(第十八),(宋)朱熹:《朱子全书》(外编)(第2册),第285—286页。

7. 问王通。曰：隐德君子也。当时有些言语，后来被人傅会，不可谓全书。若论其粹处，殆非荀、扬所及也。若《续经》之类，皆非其作。①

8. 荀卿才高，其过多；扬雄才短，其过少。韩子称其大醇，非也。若二子可谓大驳矣，然韩子责人甚恕。②

9. 问：世传成王幼，周公摄政，荀卿亦曰"履天下之籍，听天下之断"③，周公果践天子之位，行天子之事乎？曰：非也。周公位冢宰，百官总己以听之而已，安得践天子之位？又问：君薨，百官听于冢宰者三年尔，周公至于七年，何也？曰：三年，谓嗣王居忧之时也。七年，为成王幼故也。又问：赐周公以天子之礼乐，当否？曰：始乱周公之法度者，是赐也。人臣安得用天子之礼乐哉？成王之赐，伯禽之受，皆不能无过。一作罪。记曰："鲁郊非礼也，其周公之衰乎！"圣人尝讥之矣。说者乃云：周公有人臣不能为之功业，因赐以人臣所不得用之礼乐，则妄也。人臣岂有不能为之功业哉？借使功业有大于周公，亦是人臣所当为尔。人臣而不当为，其谁为之？岂不见孟子言"事亲若曾子可也"，曾子之孝亦大矣，孟子才言可也。盖曰：子之事父，其孝虽过于曾子，毕竟是以父母之身做出来，岂是分外事？若曾子者，仅可以免责尔。臣之于君，犹子之于父也。臣之能立功业者，以君之人民也，以君之势位也。假如功业大于周公，亦是以君之人民势位做出来，而谓人臣所不能为，可乎？使人臣恃功而怀怏怏之心者，必此言矣。若唐高祖赐平阳公主葬以鼓吹则可；盖征战之事实，非妇人之所能为也，故赐以妇人所不得用之礼乐。若太宗却不知此。太宗佐父平天下，论其功不过做得一功臣，岂可夺元良之位？太子之与功臣，自不相干。唐之纪纲，自太宗乱之。终唐之世无三纲者，自太宗始也。李光弼、郭子仪之徒，议者谓有人臣不能为之功，非也。④

10. 荀、扬性已不识，更说甚道。⑤

---

① （宋）程颢、程颐：《程氏遗书》（第十八），（宋）朱熹：《朱子全书》（外编）（第2册），第290页。

② （宋）程颢、程颐：《程氏遗书》（第十八），（宋）朱熹：《朱子全书》（外编）（第2册），第291页。

③ 《荀子·儒效》。

④ （宋）程颢、程颐：《程氏遗书》（第十八），（宋）朱熹：《朱子全书》（外编）（第2册），第295—296页。

⑤ （宋）程颢、程颐：《程氏遗书》（第十九），（宋）朱熹：《朱子全书》（外编）（第2册），第321页。

11. 文中子本是一隐君子，世人往往得其议论，附会成书。其间极有格言，荀、扬道不到处。又有一件事半截好半截不好。如魏徵问："圣人有忧乎？"曰："天下皆忧，吾独得不忧？"问疑，曰："天下皆疑，吾独得不疑？"徵退，谓董常曰："乐天知命吾何忧？穷理尽性吾何疑？"此言极好。下半截却云："徵所问者迹也，吾告汝者心也，心迹之判久矣。"便乱道。①

12. 韩退之言"孟子醇乎醇"，此言极好，非见得孟子意，亦道不到。其言"荀、扬大醇小疵"，则非也。荀子极偏驳，只一句性恶，大本已失。扬子虽少过，然已自不识性，更说甚道？②

13. 有学不至而言至者，循其言亦可以入道。荀子曰："真积力久则入。"③ 杜预曰："优而柔之，使自求之，餍而饫之，使自趋之。"管子曰："思之思之，又重思之，思之而不通，鬼神将通之，非鬼神之力也，精神之极也。"此三者循其言皆可以入道，而荀子、管子、杜预初不能及此。④

14. "杞柳"，荀子之说也。"湍水"，扬子之说也。⑤

15. 扬子无自得者也，故其言蔓衍而不断，优游而不决，其论性则曰："人之性也，善恶混，修其善则为善人，修其恶则为恶人。"荀子悖圣人者也，故列孟子于十二子，而谓人之性恶。性果恶邪？圣人何能反其性已至于斯邪！⑥

16. 荀子曰："养心莫善于诚"，周茂叔谓荀子元不识诚。伯淳曰：既诚矣，心焉用养邪？荀子不知诚。⑦

17. 荀卿才高学陋，以礼为伪，以性为恶，不见圣贤，虽曰尊子弓，然而时相去甚远。圣人之道，至卿不传。扬子云仕莽贼，谓之"旁烛无疆"，可

---

① （宋）程颢、程颐：《程氏遗书》（第十九），（宋）朱熹：《朱子全书》（外编）（第2册），第329页。
② （宋）程颢、程颐：《程氏遗书》（第十九），（宋）朱熹：《朱子全书》（外编）（第2册），第330页。
③ 《荀子·劝学》。
④ （宋）程颢、程颐：《程氏遗书》（第二十五），（宋）朱熹：《朱子全书》（外编）（第2册），第396—397页。
⑤ （宋）程颢、程颐：《程氏遗书》（第二十五），（宋）朱熹：《朱子全书》（外编）（第2册），第406页。
⑥ （宋）程颢、程颐：《程氏遗书》（第二十五），（宋）朱熹：《朱子全书》（外编）（第2册），第406页。
⑦ （宋）程颢、程颐：《程氏外书》（第二），（宋）朱熹：《朱子全书》（外编）（第2册），第459页。

乎？隐可也，仕不可也。①

18. 游定夫酢问伊川曰："'戒慎乎其所不睹，恐惧乎其所不闻'，便可'驯致'于'无声无臭'否？"伊川曰："固是。"后谢显道良佐问伊川如定夫之问，伊川曰："虽即有此理，然其间有多少般数。"谢曰："既云可'驯致'，更有何般数？"伊川曰："如荀子谓'始乎为士，终乎为圣人'②，此语有何不可？亦是'驯致'之道，然他却以性为恶，桀、纣性也，尧、舜伪也。以此'驯致'，便不错了？"③

19. 游定夫问伊川："'戒慎乎其所不睹，恐惧乎其所不闻'，及其至也，至于'无声无臭'乎？"伊川曰："驯此可以至矣。"后先生与周恭叔以此语问伊川，伊川曰："然其间亦岂无事。"恭叔请问，伊川曰："如荀子云'学者始乎为士，终乎为圣人'，可以明之。"④

吕希哲

吕希哲（1036—1114），字原明，学者称荥阳先生，北宋寿州人。少从学于孙复、石介、胡瑗，复从张载、程颢、程颐等游。后人编有《吕氏杂记》等。

1. 尧舜，性者也，至俟命而已矣。汝州云：尧舜，性与道合者也。其于为善，则无意于为善也。如此，然后与道合。汤武，则初未能尽合道，学而知之，反而至于此，然后为圣人。

性之比杞柳者，荀子之说也；湍水者，扬子之说也。⑤

2. 荥阳公尝曰：吾尝夜而计过。然自闲居来，尝自省己，颇无过事。又

---

① （宋）程颢、程颐：《程氏外书》（第十），（宋）朱熹：《朱子全书》（外编）（第2册），第505页。

② 《荀子·劝学》。

③ （宋）程颢、程颐：《程氏外书》（第十二），（宋）朱熹：《朱子全书》（外编）（第2册），第539页。

④ （宋）程颢、程颐：《程氏外书》（第十二），（宋）朱熹：《朱子全书》（外编）（第2册），第550页。

⑤ （宋）吕希哲：《吕氏杂记》（卷上），《钦定四库全书》，子部十，杂家类三。

曰：吾读《荀子·非相篇》，然后知有相术也。……若汲汲为善，则亦未晚。要无虚日云耳。①

苏　轼

苏轼（1037—1101），字子瞻，一字和仲，号铁冠道人、东坡居士，世称苏东坡，北宋眉州眉山人。著有《东坡易传》等。

1. 形势不如德论

然周之衰也，诸侯肆行而莫之禁。自平王以下，其去亡无几也。是则德衰而人之形势不足以救也。以地为形势者，秦、汉之建都是也。秦之取天下，非天下心服而臣之也。较之以富，搏之以力，而犹不服，又以诈因其君，掳其将，然后仅得之。今之臣服而朝贡，皆昔之暴骨于原野之子孙也，则吾安得泰然而长有之？汉之取天下，虽不若秦之暴，然要之皆不本于仁义也。当此之时，不大封诸侯，则无以答功臣之望。诸侯大而京师不安，则其势不得不以关中之固而临之。此虽尧、舜、汤、武，亦不能使其德一日而信于天下，荀卿所谓合其参者。此以地为形势者也。然及其衰也，皆以大臣专命，危自内起，而关中之形势，曾不及施。此亦德衰而地之形势不能救也。夫三代秦、汉之君，虑其后世而为之备患者，不可谓不至矣。然至其亡也，常出于其所不虑。此岂形势不如德之明效欤？《易》曰："神而明之，存乎其人。"人存则德存，德存则无诸侯而安，无障塞而固矣。②

2. 论齐侯卫侯胥命于蒲

荀卿有言曰："《春秋》善胥命，《诗》非屡盟，其心一也。"敢试论之。谨按"桓三年"书"齐侯、卫侯胥命于蒲"，说《春秋》者钧曰近正。所谓

---

① （宋）吕希哲：《吕氏杂记》（卷下）。
② 苏轼：《东坡全集》（卷四十），《钦定四库全书》，集部三，别集类二。参见张志烈、马德富、周裕锴主编《苏轼全集校注》（第10册），《苏轼文集校注》（第1册，卷二），河北人民出版社2012年版，第196—197页。

近正者,以其近古之正也。古者相命而信,约言而退,未尝有歃血之盟也。今二国之君,诚信协同,约言而会,可谓近古之正者已。何以言之?春秋之时,诸侯竞骜,争夺日寻,拂违王命,糜烂生聚。前日之和好,后日之战攻。曾何正之尚也?观二国之君胥命于蒲,自时厥后,不相侵伐,岂与夫前日之和好、后日之战攻者班也?故圣人于《春秋》止一书胥命而已。荀卿谓之善者,取诸此也。然则齐也、卫也,圣人果善之乎?曰:非善也,直讥尔。曷讥尔?讥其非正也。《周礼》大宗伯掌六礼,以诸侯见王为文,乃有春朝、夏宗、秋觐、冬遇、时会、众同之法。言诸侯非此六礼,罔得逾境而出矣。不识齐、卫之君,以春朝相命而出耶?以夏宗相命而出耶?或以秋觐相命而出耶?以冬遇相命而出耶?或以时会相命而出耶?众同相命而出耶?非春朝、夏宗、秋觐、冬遇、时会、众同而出,则私相为会耳。私相为会,匹夫之举也。以匹夫之举,而谓之正,其可得乎?宜乎圣人大一王之法而诛之也。然而圣人之意,岂独诛齐、卫之君而已哉?所以正万世也。荀卿不原圣人书经之法,而徒信传者之说,以谓"《春秋》善胥命",失之远矣。且春秋二百四十二年间,诸侯之贤者,固亦鲜矣,奚特于齐、卫之君而善其胥命耶?信斯言也,则奸人得以劝也。未尝闻圣人作《春秋》而劝奸人也。①

3. 子思论

昔者夫子之文章,非有意于为文,是以未尝立论也。所可得而言者,惟其归于至当,斯以为圣人而已矣。夫子之道,可由而不可知,可言而不可议。此其不争为区区之论,以开是非之端,是以独得不废,以与天下后世为仁义、礼乐之主。夫子既没,诸子之欲为书以传于后世者,其意皆存乎为文,汲汲乎惟恐其汩没而莫吾知也,是故皆喜立论。论立而争起。自孟子之后,至于荀卿、扬雄皆务为相攻之说,其余不足数者纷纭于天下。嗟夫!夫子之道,不幸而有老聃、庄周、杨朱、墨翟、田骈、慎到、申不害、韩非之徒各持其私说,以攻乎其外,天下方将惑之而未知其所适从。奈何其弟子门人,又内自相攻而不决。千载之后,学者愈众,而夫子之道益晦而不明者,由此之故欤!昔三子之争,起于孟子。孟子曰"人之性善",是以荀子曰"人之性

---

① 苏轼:《东坡全集》(卷四十一)。可参见张志烈、马德富、周裕锴主编《苏轼全集校注》(第10册),《苏轼文集校注》(第1册,卷三),第254—255页。

恶"，而扬子又曰"人之性善恶混"。孟子既已据其善，是故荀子不得不出于恶。人之性有善恶而已，二子既以据之，是以扬子亦不得不出于善恶混也。为论不求其精，而务以为异于人，则纷纷之说未可以知其所止。且夫夫子未尝言性也，盖亦尝言之矣，而未有必然之论也。孟子之所谓性善者，皆出于其师子思之书。子思之书，皆圣人之微言笃论。孟子得之而不善用之，能言其道而不知其所以为言之名。举天下之大，而必之以性善之论，昭昭乎自以为的于天下，使天下之过者，莫不欲援弓而射之。故夫二子之为异论者，皆孟子之过也。若夫子思之论则不然。曰：夫妇之愚可以与知焉；及其至也，虽圣人亦有所不知焉。夫妇之不肖，可以能行焉；及其至也，虽圣人亦有所不能焉。圣人之道，造端乎夫妇之所能行，而极乎圣人之所不能知。造端乎夫妇之所能行，是以天下无不可学；而极乎圣人之所不能知，是以学者不知其所穷。夫如是，则恻隐足以为仁，而仁不止于恻隐；羞恶足以为义，而义不止于羞恶。此不亦孟子之所以为性善之论欤？子思论圣人之道，出于天下之所能行。而孟子论天下之人皆可以行圣人之道，此无以异者。而子思取必于圣人之道，孟子取必于天下之人。故夫后世之异议皆出于孟子，而子思之论，天下同是而莫或非焉。然后知子思之善为论也。①

4. 荀卿论

尝读《孔子世家》，观其言语文章，循循莫不有规矩，不敢放言高论，言必称先王，然后知圣人忧天下之深也。茫乎不知其畔岸，而非远也；浩乎不知其津涯，而非深也。其所言者，匹夫匹妇之所共知；而所行者，圣人有所不能尽也。呜呼！是亦足矣。使后世有能尽吾说者，虽为圣人无难；而不能者，不失为寡过而已矣。子路之勇、子贡之辩、冉有之智，此三者，皆天下之所谓难能而可贵者也。然三子者，每不为夫子之所悦。颜渊默然不见其所能，若无以异于众人者，而夫子亟称之。且夫学圣人者，岂必其言之云尔哉？亦观其意之所向而已。夫子以为后世必有不能行其说者矣，必有窃其说而为不义者矣。是故其言平易正直，而不敢为非常可喜之论，要在于不可易也。昔者常怪李斯事荀卿，既而焚灭其书，大变古先圣王之法，于其师之道，不啻若寇

---

① 苏轼：《东坡全集》（卷四十二）。可参见张志烈、马德富、周裕锴主编《苏轼全集校注》（第10册），《苏轼文集校注》（第1册，卷三），第340—342页。

仇。及今观荀卿之书，然后知李斯之所以事秦者皆出于荀卿，而不足怪也。

荀卿者，喜为异说而不让，敢为高论而不顾者也。其言愚人之所惊，小人之所喜也。子思、孟轲，世之所谓贤人、君子也。荀卿独曰：乱天下者，子思、孟轲也。① 天下之人，如此其众也；仁人义士，如此其多也。荀卿独曰："人性恶，桀纣性也，尧舜伪也。"由是观之，意其为人必也刚愎不逊，而自许太过。彼李斯者，又特甚者耳。今夫小人之为不善，犹必有所顾忌。是以夏、商之亡，桀、纣之残暴，而先王之法度、礼乐、刑政，犹未至于绝灭而不可考者。是桀、纣犹有所存而不敢尽废也。彼李斯者，独能奋而不顾，焚烧夫子之六经，烹灭三代之诸侯，破坏周公之井田，此亦必有所恃者矣。彼见其师历诋天下之贤人，自是其愚，以为古先圣王皆无足法者。不知荀卿特以快一时之论，而荀卿亦不知其祸之至于此也。其父杀人报仇，其子必且行劫。荀卿明王道，述礼乐，而李斯以其学乱天下，其高谈异论有以激之也。孔孟之论，未尝异也，而天下卒无有及者。苟天下果无有及者，则尚安以求异为哉？②

5. 扬雄论

昔之为性论者多矣，而不能定于一。始孟子以为善，而荀子以为恶，扬子以为善恶混。而韩愈者又取夫三子之说，而折之以孔子之论，离性以为三品，曰："中人可以上下，而上智与下愚不移。"以为三子者，皆出乎其中，而遗其上下。而天下之所是者，于愈之说多焉。

嗟夫！是未知乎所谓性者，而以夫才者言之。夫性与才相近而不同，其别不啻若白黑之异也。圣人之所与小人共之，而皆不能逃焉，是真所谓性也。而其才固将有所不同。今夫木得土而后生，雨露风气之所养，畅然而遂茂者，是木之所同也，性也。而至于坚者为毂，柔者为轮，大者为楹，小者为桷。桷之不可以为楹，轮之不可以为毂，是岂其性之罪邪？天下之言性者，皆杂乎才而言之，是以纷纷而不能一也。孔子所谓中人可以上下，而上智与下愚不移者，是论其才也。而至于言性，则未尝断其善恶，曰"性相近也，习相远也"③ 而已。韩愈之说，则又有甚者，离性以为情，而合才以为性。是故其

---

① 《荀子·非十二子》。
② 苏轼：《东坡全集》（卷四十三）。可参见张志烈、马德富、周裕锴主编《苏轼全集校注》（第10册），《苏轼文集校注》（第1册，卷四），第340—342页。
③ 《论语·阳货》。

论终莫能通。彼以为性者，果泊然而无为耶？则不当复有善恶之说。苟性而有善恶也，则夫所谓情者，乃吾所谓性也。人生而莫不有饥寒之患，牝牡之欲。今告乎人曰：饥而食，渴而饮，男女之欲不出于人之性也，可乎？是天下知其不可也。圣人无是，无由以为圣；而小人无是，无由以为恶。圣人以其喜、怒、哀、惧、爱、恶、欲七者御之，而之乎善；小人以是七者御之，而之乎恶。由此观之，则夫善恶者，性之所能之，而非性之所能有也。且夫言性者，安以其善恶为哉？虽然，扬雄之论，则固已近之。曰："人之性也，善恶混，修其善则为善人，修其恶则为恶人。"① 此其所以为异者，惟其不知性之不能以有夫善恶，而以为善恶之皆出乎性也而已。

夫太古之初，本非有善恶之论。惟天下之所同安者，圣人指以为善；而一人之所独乐者，则名以为恶。天下之人，固将即其所乐而行之，孰知夫圣人惟其一人之独乐不能胜天下之所同安，是以有善恶之辨。而诸子之意，将以善恶为圣人之私说，不已疏乎？而韩愈又欲以书传之所闻昔人之事迹，而折夫三子之论，区区乎以后稷之岐嶷，文王之不勤，瞽、鲧、管、蔡之迹而明之。圣人之论性也，将以尽万物之理，与众人之所共知者，以折天下之疑。而韩愈欲以一人之才，定天下之性，且其言曰"今之言性者，皆杂乎佛、老"。愈之说，以为性之无与乎情，而喜怒哀乐皆非性者。是愈流入于佛、老而不自知也。②

6. 拟进士对御试策

臣愿陛下先治其心，使虚一而静，然后忠言至计，可得而入也。今臣窃恐陛下先入之言，已实其中；邪正之党，已贰其听；功利之说，已动其欲；则虽有皋陶、益、稷之谋，亦无自入矣，而况于疏远愚陋者乎？此臣之所以大惧也。若乃尽言以招祸，触讳以忘躯，则非臣之所发愳也。……古之求治者，将以措刑也。今陛下求治则欲致刑，此又群臣误陛下也。臣知其说矣，是出于荀卿。荀卿喜为异论，至以人性为恶，则其言治世刑重，亦宜矣。而说者又以为《书》称唐虞之隆，刑故无小；而周之盛时，群饮者杀。臣请有

---

① 《扬子·法言》。
② 苏轼：《东坡全集》（卷四十三）。可参见张志烈、马德富、周裕锴主编《苏轼全集校注》（第10册），《苏轼文集校注》（第1册，卷四），第374—375页。

以诘之,夏禹之时,大辟二百;周公之时,大辟五百。岂可谓周治而禹乱耶?秦为法及三族,汉除肉刑,岂可谓秦治而汉乱耶?致之言极也。天下幸而未治,使一日治安,陛下将变今之刑而用其极欤?天下几何其不叛也?徒闻其语而惧者已众矣。臣不意异端邪说惑误陛下,至于如此!且夫宥过无大,刑故无小。此用刑之常理也。至于今守之,岂独唐虞之隆而周之盛时哉?所以诛群饮者,意其非独群饮而已。如今之法,所谓夜聚晓散者。使后世不知其详,而徒闻其语,则凡夜相过者,皆执而杀之,可乎?夫人相与饮酒而辄杀之,虽桀纣之暴,不至于此,而谓周公行之欤?……苟无其术,不敢行其事。①

7. 诸子更相讥议

问:古之作者,苟非圣人,皆有所偏。徇其偏则已流,废其长则已苛。二者皆非所谓善学也。君子以其身之正,知人之不正;以人之不正,知其身之有所未正也。既以正人,又反以正己。此所以寡过而成名也。昔者韩子论荀、扬之疵,而韩子之疵有甚于荀、扬。荀卿讥六子之蔽,而荀卿之蔽不下于六子。班固之论子长也,以为是非谬于圣人;而范晔之论班固,也以为目见毫毛而不见睫。自今而观之,不知范氏之书,其果逃于目睫之论也欤?其未也?而莫或正之。故愿闻数子之得失。非务以相高而求胜,盖亦乐夫儒者之以道相正也。②

8. 宰我不叛

李斯上书谏二世,其略曰:"田常为简公臣,布惠施德,下得百姓,上得群臣,阴取齐国,杀宰予于庭。"是宰予不从田常乱,而灭其族。太史公载宰我为临淄大夫,与田常作乱,以夷其族,孔子耻之。李斯事荀卿,去孔子不远,宜知其实,弟子传妄也。予尝病太史公言"宰我与田常作乱,夷其族",使吾先师之门乃有叛臣焉。天下通祀者,容叛臣其间,岂非千载不蠲之惑也耶?近令儿子迈考阅旧书,究其所因,则宰我不叛,其验甚明。太史公固陋

---

① 苏轼:《东坡全集》(卷四十五)。可参见张志烈、马德富、周裕锴主编《苏轼全集校注》(第11册),《苏轼文集校注》(第2册,卷九),第940—947页。
② 苏轼:《东坡全集》(卷四十九)。可参见张志烈、马德富、周裕锴主编《苏轼全集校注》(第11册),《苏轼文集校注》(第2册,卷七),第690页。

承疑，使宰我负冤千载，而吾师与蒙其诟，自兹一洗，亦古今之大快也。①

9. 韩愈优于扬雄

韩愈亦近世豪杰之士，如《原道》中言语，虽有疵病，然自孟子之后，能将许大见识，寻求古人，亦自难得。观其断曰："孟子醇乎醇，荀、扬择焉而不精，语焉而不详。"若不是他有见识，岂千余年后便断得如此分明。如扬雄谓"老子之言道德，则有取焉尔"；至于"搥提仁义，绝灭礼乐为无取"，若以老子"剖斗折衡，而民不争，圣人不起，为救时反本"之言为无取，尚可恕；如老子言"失道而后德，失德而后仁，失仁而后义，失义而后礼"，则不识道已不成言语，却言其言道德则有取。扬子亦自不见此，其与韩愈相去远矣。②

10. 荀子疏谬

荀卿有云："青出于蓝而青于蓝，冰生于水而寒于水。"③世之言弟子胜师者，辄以此为口实。此无异醉梦中语。青，即蓝也。冰，即水也。今酿米以为酒，杀羊豕以为膳羞，曰"酒甘于米，膳羞美于羊豕"，虽儿童必皆笑之。而荀卿乃以为辨，信其醉梦颠倒之言，至以性为恶，其疏谬，大率皆此类也。④

11. 记孙卿韵语

孙卿子有韵语者，其言鄙近，多云"成相"，莫晓其义。《前汉·艺文志·诗赋类》中有《成相杂词》十一篇，则成相者，盖古讴谣之名乎？疑所谓"邻有丧，舂不相"者。又《乐记》云："治乱以相。"亦恐由此得名，当更细考之。⑤

---

① 苏轼：《东坡全集》（卷九十二）。可参见张志烈、马德富、周裕锴主编《苏轼全集校注》（第18册），《苏轼文集校注》（第9册，卷六五），第7195页。
② 苏轼：《东坡全集》（卷九十二）。可参见张志烈、马德富、周裕锴主编《苏轼全集校注》（第18册），《苏轼文集校注》（第9册，卷六五），第7306页。
③ 《荀子·劝学》。
④ 苏轼：《东坡全集》（卷一百四）。可参见张志烈、马德富、周裕锴主编《苏轼全集校注》（第18册），《苏轼文集校注》（第9册，卷六五），第7206页。
⑤ 张志烈、马德富、周裕锴主编：《苏轼全集校注》（第19册），《苏轼文集校注》（第10册，卷六六），第7368页。

苏 辙

苏辙（1039—1112），字子由，一字同叔，晚号颍滨遗老，北宋眉州眉山人。著有《栾城集》等。

李斯列传第三十三

李斯者，楚上蔡人也。……乃从荀卿学帝王之术。学已成，度楚王不足事，而六国皆弱无可为建功者，欲西入秦，辞于荀卿。曰：斯闻得时无怠。……嗟乎！吾闻之荀卿曰"物禁太盛"①。夫斯乃上蔡布衣，闾巷之黔首。上不知其驽，下遂擢至此。当今人臣之位无居臣上者，可谓富贵极矣。物极则衰，吾未知所税驾也。②

耿南仲

耿南仲（？—1129），字希道，北宋开封人。著有《周易新讲义》等。

1. 坤

孟子所谓"睟然见于面，盎于背，施于四体"，而荀子以"容止不枯为君子"，《诗》以赫如渥赭为硕人，盖德之润身，固如此也。畅于四肢则成己者，足矣。发于事业，又所以成物也。上以美政，下以美俗，此之谓发于事业。发于事业，非特充实于其心，又充实于天下，是为美之至也。③

---

① 《史记·李斯列传》。
② （宋）苏辙：《古史》（卷五十六），《钦定四库全书》，史部四，别史类。
③ （宋）耿南仲：《周易新讲义》（卷一），《钦定四库全书》，经部一，易类。

2. 师

《象》曰：地中有水，师。君子以容民畜众。

地之于水，能包容而畜止之，此师之象也。故君子以容民畜众。容民者，民归之斯，多助矣；畜众则众听焉，斯益办矣，是乃所以为师也。荀子曰"善附民者，乃善用兵者也"①，此之谓也。且容民畜众而师成焉，则举而措之，乃可以去伤民，而除乱众矣。去伤民，所以容民；除乱众，所以畜众也。②

3. 小畜

《象》曰：风行天上，小畜。君子以懿文德。

以臣畜君，其势为难，可以暴为之乎？巽为之畜矣。荀子曰："若养赤子，若养馁人"③，言不可以暴为也。故君子于小畜，懿文德而已。懿言浸以光，大不为暴也。

九二，牵复，吉。《象》曰：牵复在中，亦不自失也。

适尧、舜、文王者为正道，非尧、舜、文王者为他道，正他之间不知谨，则舍正而适他矣，乃挽而回之，不至乎，遂往而反，此牵复之说也。然谓之牵，则既有牵之之迹矣。有牵之之迹，则于唱和随行之义，伤矣。第以牵而能复，又且在中得不自失而已，荀况所谓以得君而复之道者④也。

九三，舆说辐，夫妻反目。《象》曰：夫妻反目，不能正室也。

……将以为和，故有夫妇之道失其和，则有夫妇反目之。《象》称妻者，言夫妇不顺也。荀况所谓谏非而怒之⑤者也。⑥

4. 大有

九四，匪其彭，无咎。《象》曰：匪其彭，无咎，明辩晰也。

九四，处盛位则宜公而无私，故五等之爵最尊者称公。荀子曰：不下比

---

① 《荀子·议兵》。
② （宋）耿南仲：《周易新讲义》（卷二）。
③ 《荀子·臣道》："若食喂人。"
④ 《荀子·大略》引《易》"复自道，何其咎？"
⑤ 《荀子·臣道》："以是谏非而怒之，下忠也。"
⑥ （宋）耿南仲：《周易新讲义》（卷二）。

以闭①上，不上同以疾下，可谓公矣。以不下比为公，则九四不比乎下，亨于天子之臣，得以处盛位之宜矣，非其明辨晰，不足以与此。②

5. 谦

《象》曰：地中有山，谦。君子以裒多益寡，称物平施。

……虽然谦之，所施又不可以不称也，物又不可以不平施。荀子曰："贤者就而敬之，不肖者疏而敬之。其敬一也，其情二也。"③ 其情二，所谓称物；其敬一，所谓平施。④

6. 观

六三，观我生进退。《象》曰：观我生进退，未失道也。

……六三之材虽其生，不如圣人之道沛然有余，然量进退未失道也。荀卿曰"忠臣诚然后能受职"⑤，所以为不穷也。其六三之谓乎？⑥

7. 坎

荀子曰："元师无法而智，则必为盗矣。"⑦ 智者，君子之所贵也。而有至于凿，甚有至于为盗者，以不丽乎正故也。重明以丽乎正，则若禹之行水，因性循理而无察察之政焉，乃所以化成天下也。中正者，刚柔之节也。⑧

8. 晋

君与臣同德者也，其所异者分位耳。故日者，君之象，臣亦为日。惟中天则为君，出地上则为臣焉。明出地上则温厚之气、临照之光不足以遍天下，是其所以为臣之象也。荀子曰"事圣君有听从，无谏争"⑨，然则丽乎大明，

---

① 应为"闇"（暗），见《荀子·不苟》。
② （宋）耿南仲：《周易新讲义》（卷三）。
③ 引自《荀子·臣道》"贤者则亲而敬之，不肖者则疏而敬之"，"就"应为"亲"。
④ （宋）耿南仲：《周易新讲义》（卷三）。
⑤ 引自《荀子·儒效》"忠臣诚能然后敢受职"，略有别。
⑥ （宋）耿南仲：《周易新讲义》（卷三）。
⑦ 《荀子·儒效》原文为："人无师无法而知，则必为盗。"
⑧ （宋）耿南仲：《周易新讲义》（卷四）。
⑨ 《荀子·臣道》。

宜以顺为道也。孟子曰："其进锐者，其退速。"然则进而上，行以柔为道也。丽乎大明，以顺为道，则媚于天子而所锡之礼蕃矣。①

孔文仲

孔文仲（1038—1088），字经父，北宋时人，今江西省峡江县人。著有《孔文仲集》等。

1. 制科策

……臣窃观近日朝野之论，而考陛下意之所适，求之于古，不能无疑。且天下之所以治者，贵义而不贵利也。……奈何期之以急，迫四方所以畏。爱者，恺悌也，奈何驱之以威刑。荀卿曰："国者巨，用之则巨；小，用之则小。"② 扬子曰："好大而不为大，不大矣；好高而不为高，不高矣。"③ 此而望仁翔而德洽，四序调而万物和，以至兵偃刑措，俊贤修职，远国纳贡，建皇极而天道应，敛五福而民气洽，吉祥见于上，珍符出于下，岂不难哉？④

2. 周公论

呜呼！荀子之不知周公也。其论大儒之效，曰：周公负扆而坐，诸侯趋走乎堂下。夫谁为恭矣哉？兼制天下，立七十国，姬姓独居五十三人。夫又谁为俭矣哉？⑤ 此其失周公之意，远矣。夫恭者，不侮之谓也；俭者，不夺之谓也。有王公之尊则其侮人也。易兼威福之权，则其不夺人也难。由是言之，崇高富贵之人不能守恭俭者多，而能遵之者鲜矣。然非所以议周公也，使诸侯奔走受命于周，而周公于其来也，不能厚饗飧宴飨之礼，其去也，不能尽贿赐郊送之意，以失天下之欢心，则谓周公为不恭可也。至于南面负扆，胪

---

① （宋）耿南仲：《周易新讲义》（卷五）。
② 《荀子·王霸》。
③ 《法言·修身》。
④ （宋）孔文仲：《清江三孔集》（卷一），《钦定四库全书》，集部八，总集类。
⑤ 引自《荀子·儒效》。

传而进退,盖上下之体,君臣之分,所以相维持而胶固者,岂不恭之谓哉?……盖荀卿生乎乱世,杂乎流俗之间,未尝亲讲圣人之余论。其为书也,徒务驰文词之工,以夸世俗而不暇,择其是非得失之详,故其辨论虽博而诡于道者甚众,非特不知周公而已也。①

3. 刘公诗 并序

嗟嗟刘夫子,信是荀扬徒。富贵非穷愁,而复多著书。荒城过宿雨,古寺入平芜。郁郁壁上诗,奎钩照天衢。②

4. 汉武帝论

荀子曰:"大节是也,小节非也,上君也;大节非也,小节是也,吾无所观其余矣。"③ 其武帝、元帝之谓与。④

5. 陆贽论

《书》曰:无有作好,遵王之道;无有作恶,遵王之路。《传》曰:不念旧恶,怨是用希。荀卿亦曰:"怒不过夺,喜不过予,法胜私也"⑤,是道也。近之临一家小之长,百室不可一朝去也;接乡邻之密,御童仆之贱,不可以一言异也。况身为天下之相,施赏罚生杀于四方者乎?贽之为相,则异于此。⑥

6. 书《儒林传》后

自兹以来,汉唐为甚谋之良,出于儒者为多,则儒术之效可谓著于近世矣。间有诵先王之书而不知其所以为书者,至于行谊失中,设施悖理,彼皆梓匠、轮舆之拙工,天闲、国厩之驽马也,曷足以为才者累哉!荀卿尝论

---

① (宋)孔文仲:《清江三孔集》(卷二)。
② (宋)孔文仲:《清江三孔集》(卷四)。
③ 《荀子·王制》,原文为:"大节是也,小节是也,上君也;大节是也,小节一出焉,一入焉,中君也;大节非也,小节虽是也,吾无观其余矣。"此处所言"上君",更接近荀子讲的"中君"。
④ (宋)孔文仲:《清江三孔集》(卷十六)。
⑤ 《荀子·修身》。
⑥ (宋)孔文仲:《清江三孔集》(卷十六)。

"子张、子夏氏之贱儒"①。班固亦以谓匡衡、张禹之徒独能衣冠酝藉，无益于国。若此类亦常不绝于世。而上之人，或不察，往往不计贤不肖，遂并其术而非之。此犹责医之不能，而并扁鹊、仓公弃之也，暗莫甚焉。②

7. 上提刑职方状

嗟乎！某治己则愚，观人则智，善善恶恶素学于仲尼，是是非非尝闻于荀子，如公之伟旷代所无，虽甚冥顽，固深仰服。③

范祖禹

范祖禹（1041—1098），字淳甫，一字梦得，成都华阳人。与司马光一起编修《资治通鉴》。著有《唐鉴》等。

1. 高祖上

高祖使建成、世民将兵击西河郡，攻拔之，执郡丞高德儒。……祖禹曰：昔武王克商……显善除恶如恐不及，何哉？使民知向方，示以征伐之本意也，故海内莫不革心易虑（《荀·儒效》：四海之内莫不革心易虑，以化顺之。）以听上之所为，去商之污俗，被周之美化。④

2. 高祖下

臣祖禹曰：……盖君者，本也；民者，末也。君者，源也；民者，流也。本正则末正，源清则流清矣。（《荀·君道》：君子养源。源清则流清，源浊则流浊矣。）是以先王之治，必反求诸己。己正而物莫不应矣。⑤

---

① 《荀子·非十二子》。
② （宋）孔文仲：《清江三孔集》（卷十八）。
③ （宋）孔文仲：《清江三孔集》（卷三十）。
④ （宋）范祖禹：《唐鉴》（卷一），吕祖谦注，《钦定四库全书》，史部十五，史评类。
⑤ （宋）范祖禹：《唐鉴》（卷二）。

3. 玄宗上

臣祖禹曰：姚、崇之辩，虽能折议者之言，然亦未为得也。夫天子者，择一相而任之（《荀》王伯、人主有职论，一相而兼率之。①）。一相者，择十使而使之。十使者，择刺史、县令而置之。贤者举之，不肖者去之，则君不劳而天下治矣。②

4. 玄宗上

臣祖禹曰：宰相之职无不总统。……夫宰相百官之首也（《荀》王伯、相者，论列百官之长。）。名且不正，则何以正百官矣。……

六月，制增太庙为九室。

臣祖禹曰：《书》曰：七世之庙可以观德（《书》咸有一德云。）。荀卿曰：有天下者，事七世。天子七庙（记《王制》：天子七庙，三昭三穆与太祖之庙而七。），自古以来未之有改也。③

5. 文宗

臣祖禹曰：古之王者唯以一相总天下之务（《荀·王霸篇》论一相而任使之，使臣下百职莫不宿道向□而务是，夫人主之职也。④），是以治出于一（《唐礼·乐志》：三代出于一。）。政无多门（《左传》：晋政多门。），苟非其才则取之而已矣。⑤

6. 宣宗

臣祖禹曰：三代之时，自天子至于庶人皆有常职以食其力，有常行以勤其生。壮而强，勉焉；老而教，训焉。修身以俟死而已，天下无异道（《荀·解蔽篇》：天下无二道。）。未有众人皆死，而欲一己独不死者也。⑥

---

① 《荀子·王霸》。
② （宋）范祖禹：《唐鉴》（卷八）。
③ （宋）范祖禹：《唐鉴》（卷八）。
④ 《荀子·王霸》。
⑤ （宋）范祖禹：《唐鉴》（卷二十）。
⑥ （宋）范祖禹：《唐鉴》（卷二十一）。

7. 濬哲明孝皇帝下

帝曰：惟和者，不失其事也。（杨）安国对曰：人君常正身、修德以御下，利节、用俭以阜财，厚生、敦本以养民。此三者，和则不失其事也。戊辰，御迩英阁内出欹器，一陈于御坐前，谕丁度等。曰：朕思古欹器之法，试令工人制之以示卿等。帝命以水注之，中则正，满则覆，虚则欹，率如《家语》、荀卿、淮南之说，其法度精妙。①

8. 神宗英文烈武圣孝皇帝下

荀卿曰："有治人，无治法。"② 故为治在得人，不在变法也。上曰：人与法亦相表里耳。光曰：苟得其人，则无患法之不善；不得其人，虽有善法失先后之施矣。故当急于求人而缓于立法也。③

9. 论立后上太皇太后疏

"天地不合，万物不生。大昏，万世之嗣也。君何谓已重焉？"④ 盖深非之也。孔子遂言曰："昔三代明王之政，必敬其妻子也，有道。妻也者，亲之主也，敢不敬与？"……又曰："敬而亲之，先王之所以得天下也。"今臣与众官讨论讲议，皆约先王之礼，参酌其宜不为过隆。愿陛下勿以为疑。进言者必曰：天子至尊，无敌于天下，不当行夫妇之礼。而荀卿有言："天子无妻，告人无匹也。"⑤ 如此，则是周公之典、孔子之言皆不可信，而荀卿之言可信也。臣谨案礼冠、昏唯有士礼，而无天子、诸侯之礼。故三代以来，准以士礼推而上之为天子、诸侯之礼，盖以成人之与夫妇，自天子至于士则一也。⑥

10. 第二劄子

水所以能平镜，所以能明者，至静也。使水镜自动，则虽山岳不能见也。

---

① （宋）范祖禹：《帝学》（卷六），《钦定四库全书》，子部一，儒家类。
② 《荀子·君道》。
③ （宋）范祖禹：《帝学》（卷八）。
④ 《礼记·哀公问》。
⑤ 《荀子·君子》。
⑥ （宋）范祖禹：《范太史集》（卷二十），《钦定四库全书》，集部三，别集类二。

人心亦然,唯至公可以见天下之私,唯至正可以见天下之邪,唯至静可以见天下之动。荀卿曰:"虚一而静谓之清明。"① 圣人清明,烛理生于心之虚,一也。陛下何不观先太皇太后自英宗、神宗时不出房闼,未尝知天下之事。一旦临朝,所行之政上当天意,下合人心,其故何哉?唯至公、至正、至静而已。②

11. 省试策问二首

近世学士大夫自信至笃,自处甚高。或未从师友而言天人之际,未多识前言往行而穷性命之理,其弊浮虚而无实,锲薄而不敦。虽然十室之邑必有忠信,天下之大岂无豪杰?不待文王而兴者,然圣人之教必为中人设也。比年以来,朝廷患之,诏禁申、韩、庄、列之学,流风寖息而犹未绝。夫申、韩本于老,而李斯出于荀卿。学者失其渊源,承其末流,将无所不至。故秦之治,文具而无恻隐之实;晋之俗,浮华而无礼法之防。天下靡然,卒至大乱。此学者之罪,不可以不戒也。子大夫以文行,举于乡群,至于有司,且登进于朝廷。风俗之媺③恶,政事之得失,将于此乎在,必有中正之论,以救斯弊,其悉陈之。④

12. 右千牛卫将军赠左屯卫大将军墓志铭

公幼不好弄,举止严重。长治《书》《易》,遍观先儒及近世名家义说,择其善者从之。其余诵习不务博而贵精,非终帙非尝越视他书。《论语》、《孟子》、荀、扬诸书皆能讽诵。⑤

吕大临

吕大临(1042—1090),字与叔,北宋京兆蓝田人。著有《易章句》《礼记解》等。

---

① 《荀子·解蔽》:"虚一而静谓之大清明。"
② (宋)范祖禹:《范太史集》(卷二十五)。
③ 同"美"。
④ (宋)范祖禹:《范太史集》(卷三十五)。
⑤ (宋)范祖禹:《范太史集》(卷四十九)。

1. 先儒释毳冕之章，宗彝为首。宗彝有虎蜼，故谓之毳。以是考之，虎冕即毳冕也。如荀卿云："天子山冕。"① 山冕即龙衮也，有山龙之文，故或曰山冕，或曰龙衮，皆举一物以名其服。②

2. 按：《说文》："盂，饮器也。"《礼记·玉藻》："浴，出杅，履蒯席。"浴器亦曰杅，则大小不一也。荀子曰："槃圜则水圜，盂方则水方"③，则方圜不一也。④

3. 李氏《录》云：《春秋传》管仲射威公，中带钩。盖胸腹之间能捍矢也。《脉经》曰：前曲后倨如带钩，言其形也。《庄子》曰：以钩注者惮，亦古所重也。《传》曰：坐客满堂，其带钩无有同者。惟第一钩有铭曰"玉甲钩"。手抱鱼若守宫，书似汉隶，亦颇奇巧。惟雕狐钩、宝钉钩以佩悬物，余皆革带钩也。注曰：革带，博二寸。《晋语》：乾时之役，申孙之矢，集于桓钩。钩近于袪而无怨言。阮谌曰：鲽螳螂钩，以相拘带，谓之钩鲽。荀卿曰："搢绅而无钩带。"⑤ 盖革有钩而无垂缀，与佩而已，笏则搢于二带间。⑥

陆　佃

陆佃（1042—1102），字农师，号陶山，北宋越州山阴人，陆游祖父。著有《陶山集》等。

1. 蟹

蟹，八跪而二敖。……《易》曰：离为蟹，言《离卦》外刚内柔而性又

---

① 《荀子·大略》。
② （宋）吕大临等著：《考古图：外五种》（宋元谱录丛编，顾宏义主编）（卷三），廖莲婷整理校点，上海书店出版社2016年版，第45页。
③ 《荀子·君道》原文为："君者盘也，民者水也，盘圆而水圆。君者盂也，盂方而水方。"
④ （宋）吕大临等著：《考古图：外五种》（卷六），第105页。
⑤ 《荀子·礼论》。"搢"应为"缙"。
⑥ （宋）吕大临等著：《考古图：外五种》（卷十），第160页。

火燥，故为蟹也。荀子曰：蟹六跪而二敖，非蛇鳝之穴无所寄托者，用心燥也。①

2. 鳖

鳖，以眼听穹，脊连胁甲，虫也，水居陆生。……荀子曰：跬步不休，跛鳖千里。② 言鳖行蹒跚而又跛焉。今其卒致千里，则亦不辍焉尔，故"学不可以已"也。③

3. 蚌

《易》曰：离为蚌，为螺。盖螺之形锐，蚌之形剡，且皆外刚内柔，而性又善丽故也。鬯人曰："凡祭祀社壝用大罍，禜门用瓢（句）斋，庙用修。凡山川四方用蜃，凡埋事用概，凡衅事用散。"④ 斋之，为言升也。修爵也，概斗也。盖祭祀罍以盛鬯，瓢以酌之，修以受之，社壝言罍，禜门言瓢，斋庙言修，相备也。蜃以盛鬯，概以酌之，散以受之。山川四方言蜃，埋事言概；衅事言散，亦相备也。郑氏读修为卣，误矣。修，爵名也。荀子曰：修爵无数。⑤

4. 熊

《考工记》曰：龙旗九斿以象大火也，鸟旟⑥七斿以象鹑火也，熊旗六斿以象伐也，龟蛇四斿以象营室也。……案旗象大火，旟象鹑火，旗象伐，旐象营室，义不在斿，犹之龙旗养信，而荀子曰："龙旗九斿以养信也。"⑦⑧

5. 螣蛇

螣蛇，龙类也。……螣蛇能腾虫之自胜者也。荀子曰："螣蛇无足而飞，

---

① （宋）陆佃：《埤雅》（卷二），《钦定四库全书》，经部十，小学类一。
② 《荀子·劝学》，原文为："不积跬步，无以至千里。"
③ （宋）陆佃：《埤雅》（卷二）。
④ 见《周礼·春官宗伯》。鬯（chàng）人：官名，掌祭祀时供应鬯酒。禜（yíng），古代一种祈求神灵消除灾祸的祭祀。
⑤ （宋）陆佃：《埤雅》（卷二）。
⑥ 旟（yú）：古代画着鸟隼的军旗。
⑦ 《荀子·礼论》。
⑧ （宋）陆佃：《埤雅》（卷三）。

梧鼠五枝而穷。言梧鼠之技虽多，不如螣蛇结于一也。"①②

6. 蛾

茧生蛾，蛾生卵。《博物志》曰：食桑者，有绪而蛾。蛾类者，先孕而后交。盖蛹者，蚕之所化；蛾者，蛹之所化。荀子曰："蛹以为母，蛾以为父是也。"③④

7. 蚋

《说文》曰：秦晋谓之蜹，楚谓之蚋。盖蜹喜乱飞，似蚊而小，望之如雾，荀子所谓"醯酸而蜹聚者"⑤也。因雨而生，与蚊实异。⑥

8. 鼠

鼠一名鼲，南阳呼鼠为鼲，《广雅》曰：鼲鼠是也。今一种鼠，见人则交其前足而拱，谓之礼鼠，亦或谓之拱鼠。《诗》曰："相鼠有体，人而无礼。"其或取诸此乎？……《易》曰："晋如鼫鼠。"盖晋，进也。顺而丽乎大明，柔进而上行。今九以刚进处四，失顺而又丽乎阴，则拂晋之道矣。故曰：进如鼫鼠，无所守焉，贪而畏人，又比乎阴，九四之象也。……《禽经》曰：鹒鸟不登山，鹬鸟不踏土。鹒鸟不能从下上高，然则鹒之制字从高，鹬之从夷，其义可知也。荀子曰："鼫鼠五技而穷"⑦，即此是也。⑧

9. 马

盖古者天子乘龙，诸侯乘马，故《易》以龙叙乾，以马明坤，而天子乘龙驾六，诸侯乘马驾四。《白虎通》曰：天子驾六者，示有事于天地四方也。……盖立视，视车之衡则平，视马之尾，则俯矣。故平视或谓之衡视。

---

① 《荀子·劝学》。
② （宋）陆佃：《埤雅》（卷十）。
③ 《荀子·赋篇》。荀子论"蚕理"时的一句话。
④ （宋）陆佃：《埤雅》（卷十）。
⑤ 《荀子·劝学》，原文为："醯酸而蚋聚焉。"
⑥ （宋）陆佃：《埤雅》（卷十一）。
⑦ 《荀子·劝学》。
⑧ （宋）陆佃：《埤雅》（卷十一）。

郑云：牚谓轮。转之度，盖当谓其径也。言乘车之轮六尺有六寸，五六三十，积尺为三丈，积寸为三尺，则五牚之衺三丈三尺。荀子曰："立视前六尺而大之。六六三十六，三丈六尺"即此是也。又曰："坐视膝，立视足。"① 言坐则视膝，立则视足也。又曰："应对、言语视面。"言应对、言语则无上于面，亦不下于带也。……盖曰执天子之器上衡，国君平衡，则正为执器者言之而已。非谓当提之器，使捧；当捧之器，使提也。荀子又曰："平衡曰拜，下衡曰稽首，至地曰稽颡。"盖亦准车之衡，言之朝野佥载。②

10. 驹

《传》曰：大夫乘驹。盖驹血气未定，则有蹄啮之虞，故大夫乘之。荀子曰："大路之马必倍，至于教顺，然后乘之，所以养安也。"③ 倍，言年长以倍。今群牧选马十六岁以上乃以进御，此遗象也。④

11. 槶

木卧死为蘖，立死槶。荀子曰："周公之状，身如断菑；皋陶之状，色如削瓜"⑤，以此非相，盖不足以非之。⑥

12. 竹

竹，物之有筋节者也。故苍史制字，筋节皆从竹。……《檀弓》曰：竹不成用，瓦不成味，木不成斫。竹言用，瓦言味，木言斫，相备也。竹曰不成用，主其质言之。木曰不成斫，主其文言之。其曰瓦不成味，则言以受饮食，又不足以成味也。荀子曰："木器不成斫，陶器不成物，薄器不成内。"⑦ 变味，言物变用，言内，其义一也。⑧

---

① 该条所引几处荀子的话皆出自《荀子·大略》。
② （宋）陆佃：《埤雅》（卷十二）。
③ 《荀子·礼论》，前半句原文为："大路之马必信至，教顺。"
④ （宋）陆佃：《埤雅》（卷十二）。
⑤ 《荀子·非相》。
⑥ （宋）陆佃：《埤雅》（卷十四）。
⑦ 《荀子·礼论》。
⑧ （宋）陆佃：《埤雅》（卷十五）。

13. 卷耳

《诗》曰："采采卷耳，不盈顷筐。嗟我怀人，置彼周行。"言后妃持是器，采是物而不满焉，则以志在彼，不在此也。问者曰：后妃贵矣。今日采卷耳，何也？曰：是《诗》也，非是之谓也。诗人借此以写后妃之志焉耳。故曰：说《诗》者不以文害词，不以词害意，以意逆志，是为得之。荀子曰："顷筐易满也，卷耳易得也，然而不可以贰周行。"①②

14. 苇

先儒以为萑如苇而细，按《礼》曰：土鼓、蒉桴、苇籥，伊祁氏之乐也。苇管中籥，则萑小而苇大矣，是故谓之伟。其字从韦，则韦，缓故也。荀子曰："柔从若蒲苇，非怯慑也。"③ 苇可纬为簿席，萑亦可纬，唯完而用，不如芦之或析也。④

15. 蓝

荀子曰："青，出之蓝而青于蓝；冰，水为之而寒于水。"⑤ 说者以为冰、蓝皆喻学，则才过其本性，明学不可以已也。⑥

16. 兰

兰，香草也。……《传》曰：德芬芳者，佩兰。古之佩者，各象其德。故德芬芳者，佩兰。……荀子曰："兰茞槁本，渐于蜜醴，一佩易之。"⑦ 又曰："其渐之滫，君子不近，庶人不服。"⑧ 此言善恶在所与游而已，故交不可以不择也。⑨

---

① 《荀子·解蔽》。
② （宋）陆佃：《埤雅》（卷十五）。
③ 《荀子·不苟》，原文中"怯慑"为"慑怯"。
④ （宋）陆佃：《埤雅》（卷十六）。
⑤ 《荀子·劝学》。
⑥ （宋）陆佃：《埤雅》（卷十七）。
⑦ 《荀子·大略》。
⑧ 《荀子·劝学》。
⑨ （宋）陆佃：《埤雅》（卷十八）。

17. 风

天地之气，嘘而成云，噫而成风。云阳而出于阴，风阴而出于阳。……盖风之锐而上者为猋，风之旋而上者为颓。庄子曰："抟扶摇羊角而上者九万里"。扶摇，即猋是也；羊角，即颓是也。今羊角转旋而上如焰焚轮之象也。……《蓼莪》初曰："南山烈烈，飘风发发。"卒曰："南山律律，飘风弗弗。"回风谓之飘风。荀子所谓"轻利僄遨，卒如飘风"① 者也。发，发暴也。弗，弗乱也。烈烈以言幽王不惠，律律以言幽王不平。②

18. 依韵和李元中兼寄伯时二首

五丈河边避俗尘，闭门情味似漳滨。抛离鹊渚今三岁，成就华严只两人。（原注：伯时画，华严元中写）贫里有时求得玉，老来无可奈何春。平生共学王丞相，更觉荀扬未尽醇。③

19. 元祐大裘议

……看详《周礼》曰：共斋服则有玄端、素端。《礼记》曰：玄冕斋戒。又曰：玄冠丹组缨，诸侯之斋冠也。玄冠綦组缨，士之斋冠也。又曰：古者冠，布斋则缁之。《大戴礼》《荀子》又皆曰："端衣玄裳，絻而乘辂者，志不在于食荤也。"④ 据此，斋服大则玄冕，次则玄冠而已。其衣皆玄端也，故曰斋玄而养。⑤

20. 答周之才书

孔子曰："不愤不启，不悱不发。"古之教者如此。孔子之弟子又记子路未之能行不欲有闻，漆雕开未之能信不愿有仕。古之学者如此，而今之不善教学者多反此。好名者以说书为德，好利者以说书为功，而随之学者闻之于不问，听之于不思，适如风之过耳，常自皮外而去，岂足以美七尺之躯哉。

---

① 《荀子·议兵》。
② （宋）陆佃：《埤雅》（卷十九）。
③ （宋）陆佃：《陶山集》（卷二），《钦定四库全书》，集部三，别集类二。
④ 《荀子·哀公》。
⑤ （宋）陆佃：《陶山集》（卷五）。

此正荀子所谓"口耳之学者"① 也。教者，道之所以不尊；学者，功之所以不倍。由此之故耳。故某在此未尝为人说书，而亦欲希圣慎之也。②

王　雱

王雱（1044—1076），字元泽，北宋抚州人，王安石之子。著有《论语解》等。

1. 庄子曰：物物者不物于物，与荀子"精于道者，物物"③ 之言相合也。静者，本也；动者，末也。静与物为常，动与物为应者，圣人也。静与物为离，动与物为构者，众人也。圣人物物，众人物于物，如斯而已矣。④

孔平仲

孔平仲（1044—1111），字毅父，北宋人，今江西省峡江县人。著有《珩璜新论》等。

1. 学者当阙疑

《荀子·礼论》云：郊止乎天子，而社至于诸侯，道及士、大夫。释者云：道，通也。言社自诸侯，通及大夫、士，皆得祭门及行也。别本《史记》道或作啗。司马贞注曰：啗音含，苞也，言士、大夫皆得苞，立社也。杨倞注《荀子》，辨之云：当是道，误为蹈，传写又误以蹈为啗耳，道变而为蹈，蹈变而为啗。今《史记》直作圅字，音含矣。一字而四变也，义训

---

① 《荀子·劝学》，原文为"口耳之间，则四寸耳，曷足以美七尺之躯哉"。
② （宋）陆佃：《陶山集》（卷十二）。
③ 《荀子·解蔽》。
④ （宋）王雱：《杂说》，收录于（明）焦竑《庄子翼》（附录）。

随而不同，则六经中如此者想不可胜计也。故尝谓学者当阙疑，而不可字字求解也。①

2. 非孟

荀卿何为非孟子？曰：夫以周公为不恭不俭，以尧舜为非禅，则宜乎？其非孟子也。②

黄 裳

黄裳（1044—1130），字冕仲，号演山、紫玄翁，北宋南平人。著有《演山集》。

1. 顺兴讲庄子序

杨墨之于道，其迹近，其心远；老庄之于道其体同，其用异。……尝怪荀卿之罪诸子，辄引老庄与彼墨翟、慎、宋之徒同为无见者，老庄所以致用之异不及知焉。予甚惜之。岂有老庄之高明不及时变，必立区区之说投为一曲之士哉。……尝谓孟子之约言者，荀子详之。孔子之罕言者，庄子详之。荀子之于圣人，其尤赘欤。③

2. 师德字序

荀子所谓"诵数以贯之，思索以通之，为其人以处之者"，是故德性之道也，可不慎哉？可不勉哉？④

3. 上黄学士书

道德之失，其弊害法；文章之失，其弊害道。……荀卿、司马迁、扬雄、

---

① （宋）孔平仲：《珩璜新论》，《钦定四库全书》，子部十，杂家类三。
② （宋）孔平仲：《珩璜新论》。
③ （宋）黄裳：《演山集》（卷十九），《钦定四库全书》，集部三，别集类二。
④ （宋）黄裳：《演山集》（卷二十）。

王通、韩愈当斯文寂寥中特起而言焉，更相著书以见于后世。然而荀之文繁多豪，纵圣人言而尽者，荀至譊譊而未之得也。文久而息，节奏久而绝。荀以"杀诗书，幽思而无说，闭约而无解"，荀以非孟子彼不知约者，所以为详。无说乃实有说耳。予尝谓子游之学，其后荀卿尊之。荀卿之后，叛而为李斯。圣人所以言者，盖自子游已不及矣。其后为荀卿之学，岂足怪哉。虽然荀以一言"杀诗书"，而李斯辄乘其说而祸之。荀所谓暴其气者也。迁之文采摭涉猎上下数千载间有才而富于学者也，无一以贯之，疏略抵牾未始有择焉，此其文也。其文之理乃至进奸雄以乱正，羞贫贱以害义，其志之君不静故也。……退之曰"荀杨大醇而小疵"，而予谓"大疵而小醇者"，其退之欤。无他，世习物累，得以伤其气而病其文耳。数子之聪明，其失如此鄙俚陈旧，一写于文辞者可胜计哉，不必议也。①

4. 周礼义

然而王佐之学可得闻乎？荀子曰："学者以圣王为师。"② 扬子曰：学之为王者事，其已久矣。惟圣与王皆原于一。所谓一者，三者相合而未相离者也。……尝谓其学不如荀、杨子之言，其行不如孟子之去就，其事不如伊周，而欲为王功也不亦难乎？③

5. 道与法

伏羲、唐尧、周公无成与亏者，同乎道也；有成与亏者异法也。可异者，法而已矣，道不可异也。荀卿以"道过三代谓之荡"，"法异后王谓之不雅"④，然则荀卿所谓道与法者，异乎？吾所谓道与法也，雄之言曰"法始乎伏羲，成乎尧，匪伏匪尧，礼义哨哨"，其贤于荀远矣。⑤

6. 杂说

孟子曰：我四十不动心，不惑故能定，不动故能应。荀子曰：能定然后

---

① （宋）黄裳：《演山集》（卷二十三）。
② 《荀子·解蔽》。
③ （宋）黄裳：《演山集》（卷三十九）。
④ 引自《荀子·王制》及《荀子·儒效》，"异"为"贰"。
⑤ （宋）黄裳：《演山集》（卷五十三）。

能应。① 古之人四十强而仕，能应故也。道合则服从，不可则去②，不惑故也。不知命无以为君子，五十而知天命，均是命也。③

秦　观

秦观（1049—1100），字少游，一字太虚，号淮海居士，别号邗沟居士，北宋淮南东路高邮人。著有《淮海集》等。

变化论

万物不能常有，有极则入于无，亦不能常无，无极则出于有。变者，自有入于无者也。化者，自无入于有者也。方其入也，则质散而返形，形散而返气，气散而返于芒忽之间。辟阴以为阳者，有矣；阖阳以为阴者，有矣；其巧妙，其功深，故难穷、难终。此物之极者，所以由之也。方其出也，则芒忽之间合而成气，气合而成形，形合而成质。移刚以为柔者，有矣；易柔以成刚者，有矣；其巧显，其功浅，故随起、随灭。此物之生者，所以由之也。是故物生谓之化，物极谓之变。变者，天道也，君道也。圣人之事而化之，所以始也。化者，地道也，臣道也。贤人之事而变之，所以终也。是二者犹生之有死，昼之有夜，动之有静，往之有来，常相待为用，而未有能独成者也。二者虽不能独成，而亦不能两立。何则？一气不顿进，变进则化退矣。一形不顿亏，化进则变退矣。一进一退，迭相出入，而神用无穷焉。故曰：变化者，进退之象也。又曰：知变化之道者，其知神之所为乎？昔之论变化者，有先变而言者，有先化而言者，有兼变化而言者，《易》曰："形而上者谓之道，形而下者谓之器，化而裁之谓之变。"夫道者，变之统也。器者，化之宇也，有形者不能相有。是以虽器也，而制之者亦存乎道；虽化也，而裁之者亦存乎变。故曰"化而裁之谓之变"，此所谓先化而言者也。《中

---

① 《荀子·劝学》。
② 该句与《礼记·内则》"四十始仕，方物出谋发虑，道合则服从，不可则去"相似。
③ （宋）黄裳：《演山集》（卷五十七）。

庸》曰："其次致曲，曲能有诚，诚则形，形则著，著则明，明则动，动则变，变则化。"盖自致曲而至于变化者，由人以尽天道；自变而至化者，由天以尽人道。尽天道所以率性，尽人道所以立教。故曰"变则化"，此所谓先变而言者也。荀卿曰："诚心守仁则形，形则神，神则能化矣。诚心行义则理，理则明，明则能变矣。变化代兴，谓之天德。"① 夫变者，所以原始化者，所以要终。独化则不能以生，独变则不能以形。生生形形而道之用尽矣。故曰"变化谓之天德"，此所谓兼变化而言者也。盖先变者，以言乎自无而出有；先化者，以言乎自有以入无；而兼变化者，以言乎出有入无，相待为用而已矣。然则主变者，天也；司化者，地也。而荀氏皆以为天德，何也？曰：天道成终而成始。凡言变者，亦可以兼化地道，无成而待有终。凡言化者，则不可以兼变《易》，于《乾》曰"乾道变化"，而于《坤》则曰"万物化生"。盖乾者，用阳气以统天地。天既可以兼化，则乾固不独变矣。地不可以兼变，则坤固止于化矣。故曰："辟户谓之乾，阖户谓之坤。一阖一辟谓之变。"又曰："在天成象，在地成形，变化见矣。"由是观之，变化者，神之用也。神无方。无方则无乎不在。故在天则乾道是已，在地则坤道是已，在人则圣人是已。故曰：天地变化，圣人效之此之谓矣。②

李　复

李复（1052—?），字履中，北宋长安人，被称为潏水先生。撰有《潏水集》。

议礼

国朝承平一百六十年，高出唐虞，岂三代可拟？一代礼典，今犹未讲，至使好礼之士，有家自为礼者。荀况云："礼莫大于圣王。"③ 是惟圣人乃能

---

① 《荀子·不苟》。
② （宋）秦观：《淮海集》（卷二十三），《钦定四库全书》，集部三，别集类二。
③ 《荀子·非相》。

制礼，惟王者乃能行。《礼记》曰："非天子不议礼，不制度，不考文。"臣愿诏有司，上自郊庙社稷，下至三祀一祀与。……事有制度，灿然可观，四夷百蛮向风，取则为治世，甚盛之举。①

张舜民

张舜民，生卒年不详，字芸叟，自号浮休居士，又号矴斋，北宋邠州人。著有《画墁集》。

试院感怀

朱户当昼扃，霜帘达夜悬。沈沈造广庭，皥皥接众贤。疏莛叩洪钟，短绠汲深渊。始知学不迨，内顾多歉然。忆昔居上庠，忝出流辈前。赋就千金直，诗成万口传。荀扬迥接迹，班马思比肩。一从苟干禄，永谢英俊躔。折腰府县中，糊口道路边。世俗多见轻，义士谁哀恰。憔悴有今日，光辉思昔年。今兹睹秋闱，犹欲争相先。枯鱼傍江湖，疲马忆蓟燕。凉风拂翠幕，陇月向人圆。物景近中秋，客意孤绵绵。裴回望清光，欲揽不得全。永怀欢乐时，把酒谢婵娟。②

陈师道

陈师道（1053—1102），字履常，一字无己，号后山居士，北宋徐州彭城人。著有《后山先生集》《后山词》等。

1. 文士

庄、荀皆文士而有学者，其《说剑》《成相》《赋篇》，与屈《骚》

---

① （宋）李复：《潏水集》（卷一），《钦定四库全书》，集部三，别集类二。
② （宋）张舜民：《画墁集》（卷一），《钦定四库全书》，集部三，别集类二。

何异？①

2. 面壁庵记

三圣之道非异，其传与不传也耶。子孔氏之门，颜、闵、冉皆无传；仲弓之后则有荀卿，曾舆之后则有孟轲，端木赐之后则庄休，而荀、孟、庄之后无闻焉。李氏之传关尹，尹之传后无闻焉。②

3. 策问十五首

君子之道同，而其所以异者，人异师学异术也。孟子之学出于子思，子思出于曾子。庄子之学出于田子方，子方出于子贡。荀子之学出于子弓，子弓者，仲弓也。扬子之学出于庄君平，君平出于老庄。韩子之学出于子舆。五家同出于孔氏，而其说相反。孔子称夷惠而子舆非之，子休誉子方而毁仲尼，荀卿非子思、孟子，扬云下老、庄、荀而尊孟子；退之谓荀扬大醇小疵，而孔、墨同道。然则孟子拒之，非耶！夫诸子之相非，其相存耶而相违耶？其屈人而自伸耶？抑亦喜攻人之短，与不然其有说乎？二三子明于六经，而通古今之志愿有闻焉。

太史公之论六家，班固之序九流，知其各有所长，亦各有所短也。至荀卿之非十二子，则咸无取焉。庄休之语道术，又皆出于圣人，其故何也，乌有同出于道而无一可取？其违戾莫甚于此，岂其固相反耶？抑亦各有在与？折衷于经，君子何取？愿闻其详。③

4. 仲父陈君墓铭

君非不化，特不宜尔。何妙耶！然则形骨可以知其贵贱，气色可以知其休咎，而荀子非之，何也？④

5. 老子

世谓孔、老同时，非也。孟子辟杨、墨而不及老，荀子非墨、老而不及

---

① （宋）陈师道：《后山诗话》，《钦定四库全书》，集部九，别集类二。
② （宋）陈师道：《后山集》（卷十二），《钦定四库全书》，集部三，别集类二。
③ （宋）陈师道：《后山集》（卷十四）。
④ （宋）陈师道：《后山集》（卷十六）。

杨。庄子先六经而墨、宋、慎次之，关、老又次之；庄、惠终焉。其关阳之后，孟、荀之间乎。①

晁补之

晁补之（1053—1110），字无咎，号归来子，北宋济州巨野人，"苏门四学士"之一。著有《鸡肋集》等。

1. 是是堂赋

刘子读古人书，则曰：文王我师也，周公岂欺我哉？处今行己则欲"就有道而正焉"②，抑荀子所谓"是是非非谓之智"③者，以名其堂，而居之。而南阳晁子补之闻而疑之曰：刘子果于自信，果于不信人也哉。夫理无常是，事无常非。使天下举以为非，而刘子独曰是，将谁使取正？使天下举以为是，而刘子独非之，安得力而胜？④

2. 依韵和子充杂言

荀卿论义荣⑤，迳庭大不近人情，是非亦置之，古人踽踽凉凉生何为？⑥

3. 王勋字重民序

夫昔之所病儒者一师而俗异，今为孟子，又为庄子，是二师也。……自荀子不好，孟子又非之，然其言曰："道不过三代，法不贰后王，过则荡，贰则不雅"⑦，此两君子者，惟一师，故不异。⑧

---

① （宋）陈师道：《后山集》（卷二十二）。
② 《论语·学而》。
③ 《荀子·修身》。
④ （宋）晁补之：《鸡肋集》（卷二），《钦定四库全书》，集部三，别集类二。
⑤ 《荀子·正论》。
⑥ （宋）晁补之：《鸡肋集》（卷十一）。
⑦ 《荀子·王制》。
⑧ （宋）晁补之：《鸡肋集》（卷三十五）。

晁补之

4. 送李文老序

至斯事荀卿，言秦逐客非。是书异甚小，篆有益古训。①

5. 《续楚辞》序

且世所以疑于此者，不以夫后之愧原者，众哉。而荀卿、贾谊、刘向、扬雄、韩愈又非愧原者也。②

6. 《变离骚》序上

《变离骚》以其类而异，故不可以言反而谓之变。若荀卿非蹈原者，以其后原，皆楚臣，遭谗为赋。以风故取其七篇，列之卷首，类离骚而少变也。……是以由汉而下，赋皆祖屈原。然宋玉亲原弟子《高唐》③ 既靡不足于风，大言、小言义无所宿，至登徒子靡甚矣。特以其楚人作，故系荀卿七篇之后。瓠子之歌，有忧民意，故在相如、扬雄上。

7. 《变离骚》序下

《诗》亡，《春秋》又微，而百家蜂起。七国时，杨、墨、申、韩、淳于髡、邹衍、邹奭之徒，各以其说乱天下。于时大儒孟、荀实羽翼六经于其将残，而二儒相去百有余年。中间独屈原履正著书，不流邪说。盖尝谓原有力于《诗》亡，《春秋》之微，故因集续《楚辞》，变《离骚》，而独推原。与孟子先后，以贵重原于礼义欲绝之时，又变《离骚》，起荀子《佹诗》《成相篇》，故并以其时考之，知原虽不纯乎孟、荀，于其中间，非异端也。……《史记》：荀卿年五十，始来游学于齐。齐襄王时，荀卿最为老师。而刘向叙荀子云：齐宣王时，聚学士于稷下。荀卿十五始来游学。至襄王时，最为老师。按宣王立十九年，卒至襄王元年四十一年矣，而稷下之学乃在孟子、淳于髡时。使荀卿游学时已年五十，顾与孟子并，安得至襄王而尚存哉？故刘向云：十五始来游学，而老为襄王师是也。……又五年齐襄王始立，计原之

---

① （宋）晁补之：《鸡肋集》（卷三十五）。
② （宋）晁补之：《鸡肋集》（卷三十六）。
③ 《高唐》，宋玉创作的一篇赋。

死，卿尚幼也。至楚考烈王立二十五年，而李园杀春申君，荀卿始废。自此推而上之至原之死，盖五十余年矣。故原与荀卿接，而荀卿后于原。……《荀子·不苟篇》曰：故新浴者，振其衣；新沐者，弹其冠。其谁能以己之僬僬，受人之掝掝者哉。则卿此书盖因原辞也。凡言语文章之相祖述，多其当时口所传诵，从古而然。此皆古诗楚辞之流也。其习而传者，虽至于今可知也。①

8. 策问

问：孔子断《书》自唐虞，而尧舜谓之典，言常道也。荀子独曰：五帝之间无传政，道不过三代，法不贰后王。夫孔子之所取，而荀子之所去。然则荀子以《书》为不足于政乎？天时、地化、人事之纪，盖三代异正，而孔子于时则行夏或忠，或质，或文。盖三代殊尚，而孔子于文则从周。二者前乎此，尧舜何其未尝用后乎？此时王何其莫之革也？然则荀子于此言"道不过三代，法不贰后王"，其意亦奚不可哉？孟子取龙子之言，曰：治地莫善于助，莫不善于贡。夫道诚不可以过三代之法。有法善，有法不善，则后王所循虽欲为不贰，可得乎？孔子、孟子、荀子，学者之所从焉？

问：孔子没，孟轲氏作。孟轲氏没，荀况、扬雄氏作。荀况、扬雄氏没，圣人之道殆不传。魏晋而下，士无山陵、川泉之才，学不知其所宗，营营驰骋于末流，道以益晦。而数百年间，河汾之陋乃有王通出焉。通尊孔子，其才自视三子，比考其书，殆庶几于知孔子、校孟轲不皆醇，而于荀况、扬雄未悖也。②

9. 策问

问：《记》曰："人生而静，天之性也。"静之为名，善恶不得而居。孔子曰"性相近"，此生而静之说也。学孔子而近者，如孟轲、荀况、扬雄或以为善，或以为恶，或以为善恶混。而孟子道告子之言曰："生之谓性。性犹湍水。"又曰："性无善无不善。"又曰："有性善，有性不善。"而至于韩愈，又以谓："性有三，中人可与上下，而上智与下愚不移。"夫性一也，自六说

---

① （宋）晁补之：《鸡肋集》（卷三十六）。
② （宋）晁补之：《鸡肋集》（卷三十七）。

者,观之其源,既已大异,而末学之辩,波澜滋广。道之不明也,道之不行也,以学者不尽其性而已。孔子之言经也,经不可刊①反,经以正诸子之异,则或善,或恶,或善恶混,必居一于是矣。以夫生而静且相近者为性,则其曰生之谓性、性无善无不善者,其说亦奚不可也。然而告子未尝知义,惟曰从其白于外也,是岂性之说也哉?孟子曰:"万物皆备于我矣。反身而诚,乐莫大焉。"诚之在我者。如是,则诸君之语性不可以外诸己而求也。②

10. 策问

问:道无非物,物无非数。……今其书咸在若《九章》《周髀》《海岛》③之类,设或非古而所以知数将必自此始,顾可忽哉。荀子曰:学数有终。夫学而至于有终,遗数可也。盖有不知而作,则君子所病。④

11. 策问

问荀子曰:如用真儒,无敌于天下。⑤又曰:"仲尼之门人,五尺之童子言羞称乎五霸。"所贵乎儒者,道术无所不包。非呻吟《诗》《书》,俯焉白首之为贤,其举先王之事而力无不可为之为贵。然而管仲,伯者佐也,"九合诸侯,不以兵车"⑥,仲尼称焉。曰"如其仁",其功之在天下,岂少耶?世之言儒者曰:孔氏之儒,受业身通,如由与求,仲尼论其能,乃不过于为宰,而治赋尚且以自许。使民有勇而见嗤,为人聚敛附益而得咎至。或见比于具臣何耶?以谓真儒必周、孔而后可,则后世之赖于儒者何其寡?曰:不然欤,则以由与求而尚不足,盖才之难若是,乌在其为童子羞称五伯也。⑦

12. 唐旧书杂论

当时满朝岂无忠贤一二,然人人畏惮国忠,不敢漏其事。近有国忠而蒙

---

① 刊(qiàn):切。
② (宋)晁补之:《鸡肋集》(卷三十八)。
③ 《周髀算经》《九章算术》《海岛算经》是我国古代典籍中关于算术的三种图书。
④ (宋)晁补之:《鸡肋集》(卷三十九)。
⑤ 荀子讲儒学治世时提到"粹而王,驳而霸,无一焉而亡"和大儒之效时,使用大儒、俗儒、雅儒、小儒、陋儒等词,但没使用"真儒"一词。
⑥ 《论语·宪问》。
⑦ (宋)晁补之:《鸡肋集》(卷三十九)。

昧如此，则远有禄山十年包藏，何从觉之哉。故荀子论不蔽之福，蔽之祸①，盖相去其间不能以发，可不慎哉？②

13. 唐旧书杂论

以宪宗之贤不能不昵五坊鹰犬③之习，欲以近谀，杀守法吏，非贤相忠言，几陷不道。荀卿论蔽之为祸，可胜言哉。④

14. 上苏公书

世衰道微，诸侯错立，而国自为治，家自为法矣。……小道异术群起，……诋前言往行以自大，尊礼法、刑名以为贤，而为荀卿、韩非。……盖先王之道，披猖磔裂，此其极矣。⑤

15. 北京国子监奉诏封孟、荀、扬、韩告先圣文

维元丰七年。……夫子既没，杨墨是肆。爰有孟氏，词而辟之。荼蓼既薅，嘉苗孔殖。于今其功，人以配禹。俾遇夫子，盖颜渊徒。自时百家，蜂午并作。承孟氏后，荀况、扬雄。降秦终汉，教用不陨。俾夫子道，炳然复彰。……天启我宋，咸秩无文。追求四贤，崇以爵号。从夫子后，不瑕有光。更千万年，学者咸仰。今有司承诏封孟轲为邹国公，与兖国公同配食，荀况为兰陵伯，扬雄为成都伯，韩愈为昌黎伯，并从祀。

16. 诏封孟、荀、扬、韩告先师文

维元丰七年。……昔我夫子，有徒三千。惟公好学，未达一间。爰有孟氏，闻而知之。与公异时，合若符节。孟氏既没，荀、扬嗣兴。是三大儒，吐词为经。末流至唐，篆刻是骛。有贤韩氏，奋而学古。达道之塞，于儒有功。微言赖兹，不绝如线。粤宋七世，咸秩无文。卷龙鷩冕，曰公若伯。从

---

① 《荀子·解蔽》。
② （宋）晁补之：《鸡肋集》（卷四十七）。
③ 唐代设立管理皇帝鹰犬的机构，称"五坊"，即雕坊、鹘坊、鹞坊、鹰坊和狗坊，五坊官员的官位不高，但是皇帝身边的近臣。
④ （宋）晁补之：《鸡肋集》（卷四十九）。
⑤ （宋）晁补之：《鸡肋集》（卷五十一）。

我夫子，兴吾先师。洋洋俱传，百世不熄。今有司承诏封孟子为邹国公，配食文宣王，荀子为兰陵伯，扬子为成都伯，韩子为昌黎伯，并从祀。①

17. 资政殿大学士李公行状

修迎语曰：主司不置李清臣第一，则缪矣。开视，果第一。考官韩维亦曰：李清臣有荀卿笔力。②

18. 刑部侍郎杜公墓志铭

昔羊舌职③曰：善人在上，则国无幸民。荀卿陈王道之本，亦曰民无幸生。④ 夫为政而下数幸，欲盗之奔秦，难矣。⑤

游　酢

游酢（1053—1123），字定夫，北宋建州建阳人，理学家，学者称廌山先生。著有《中庸义》《易说》等。

1. 唯上知与下愚不移章

孔子之言性，有以其本言之者，若"继之者善，成之者性"是也；有以人所见言之者，若"性相近，习相远"是也。孟子亦然，其"道性善"，深探其本也；其曰："孺子将入井，皆有怵惕恻隐之心"，"乃若其情，则可以为善矣"，姑据人所见而语之也，是以当时学者不能无疑。夫道未始有名，感于物而出，则善之名立矣。托于物而生，则性之名立矣。善者，性之德。故庄子曰："物得以生谓之德。"性者，善之资也。故庄子曰："形体保神谓之性。"盖道之在天地，则播五行于四时，百物生焉，无非善者也，无恶也。故

---

① （宋）晁补之：《鸡肋集》（卷六十）。
② （宋）晁补之：《鸡肋集》（卷六十二）。
③ 羊舌职：春秋时期晋国的大夫，曾为太傅。
④ 《荀子·王制》。
⑤ （宋）晁补之：《鸡肋集》（卷六十七）。

曰："继之者善也。"道之在人，则出作而入息，渴饮而饥食，无非性者也，无妄也。苟得其性之本然，反身而诚则天地万物之理得，而道自我成矣。故曰："成之者性也。"惟其同出于一气，而气之所值有全、有偏、有邪、有正、有粹、有驳、有厚、有薄，然后有上智、下愚、中人之不同也，犹之大块。噫！气，其名为风。风之所出，无异气也。而叱者、吸者、叫者、号者，其声若是不同，以其所托者，物物殊形耳；其声之不同而谓有异风，可乎？孟子谓性善正类此也。荀卿言性恶，扬雄言人之性善恶混，韩愈言性有三品，盖皆蔽于末流，而不知其本也。观五方之民，刚柔、轻重、迟速、异齐则气之所禀，可以类推之也。……由是观之，则谓性有三品未为不可。唯其止以是为性，则三子者之失也。"成性存存，道义之门。"盖非尽心、知性者不足以与此宜乎。①

2. 象曰：上天下泽，节

天高地下，礼制行矣。……此先王因人性以制之，而理之不可易也。其或强有力者，窃其非分而有之，欲自以为荣，是播其恶，适足以发笑而自点尔。所有者非其分，既不足以为荣，而身陷不义，更足以为辱愚，孰甚焉？此臧文仲居蔡，所以为不智也。季氏以八佾舞，三家以雍彻，正类于此，而臧文仲当时名大夫，必尝以智称。故仲尼以为何？如其智以明其大者，不知其他不足称也。如以为先王之为礼，将以笼天下之愚而拘之，则荀卿化性起伪之说行矣。譬如今人未仕而服青紫，人必以为病狂。文仲之愚，不幸类此。②

邵伯温

邵伯温（1055—1134），字子文，北宋洛阳人，邵雍之子。著有《邵氏闻见录》等。

---

① （宋）游酢：《游廌山集》（卷一），《论语杂解》，《钦定四库全书》，集部三，别集类二。
② （宋）游酢：《游廌山集》（卷二），《易说》。

康节先公闻见录

熙宁二年,神宗初即位,诏天下举遗逸。御史中丞吕诲、三司副使吴充、龙图阁学士祖无择,皆荐康节。时欧阳公作参知政事,素重常秩,故颍川亦再以秩应诏。康节除秘书省校书郎、颍州团练推官。辞,不许。既受命,即引疾不起。答乡人二诗,一曰:"平生不作皱眉事,天下应无切齿人。断送落花安用雨,装添旧物岂须春。幸逢尧舜为真主,且放巢由作外臣。六十病夫宜揣分,监司何用苦开陈?"二曰:"却恐乡人未甚知,相知深后更又何疑?贫时与禄是可受,老后得官难更为。自有林泉安素志,况无才业动丹墀。荀、扬若守吾儒分,免被韩文议小疵。"常秩以职官起,时王介甫方行新法,天下纷然以为不便,思得山林之士相合者。①

晁说之

晁说之(1059—1129),字以道,少慕司马光之为人,自号景迂。北宋时人。经学家,博通五经,尤精于《易》学。著有《景迂生集》等。

1. 孔孟

孔孟之称,谁倡之者?汉儒犹未之有也。既不知尊孔子,是亦岂孟子之志欤?其学卒杂于异端,而以为孔子之俪者,亦不一人也。岂特孟子不可哉?……世有荀、孟之称。荀卿诋孟子"僻违而无类,幽隐而无说,闭约而无解"②,未免为诸子之徒,尚何配圣哉。③

---

① (宋)邵伯温、邵博:《邵氏闻见录 邵氏闻见后录》(历代笔记小说大观),《闻见录》(卷十八),王根林校点,上海古籍出版社2012年版,第102—103页。该条可补充邵雍所作那首诗的语境。
② 《荀子·非十二子》。
③ (宋)晁说之:《景迂生集》(卷十三),《儒言》,《钦定四库全书》,子部一,儒家类。

2. 名圣

荀卿之弟子与叔孙通之弟子，皆以其师为圣人。至于何曾之孙，又以其祖为圣人。圣人之名亦可私得欤？盖卿之弟子，学无所成；通之弟子，因赐金之利；曾之孙叹世事之验，于是乎云尔，使其成学而不外慕，则俊造之名尚未易许人矣。①

3. 论学

有学不至而言至者，循其言亦可以入道。荀子曰："真积力久则入。"杜预曰："优而柔之，使自求之；餍而饫之，使自趋之。"管子曰："思之思之，又重思之。思之而不通，鬼神将通之。非鬼神之力也，精神之极也。"此三者循其言皆可以入道，而荀子、管子、杜预初不能及此。②

4. 为己成物

古之学者为己，其终至于成物。今之学者为己，其终至于丧己。杞柳，荀子之说也。湍水，扬子之说也。圣人所知，宜无不至也。圣人所行，宜无不尽也。然而《书》称尧舜，不曰：刑必当罪，赏必当功，而曰：罪疑惟轻，功疑惟重。与其杀不辜，宁失不经，异乎后世刻核之论矣。③

5. 论四子

扬子，无自得者也，故其言蔓衍而不断，优柔而不决。其论性则曰："人之性也，善恶混，修其善则为善人，修其恶则为恶人。"荀子，悖圣人者也，故列孟子于十二子，而谓人之性恶。性果恶耶？圣人何能反其性，以至于斯耶？

圣人之言，远如天，近如地。其远也，若不可得而及；其近也，亦可得而行。扬子曰：圣人之言远如天，贤人之言近如地，非也。

或问文中子，曰愚；问荀子，曰悖；问韩愈，曰外。愚、悖、外皆非学

---

① （宋）晁说之：《景迂生集》（卷十三），《儒言》。
② （宋）晁说之：《晁氏客语》，《钦定四库全书》，子部十，杂家类三。
③ （宋）晁说之：《晁氏客语》。

圣人者也，扬雄其几乎。①

6. 温公论性

温公以扬子论性为近，不取孟、荀。又谓："性如地，善如五谷，恶如莨莠。地岂容只生谷而不生莠耶？学者当除莠养谷耳。"②

7. 元符三年应诏封事

夫自召公为保，周公为师，相成王为左右，而来二相之制，尚矣。其后曰：左右相，左右仆射之类，名号虽不同，大要皆二相也。或者妄以荀卿人君论一相为言，不知荀卿所谓"论一相，陈一法，明一指"③ 者，正以其教之一乎？如其不世之业，资于一相者，古亦有之，则必有不世之人而后可也。④

8. 谢邵三十五郎博诗卷

何人分诗文，两队有鲂鳟。子早知此病，我语出复返。何以谢子勤，王道不可缓。凛凛易春秋，南面俨龙衮。礼书朝万邦，宝辂粲朱幰。颜曾侍珪璋，荀孟陈干盾。老漫怜骥枥。壮当勇虎圈。明朝役高兴，蜀道横碧巘。我寔爱子才，语长情缱绻。⑤

9. 温公读玄

余少之时，闻《玄》之名而不获见，独观扬子云之自序称《玄》盛矣。……求之积年乃得观之，……喟然置书，叹曰：呜呼！扬子，真大儒者邪。孔子既没，知圣人之道者，非扬子而谁？孟与荀殆不足拟，况其余乎。⑥

10.《诗》之序论四

孟子、荀卿、左氏、贾谊、刘向、汉诸儒论说及《诗》多矣，未尝有一

---

① （宋）晁说之：《晁氏客语》。
② （宋）晁说之：《晁氏客语》。
③ 《荀子·王霸》。
④ （宋）晁说之：《景迂生集》（卷一），《钦定四库全书》，集部三，别集类二。
⑤ （宋）晁说之：《景迂生集》（卷五）。
⑥ （宋）晁说之：《景迂生集》（卷十），《易玄星纪谱》。

言以《诗序》为议者，则《序》之所作晚矣。①

11. 辩诬

天无待而高者也，日月无待而明者也。人之生于天，朝夕日月无所待而知其高也，亦无所待而知其明也。圣人之道曷独不然？韩退之读孟轲书，然后知孔子之道尊，晚得扬雄书益信孟氏，又得荀氏于轲、雄之间，何耶？孔子固圣人，孰知后世必有人曰：孟轲能明吾道而尊之耶？脱令后世遂无孟轲，则孔子之道泯灭不传欤。至于卿、雄则复何力之有？一何量圣人浅，而自待之厚耶？……今之所谓大儒者，未离乎昔日曲学之后尘欤。

……予不知世所谓孔孟云者，孰自而得耶？其尊孔子欤？尊孟子欤？盖天下万世之尊师者，孔子一人而止耳。容孰偶之也耶？学者于是乎权有度，无欲挽二子以并驾，又无乃甚耶。荀卿非孟子"僻违而无类，幽隐而无说，闭约而无解"，王充著论曰"刺孟"，则亦过矣。然不为无谓也。②

12. 志学

心苟有所说，则无物不逊吾之学也。比天下万物之所说者，则不足矣。……子夏斯言，盖有所本矣。吾夫子以孝弟、谨信、泛爱、亲仁，其行从容有余力而不逼者，学文之功也。……学者盖以行为本，言为能教人为成德矣。曰：非徒知之，亦允蹈之，待若人，何薄耶？荀卿谕乎假舟楫舆马，则学与性分为二端矣。学以光明乎光明，逊志、敏行者非耶。二子之蔽无他，不知克己复礼之为学乎。颜渊以身为天下万世之率而问仁。夫子知回之所以问者，于是乎告以天下万世大中至正，人人能自竭之道，曰："克己复礼，为仁由己。"回知夫子所言者，则谢不敏而请事焉。吾之一己视听言动，孰非吾之学也耶。一言之曰仁，二言之曰仁义，三言之曰仁曰义曰礼。自是百言之，而百名效实矣。扬雄亦岂无知于此者，其言曰：礼由己，则遗仁义矣。荀卿之知此，益明其言曰："学至乎礼而止矣。夫是之谓道德之极，礼之敬文也，乐之中和也，《诗》《书》之博也，《春秋》之微也，在天地之间者毕矣。"③

---

① （宋）晁说之：《景迂生集》（卷十一）。
② （宋）晁说之：《景迂生集》（卷十四）。
③ 《荀子·劝学》。

其言厚乎礼而薄乎己，卒以礼为舟楫舆马，将见其一日舍之，尚何所克哉。观之复曰：然则学无所分而无门户以入，不亦难乎。曰：岂无所自哉？其惟思乎！学必思以明，思必学以进。①

13. 答勾龙寿南先辈书

今学者知自置于经师，而不知有人师甘心为一经之士，名曰大义，而实以碎义。困踬童子，起而语《易》，薄乎《诗》《书》例，诋先贤为腐儒。先贤说，虽是而未新也。……然黜《春秋》而尊尚伪《周礼》，弃《孝经》而以《孟子》配《论语》，几何不使文武之道坠地也耶。足下于此，何为超忽世俗，独知所学哉。甚善！甚善！而于不肖猥以长书，辨论孟子，似亦躐等矣。足下何不《孝经》《论语》《诗》《书》《仪礼》《易》《春秋》之问，而孟子之问乎？足下远质孟子于荀卿、王充及韩退之晚年之论，近观温公之《疑孟》及泰伯之《孟子杂辨》、刘元甫之于瞽瞍杀人、刘道原之于舜禹避丹均，则世俗孔孟之称安乎？②

14. 答陈秀才书

夫子既没，洙泗之上，并汾之间，孰有如曾子、子思有功于斯文者？世乃略而不道，似古人无曾、孔、荀、孟子之语。在本朝则柳仲涂、张晦之、穆伯长、贾公疏③诸公皆尊孔氏，以振我国家礼乐文明之盛者。奈何后生漫不知其姓名，则目前碌碌尚何为哉？④

15. 答钱申伯书

甚善！甚善！况惟《昜》⑤之问而他经不与乎，以三才论作《易》之本意，而率归于人事。穷极《易》家师弟子授受之源委而有意于家法，责京房

---

① （宋）晁说之：《景迂生集》（卷十四）。
② （宋）晁说之：《景迂生集》（卷十五）。
③ 穆伯长：即穆修，北宋散文家，字伯长，反对宋初的华靡文风，继柳开之后，力主恢复韩愈、柳宗元散文传统，有《穆参军集》。石介在《剑门读贾公疏诗石》中曾对其有"诗名留得贾公疏"的赞赏。
④ （宋）晁说之：：《景迂生集》（卷十五）。
⑤ 昜（yáng）：古同"阳"，《说文解字》释义为"开也"。从文义来看，此段中"昜"应为"易"。

不保其身，扬雄不纯其行，王弼、何晏、荀况本致寇之小人，管辂、郭璞一行未免为窥观之贞女，乌睹洁净（一有精微字）之为易哉！乃独推功于穆伯长、刘原父①、邵尧夫则独立不惧以济斯世者，孰得与？②

邹 浩

邹浩（1060—1111），字志完，自号道乡居士，北宋常州晋陵人。著有《道乡集》。

1. 何志同转官制

荀卿有言曰："有法者，以法行；无法者，以类举。"③ 朕既变而通之，以善天下之法，又设官置局参考己事，以严类举之助，而笔削去取尔。④

2. 上政府书

某窃惑之，且天下之所取平与，所取信者，法与例而已矣。荀子曰：谓"有法者，以法行；无法者，以类举"是也。有法、有例，其事虽优，不可得而已也。无法、无例，其事虽杀，不可得而行也。⑤

3. 柬理堂记

以为燕休之所，余为以柬理名之，取荀卿所谓"君子安燕而血气不惰"⑥之说也。⑦

---

① 刘原父，指刘敞。北宋经学家、散文家，与欧阳修、梅尧臣交往较多。
② （宋）晁以道：《景迂生集》（卷十五）。
③ 见《荀子·大略》《荀子·王制》。
④ （宋）邹浩：《道乡集》（卷十八），《钦定四库全书》，集部三，别集类二。
⑤ （宋）邹浩：《道乡集》（卷二十二）。
⑥ 《荀子·修身》。
⑦ （宋）邹浩：《道乡集》（卷二十五）。

邹浩

4. 至行序

道远乎哉？若大路，然行之则千里跬步，不行则跬步千里。善乎！荀况有言曰："闻之，不若见之；见之，不若知之；知之，不若行之；学至于行之而止矣。"① 以其所言，观其所行，亦庶几乎。允蹈之者，故自修身以至为天下、国家，皆著之书，其不与圣人合者，盖无几也。先君既取其名名汝矣，汝尝思所以如况者乎？尝思所以求如况者乎？思所以如况者，必为思所以不如况者而弗为，断然行之，勿自画焉。将见于吾家者，得汝事亲、从兄之实，知汝能行夫孝弟也。观于吾乡者，得汝事长、奉上之实，知汝能行夫忠信也，知汝能行夫祖考之训而不坠也，知汝能行夫师友之诲而不堕也。自此以往，无所不观，亦无所不知矣。汝之所学所谓至于行之而止者，且将无愧于圣人之门，而况荀子乎？吾故遹追先志，易②汝字为至行，而概见其意，俾汝知所以自勉。③

5. 张舜谐字序

呜呼！舜谐取是以为字，岂徒便称谓于交友之间而已邪？昔司马长卿慕蔺相如之为人，故名相如。李文纪慕张纲之为人，故名纲。舜谐其亦有意乎慕垂之为人者？孟子曰："人皆可以为尧舜。"荀子曰："涂之人皆可为禹。"④ 况舜谐之于垂乎舜谐？⑤

6. 策问

问宰相之勋非自为而成之也，举贤授能以尽人材，校短量长以分事务而已，独操其要焉。俾人主优游蒙成，无复内外之患，其为勋岂小哉！荀卿曰"上臣事君以人"⑥，况宰相乎？故禹以惠畴佐舜。⑦

---

① 《荀子·儒效》。
② 应为"易"。
③ （宋）邹浩：《道乡集》（卷二十七）。
④ 《荀子·性恶》。
⑤ （宋）邹浩：《道乡集》（卷二十七）。
⑥ 《荀子·大略》。
⑦ （宋）邹浩：《道乡集》（卷二十九）。

7. 策问

问：道德不明，天下之治方术者，各骋其私智而取之，以名家而授徒，自以为莫己若矣。奈何世之君子，能折之于圣人而不可欺邪？故"墨子蔽于用而不知文，宋子蔽于欲而不知得，慎子蔽于法而不知贤，申子蔽于势而不知智，惠子蔽于辞而不知实，庄子蔽于天而不知人"①，荀卿尝言之。"庄、列荡而不法，墨、晏俭而废礼，申、韩险而无化，邹衍迂而不信"②，扬雄尝言之。夫诸子之于道德，譬犹紫之于朱，莠之于苗，郑声之于雅乐。向非荀、扬，力自比于孟子，而指摘以待，后之学者则读其书，随其所喜，沦胥以败而莫之止者，往往皆是也，其害岂胜计哉！然而太史公猥以名家之学，各有不可废者。其与荀、扬之论，果可以两立乎？是非必有在也。荀卿之学，扬雄以为同门而异户；扬雄之学，韩愈以为大醇而小疵，又何其明于指摘诸子之失，而昧于自救其失乎。其异户也，其小疵也，无乃有流于诸子之习而不自知者乎。愿迹其书且折之于圣人，并诸子之已事告焉。③

8. 策问

问：韩文公读荀子，欲以孔子删削之志，削其不合于道者，以附于圣人之籍，自信任重矣。然徒有是言而已，其所削者，盖莫之见也。诸公试以文公自任者自任焉。荀子之可削者，果安在乎？当如之何而削之邪？其可著者，果足以附圣人之籍，遗天下与来世乎？置其人于孟、扬之间，果为至当之论乎？若以文公较之三子，又何如邪？皆不可以不辨。④

9. 祭告先圣文

况及后世异端蜂起，汩没本真，以自为是，则其能不以彼易此，而潜心王之道者谁乎？力辟杨墨乃有孟轲自成一家，乃有荀况折衷义理，乃有扬雄堤障末流，乃有韩愈先后相望，虽参差不齐而俾王之道。皓皓乎！百世之下则随其浅深，咸有力焉。今天子前言往行，罔不灼知，于是追封此四人

---

① 《荀子·解蔽》。
② 《法言·五百》。
③ （宋）邹浩：《道乡集》（卷二十九）。
④ （宋）邹浩：《道乡集》（卷三十）。

者，惟爵、惟邑，有异、有同，公则配食，伯则崇祀，以示褒崇，以为学者之荣。

10. 祭告先师文

后世豪杰之士，如孟轲、荀况、扬雄、韩愈，莫不想余风而颂誉之。或曰具体而微，或曰智而穷于世，或曰得其所行，或曰确乎不拔其言。虽不同，要之皆为知公者，此亦潜心圣人之道，与公一趣而然也。今天子以义起礼，咸秩无文。而四人者皆追封焉，俾列公侧，以祠于庙，以为先儒之报，而有司将塑绘其像。

11. 奉安先圣文

惟王既没，百子纷如，支离大道，颛门多途。响随业著，沦胥以铺，谁其援之卓哉。真儒孟、荀、扬、韩，以时则殊，至言正行，不约而俱。群迷易心，观感而孚，俾王之道，万世不渝。天子神明，深所叹誉，爵命报称，或塑或图，翼翼在列。

12. 奉安兖国公文

昔者圣人之门，由公在焉。……朝廷修明典礼，被饰太平。而孟、荀、扬、韩咸以道德，被服休命，饬工塑绘，仪容肃如，永永庙祠。①

萧 楚

萧楚（1064—1130），字子荆，北宋庐陵人。著有《春秋经辨》等。

《春秋》鲁史旧章辨

原注古野史称太甲杀伊尹，予信其说，而疑《尚书》所载其无识可知。

---

① （宋）邹浩：《道乡集》（卷三十八）。

观其释例,《集注》该博正。荀子所谓记问之学不足为人师。① 此学者不可不知而轻信之。②

饶 节

饶节(1065—1129),字德操,一字次守,自号倚松道人、倚松老人,北宋江西临川人。著有《倚松诗集》等。

次韵赠高致虚四首 其四

灵隐冷泉天下奇,与君同俯碧琉璃。更寻天竺上下寺,休问荀扬大小疵。③

周行己

周行己(1067—1125),字恭叔,世称浮沚先生,北宋温州瑞安人。著有《浮沚文集》等。

孟荀扬文中四子是非

问天下之所难知者,非是非之难知也,似是而非者难知也,似非而是者难知也。孟轲之书七篇,力陈仁义之说,而或者疑其说时君以汤武之事;荀况之书三十二篇,深明大儒之效,而或者疑其有性恶之论;扬雄之作《法言》,采掇孔孟学行之意,或者疑其著剧秦美新之书;王通之为《中说》,规模《论语》答问之义,或者疑其房、杜诸子无所称述。此四书者与五经诸史并行于世,学者之所习也,考其言与其人,其似是而非耶?其似非而是耶?

---

① 此句出自《礼记·学记》。
② (宋)萧楚:《春秋辨疑》(卷一),《钦定四库全书》,经部五,春秋类。
③ (宋)饶节:《倚松诗集》(卷二),《钦定四库全书》,集部三,别集类二。

明以复我使不陷于邪说,以应朝廷之令,不亦善乎?①

陈　渊

陈渊（1067—1145），字知默，一字几叟，沙县人，世称默堂先生。北宋时人。陈瓘之侄，从学于杨时。著有《默堂先生文集》等。

1. 端友以桂浆两樽见惠赋诗六首

浊者为贤圣是清，古人无复论甘辛。因观表里如冰玉，始信荀杨未尽醇。②

2. 答张子猷给事

然来谕终欲措荀卿于孟子之列，则意所未安。荀、扬所至固可取，但许之以传尧舜之道，则非。彼所能当耳何则？道之所在，不容有小疵者，所能传也。若曰汉儒尝列之邹国，汉儒于此盖未之达，恐不足据。唯退之《原道》见处最亲，故来谕以为欲且从《原道》，正与鄙意相契。然《原道》以谓轲之死不得其传焉，岂复数荀、扬哉？读《荀子篇》，其末云：荀与扬大醇而小疵，此犹是恕语。二子书具存，岂特小疵而已？此《原道》所以言不得其传也，与今后生传洛学者斥浮屠，此何足论!③

3. 策问

昔孟子之言性，曰："人之性善。"荀子从而非之，曰："人之性恶。"扬子以人之性善又不能无恶也，因为之言曰："善恶混。"而韩子者又以三子之言为犹有所遗，别之以三品焉，曰：上焉者，善；下焉者，恶；中焉者，可导而上下也。自四子之说兴，天下之言性者纷然不一，而卒无定论。夫性者，人之所固有也。学者期复乎是而止耳，诚不可不知。而其论之不一，如此将

---

① （宋）周行己：《浮沚集》（卷三），《钦定四库全书》集部三，别集类二。
② （宋）陈渊：《默堂集》（卷十），《钦定四库全书》，集部四，别集类三。
③ （宋）陈渊：《默堂集》（卷十九）。

孰从乎彼？性恶之说，后世莫不深罪其言之偏，而不敢正以为非，如不敢正以为非，则是以扬子、韩子之说为得，而孟子之说为未尽矣。夫孟子百世之师也，学者所取以为标准者也。其果不能尽夫性之说，而有待于扬、韩耶？人之言曰：扬子之言性，兼性之不正者，言之实无害于孟子之说。然公都子之问，尝曰："性无善无不善。"又曰："性可以为善，可以为不善。"又曰："有性善，有性不善。"而孟子既辨之于其书矣。彼扬子、韩子之说，其果能外是乎？不然则学者于此不容无说。孔子曰："性相近也，习相远也。"或曰：孔孟之言性，一也。或又曰：不能无异。诚有异乎？其无异乎？夫性之在人，既不可不知，宜莹其说，使无疑焉。然后反身而诚，庶乎其能尽之。今也如系风捕影，茫然失据，将以谁斯谓宜有至当之论，以证四子之言，以发吾夫子未尽之意。此吾党群居所宜切磨，以求益者也。倘有所闻，幸相为言之，毋隐。①

4. 杂说十三段

楼仲辉云：从来解书义，谁解得好？余曰：若论注解莫无出荆公。由汉以来，专门之学各有所长，唯荆公取其所长，绚发于文字之间，故荆公为最。仲辉云：穿凿奈何？余曰：穿凿，固荆公之过；然荆公之所以失，不在注解，在乎道术之不正，遂生穿凿。穿凿之害小，道术之害大。仲辉曰：荆公之说本于先儒，先儒亦有害乎？曰：先儒只是训诂而已，不以己意附会正经。于道术，初无损益也。只如荆公引"擅生杀之谓王，能利害之谓王"，此申商、韩非之所为，岂是先王之道？而彼不悟，反以证经。曰：此自荀子之说，何为不善？曰：若论道，则荀卿容有不知者，其说亦何足取？荀卿之门出李斯，斯之术卒以乱秦，源流有所自矣。②

刘安节

刘安节（1068—1116），字元承，北宋永嘉人。著有《刘左史集》等。

---

① （宋）陈渊：《默堂集》（卷二十）。
② （宋）陈渊：《默堂集》（卷二十二）。

刘安节

君师治之本

人之所以异于禽兽者有二焉，一曰形，二曰道。含二气之精，钟五行之秀。首圆象天，足方象地，视明而听聪，貌肃而言义，人之形也。父子之恩，君臣之义，夫妇之别，宾主之礼，朋友之信，人之道也。形与道具，则人所以为人者尽矣。虽然天地能肇人以元，而不能与人以形；父母能与人以形，而不能化人以道。则夫统而正之，教而成之，使人日由于道。饥而食，渴而饮，以相与群而不乱者，得无自而然哉？君师者，所以化人于道者也。故荀卿以为治之本，而列诸天地、先祖之后，以为礼之三本。善乎！其推明之也。窃尝谓，人生于天地之间，其不能无群也，久矣。羽毛不足以御寒暑，爪牙不足以供嗜欲，雪霜风雨之苦暴于外，则必挽草木，治宫室，缉丝麻，以成之。饥渴男女之欲役于外，则必凿井泉，布黍稷，合夫妇以成之。力不能兼通也，必有士农工商以成之。智不能独任也，必有乡党朋友以成之。夫以一人之身，而与是数者之众相与为群，于天下纷纷藉藉，未易以亿万计。于斯时也，法度不立，则力强者乱，兵强者叛，智强者谲，几何而不趋于乱乎？仁义不明则居迷于所为，行迷于所之，冥然无知以蹈祸机，几何而不底于悔乎几祸乱并作，顾虽有天地之功，父母之恩，亦将无可奈何。则夫秉法度之权，修仁义之教，以相班治，以相训迪者，是乃所以辅天地不全之功，成父母不及之恩，君师之法岂不大哉！……虽然礼有三本，其道一也。事君无可去之礼，而孔子于鲁则去之；事师无可逃之理，而孟子乃使夷之逃墨。何也？盖父母者，天之合以形言也，形可逃乎？君师者，人之合以道言也。苟非其道，则其所资以为治者，已亡其本矣，何礼之有？是故君道然耶？而高克去其君，是孔子之罪人也。不然则孔子亦将去鲁矣。师道然耶而陈相背其师，是孔子之罪人也。不然，则孟子方且使夷之逃墨矣。二者或去或不去，虽出于礼之变，然其所以事之之实，盖无异致也。《传》曰：父生之，君治之，师教之，故事三如一，此礼之所以大也。然则荀卿之论，其亦主于事之之礼乎！观其名篇，断可识矣。学礼者不可不察也。[①]

[①] （宋）刘安节：《刘左史集》（卷三），《钦定四库全书》，集部三，别集类二。

尹 焞

尹焞（1071—1142），字彦明，一字德充，北宋洛阳人。著有《和靖集》等。

文中子尽胜荀子

先生曰：文中子尽胜荀子。荀子性尚不识，如曰"养心莫善于诚"，不知诚是何物。孟子寡欲之言尽之矣，宜乎？退之言轲死不得其传，盖有所据云。①

许景衡

许景衡（1072—1128），字少伊，人称横塘先生，北宋温州瑞安人。著有《横塘集》等。

1. 赠五台妙空师

山僧栖在山之巅，胡为振锡来市廛。且言自得相形术，愿与多士谈媸妍。津途穷通可逆数，名分巨细潜开先。庞眉合享寿考福，鼎角堪持丞弼权。人生肖貌虽若尔，天理应效非皆然。条侯饿死始难必，裴度果相终何缘。亨衢第以直道致，吉祉多为阴功延。操修向善或向恶，感召凶吉如蹄筌。予观传记考物理，谓师语议非无传。出言少偷信不免，受王苟堕知难全。况乎素行未中积，敢以虚表要诸天。富哉荀卿骋雄辩，推本心术深磨研。九州功崇夏禹跳，三面德至成汤偏。仲尼何长子弓短，古今无害为圣贤。林宗知人出明性，清澈鉴裁犹澄渊。大端亦贵器与识，规矩安可私方圆。君平卜筮达至理，

---

① （宋）尹焞：《和靖集》（卷七），《钦定四库全书》，集部四，别集类。

探索造化穷推迁。与臣言忠子言孝，利害之际尤拳拳。古人术学务原本，宁将浮说相拘挛。羡师通论近名教，为师条列终吾篇。①

罗从彦

罗从彦（1072—1135），字仲素，号豫章先生，宋南沙剑州人，豫章学派创始人。著有《中庸说》《豫章文集》。

杂著

奸邪之人乱国政，李林甫是也；庸鄙之人弱国势，张禹是也。荀子曰："权出于一者强。"② 谓权出于一，则主势不分，而君道尊矣。后世宰相侵君之权而不令终者多，贤如李文饶尚不能免此，况李林甫之徒哉。为人臣者，视此以为戒。③

朱 震

朱震（1072—1138），字子发，世称汉上先生，宋湖北荆门州人。著有《汉上易传》等。

1. 师

荀卿论兵，曰："权出一者强，权出二者弱。"《易传》曰：军旅之任不专一，覆败必矣。④

---

① （宋）许景衡：《横塘集》（卷二），《钦定四库全书》，集部四，别集类三。
② 《荀子·议兵》。
③ （宋）罗从彦：《豫章文集》（卷十一），《议论要语》，《钦定四库全书》，集部四，别集类三。
④ （宋）朱震：《汉上易传》（卷一），《钦定四库全书》，经部一，易类。

2. 贲

荀子曰:"礼始于脱,成于文,终于梲。"① 夫终则有始。质者,文之始。上九之白贲,文在其中矣。变而通之,三代损益之道,是以无咎,而得志不?②

3. 复

荀卿曰"三年天下如一,诸侯为臣"③,非虚语也。故曰利有攸往,刚长也。此自复推之至乾,以言复之成也。《易》以天地明圣人之心,以为无乎不可也,以为有乎不可也,观诸天地则见其心矣。

六二,休复,吉。《象》曰:休复之吉,以下仁也。

荀卿曰"学莫便于近其人"④,六二之谓乎。

六五,敦复无悔。《象》曰:敦复无悔,中以自考也。

荀卿曰:"以中自成。"⑤《易传》曰:以中道自成。⑥

4. 中孚

九二,鸣鹤在阴,其子和之。我有好爵,吾与尔靡之。《象》曰:其子和之,中心愿也。

荀子所谓同焉者,合类焉者应⑦,故曰其子和之,中心愿也。⑧

5. 系辞上传

孟子所谓一本,荀卿所谓一隆⑨,《易》则其心一,故《易》知简则其政不烦。⑩

---

① 引自《荀子·礼论》,与原文"凡礼,始乎梲,成乎文,终乎悦校"略有不同。
② (宋)朱震:《汉上易传》(卷三)。
③ 《荀子·儒效》。
④ 《荀子·劝学》。
⑤ 荀子关于"中"的论述有"仁义之中""礼节之中""礼之中""比中而行之""中说""道之所善,中则可从"等多种,这句话应是概括而非原文。
⑥ (宋)朱震:《汉上易传》(卷三)。
⑦ 《荀子·不苟》中原文为:"君子絜其身而同焉者合矣,善其言而类焉者应矣。"
⑧ (宋)朱震:《汉上易传》(卷六)。
⑨ 《荀子·儒效》中为"道有一隆"。
⑩ (宋)朱震:《汉上易传》(卷七)。

6. 说卦传

曰：文合而成章。荀子曰"文理成章"①，诗声变成文，积句成章。②

谢 薖

谢薖（1074—1116），字幼盘，自号竹友居士。宋抚州临川人。著有《竹友集》等。

适正堂记

吾友吴迪吉作楼于其居，第之西其下辟以为堂，图孔子、荀卿、扬雄之像于其间，又取韩愈《原道》之书写于其壁，而名其堂曰适正。盖取扬雄《法言》所谓适尧、舜、文王为正堂者也。③

李昭玘

李昭玘（？—1126）字成季，宋济州巨野人。存有《乐静集》。

1. 与交代先状

恭惟某官国器粹温，天材超拔，应休期而筮，仕拔上等以飞荣，论议高深，下荀、扬而不道文章古雅，揖游、夏以相驰。方君子之育才，俾诸儒之驾说，横经师席，流化藩州，洋乎盈耳之弦满矣。④

---

① 《荀子·赋篇》。
② （宋）朱震：《汉上易传》（卷九）。
③ （宋）谢薖：《竹友集》（卷八），《钦定四库全书》，集部三，别集类二。
④ （宋）李昭玘：《乐静集》（卷十五），《钦定四库全书》，集部三，别集类二。

2. 上李邦直

生民先觉，盛世元臣，吐辞为经，鄙荀扬之未粹，以道致主，非尧舜而不陈，经纶以四海为心，进退有古人之节。①

胡安国

胡安国（1074—1138），又名胡迪，字康侯，号青山，谥号文定，学者称武夷先生，后世称胡文定公。宋建宁崇安人。与次子胡宏共同开创"湖湘学派"。著有《春秋传》等。

春正月

夏齐侯、卫侯胥命于蒲。音注（蒲，卫地。《书》惟天子称命，此私相命也。诸侯不请命，而私相命于是始。）。

（《公羊》曰：胥命者，相命也。相命，近正也。古者不盟，结言而退。人爱其情，私相疑贰，以成倾危之俗，其所由来渐矣。有能相命而信，谕岂不独为近正乎？故特起胥命之文于此有取焉。圣人以"信易食"答子贡之问②，君子以信易生。重桓王之失信，去则民不立矣。故荀卿言"春秋善胥命"③。）④

王昭禹

王昭禹，字光远，提胡安国之后。著有《周礼详解》。

---

① （宋）李昭玘：《乐静集》（卷十六）。
② 见《论语·颜渊》。
③ 《荀子·大略》。
④ （宋）胡安国：《春秋传》（卷四），《钦定四库全书》，经部五，《春秋传总目》，春秋类。

王昭禹

1. 周礼详解原序

礼之事虽显于形名度数之粗,而礼之理实隐于道德性命之微,即事而幽者阐,即理而显者微。然则礼,其神之所为乎?夫神无在而无乎不在,无为而无乎不为。圣人立礼以为体,行礼以为翼,事为之制,曲为之防,亦神之无不在、无不为之意也。彼荀卿徒知礼为道之华,而不知为物之致,乃曰"生于圣人之伪"①,又乌知礼意哉?②

2. 录唐论礼乐事

唐太宗问:三代损益,何者为当?魏徵对曰:孔子曰:"周监于二代,郁郁乎文哉。吾从周。"《周礼》,周公旦所裁;《诗》《书》,仲尼所述,虽纲纪颓缺,而节制具焉。荀孟陈之于前,董伸之于后,遗谈余义可举而行。若择前代宪章,发明王道,臣请以周典唯所施行。上大悦。③

3. 人与法

法不能无弊,贵乎随时而损益。人不能皆善,贵乎因法而废置。能随时而损益,则法与时而偕行,天下斯无弊法矣。能因法而废置,则人与法俱新,行法斯无非人矣。荀卿曰:有治人,无治法。盖法者,治之具;人者,法之原。行法者得人,则法虽省,足以遍矣。行法者非其人,则法虽具,而失先后之施矣。④ 此法与人,所以贵乎两得。⑤

4. 以官府之六叙正群吏

古之明大道之序者,先明天而道德次之。语道而非其叙,则安所取道?然则于治而非其叙,又安所以治哉?诸子百家非不知道也,不知道之序而已。是以离道而言,忤道而说。而道之所以不明也,百官群吏非不知治也,不知

---

① 《荀子·性恶》。
② (宋)王昭禹:《周礼详解》(原序),《钦定四库全书》,经部四,礼类一。
③ (宋)王昭禹:《周礼详解》(周礼互注总括)。
④ 《荀子·君道》。"法者,治之具;人者,法之原"一句的原文为:"法者,治之端也;君子者,法之原也。"
⑤ (宋)王昭禹:《周礼详解》(卷二),《大宰下》。

道之序而已。是以畔官离次躐等进取，而治之所以不行也。先王循道之序以制治，因治之序以正群吏。此小宰所以掌之使，不失其伦之先后也。若夫道隆德俊而王所宅以为准者，岂六叙所得而正哉？荀卿曰：贤能不待次而举①，殆谓是欤！②

5. 祭祀，共大羹、铏羹。宾客，亦如之。

荀卿曰："大飨先大羹，贵饮食之本也。"③ 本，大者之事，故曰大羹。言大羹则知铏羹之为小，言铏羹则知大羹之为象，互相备也。大羹以贵本，铏羹以亲用。贵本之谓文，亲用之谓理，文理具而礼之道得矣。此所以荐鬼神、养宾客，非特使亨人共大羹而又贵而先之、示之以本，始使天下后世知礼义所尚在此而不在彼也。④

6. 尊贤良，师长者

其讲习之说将至于日闻所未闻焉，尊其所闻则将至于极高明，尊其德性则将至于尽精微，则尊贤良者乃所以自尊也。友行其可已乎？顺行以事师长者。师以德行教人者也，长以齿位临我者也。在所听从而已，故以顺行事之。顺则有听而无违，有从而无逆矣。荀子曰："师然而然，则是知若师也。"⑤ 此以顺行事师之谓也。《记》曰："悌长而无遗。"此以顺行事长之谓也。孝行、顺行以友行成之，故一曰孝行，二曰友行，三曰顺行，此三行之序也。⑥

7. 雩敛

雩者，旱暵求雨之祭也，故其字从雨，从于以阳，干时旱祭求于而雨也。使稻人共其雩敛，则稻尤急雨故也。夫以潴畜水其以责诸人事者，所以立本。其求诸天时者，所以为之辅。二者不可偏废也。荀卿乃以云而雨为天而已⑦，

---

① 《荀子·王制》。
② （宋）王昭禹：《周礼详解》（卷三）。
③ 《荀子·礼论》。
④ （宋）王昭禹：《周礼详解》（卷四）。
⑤ 《荀子·修身》。
⑥ （宋）王昭禹：《周礼详解》（卷十三）。
⑦ 《荀子·天论》。

又乌知天人之际哉?①

8. 吉凶衣服

荀子曰：裨冕、黼黻、文织、资粗、衰绖，是吉凶忧愉之情发于衣服者也。② 则司服之所辨者，外以称其事，内以称其情故也。谓王之吉凶衣服则礼，当自王出也。以王为主，而公、侯、伯、子、男、公卿、大夫之服皆在所掌矣。③

9. 盟诅之词

盟诅亦以辅其自然而已，苟自信不足，而盟诅之词亦安用哉？是岂先王之意乎？彼荀况不明乎此，乃曰"盟诅不及先王"④ 之人也，又安足与言《周官》之政事？⑤

10. 虎贲氏之职所以设也

荀卿曰：道德之威，成乎安强。⑥ 先王所以成安强者，固有道德之威，然至尊之所在，其出入起居，必有勇力之士宣力以为之卫焉，此虎贲氏之职所以设也。谓之虎，取其勇猛而力；谓之贲，取其众彻而利。贲异于奔，则众彻而不退。⑦

11. 先王制礼之义

观先王之制作如此，则其在服物之粗，而天下之至顺固藏于其间矣。荀子曰"礼乐法而不说"⑧，扬子曰"深知舟车、宫室、器械之所为，则礼由己者"，谓此也。⑨

---

① （宋）王昭禹：《周礼详解》（卷十六）。
② 《荀子·礼论》。
③ （宋）王昭禹：《周礼详解》（卷十九）。
④ 《荀子·大略》。
⑤ （宋）王昭禹：《周礼详解》（卷二十三）。
⑥ 《荀子·强国》。
⑦ （宋）王昭禹：《周礼详解》（卷二十七）。
⑧ 《荀子·劝学》。
⑨ （宋）王昭禹：《周礼详解》（卷二十七）。

12. 瑉玉

荀子曰"虽有珉之昏昏，不若玉之昭昭"①，则珉者，石物之美而似玉者也，其不及玉，远矣。②

13. 持马乘行

《记》曰：君车将驾，则仆执策立于马前。齐车亦以王未乘车之时，立于马前，备惊奔也。故祭祀以接神，会同宾客亦接人，而齐右皆前齐车也。荀卿曰："马骇舆，则君子不安舆。"③ 王乘则持马，亦所以备骇舆之患也。行则陪乘者，谓王既乘而行，则齐右在车。右为参前也。夫王弗乘则前马，方乘则持马，既乘而行则陪。乘则齐右之，严于事王而思患豫防，无或须臾之离矣。④

14. 道与物

荀卿曰：精于道者兼物物，精于物者以物物。⑤ 王公、士大夫，精于道者也；工、商、农夫，精于物者也。工虽具人器而精于物，然而百工之事皆圣人之所作，以象寓意，以器藏礼，则百工信度以承道者也。其亦有异于商旅农夫之属焉。记《考工》者，以百工承王公、士大夫之后，而处商、旅、农夫之前，不为无深意矣。⑥

15. 凡揉牙，外不廉而内不挫，旁不肿，谓之用火之善

荀卿曰"木直中绳，揉以为轮，其曲中规"⑦，皆成于矫揉之善也。⑧

16. 顺理而为之

进若与马谋，退若与人谋。在马则无契需之病，在人则无左槷衺弊之患。

---

① 《荀子·法行》，原文为："虽有珉之雕雕，不若玉之章章。"
② （宋）王昭禹：《周礼详解》（卷二十七）。
③ 《荀子·王制》。
④ （宋）王昭禹：《周礼详解》（卷二十七）。
⑤ 《荀子·解蔽》。
⑥ （宋）王昭禹：《周礼详解》（卷二十八）。
⑦ 《荀子·劝学》。
⑧ （宋）王昭禹：《周礼详解》（卷三十五）。

人与马皆适此车之驰驱，所以不危而安矣。荀卿曰："马骇舆，则君子不安。"此辀不和之效也。①

叶梦得

叶梦得（1077—1148），字少蕴，宋苏州长洲人。著有《春秋三传谳》等。

襄公九年

齐小白、晋重耳在春秋诸侯，彼善于此，则孔子尝称之矣。所谓"九合诸侯，一匡天下者"是也。至于经，则未尝与焉。经，王法也。非三代所以得天下者不道，何小白、重耳之足言乎？故孟子曰："仲尼之徒，无道桓文之事"；三尺童子，羞称五伯，虽荀卿其犹知之。②

张九成

张九成（1092—1159），字子韶，号无垢，宋汴京人，后迁海宁盐官。著有《横浦集》等。

1. 孟子之学

孟子之学非口耳所传，非见闻所有。……周孔之后，而荀扬等辈不可仿佛其万一也。③

---

① （宋）王昭禹：《周礼详解》（卷三十六）。
② （宋）叶梦得：《春秋公羊传谳》（卷二），《桓公》，《钦定四库全书》，经部五，春秋类。
③ （宋）张九成：《孟子传》（卷七），《钦定四库全书》，经部八，四书类。

2. 孟子识见

孟子识见高远，直与当时、后世所见绝不同，此所以非，所以疑，所以詈。当年如陈臻、屋庐子、淳于髡之徒，后世如荀卿、司马公、李泰伯之徒，近日如郑厚①之徒，自信者或至于讥，忠厚者或至于疑，忿疾者或几于骂矣。盖孟子能用先王之道于事变之间，使人有不可窥测者。且如人皆以"君命召，不俟驾"②为敬，孟子乃以陈尧舜之道为敬。③

3. 性恶礼伪之说

荀卿有性恶礼伪之说，此亦学不精微，思不深眇，雷同苟简之病也。不知其说一行，其弟子李斯祖述之，得志于秦，以性为恶，乃行督责之政，以礼为伪，乃焚六经之籍，坑天下之儒。荀卿亦岂谓其学遂至于此哉？故罪嬴秦者，当罪李斯。而罪李斯者，当罪荀卿。罪荀卿者，当罪其学不精微，思不深眇，遽立名言，以乱天下。以荀卿而观，则夫告子之说，孟子岂得不穷探而极诋哉。④

4. 孟子善论性

孟子言性善深合孔子之论而超百家诸子之上。是其所见"人人皆可以为尧舜"，其补于名教也，大矣。告子以"性为无善无不善"，此不识性之正体者也。……善论性者，莫如孟子。夫孟子之所论性善者，乃指性之本体而言，非与恶对立之善也。夫性善何自而见哉？于赤子入井时可以卜矣。……性善之论，复何疑哉？荀卿、扬雄认人欲为性，故或谓恶，或谓善，韩愈又分为三品，皆圣门罪人也，恶足以知性？⑤

5. 性善性恶之果

呜呼！孟子性善，故见圣人与我同类。荀卿性恶，故至李斯而焚书坑儒，

---

① 郑厚（1100—1160），字景韦，一字叔友，学者称"溪东先生""湘乡先生"。著有《诗杂说》等，因"诋孟"而所存无几。
② 《论语·乡党》。
③ （宋）张九成：《孟子传》（卷九）。
④ （宋）张九成：《孟子传》（卷二十六）。
⑤ （宋）张九成：《孟子传》（卷二十六）。

行督责之政而秦遂至于亡。则夫孟子之学真得孔子之正统者欤！①

朱 松

朱松（1097—1143），字乔年，号韦斋，朱熹之父，宋徽州婺源人。留有《韦斋集》。

论兵

战国之世，齐愍以技击强，魏惠以武卒奋，秦昭以锐士胜。荀卿曰："此皆干赏蹈利之兵，未有安制矜节之理也，虽秦之锐士不足以当威文之节制。"②嗟夫！有国家者，虽未能去兵，而无古人节制之法，糜烂其民，以争社稷一旦之命，是岂仁人之用心也哉！诸葛亮以区区新造之蜀，岁出其师以窥魏之关中，军出之日，天下震动，而国人不忧。论者以谓虽威文节制之师无以过。夫以魏兵之强，未能加秦之锐士，而亮终不能少骋以得其志，此又何说哉？唐既一天下，异时控弦之雄，凭陵边疆，患苦中国者，偏师深入，亟敛手而就禽。兵威之所加，鞭笞百蛮，莫不如意。中世盗起幽陵，两河横溃，盖有屹然提孤军以当乘势焱疾之锋，无敢犯躝其师徒者。比敛兵而据险，贼虽垂涎以睨京师，逡巡而不敢进。一时之将，盖庶几有得于古人节制之意。皆有遗法，著在方册。诸君其推明荀氏立言之指，考此数公部分教勒之法，有合于古人，而条析其胜负得失之所以然者，为有司索言之。③

张 浚

张浚（1097—1164），字德远，世称紫岩先生，宋汉州绵竹县人。著

---

① （宋）张九成：《孟子传》（卷二十六）。
② 《荀子·议兵》，中间半句原文为"未有贵上安制綦节之理也"，另"威文"原文为"桓文"。
③ （宋）朱松：《韦斋集》（卷之八），（宋）朱熹：《朱子全书》（外编）（第3册），第137—138页。

有《紫岩易传》等。

损

六三，三人行则损一人。一人行则得其友。《象》曰：一人行三，则疑也。

呜呼！君子，同心德者也。一，君子用。天下之君子其孰不用？方论致一之道，故独取一人。行则得其友，为义非为用，止于一人也。荀卿反覆于人主论一相之①，其言盖有所传授，得《易》之致，一矣。②

胡　寅

胡寅（1098—1156），字明仲，学者称致堂先生，宋建州崇安人。著有《斐然集》等。

1. 先公行状

然孔孟之道不传久矣，自颐弟兄始发明之，然后知其可学而至也。不然，则或以诸经、《语》、《孟》之书资口耳，以干利禄，愈不得其门而入矣。……本朝自嘉祐以来，西都有邵雍、程颢及其弟颐，关中有张载，皆以道学德行名于当世。公卿大夫之所钦慕而师尊之者也。会王安石当路，重以蔡京得政，曲加排抑，其道不行，深可惜也。愿下礼官讨论故事，以此四人加之封号，载在祀典，比诸荀、扬、韩氏。仍诏馆阁搜集其遗书，委官校正，取旨施行，便于学者传习，羽翼圣经，使邪说者不得乘间而作，而天下之道术定，岂曰小补之哉！奏既入，溺于王氏学者喧然。③

---

① 《荀子·王霸》。
② （宋）张浚：《紫岩易传》（卷四），《钦定四库全书》，经部一，易类。
③ （宋）胡寅：《崇正辩　斐然集》（卷二十五），容肇祖点校，中华书局1993年版，第554—555页。

2. 策问

问：荀卿氏有言"学莫便乎近其人。"① 昔七十子身逢元圣，得所依归，可谓近其人矣。其与生乎百世之下，希慕企望而不得见者，岂不异哉？然子路好勇，子贡好货，宰予昼寝，子张色庄，冉求为季氏聚敛，是皆常人之行，曾不少革，则何贵于近其人乎？圣人教育丕变之功又安在乎？伯夷、柳下惠清和之德，非若孔子集大成也。闻其风于百世之下，非若洙、泗亲炙之者也。而廉贪、立懦、敦薄、宽鄙之效，靡然甚速，何夷、惠能之而孔子不能？岂其兴起者皆贤于由、赐之徒欤？二三子其茂明之。

问：自尧舜至孔子几一千五百年间，何圣贤之多也？或君臣并立于朝，如唐、虞之际，或父子同生于家，如姬周之盛，逮乎洙、泗、阙里弟子贤哲至六七十人。孟子而后，五季而上，亦几千五百年，所谓圣人何其不复生也？方仲尼未修经之时，学者固无书可读。若伊尹自畎亩而发，傅说自版筑而发，胶鬲自鱼盐而发，百里奚自市井而发，为圣为贤，何从而致之？六经传世既久，在七国则荀卿氏，在汉则毛、董、子云，在隋唐则王通、韩愈，皆号大儒，相望如晨星然，其孰为知道者耶？夫以古之时未有经书，而圣贤接武于世，后出经书备具，而旷千百岁求一人如颜、闵而不可得。然则六经有益于世乎？其无益乎？

问：文之为用大矣。尧、舜、禹、文王之圣，咸以文称，曰"文思"，曰"文命"。说者曰经天纬地之谓文，其用之大乃如此。仲尼曰："文王既没，文不在兹乎！"盖以斯文为己任矣。自孟子而后，左氏、荀卿、太史公、司马相如、扬雄、刘向、班固之流，各擅文章之誉，后世莫得班焉。如唐韩愈、柳宗元皆竭力希慕，仅成一家。夫此八九子者，其建立，与古所谓文，同耶？异耶？如其同，则经天纬地之效安在？如不谓之文，则末世执笔缀言之士，皆师法于八九子者，自谓文之至矣，而未尝知尧、舜、禹、汤、文王、仲尼之大业。有潜心与尧、舜、禹、汤、文王、仲尼之大业，则笑之曰：是古学耳，安得为文？夸多斗靡，至于支青配白，骈四俪六，极笔烟霞，流连光景，举世好之，有司亦以是取士，为日久矣。其得失是非，愿从二三子闻之，且观所志。②

---

① 《荀子·劝学》。
② （宋）胡寅：《崇正辩 斐然集》（卷二十九），第633—635页。

冯时行

冯时行（1100—1163），字当可，号缙云，祖籍浙江诸暨人。著有《缙云文集》等。

答田廷杰秀才帖

荀子以艰涩之词文，其浅易之说精于道。自然兼物物，物物云者为物，农贾之徒是也。以物物自物，故曰"以物物精于道者，兼得以物之人，故曰兼物物"①，何不似孟子直截说"劳心者治人，劳力者治于人"邪？本是浅事，特作难晓之文，不足道也。②

刘子翚

刘子翚（1101—1147），字彦冲，号屏山病翁，宋崇安人。著有《屏山集》。

1. 送翁德功序

书生轻议兵，自荀卿发之。三至、五权、六术③虽略，本仁义，然圣人不轻议兵。夹谷之会④，田常⑤之讨，勇往直前，无如我夫子者。至于卫公求由之问，皆深闭固拒，不假以辞色，非沮之也，慎之也。卿谈之何容易乎？末世乃有长啸，却房围棋破敌，挥扇靖烟尘，投笔取封侯，抵掌谈笑，横槊赋

---

① 《荀子·解蔽》，原文为："精于物者以物物，精于道者兼物物。"
② （宋）冯时行：《缙云文集》（卷三），《钦定四库全书》，集部四，别集类三。
③ 详见《荀子·议兵》。
④ 鲁定公十年齐、鲁的会盟。齐人欲劫持鲁公，为孔子所斥，乃止，两国盟誓和好。
⑤ 即田成子，田恒，汉朝人。为避汉文帝刘恒讳，改称"田常"。《荀子·尧问》提到"田常为乱"。

诗，视圣人之所甚慎，藐然轻肆焉。使书生读之激昂，歆羡袖书公卿之门，飞奏云天之陛。莫不抚髀叹息，恨其试己之晚，是则鼓之舞之，荀卿为之罪人也。①

2. 代与李丞相启

恭惟宫使仆射相公，道推先觉望重，本朝孟荀为儒者之宗，伊吕乃圣人之偶，羯胡外侮艰危，永赖于壮，犹炎运中兴。②

范　浚

范浚（1102—1150），字茂名（一作茂明），宋婺州兰溪人，世称"香溪先生"。著有《香溪集》等。

1. 性论上

天降衷曰命，人受之曰性，性所存曰心。惟心无外，有外非心。惟性无伪，有伪非性。伪而有外者曰意。意，人之私也。性，天之公也。心，主之也；意，迷之也。迷而不复者为愚，知而不迷者为知，不迷而止焉者为仁。仁即心，心即性，性即命，岂有二哉。孟子曰："尽其心者，知其性也。知其性，则知天。"能尽其心则意亡矣，意亡，则寂然不动者见焉，是之谓性。《记》曰："人生而静，天之性也。"静，所以强名，夫寂然不动者也。然而又曰"感而遂通天下之故"，故必于寂然之中，有不可以动静名者焉，然后为性。孟子所谓必有事焉而勿正，心勿忘勿助长者，盖求知性之道也。或曰孟轲知性，以性为善，善果性耶？后世以轲与荀、扬同论，于轲不能旡③讥，善果非性耶？曰：学者之患在不求其是而为众说之惑，苟舍众说而自求其是，则是得而众说之然否昭昭矣。且夫性不可言，而可言者曰静。子姑从其静者

---

① （宋）刘子翚：《屏山集》卷五，《钦定四库全书》，集部四，别集类三。
② （宋）刘子翚：《屏山集》卷八。
③ 旡（jì）应为"无"。

而观之，将以为善乎？将以为恶乎？必曰善可也。然则善虽不足以尽性，而性固可以善名之也。彼荀卿者，从性之伪而指以为性，故曰"人之性恶"，性岂本恶也哉？且以古人之不善者，无逾桀、纣。桀、纣诚恶矣，龙逢、比干言其不善，则讳而怒之，是知不善之可耻者，固自善也。性岂本恶也哉？彼扬雄者，求性之所谓而不得，则强为之说，曰："人之性也，善恶混。"雄不明言性之果善，果不善，而以为善恶混。是意之云耳？意之而为不明之论，庶几后世以我为知性之深也。雄岂真知性哉？且水之源无不清，性之本无不善。谓水之源清浊混，是未尝穷源者也；谓性之本善恶混，是未尝知本者也。故曰：雄意之云耳。或曰：子以善为不足以尽性，岂性与善异耶？曰：善，性之用也，夫岂有二哉？孟子知性，故不动心。又以性之用教人，故道性善。《易·系辞》曰："一阴一阳之谓道。继之者善也，成之者性也。"善继乎道，则非道也，性成乎道，则与道一矣。然则善不足以尽性，明矣。且孟子亦岂以善为足以尽性哉？其言曰："可欲之谓善，有诸己之谓信，充实之谓美，充实而有光辉之谓大，大而化之之谓圣，圣而不可知之之谓神。"使孟子以善为足以尽性，则一言而足矣，岂复以信与美与大与圣与神为言乎？故曰：孟子道性善，以性之用教人也。

2. 性论下

天下一性也，愚与明，气之别也；善与恶，习之别也；贤与圣，至之别也。气习与至虽异，而性则同也，故曰"能尽其性则能尽人之性，能尽人之性则能尽物之性"，非天下一性耶？①

3. 秦论

孟子曰：三代之得天下也以仁。荀卿曰："汤武非取天下也，修道行义，兴天下同利，除天下同害，而天下归之。"② 然则三代固尝得天下以仁矣，未闻取天下以数也。③

---

① （宋）范浚：《香溪集》（卷七），《钦定四库全书》，集部四，别集类三。
② 《荀子·正论》。
③ （宋）范浚：《香溪集》（卷八）。

4.《汤誓》《仲虺之诰》论

凡汤之能有万邦,实用此道,故荀卿曰:"汤武非取天下也。修其道,行其义,兴天下同利,除天下同害,而天下归之",岂不信哉。①

5. 咸有一德论

论一至此,盖性是一者也,则于圣人何有哉?荀卿载舜之言,曰:"执一如天地,行微如日月,忠诚盛于内,贲于外,刑于四海,天下其在一隅耶?夫何足致也。"② 荀卿又曰:"一与一是为圣人。"③ 又曰:"一而不二为圣人。"④ 今伊尹所以告戒其君,恳恳以一为言,是以治天下之本启迪之也,岂不要哉?是以圣人之事,望之也,岂不重哉?⑤

胡 宏

胡宏(1102—1161),字仁仲,号五峰,人称五峰先生,宋崇安人。湖湘学派创立者。著作有《知言》等。

1. 乱与治

荀子曰:"有治人,无治法。"⑥ 窃譬之欲拨乱反之正者如越江湖,法则舟也,人则操舟者也。若舟破楫坏,虽有若神之技,人人知其弗能济矣。故乘大乱之时必变法。法不变而能成治功者,未有也。欲拨乱与治者,当正大纲。知大纲,然后本可正而末可定;大纲不知,虽或善于条目,有一时之功,终必于大纲不正之处而生大乱。让大纲无定体,各随其时。⑦

---

① (宋)范浚:《香溪集》(卷十)。
② 《荀子·尧问》,"刑"应为"形"。
③ 《荀子·王制》。
④ 《荀子·成相》。
⑤ (宋)范浚:《香溪集》(卷十)。
⑥ 《荀子·君道》。
⑦ (宋)胡宏:《胡宏集》,吴仁华点校,中华书局2012年版,第23—24页。

2. 治道

治道以防恤民为本。而防恤民有道，必先锄奸恶，然后善良得安其乐；而锄奸恶之道，则以得人为本也。荀卿有言："弓良，然后求劲焉；马服，然后求良焉；士必愿，而后求智能。"① 若忠诚不足，虽有材用，譬诸豺狼，不可迩。②

3. 论正统承袭

及颜氏子死，夫子没，曾氏子嗣焉。曾氏子死，孔子之孙继之。于其没也，孟氏实得其传。孟氏既没，百家雄张，著书立言，千章万句，与六经并驾争衡。其间最名纯雅、不驳于正统者，莫如荀、扬。然荀氏以不易之理为伪，不精之甚也；扬氏以作用得后为心，人欲之私也。故韩子断之曰："轲之死，不得其传。"③

4. 性与物

形而在上者谓之性，形而在下者谓之物。性有大体，人尽之矣。一人之性，万物备之矣。论其体，则浑沦乎天地，博浃于万物，虽圣人，无得而名焉；论其生，则散而万殊，善恶吉凶百行俱载，不可掩遏。论至是处，则知物有定性，而性无定体矣，乌得以不能自变之色比而同之乎？告子知羽雪玉之白，而不知犬牛人之性，昧乎万化之原。此孟子所以不得不辨其妄也。以此教民，犹有以性为恶而伪仁义者，犹有以性为善恶浑不能决于去就者。今司马子徒以孟子为辨，其不穷理之过，甚矣！④

5. 问性

或问性。曰："性也者，天地之所以立也。"曰："然则孟轲氏、荀卿氏、扬雄氏之以善恶言性也，非欤？"曰："性也者，天地鬼神之奥也，善不足以言之，况恶乎？"或者问曰："何谓也？"曰："宏闻之先君子曰：'孟子所以

---

① 《荀子·哀公》。
② （宋）胡宏：《胡宏集》，第118页。
③ （宋）胡宏：《胡宏集》，第156页。
④ （宋）胡宏：《胡宏集》，第319页。

独出诸儒之表者，以其知性也。'"宏请曰："何谓也？"先君子曰："孟子道性善云者，叹美之辞也，不与恶对。'"①

6. 圣人与众人

《知言》曰：凡天命所有而众人有之者，圣人皆有之。人以情为有累也，圣人不去情；人以才为有害也，圣人不病才；人以欲为不善也，圣人不绝欲；人以术为伤德也，圣人不弃术；人以忧为非达也，圣人不忘忧；人以怨为非宏也，圣人不释怨。然则何以别于众人乎？圣人发而中节，而众人不中节也。中节者为是，不中节者为非。挟是而行则为正，挟非而行则为邪。正者为善，邪者为恶。而世儒乃以善恶言性，邈乎辽哉。熹按："圣人发而中节"，故为善，"众人发而不中节"，故为恶。"世儒乃以善恶言性，邈乎辽哉！"此亦性无善无恶之意。让不知所中之节，圣人所自为邪？将性有之邪？谓圣人所自为，则必无是理；谓性所固有，则性之本善也明矣。栻曰：所谓"世儒"殆指荀、扬，荀、扬盖未知孟子所谓善也。此一段大抵意偏而词杂，当悉删去。②

胡　铨

胡铨（1102—1180），字邦衡，号澹庵，宋吉州庐陵县人。著有《澹庵集》等传世。

1. 周濂溪先生祠堂记

窃闻韩子曰：诚者，不欺之名。程子曰：诚者，理之实，不诚无物，言无实也。其说始于《易》，成于《礼》。考之《曲礼》、鬼神以诚，考之《檀弓》慎终以诚，考之《特牲》《婚礼》以诚，考之《月令》工师以诚，考之《学记》教学以诚，考之《乐记》《礼经》以诚，考之《祭统》祀享以诚，考

---

① （宋）胡宏：《胡宏集》，第333页。
② （宋）胡宏：《胡宏集》，第333—334页。

之《中庸》事亲以诚，考之《大学》治天下、国家以诚，九者一不诚，其至也虽尧舜之诚，荀卿犹以为伪，尧舜岂伪也哉？故曰：至诚之诚难也。礼至诚有五，能尽性也，能化也，前知如神也，无息也，知天地之化育也。是皆实理之极不欺于人，故能尽性不欺于物，故能化物不欺于神，故能如神不欺于己，故能无息不欺于天地，故能知天地之化育。《通书》之作，盖期学者至于是焉尔。其云性者，刚柔善恶中而已；尽性也，云动则变，变则化者，能化也；云寂然不动诚也，感而遂通者诚也，如神也；云君子乾乾于诚者，无息也；云乾坤交感化生万物者，知天地之化育也。知此五者，则知礼之所谓诚矣。《易》《礼》《通书》，其致一也。①

倪　朴

倪朴（1105—1195），字文卿，因号石陵，宋浦江石陵村人。存有《倪石陵书》。

筠州投雷教授书

临川王文公虽其所为有戾于人情，然其文字宏博魁然，有荀、扬气象，若夫南丰曾夫子以辞学显。②

史　浩

史浩（1106—1194），字直翁，号真隐，宋明州鄞县人。著有《尚书讲义》等。

---

① （宋）胡铨：《澹庵文集》（卷四），《钦定四库全书》，集部四，别集类三。该条收录于（明）黄宗羲：《黄宗羲全集》（第四册），《宋元学案》（二）（黄氏原本、全氏补定），《五峰学案》（卷四十二），第678页。
② （宋）倪朴：《倪石陵书》，《钦定四库全书》，集部四，别集类三。

1. 别拟

臣闻荀况有言曰："主好要，则百事详；主好详，则百事荒。"① 夫要者，人主执其纲而百官有司，各尽其职，所以百事详也。若人主好详，则百官有司不任其责，而人主日不暇给矣。②

2. 性恶

荀卿性恶之论谓不待习而能者，性也；待习而后能者，伪也。故以桀纣为是而尧舜为非。夫性者，善恶俱泯之谓也。以桀纣为性，是犹指田之禾黍，待殖而生，稂莠不待殖而生，遂以田为专毓稂莠，过矣。胡不自二者未生时观之？今人乍见孺子将入于井，非纳交要誉之心，怵惕恻隐油然而生。一念之善，夫岂待习而能乎？虽然人虽本善，若谓善即是性，则是指禾黍以为田，其失与卿等也。③

陈长方

陈长方（1108—1148），字齐之，学者称唯室先生，宋侯官人。著有《唯室集》。

1. 跋黄端冕原学

夫学之有宗，犹水之有源，网之有纲，长短之有尺度，轻重之有权衡。四者一失焉，则非其物也。荀卿才高辨胜，为书十余万言，其学非不富，唯其无宗。是以以性为恶，以礼为伪，非子思、孟子而无所忌惮。虽曰尊王贱霸，崇尚仁义，偶同于洙泗之旨，然而知道君子不贵也。后世学者读书则上自太古，博究旁通；操笔弄文则综织组锦，眩人耳目；特立独行则尧行孔趋。

---

① 《荀子·王霸》。
② （宋）史浩：《鄮峰真隐漫录》（卷十一），《钦定四库全书》，集部四，别集类三。
③ （宋）史浩：《鄮峰真隐漫录》（卷四十）三。

谓之为不美，不可也，而其病犹荀卿焉。①

2. 铭弟墓

余持示君，君笑曰：此吕叔之文也，旨义多类，特详略不同尔。荀卿、扬雄视圣人固天地方之，孟子七篇又何如哉？余于是知君器可大受，而君亦自淬砺以古人自期。②

王十朋

王十朋（1112—1171），字龟龄，号梅溪，宋温州乐清人。著有《梅溪集》等。

1. 御试策

尝闻荀卿之言"有治人，无治法"，夏商周之法非不善也，苟得其人监于成宪；常如傅说之言，遵先王之法；常如孟子之言，率由旧章；常如诗人之言，则夏商周虽至今存，可也。……臣愿以荀卿"有治人"之言为献，可乎？若夫参稽典策之训，则有历朝之国典在焉，祖宗之宝训政要在焉，有司之成法在焉，朝廷之故事在焉，陛下宜诏执政与百执事之人参稽而奉行之，可也。③

2. 除侍御史上殿劄子

臣闻圣人之德无以加孝。天子之孝，莫大乎光祖宗而安社稷。……靖康之祸，有不忍言者，国雠世耻，自古无之。《记》曰：君父之雠，不共戴天。《春秋》讥不讨贼，以谓国无臣子。齐襄复九世之雠，仲尼贤之。楚以六千里之国事雠，荀卿罪之。贤圣立言，垂训责后世之为君臣，为子孙者，可谓至矣。④

---

① （宋）陈长方：《唯室集》（卷二），《钦定四库全书》，集部四，别集类三。
② （宋）陈长方：《唯室集》（卷三）。
③ （宋）王十朋：《梅溪集》（廷试策），《御试策》，《钦定四库全书》，集部四，别集类三。
④ （宋）王十朋：《梅溪集》（奏议卷二）。

3. 大年和诗再用韵

况有田园足耕养，好穷水陆奉肥甘。更须猛割闺房爱，来与荀卿共赋蚕。①

4. 性论

学者之患在于好言性。性，非学者之所不当言。其患在于不知性，而好为雷同之论也。今天下雷同之论，在乎孟子性善之说，而以上中下三品者为才也。一二师儒唱之，学者从而和之。唱之者，主孟子；和之者，雷同也。实非有所见而言焉。性非可以无见而轻言之者，必待吾心有所见焉，而后言之，则吾之所言者是吾之所见也。吾之所见者未必是，又从而质之圣人之言。吾心之所见与圣人之所言者有所合焉，庶乎言之，或当也。"夫子之言性者，不可得而闻也。"其昭然著于《论语》者有一言焉，曰"性相近也，习相远也"，继之以"唯上智与下愚不移"。夫子之言虽不详，吾可以吾心而求夫子之言也。夫子"性近习远"之言盖论天下之常性也，而"上智下愚"不可以常性论也。夫天之生，上智也，不数其生，下愚也亦然，惟所谓中人者，纷纷皆是也。故夫子举中人而论常性，斯有相近之说焉。又惧学者执是，而概论天下之性，复为上智下愚之说以别之。夫子之论性固已昭昭矣，乌在其他求也？夫上智之人，天命之初，固已上智矣，虽瞽、鲧不能移上智而愚。下愚之人，天命之初，固已下愚矣，虽尧舜不能移下愚而智。惟不智不愚者是为中人，而非善非恶者是为相近。方其生也，无君子小人之别；及其习也，有君子小人之归。其犹水也，方其同一源之初，可谓近矣。及其派而二之，则有东西南北之相远也。此圣人所以因性而立教者，为天下常人设耳。若夫上智下愚之性，其犹水火乎？水之在土也，其性有自然之寒，虽善呵者不能夺而使之热；火之在木也，其性有自然之热，虽善嘘者不能夺而使之寒。水火不能夺寒热之性，智愚其可移上下之品乎？今之说者谓尧桀同是性也。嗟乎！其不知性也，是盖出于孟轲性善之论。轲非不知性也，轲之论性将以设教而已，非为性立一定之论也。至若荀况以性为恶，扬雄以性为善恶混，亦所以设教且救弊焉耳，皆非为性立一定之论也。轲曰"性善"是诱天下，使其惟善之是归。况曰"性恶"是惧天下，使其惟恶之务去。雄曰"善恶混"

---

① （宋）王十朋：《梅溪前集》（卷四）。

是开两端而使之自择也。其说虽不同，其所以设教则一也。况、雄又以救弊焉者。轲以善诱之而不从。况出乎轲之后，不得不以恶惧之。况以恶惧之而不畏，雄出况之后，不得不开两端而使之自择。亦犹伊尹、伯夷、柳下惠制行之不同，皆所以救弊也。为性立一定之论者，惟吾夫子与韩愈氏。愈著《原性篇》有上中下三品之说，此最合吾夫子所谓"相近"与夫"上下不移"者。世乃谓愈之所论者才也，非性也，至谓夫子所谓上智下愚者而亦谓之才焉。夫性之与才同出乎天，有上中下之性者必有上中下之才。性为之主，才为之用也。上智之性善矣，发而为善则非性，是才为之也；下愚之性恶矣，发而为恶则非性，是亦才为之也。上智下愚之性有自然之善恶，其所以为善恶，则才也，是性主之而才应之耳。乌有性无上中下而才独有之耶？天之所以命尧舜与吾夫子者，必不惟桀跖之同。学者宜以心求之，慎无袭乎？雷同之论而杂乎佛老之说，则夫子之言性可得而闻，而韩愈之所论者果性也，非才也。①

5. 君子能为可用论

荀卿曰"君子能为可用，继之以不能使人必用己"②，真确论欤。君子之道有三，其未达也。修其所为，用其既达也。行其所当用，不幸而不遇，则处其所不用。修其所为，用则能尽己，行其所当用，则能尽人处。其所不用，则能尽天。故君子自幼学之初，必修其能用之实。谓将事君也，必先学所以事父；谓将治国也，必先学所以治家；谓将明德于天下也，必先学夫正心而诚意。……荀卿亦逃谗于楚者也，以宗王之学至于废死兰陵，亦可谓不遇矣。卿不作《离骚》怨怼之辞，而有不耻不用之语。呜呼！卿，贤已哉。③

6. 策问

问：世之论士者，不惟其身之观，亦观其师友渊源，然后可以知其人矣。……荀卿以中庸之学而为大儒，得卿之学而用之者，谓能必行王道也。

---

① （宋）王十朋：《梅溪前集》（卷十二）。
② 《荀子·非十二子》。
③ （宋）王十朋：《梅溪前集》（卷十二）。

孰谓燔诗书，灭礼乐者，反出卿之门哉？老子著五千言明道德之旨，得其学而行之者，宜其清净自正，无为自化，可也。孰知后世刑名法理之术，至于苛刻少恩者，反出于宗老氏者耶。不特此也，斯之学用于秦者至惨矣。意其学斯者，又必甚于斯也。……谓不在师友渊源耶，洙泗曷为而多贤，仪秦曷为而皆诈。谓必在师友渊源耶，诸子之行事与其所学又何其戾也。

问：荀卿论王霸兴亡之道。其言有曰："上一而王，下一而亡。且以法始、佐贤、民愿、俗美四者齐，谓之上。"① 一观汤武之所以兴，与桀纣之所以亡，信乎，卿之言不妄也！……秦隋之世，天下统一。然二国皆遽兴而遽亡。其兴也，岂出于上一？其亡也，又岂尽出于下一耶？谓不出于此，则何兴亡之遽；谓必出乎此，抑何上一下一之道始终变易之异也？愿并陈汉唐秦隋之迹以佐荀卿之说。②

7. 策问

问唐人刘禹锡尝序柳宗元之文，其言有曰文章与时高下。三代之文，至战国而病。……尝因二子之论而验其时与人，必刘子之言是信耶？则吐辞为经，如孟荀二子，实战国人也。战国之分裂能病天下之文，曷为不能病二子乎？必苏子之言是信耶，则战国二儒贤过韩愈。愈能起八代之衰，而二儒乃不能起战国之病，何也？③

8. 策问

问：韩愈论大道。……自轲失传之后，其道又如何？韩愈何以知其自尧而始传，至轲而失传也？荀况、扬雄皆学仁义，皆尊孔子，今其书具存，非无补于名教，又胡为不能继轲而传道也？愈在唐号大儒，其自待良不浅。史氏亦称况、雄，又不知能继轲而传道否？斯道也，自轲之后以失传而遂亡耶？虽曰失传而固自存耶？诸君学以明道久矣，愿详以教。④

---

① 《荀子·王霸》，"法始"应为"法治"。
② （宋）王十朋：《梅溪前集》（卷十三），《策问》。
③ （宋）王十朋：《梅溪前集》（卷十四），《策问》。
④ （宋）王十朋：《梅溪前集》（卷十四），《策问》。

9. 策问

问：战国之轲、况，西京之雄，隋之通，唐之愈皆著书立言，羽翼圣道，世以大儒称之。议者不以为过，然五君子者果孔氏之徒欤？心无异传，道无二致，固宜迭相推尊，无或操戈相伐，可也。今考其书乃或不然。况非特不尊轲也，且列于十二子而非之；雄非特不尊况也，且有同门异户之斥。通虽以雄为振古奇人而不许其道，愈推尊"孟氏醇，疵况雄"，至河汾则无一言之及。然愈尝自比孟轲矣，后世亦不能无异同之论。夫道之所在，人所共尊。道不在焉，人所同抑。今尊之则命世大才，抑之则诸子也。尊之则轲雄之间，抑之则异户也。尊之则圣人之徒，抑之则张衡数术之伍也。尊之则圣人之修，抑之则没而不说。尊之则泰山北斗，抑之则木强人也。尊之，抑之者，其公心欤？其私意欤？岂好己同者？有相党之心，故私有以尊之欤？好己胜者有相轻之意，故妄有以抑之欤？尊之者是，则抑之者坐蔽善之罪矣。抑之者是，则尊之者陷虚美之失矣。二者必居一于此也，愿考其实而详辩之。①

10. 策问

问太史公作《史记》。……其为孟子传也，与荀卿同宜矣，而乃列邹衍、淳于髡于其间。以衍之迂诞、髡之滑稽，正儒者之罪人也。其可与主盟仁义者同耶？谓迁不精于选择，则彼之同者何是？谓迁不妄于条例，则此之同者何乖？②

11. 次韵嘉叟读和韩诗

孔孟久不作，况雄莫能和。韩公生有唐，力欲拯颓挫。文兴八代衰，学救诸子过。③

12. 赠陈体仁

声名满天下，文字惊缙绅。劳神暂州县，平步当要津。蹉跎忽至今，此

---

① （宋）王十朋：《梅溪前集》（卷十五），《策问》。
② （宋）王十朋：《梅溪前集》（卷十五），《策问》。
③ （宋）王十朋：《梅溪后集》（卷八）。

志犹未伸。真人奉香火，萧寺含悲辛。讲席延诸生，黄卷诃古人。异端斥佛老，吾道鸣孟荀。聊藉束脩礼，少资囊橐贫。①

13. 答泉州交代周参政

惟某官学术荀孟，人才皋夔。昔遇上皇，耸风采于台谏；晚事圣主，赞谋谟于庙堂。久均逸于巨藩，暂养高于琳宇。②

林光朝

林光朝（1114—1178），字谦之，号艾轩，宋兴化军莆田县人。有《艾轩文集》传世。

1. 策问二十首

问：同是尧禹，同非盗跖，是其所是，非其所非，此特俗学常人耳。天下固有独是、独非者，不求之言而求之于忘言，庶几有所合也。杨、墨塞路，孟子辞而辟之。杨、墨学仁义，学杨、墨道是祸仁义也，非孟子不知杨、墨之为害天下。后世之言杨、墨者，实不知何者之为杨、墨也。荀况氏作书以非墨子，是必为知孟子者，又何并以孟子非之？韩愈氏考信孟氏，是必知墨氏之为害，又何以墨子之言为无负于圣人也？孟子同非墨子，同是可以是非求之耶？抑不可以是非求之耶？各以所见言之。③

2. 策问一十八首

近世公论多出于韩愈氏，而柳宗元在当时亦为不妄许人者。退之尝读《仪礼》，读《荀子》《墨子》《鹖冠子》，且为之折衷，其指画当否？何如也？④

---

① （宋）王十朋：《梅溪后集》（卷二十）。
② （宋）王十朋：《梅溪后集》（卷二十三）。
③ （宋）林光朝：《艾轩集》（卷三），《钦定四库全书》，集部四，别集类三。
④ （宋）林光朝：《艾轩集》（卷四）。

汪应辰

汪应辰（1118—1176），初名洋，字圣锡，宋信州玉山人。著有《文定集》等。

1. 廷试策

臣闻治道不在多言，顾力行何如耳。行帝道则帝，行王道则王，行霸道则霸，未有力行而不至者也，未有不能力行而能至者也。……考课之本，所以在于正心术也。荀况有言，曰"省官不如省事，省事莫如清心"①，诚以人主嗜好，既形下皆辐辏而趋之，各求自售，则名器必自此滥矣。此省官之本，所以又在于正心术也。②

2. 答张定夫

自秦汉而下，至二程先生始能发明微言，使学者知本末不二，体用一源，而圣人之书始可得而读。其有功于道甚大。来教以为荀、扬、王、韩固非其比，此可以为允论也，而犹谓其道则是也。其教人者，非也。窃谓学者学此，教者教此而已，不应于道之外又别有以教人也。③

3. 谢解启

士者笑之，皆曰子之迂也。属盛时之侧席，下明诏以搜贤。窃羞童子之雕虫，请对诸儒而折角。视荀、扬、贾、马之作，何足道哉。④

---

① 此处荀况应为荀勖。该句出自《资治通鉴》卷八十，晋武帝咸宁五年（279）："时又议省州、郡、县半吏以赴农功，中书监荀勖以为：'省吏不如省官，省官不如省事，省事不如清心。'"
② （宋）汪应辰：《文定集》（卷七），《策论》之《廷试策》，《钦定四库全书》，集部四，别集类三。
③ （宋）汪应辰：《文定集》（卷十六），《书》之《答张定夫》。
④ （宋）汪应辰：《文定集》（卷十七），《启》之《谢解启》。

程　迥

程迥，生卒年不详，字可久，宋应天府宁陵人，靖康之乱，徙绍兴之余姚。著有《周易章句外编》等。

无妄

北方之气，至阴之中而阳生焉。曰：习坎重险也，于物为龟，为蛇；于方为朔，为北；于太玄配罔与冥，所以八纯卦中独冠以习。《记》曰：不耕获，不灾畬，凶。荀子曰"'括囊，无咎无誉'，腐儒之谓也"①，皆未见。《象》《文言》时为此异论。②

韩元吉

韩元吉（1118—1187），字无咎，号南涧，宋开封雍丘人。著有《南涧甲乙稿》等。

1. 癸巳五月进故事

自周衰，道学不传。士之号为儒者，徒能诵说、陈言，而不达当世之务，故听其语若可行，责其实则罔效。且复自处于优闲畏愞之地，以苟倖世之富贵。所以动见厌弃儒者之名，殆为此辈污之也。……张子房玩意黄老，雍容近道，未始以儒自名。帝亦不悟其为儒而独见尊礼。况夫荀卿所谓"善调一天下"③之儒，使帝遇之安得而不喜哉？以是言之，尚文词，穷训传，非人君

---

① 《荀子·非相》。
② （宋）程迥：《周易章句外编》，《钦定四库全书》，经部一，易类。
③ 《荀子·儒效》。

好儒之实,而后之儒者第欲谈经而不肯任事,皆高祖之所不取也。①

2. 张安国诗集序

诗之作,得于志之所寓,而形于言者也。周诗既亡,屈平始为《离骚》,荀卿、宋玉又为之赋,其实诗之余也。②

3. 孟子论

性者,所以受于生者也。自孟子道性善,天下之言性者犹惑之。夫惑之者,未能求之于天也。夫天之所以为天,人之所以为人,其有异者乎?人之所以不能知性者,以不能知天也。言天之道莫辩乎《易》。欲知人之性,盍观夫《易》之所谓天乎!欲知人性之善,盍观夫天之所谓元乎!故《易》于《乾》则曰:"大哉乾元!"于《坤》则曰:"至哉坤元!"……圣人无以表之故曰善,是善者出于元者也。而天下之言善者皆以对恶而言,盖无以表之云尔。今夫天下之人指以为性恶者,桀纣、盗跖也。桀纣、盗跖之恶者,不过于屠戮残贼之暴而已。然其屠戮残贼之暴,岂终食之间而无违哉?其终食之间,屠戮残贼之暴有时而不作者,则其所谓善也,所谓性也。其作于屠戮残贼之暴者,情夺之也。使其屠戮残贼之暴,终食之间而无违,则亦不可以为人矣。知此,则知善之说矣。天下之所以不知者,止以善为对恶而言,不知其所谓无以表之之说也。……孟子能明之耳,荀况、扬雄其皆未达于《易》者乎。

4. 荀子论

天下之风能变天下之士,而士之所守要在不为天下所移。夫天下之风皆善而吾无移焉,非所谓士也;惟天下之风未善,宜吾有以易之,斯可以谓之士矣。吾之道不足以易之,而返惧其有不合也。假吾道以务为合之之说,则未见其为不移者也。当孔子之时,天下未知以儒为贵也,而孔子必自贵。其儒者之说彼虽不吾听,而吾亦未尝屈焉,故孔子之道日尊。传孔子之道曰孟子。当孟子之时,诸侯惟知以利为急也,而孟子则曰:"亦有仁义。"惟知以

---

① (宋)韩元吉:《南涧甲乙稿》(卷十一),《钦定四库全书》,集部四,别集类三。
② (宋)韩元吉:《南涧甲乙稿》(卷十四)。

地为广也，而孟子则曰："辟土地者民贼。"惟知以兵为事也，而孟子则曰："善战者，服上刑。"夫孔孟之说其于当世不翅如水火之殊科，方圆之异凿也。惟其所守不为天下所移，而亦不务于求合此，后世之士跂望而不可及也。若夫荀卿子之书，其亦未免于求合者欤。何则？卿所负者，儒术也；所遭者，战国也。战国之时，非富不安，非强不立，非兵不雄也。故世之游士持是三者以要诸侯，曰：吾足以富尔国，吾足以强尔国，吾足以用兵决胜而谋尔国。战国之君，非是三者，亦莫之听焉，而卿之书皆有之。卿之意以为吾所谓富国者，非彼之所谓富国者也；吾所谓强国者，非彼之所谓强国者也；吾所谓用兵者，非彼之所谓用兵者也。由吾之说亦足致富强，而善用兵矣。故富国之说曰：节用、裕民而善藏其余。强国之说曰：道德之威成乎安。强用兵之说曰：兵要在乎附民而已。卿之言非不正也，其所以为言者将以求合也。彼其见战国之士，以是得君，则亦惧其言之不入也，饰仁义之说以附于三者焉。然其论雄深而辩博，此其所以使李斯之徒学之，而失其所后先哉。然昔齐王好战，而孟子请以战喻；好勇，而孟子请无好小勇；好货，而以为公刘好货；好色，而以为太王好色，岂亦徇时乎？孟子之言因事而有讽，以诱其君者，非著之书以求合也。①

5. 韩愈论

夫孔子所谓道，人与天地一也。夫子之后言道者，有子思则曰"天命之谓性，率性之谓道"。子思之后言道者，有孟子则曰"仁也者，人也"，合而言之道也。子思所谓性，孟子所谓仁，其皆合于孔子矣。自荀况、扬雄曾不知以道为何物。②

6. 徐大珪字子功字说

或曰：功则信然矣。而禹之功，若之何则可慕？予曰：不然。昔荀卿子以谓"涂之人可为禹"③，孟轲氏以颜回为同道，吾夫子自以为无间。然则禹之功，其果不可慕耶？④

---

① （宋）韩元吉：《南涧甲乙稿》（卷十七）。
② （宋）韩元吉：《南涧甲乙稿》（卷十七）。
③ 《荀子·性恶》。
④ （宋）韩元吉：《南涧甲乙稿》（卷十七）。

陆 游

陆游（1125—1210），字务观，号放翁，宋越州山阴人。著有《剑南诗稿》《渭南文集》等。

上殿劄子

臣闻善观人之国者无他，惟公道行与否尔。……臣昧死伏望陛下推至平至公之道，自朝廷始。然后下诏戒敕四方，而继之以诛赏，不过岁月，治效自见。惟在陛下执之重如山岳，坚若金石尔。荀卿论辟国之说，曰："兼并易能也，坚凝之难。"① 夫岂独兼并哉？凡为政，施行之甚易，坚凝之甚难。臣区区之言，陛下或以为万有一可采焉，敢并以坚凝为献，取进止。②

周必大

周必大（1126—1204），字子充，一字洪道，自号平园老叟，宋吉州庐陵人。著有《省斋文稿》《平园续稿》《玉堂类稿》等传世。后人汇为《益国周文忠公全集》。

1. 淳熙十三年丙午

周某明允惠和，端醇简亮，学传道域孟荀，羽翼于六经。③

---

① 《荀子·议兵》。
② （宋）陆游：《渭南文集校注》（卷四），马亚中、涂小马校注，浙江古籍出版社2015年版，第115页。
③ （宋）周必大：《文忠集》（卷首），《年谱》，《钦定四库全书》，集部四，别集类三。

2. 赴金陵教官与张帅启（绍兴二十八年正月）

恭惟某官九德备躬，千龄应运。学窥奥窔，迈扬雄、荀况之未醇；志蕴经纶，岂管仲、晏婴之可许？①

3. 贺王德言除同知枢密院事启

恭惟某官真才帝赉，厚德天成。道传孔伋之《中庸》，气养孟轲之刚大。立言有法，视荀况、扬雄为未醇；致主无私，岂管仲、晏子可复许？②

4. 防黄通老尚书奏稿

昔荀卿论成人，云："德操然后能定，能定然后能应。生乎由是，死乎由是。"③ 呜呼！公其有得于斯乎。④

5. 元丰怀遇集后序

予谓欲知公制词之美，此数言尽之矣，岂所谓夫子自道者耶？至于追爵荀况、扬雄、韩愈三制，简古明粹，殆与西汉诏令相为表里。呜呼！盛哉！⑤

6. 高端叔变离骚序

本朝晁太史补之，始重编《楚辞》十六卷，续《楚辞》二十卷。又上起荀卿，下逮王令，集变《离骚》二十卷，每篇之首各述其意，本根枝叶备于是矣。⑥

7. 沈氏论语解序

扬子曰：圣人之言远如天，贤人之言近如地。《易》更三圣，《诗》《书》《礼》《乐》《春秋》皆删定笔削于夫子之手，此圣言也；孟、荀、杨、韩发

---

① （宋）周必大：《文忠集》（卷二十一）。
② （宋）周必大：《文忠集》（卷二十一）。
③ 《荀子·劝学》。
④ （宋）周必大：《文忠集》（卷五十）。
⑤ （宋）周必大：《文忠集》（卷五十二）。
⑥ （宋）周必大：《文忠集》（卷五十三）。

明经训,羽翼治道,此贤言也。兼是二者,其惟《论语》乎?①

8. 张德清悦斋说

(理与义)二者非外也,吾心亦内也。故孟子云:"理义之悦我心,犹刍豢之悦我口。"至于荀卿又加详焉,其言曰:"耳目鼻口形各有所接不相能也,心居中虚乃治五官,是谓天君。"②其所以开导后人无余蕴矣。今子布衣蔬食,皇皇四方,就有道而正焉,岂适为口耳之好哉?是必理义之心油然于其中,可谓知所悦矣。既以孟子发其端,又因荀卿辨其名,复以孔子之训广之,夫学而时习固自可悦。然必切磋琢磨乃极其至,故继之曰:"有朋自远方来,不亦乐乎?"盖知不如好,好不如乐,此浅深之辨也。人能推义理之心,常正其天君,使好恶喜怒哀乐之情皆得其正,则所谓颜氏之乐也。③

9. 资政殿大学士赠银青光禄大夫范公(成大)神道碑(庆元元年)

上喜,曰:卿言切治道已。……公即摘取《书》《易》《左传》《国语》《孟》《荀》等书上之。④

10. 臣僚奏札御笔

臣闻古者人主垂拱仰成于上,人臣服劳任事于下,是以君道尊安臣职修举而天下治,故人主犹元首也,臣下犹心腹、耳目、股肱也。一人之身有心腹以谋虑于内,又有耳目股肱以明辨震掉奔趋于外。然后元首无为而自尊者,劳逸之势殊也。夫心腹则譬之大臣,耳目则譬之防谏也,股肱则譬之百执事之臣也,以一身之势而观天下之势,其劳逸之相去几何哉。虞廷丛脞之歌,荀卿好要之论⑤亦可覆矣。⑥

11. 东宫故事五

通尝妄比圣人,徽既师事之,若过有推尊,必贻讥于世后,稍损益之,

---

① (宋)周必大:《文忠集》(卷五十五)。
② 《荀子·天论》。
③ (宋)周必大:《文忠集》(卷五十五)。
④ (宋)周必大:《文忠集》(卷六十一)。
⑤ 《荀子·王霸》。
⑥ (宋)周必大:《文忠集》(卷一百五十二)。

则是暴通之失，是以略而不载欤。且韩愈在唐，号为大儒，距通之时不远，愈每言荀况、扬雄，乃无一字及通。至本朝太宗皇帝遂谓通有缺行，故不得立传。①

杨万里

杨万里（1127—1206），字廷秀，号诚斋，自号诚斋野客，宋吉州吉水人。著有《诚斋集》等。

1. 比

六三，比之匪人。象曰：比之匪人，不亦伤乎？

物以相亲而益，亦以相亲而贼。故与离娄同楫罔不涉，与师冕同辙罔不蹶。仲尼兰鲍，荀卿蓬麻②，皆戒于亲，非其人也。上六以无首而凶矣。六三与之相应而相比，非其人也能无伤己乎。③

2. 颐

六二，颠颐，拂经，于丘颐，征凶。象曰：六二征凶行，失类也。

六二，君子小人之杂也，居下卦之中，有中人之资而可善可恶者也。恶从善，贱从贵，犹阴从阳也。六二下近于初之贤，既欲下比从之，以养其德。而初非其应上观于上九之贵，又欲上比从之以养其禄，而上亦非其应于是，猖狂妄行，陷于非僻而不自反。征凶者，妄行而凶也。所以妄行者，善与贵两从而不择下与上，两比而不应，故失其类也。吴起始师曾子，卒弃其母以求仕；李斯始师荀卿，卒弃其学以灭宗，皆失其守而不能自养。两从而妄行之祸也。自上下下曰颠言从初九，而倒置也。自下上上曰拂言从上九，而违

---

① （宋）周必大：《文忠集》（卷一百六十一）。
② 《荀子·劝学》。
③ （宋）杨万里：《诚斋先生易传》（卷三）（第二册），原国立北平图书馆甲库善本丛书（据明嘉靖二十一年尹耕刻本），国家图书馆出版社2013年版，第226页。

常也。丘，上九也，艮为山。①

3. 姤

上九，姤其角，吝，无咎。象曰：姤其角，上穷，吝也。

上九之吝而不遇者，时之后道之穷也。非上九之咎也，何也？上九以刚阳君子之德而自处于高亢不屈之地，是将何所遇哉？以我之高遇，彼之触而已。遇其角，遇其触也。天下之情，顺则合，乖则离，遇其触矣。何遇之冀哉！其为悔吝，宜矣。虽然上九，何咎过之？有吾道也，穷而已，安之可也。既曰无咎，圣人慰之之辞也。又曰上穷，圣人叹之之辞也。仲尼之道大，天下莫能容是也。孟老于行，荀废兰陵亦然，而况贾谊、仲舒、冯衍之徒与。大壮九三之羸其角，晋上九之晋其角，角在我也。姤上九之姤其角，角在彼也。角在彼而我遇之也。②

4. 升

有位之升，有德之升。升位则足以行道，升德则足以进道。又曰：升之道，必由大人，故升于位由王公，升于德由圣贤。又曰：升位而见大人，故无附丽小人之失；升德而见大人，则日入于君子之涂。南征，前进也。此程子之言，得之矣。然舜大人也，能升禹稷；纣亦大人也，能升飞廉；孔子大人也，能升颜子；荀子亦大人也，能升李斯。四者之升必有所分矣，君子之求，升者谨之。③

5. 系辞上

此章言圣人作易之道，本乎天地；而天地之道，本乎阴阳。圣人用易之道显乎天地人物之间，而藏乎一性之内也。……故曰：圣人用易之道显乎天地人物之间。然易之道，何道也？天地而已矣。天地之道，何道也？一阴一阳而已矣。阴阳未分，谓之太极。太极既分，谓之阴阳。其为天地之道，一也。舍阴阳以求太极者，无太极；舍太极以求天地者，无天地。天地可一息

---

① （宋）杨万里：《诚斋先生易传》（卷八），第267—268页。
② （宋）杨万里：《诚斋先生易传》（卷十二），第304—305页。
③ （宋）杨万里：《诚斋先生易传》（卷十二），第307页。

而无阴阳乎？阴阳可一息而不动静乎？故曰：天地之道本乎阴阳。夫阴阳之为道，安在哉？在乎生物而已。生物者，善也。所以生物者，道也。故继道谓之善。然善在天下，有其善者在人之性。故道者，善之父；性者，道之宅。然有之而能成之者，人也。自非圣人，有有之而得其一二者，仁者见之谓之仁，知者见之谓之知是也。有有之而不自觉者，百姓日用而不知是也。此君子之道，所以知之者鲜也。故曰：用易之道，藏乎一性之内。然则孟子言性善，有自来矣。荀之恶，杨之混，奚白哉！噫！大哉易乎！至哉易乎！①

6. 子思论中

论曰：圣人之言愈大则愈微，此非有所隐也。微之者，显之也。言愈微，故求之者愈力；求之者愈力，故浚之者愈深。求之力浚之深，而圣人言之微者显矣。虽然后之君子有能发圣言之微，而置之显，天下之幸，而君子之不幸也。三人同行而入海，一人得珠焉，则二人必挤夫一人者。二人者亦何仇于一人也？珠也者，挤之招也。游圣门而先发圣人之微，则前有愠，后有忌。愠与忌并起而相竞，非君子之不幸欤？且君子发圣人之微，非以为功也，为道也。或者不察，以为学圣人而不能发圣人之微，则天下将以我为无功于圣门，邀功之心生，则相竞之说起。竞则异，异则朋。异之中又有异，而朋之中又有朋，则以强弱怪奇为胜负尔，非惟君子之不幸也，亦圣道之不幸也。盖自夫子有"性习近远"之论而不明言性之善恶，至孟子则断之以性善之说，于是荀、杨、韩三子者各出一说，以与孟子竞说者，以为夫子不立论以起争，而起三子之争者，孟子喜于立论之过也。嗟乎！夫子岂不立论而持两端，则仁义礼智于何而折衷哉？"性习近远"之说是夫子之立论也，立论而微者也，孟子岂喜于立论者哉？入夫子之海，先得夫子之珠，瞥然见其性相近之旨，悟其真而发其微，不忍自私而分于人。此亦仁人君子用心之切者也。而孟子何过焉？三子之竞，岂孟子起之耶？三子邀功之急者也。三子邀功而孟子遂为过，君子于此亦难于处也哉。盖将附三子则悖于圣人，附孟子则三子者不服，然则何以处之？昔者秦缓死，其长子得其术，而医之名齐于缓。其二三子者不胜其忌也，于是各为新奇，而托之于其父，以求胜其兄。非不爱其兄也，以为不有异于兄，则不得以同于父。天下未有以决也。他日其东邻之父

---

① （宋）杨万里：《诚斋先生易传》（卷十七），《系辞上》，第363—365页。

得秦缓枕中之书出以证焉，然后长子之术始信于天下。有所讼者，必有所质也。《中庸》之书，夫子枕中之书也，而子思得之。《中庸》曰："天命之谓性，率性之谓道。"又曰：能尽其性，则能尽人物之性，可以赞化育参天地。质之以此，而后孟子之说始信也欤。性果恶耶？则曰违性之谓道可也，乌用率？且性既恶，则尽性之所至，当逆天地而戾人物矣。奚其赞，又奚其参人性之有善恶？善则恶不得以寄，恶则善不得以居，如冰之寒而湿，火之燠而燥也。今曰善恶混，吾将曰冰之性燥湿混，而火之性寒燠混也，可乎？至于裂性而三之，裂三而五之，则亦不胜其劳矣。盖三子言性而未见性者也，曷为言性而未见性也，不自尽其性也。自东海而趋西海，必至于西海而后尽也，未至于西海而止也，曰西无海也，之三子者是也。吾性一尽而育人物参天地者在焉。性为善耶？恶耶？三子者亦尝进于此也乎？三子者，自有性而不尽也，宜其言之不彻也。质之《中庸》，而后三子者心服矣。三子非服孟子也，服孔子也。三子服，而后孟子之说信。孟子之说信，而后孔子之意明。孔子之意明，而后性善之论定。性善之论定，而后天下之为善者众。则子思之功岂不大哉。子思不邀功者也，不邀功而大有功者也。谨论。①

7. 孟子论中

夫子之所以智，虽然以智为加乎圣，则曷为曰始条理，曰始终云者，非序也，用也。荀卿曰："始乎为士，终乎为圣人。"② 始言户，终言室也，此序也，非用也。孟子曰：始终云者，用也，非序也。始言施，终言收也。有投乎吾前者，无以施则不集，无以收则不止，谢而不集。释老以之集而不正，申商以之智以施之圣，以收之动则集。集则正，千转万变而不逾乎同条一贯之天理。此夫子之神，而孟子独见之也。③

8. 圣人可学乎？

或问：圣人可学乎？杨子曰：奚而不可学也。"圣人，人伦之至也"，子孟子之言也。"圣尽伦"④，子荀子之言也。"圣人，尽人道者也"，子程子之

---

① （宋）杨万里：《诚斋集》（卷八十七），《心学论》，《钦定四库全书》，集部四，别集类三。
② 《荀子·劝学》。
③ （宋）杨万里：《诚斋集》（卷八十七），《心学论》。
④ 《荀子·解蔽》。

言也。圣人，人也；我，亦人也。我无人伦乎？我无人道乎？昧弗明，舍弗行，行弗至，至弗尽耳。①

9. 心力

或曰：民之溺于战国之虐政也，其心竞其力拯之难也，其力充其位缺拯之难也。孟轲、荀卿力不足以行，其心非患也，为齐卿，为楚令不位欤，而其拯无闻焉，何也？杨子曰：今有孺子将入于井，仁人有所见，无不拯。虽然仁人趋而拯之，孺子之父从而挽之，则仁人虽欲拯之，乌得而拯之？孟荀则悯孺子矣，如挽何？②

10. 四子之文

杨子曰：孟子之文，丰而约；扬子之文，瘠而腴；文中子之文，淡而甘，至于荀卿有驳而已耳，有芜而已耳。③

11. 太学上舍策问

问：趋治者固多途，经乃谓之道，继乃谓之德，济乃谓之术，就乃谓之功，其趋三，其就一也。唐虞氏粹乎道，周人粹乎德，秦人粹乎术，汉人驳乎术与德。……或曰：仲尼之门羞称乎术。或曰：仁术不自孟氏，儒术不自荀氏欤？愿殚议而洽讲之，将以闻焉。④

朱　熹

朱熹（1130—1200），字元晦，又字仲晦，号晦庵，晚称晦翁，理学集大成者。著有《四书章句集注》等。

---

① （宋）杨万里：《诚斋集》（卷九十三），《庸言》七。
② （宋）杨万里：《诚斋集》（卷九十三），《庸言》十。
③ （宋）杨万里：《诚斋集》（卷九十四），《庸言》十三。
④ （宋）杨万里：《诚斋集》（卷九十七）。

1. 右御妻妾○传：《荀子》曰：霜降逆女，冰泮杀内，十日一御。① 杨倞注：此盖误耳。当为"冰泮逆女，霜降杀内"，故《诗》曰："士如归妻，迨冰未泮。"杀，减也。内，谓妾御也。十日一御，即杀内之义。冰泮逆女，谓发生之时合男女也。霜降杀内，谓闭藏之时禁嗜欲也。《月令》在十一月，此云霜降，荀卿与吕氏所闻异也。郑云：归妻，谓请期也。冰未泮，正月中以前，二月可成昏矣。故曰：冰泮逆女。○今按：荀子本文与上篇孔子对哀公语同，杨氏之说恐未必然。然其言霜降闭藏，十日一御者，似亦有理，故特存之。②

2. ○鲁隐公问羽数于众仲，众，音终。○问执羽人数。对曰："天子用八，八八六十四人。诸侯用六，六六三十六人。大夫四，四四十六人。士二，二二四人。士有功，赐用乐。夫舞，所以节八音而行八风，八音：金、石、丝、竹、匏、土、革、木也。八风，八方之风。八音之器播八方之风，手之舞之，足之蹈之，节其制而叙其情。故其自八以下。"唯天子得尽物数，故以八为列。诸侯则不敢用八。○左氏隐五年○荀子曰：声乐之象：鼓大丽，钟统实，磬廉制，竽笙箫和，管籥发猛，埙篪翁博，瑟易良，易，以豉反。琴妇好，歌清尽，舞天道兼。兼，音建。鼓，其乐之君耶！故鼓似天，钟似地，磬似水，竽箫管籥似星辰日月，鞉柷拊鞷椌楬似万物。鞉，音桃。柷，昌六反。拊，音抚。椌，苦江反。楬，苦瞎反。曷以和舞之意？曰：目不自见，耳不自闻也，然而治俯仰、诎信、进退、迟速莫不廉制，诎，音屈。信，音申。尽筋骨之力以要钟鼓拊会之节，而靡有悖逆者，众积意𧦝𧦝乎！③ 要，平声。悖，布内反。𧦝，直黎反。④

3. 曾子问于夫子曰："敢问从父之令，可谓孝乎？"子曰："是何言与？是何言与？昔者天子有争臣七人，虽无道，不失其天下。诸侯有争臣五人，虽无道，不失其国。大夫有争臣三人，虽无道，不失其家。士有争友，则身不离于令名。父有争子，则身不陷于不义。故当不义，则子不可以不争于父，臣不可以不争于君。故当不义则争之。从父之令，又焉得为孝乎？"与，音余。争，音诤。离，力智反。焉，于虔反。○孝经○冢宰：以八柄诏王驭群

---

① 《荀子·大略》。
② （宋）朱熹：《仪礼经传通解》（卷第三），《朱子全书》（第2册），第164页。
③ 《荀子·乐论》。
④ （宋）朱熹：《仪礼集传集注》（卷第二十七），《朱子全书》（第3册），第976—977页。

臣:一曰爵,以驭其贵;二曰禄,以驭其富;三曰予,以驭其幸;四曰置,以驭其行;五曰生,以驭其福;六曰夺,以驭其贫;七曰废,以驭其罪;八曰诛,以驭其过。驭,音御。予,音与。行,下孟反。○柄,所秉执以起事者也。诏,告也,助也。爵,谓公侯伯子男卿大夫士也。《诗》云"诲尔序爵",言教王以贤否之第次也。班禄所以富臣下,《书》曰:"凡厥正人,既富方谷。"幸,谓言行偶合于善,则有以赐予之,以劝后也。生,犹养也。贤臣之老者,王有以养之。成王封伯禽于鲁,曰:"生以养周公,死以为周公后"是也。五福,一曰寿。夺,谓臣有大罪,没入家财者。六极,四曰贫。废,犹放也。舜殛鲧于羽山是也。诛,责让也,《曲礼》曰:"齿路马有诛。"凡言驭者,所以驱之内之于善。以八统诏王驭万民:一曰亲亲,二曰敬故,三曰进贤,四曰使能,五曰保庸,六曰尊贵,七曰达吏,八曰礼宾。统,所以合牵以等物也。亲亲,若尧亲九族也。敬故,不慢旧也,晏平仲久而敬之。贤,有善行也。能,多才艺者。保庸,安有功者。尊贵,尊天下之贵者,《孟子》曰:"天下之达尊者三:曰:爵也,德也,齿也。"《祭义》:"先王之所以治天下者五:贵有德、贵贵、贵老、敬长、慈幼。"达吏,察举勤劳之小吏也。礼宾,宾客诸侯,所以示民亲仁善邻。○荀卿子曰:"人主者,天下之利势也。得道以持之,则大安也,大荣也,积美之源也。不得其道以持之,则大危也,大累也,有之不如无之;及其綦也,求为匹夫不可得也。"①累,去声。綦,渠宜反。○綦,谓穷极之时。②

4. 荀卿子曰:仁人之兵,聚则成卒,散则成列,卒,卒伍。列,行列。言动皆有备也。延则若莫邪之长刃,婴之者断;兑则若莫邪之利锋,当之者溃;邪,于嗟反。○兑,犹聚也,与队同,谓聚之使短。溃,坏散也。《新序》作锐,则莫若邪之利锋也。圜居而方正,则若盘石然,触之者角摧。摧,徂回反。○圜居方正,谓不动时也,则如大石之不可移动也。○王者之军制:将死鼓,将,子亮反。○死,谓不弃之而奔亡也。《左传》曰:"师之耳目,在吾旗鼓也。"御死辔,百吏死职,士大夫死行列。闻鼓声而进,闻金声而退,顺命为上,有功次之。辔,音秘。行,户江反。○军之所重,在顺命,故有功次之。令不进而进,犹令不退而退也,其罪惟均。令,教令也。言使

---

① 《荀子·王霸》。
② (宋)朱熹:《仪礼集传集注》(卷第三十),《朱子全书》(第3册),第1046—1047页。

之不进而进，犹令不退而退，其罪同也。不杀老弱，不猎禾稼。猎，与躐同，践也。服者不禽，格者不舍，奔命者不获。服，谓不战而退者，不追禽之。格，谓相拒捍者。奔命，谓，奔走来归其命者，不获之为囚俘也。凡诛，非诛其百姓也，诛其乱百姓者也。百姓有捍其贼，则是亦贼也。谓为贼之扞蔽也。以故顺刃者生，苏刃者死，奔命者贡。顺刃，谓不战，偕之而走者。苏，读为傃。傃，向也。谓相向格斗者。贡，谓来归命者献于上将也。〇王者有诛而无战，城守不攻，兵格不击。德义未加，所以敌人不服，故不攻击也，且恐伤我之士卒也。上下相喜则庆之。敌人上下相爱悦，则庆贺之，况侵伐乎？不屠城，屠，谓毁其城，杀其民，若屠者然也。不潜军，不留众，不久留暴露于外也。师不越时。古者行役不逾时也。故乱者乐其政，不安其上，欲其至也。① 乐，音洛。〇东征西怨之比。〇并《荀子》。②

5. 韩子曰："尧以是传之舜，舜以是传之禹，禹以是传之汤，汤以是传之文、武、周公，文、武、周公传之孔子，孔子传之孟轲，轲之死不得其传焉。荀与扬也，择焉而不精，语焉而不详。"程子曰："韩子此语，非是蹈袭前人，又非凿空撰得出，必有所见。若无所见，不知言所传者何事。"〇又曰："孟氏醇乎醇者也。荀与扬，大醇而小疵。"程子曰："韩子论孟子甚善，非见得孟子意，亦道不到。其论荀、扬则非也。荀子极偏驳，只一句'性恶'，大本已失。扬子虽少过，然亦不识性，更说甚道？"又曰："孔子之道大而能博，门弟子不能遍观而尽识也，故学焉而皆得其性之所近。其后离散，分处诸侯之国，又各以其所能授弟子，源远而末益分。惟孟轲师子思，而子思之学出于曾子。自孔子没，独孟轲氏之传得其宗。故求观圣人之道者，必自孟子始。"程子曰："孔子言参也鲁，然颜子没后，终得圣人之道者，曾子也。观其启手足时之言，可以见矣。所传者子思、孟子，皆其学也。"③

6. 此《大学》之条目，圣贤相传，所以教人为学之次第，至为纤悉。然汉、魏以来，诸儒之论，未尝有及之者，至唐韩子乃能援以为说，而见于《原道》之篇，则庶几其有闻矣。然其言极于正心诚意，而无曰致知格物云者，则是不探其端，而骤语其次，亦未免于择焉不精，语焉不详之病矣，何

---

① 《荀子·议兵》。
② （宋）朱熹：《仪礼集传集注》（卷第三十六），《朱子全书》（第3册），第1168—1169页。此段注疏的原文出自《荀子·议兵》。
③ （宋）朱熹：《孟子序说》，《孟子集注》，《朱子全书》（第6册），第243页。

乃以是而议荀、扬哉？①

7. 或问："天命之谓性，率性之谓道，修道之谓教"何也？曰：此先明性、道、教之所以名，以见其本皆出乎天，而实不外于我也。天命之谓性，言天之所以命乎人者，是则人之所以为性也。盖天之所以赋与万物而不能自已者，命也；吾之得乎是命以生而莫非全体者，性也。故以命言之，则曰元、亨、利、贞，而四时五行，庶类万化，莫不由是而出；以性言之，则曰仁、义、礼、智，而四端五典，万物万事之理，无不统于其间。盖在天在人，虽有性命之分，而其理则未尝不一；在人在物，虽有气禀之异，而其理则未尝不同。此吾之性，所以纯粹至善，而非若荀、扬、韩子之所云也。率性之谓道，言循其所得乎天以生者，则事事物物，莫不自然，各有当行之路，是则所谓道也。盖天命之性，仁、义、礼、智而已。……所谓性者，无一物之不得，故所谓道者，不假人为而无所不周。虽鸟兽草木之生，仅得形气之偏，而不能有以通贯乎全体，然其知觉运动，荣悴开落，亦皆循其性而各有自然之理焉。②

8. 或问：道之为治，何也？曰：道者，治之理也，以为政者之心而言也。曰：然则曷为不言治？曰：治者，政教号令之为治之事也。夫子之所言者，心也，非事也。若范氏以鲁变至道为言，则其失既远，至其卒章，又以富之而未及夫教为言，则其自相矛盾又甚矣。游氏引养引恬之说，似以道为引导之义，然与孔氏书传不合，岂新义之云耶？然下文五者，亦非引导之事，其说不得通矣。曰：千乘之说，包氏、马氏孰为得耶？曰：此义盖尝考之，疑马氏为可据。盖如马氏之说，则八百家而出车一乘，如包氏之说，则八十家而出车一乘。凡车一乘，甲士兵卒合七十五人，而马牛兵甲粮糗刍茭具焉，恐非八十家之力所能给也。然与《荀子·王制》之说不同，疑孟子未尝尽见班爵分土之籍，特以传闻言之，故不能无小误。若《王制》则固非三代古书，其亦无足据矣。曰：五者之目，诸说孰为得之？曰：程子、张子至矣。杨氏之说，曲折详备。周氏以爱人为主，而四者为之先后，虽非本文之意，然其说亦善。尹氏后世不能先此以下，盖本二夫子之意，而其卒章尤切也。若范氏则疏而不切。谢氏以子路何必读书之言为是，当于本章辩之。其曰："古人

---

① （宋）朱熹：《大学或问》（上），《朱子全书》（第6册），第512页。
② （宋）朱熹：《中庸或问》（上），《朱子全书》（第6册），第550—551页。

得百里之地而君之，皆能以朝诸侯有天下，则千乘之国，亦足以用心者"，则又若以为小国寡民本不足治，特以其治之之道与天下同，而治之之效有如此者，然后勉而治之耳。盖其素论尝有不屑卑近之意，是以其言多类此。若如其说，则其所以敬事而爱民者，亦岂出于诚心哉！曰：节用爱人，游、杨之说不同，孰为得耶？曰：互相发明而义各有当也。盖杨氏之说，胡氏发明之为有详。胡氏曰：节用者，爱人之本也。然爱人者，其明覃众，故慕之而易道；节用者，其事切己，故惮之而难行。徒以爱人之名扬于众，而不能以节用之实本诸己，则虽曰爱人，而人终不蒙其爱矣。而游氏所讥，则申子、韩侯弊裤之说耳。①

9. 或问：川上之叹，程子所谓纯亦不已者，其果圣人之本意乎？曰：程子之言，非以为圣人之意本如是也，亦曰非其心之如是，则无以见天理之如是耳。其曰：其要旨在慎独者，何也？曰：言人欲体此道者，当如此也。盖道无时而不然，惟慎其独，则可以无所间断而不亏真体。曰：诸说如何？曰：范、谢、尹氏之说，皆述其所闻者，而互有得失。杨氏不逝之说，则老、佛之云，非圣人之意矣。曰：荀子称孔子见大水必观焉②，而孟子论仲尼亟称于水，特取有本之意，其与此意有以异乎？曰：此未必一时之言也。然孟子之言，推其极则亦程子意矣。③

10. 或问管仲不死之说。曰：程子至矣，但以薄昭之言，证桓公之为兄，则荀卿尝谓桓公杀兄以争国④，而其言固出于薄昭之前矣，盖未可以此证其必然。但以公、穀春秋所书之文为据，而参以此章之言，断之可也。盖圣人之于人，有功则称其功，有罪则数其罪，杂而兼举之，既不以罪掩其功，亦不以功掩其罪也。今于管仲，但称其功而不言其罪，则可见不死之无害于义，而桓公、子纠之长少，亦从以明矣。⑤

11. 或问：伐燕之事，《孟子》以为宣王⑥，《史记》《荀子》以为湣王。而司马温公《通鉴》从孟子，苏氏《古史》从《史记》《荀子》，是孰为得之

---

① （宋）朱熹：《论语或问》（卷一），《朱子全书》（第6册），第620—621页。
② 见《荀子·宥坐》。
③ （宋）朱熹：《论语或问》（卷九），《朱子全书》（第6册），第774页。
④ 原文为："齐桓，五伯之盛者也，前事则杀兄而争国。"见《荀子·仲尼》。
⑤ （宋）朱熹：《论语或问》（卷十四），《朱子全书》（第6册），第829页。
⑥ 见《孟子·梁惠王下》。

邪？曰：此则无他可考矣。然《通鉴》之例，凡前史异同，必著其说于《考异》，而此亦无说，不知其何据也？曰：文、武之事，与齐之取燕，若不同者，而孟子引之何耶？曰：张子二条，其言详矣，第深考之，则于文武之心，孟子之意，其庶几乎。①

12. 或问：孟子道性善，而言必称尧、舜者，何也？曰：性善者，以理言之，称尧、舜者，质其事以实之，所以互相发也。其言盖曰：知性善，则有以知尧、舜之必可为矣，知尧、舜之可为，则其于性善也，信之益笃，而守之益固矣。曰：夫子之言性与天道，子贡犹有不得而闻者，而孟子之言性善，乃以语夫未尝学问之人，得无陵节之甚耶？曰：性命之理，若究其所以然而论之，则诚有不易言者，若其大体之已然，则学者固不可以不知也。盖必知此，然后知天理人欲有宾主之分，趋善从恶有顺逆之殊。董子所谓："明于天性，知自贵于物，然能知仁义；知仁义，然后重礼节；重礼节，然后安处善；安处善，然后乐循理。"程子所谓："知性善以忠信为本，此先立其大者"，皆谓此也。曰：世子疑孟子之言，而孟子不之拒，何也？曰：孟子之言，非当时之所常闻也，故闻者非徒不之信也，而亦莫之疑也，是其默然如飘风之过耳，亦不可复冀其思绎而信从矣。世子复来，则岂其思之未得，而不舍于心与？故孟子之言，虽若怪之，实则喜其能思，而将有以进乎此也。或曰：孟子之言性善，非与恶相对之善也，特赞美之辞耳，信乎？曰：此亦异乎吾所闻矣。夫孟子性善之论至矣，而荀、扬、韩氏或以为恶，或以为混，或以为有三品，最后释氏者出，然后复有无善无恶之论焉。儒者虽习闻孟子之说，然或未知性之所以为性，于是悦于彼说之高，而反羞吾说为不及，则牵孟子之说以附焉，而造为是说以文之。盖推性于善恶之前，而置孟子于异同之外，自以为得性之真，而有功于孟氏之门矣，而不知其实陷于释氏之余，直以精神魂魄至粗之质，而论仁义礼智至微之理也。且又不究秉彝之实德，而指为赞美之空言，不察至善之本然，而别立无对之虚位，推而言之，至以天理人欲为同体，特因其发之中节与否，而后有善恶之名焉，则亦劳力费辞，而无复仿佛孟子之遗意矣。惜乎吾不得从事于其门，以质其说，庶乎其有相长之益也。曰：诸说如何？曰：张子绝句之说，恐其误矣。尹氏

---

① （宋）朱熹：《孟子或问》（卷二），《朱子全书》（第6册），第929页。

以闻善而从,为信善之证,秉彝好德之论也。然专以是而信则未矣。①

13. 或问首章之说。曰:张子言礼为安佚之道,而不言其为性之有也。然既为安佚之道,则其为性之有明矣。学者必以此意推之,然后可以破告子、荀卿之说。②

14. 至于子思之言喜怒哀乐之未发谓之中者,则所以状性之德,而非"允执厥中"之中矣。然亦正以其无所偏倚而名之,非以其不可名而姑寄之也。若孟子之言性善,则固谓夫未发之中本无不善耳,是则中亦何自而枝乎?若其所论孟子引《诗》之说,则深得古人之用心矣。曰:侯、尹如何?曰:侯氏语约,未见其失。尹氏谓愚恶非本然则可,谓贤而善者亦非本然,则为湍水之说,而流于佛、老之言矣。曰:然则荀、扬、韩子之说,孰为近耶?曰:是皆不知性之为理,而以气为性者。荀、扬之失,盖不难见,独韩子以仁义礼智信为言,则固已优于二子,而近世诸儒亦未有及之者,但亦不察乎其所以不齐者,为气使之然,是以其论有所阙而不完耳。③

15. 或问:武成血流漂杵之云,乃纣之前徒倒戈之所为,荀子以为杀者皆殷人,非周人者是也④。而孟子之不信,何哉?曰:此亦拔本塞源之论,盖虽杀者非我,而亦不忍言也。程子以为孟子设为是言,盖得其微意矣。张子教人读《诗》《书》之说,亦甚善。⑤

16. 或问养心寡欲之说。曰:程子至矣,而其曰不必沉溺者尤密。其论荀卿⑥之失者,尤精也。吕侍讲所谓"天下之难持者莫如心,天下之易染者莫如欲",其亦善矣。但所谓"心者,性之用,可以成性,可以失性",则惧其不纯儒者之说也。曰:周子之言不止于寡而存者,奈何?曰:语其所至,则固然矣。然未有不由寡欲而能至于无者也。语其所至,而不由其序,则无自而进;语由其序,而不要其至,则或恐其安于小成也。是以周子之说,于此为有相发之功焉。⑦

17. 颜回百世师也,而曰不贰过;季路亦百世师也,人告之以有过则喜;

---

① (宋)朱熹:《孟子或问》(卷五),《朱子全书》(第6册),第944—945页。
② (宋)朱熹:《孟子或问》(卷十一),《朱子全书》(第6册),第979页。
③ (宋)朱熹:《孟子或问》(卷十一),《朱子全书》(第6册),第984—985页。
④ 见《荀子·儒效》。
⑤ (宋)朱熹:《孟子或问》(卷十四),《朱子全书》(第6册),第1007页。
⑥ 《荀子·正名》《荀子·修身》《荀子·不苟》皆有"养心寡欲"的相关论述。
⑦ (宋)朱熹:《孟子或问》(卷十四),《朱子全书》(第6册),第1014—1015页。

荀卿尝谓之鄙人①，盖亦有过矣，岂以尝有过而害其为百世之师乎？知此，则知君子之过，如日月之食焉，无损于明也。今人以尝有过而自弃自暴，以为终不可以为善，遂至于文且饰者，亦愚矣。又曰："申颜自谓不可一日无侯无可。或问其故，曰：'无可能攻人之过，一日不见，则不得闻吾过矣。'人不可与不胜己者处，钝滞了人。"②

18. 子曰："禘自既灌而往者，吾不欲观之矣。"吕曰："荀卿言丧之未小敛也，大昏之未发齐也，祭祀之未纳尸也③，正与此意合。礼既灌然后迎牲迎尸，则未灌之前，其诚意交于神明者至矣；既灌而后，特人事耳，故有不必观也。"④

19. 或问："人性本明，因何有弊？"曰："此须是理会也。孟子言人性善，是也，虽荀扬亦不知性。孟子所以独出诸儒者，以能明性也。性无不善，而有不善者才也。性即理，理则自尧舜至于途人，一也。才禀于气，气有清浊，禀其清者为贤，禀其浊者为愚。"又曰："愚可变否？"曰："可。孔子谓上智与下愚不移，然亦有可移之理，惟有自暴自弃者则不移也。"曰："下愚所以自暴自弃者，才乎？"曰："固是也，然却道他不可移不得。性只一般，岂不可移，却被他自暴自弃不肯去学，故移不得，使肯学时，亦有可移之理。"或问："性一也，孔子何以言相近？"曰："此只是言气质之性，如俗言性缓性急之类。性安有缓急，此言性者，生之谓性也。"又问："上智下愚不移，是性否？"曰："此是才，须理会性与才所以分处。"又问："中人以上可以语上，中人以下不可以语上，是才否？"曰："固是，然此只是大纲说中人以上可以与之说近上话，中人以下不可与说近上话也。"又曰："上知，上达者也；下愚，下达者也。上达不移而下，下达不移而上，若下愚者移，则上达矣。"又曰："上知下愚论才尔，性则同，岂有不可学者。"⑤

20. 游曰："孔子之言性，有以其本言之者，若'继之者善，成之者性'是也。有以人所见言之者，若'性相近，习相远'是也。孟子亦然，其道性善，深探其本也。其曰孺子将入井，皆有怵惕恻隐之心，乃若其情，则可以

---

① 见《荀子·大略》。
② （宋）朱熹：《论语精义》（卷第一上），《朱子全书》（第7册），第45页。
③ 见《荀子·礼论》，原文为："大昏之未发齐也，太庙之未入尸也，始卒之未小敛也，一也。"
④ （宋）朱熹：《论语精义》（卷第二上），《朱子全书》（第7册），第111页。
⑤ （宋）朱熹：《论语精义》（卷第九上），《朱子全书》（第7册），第567页。

为善矣,姑据人所见而语之也。是以当时学者不能无疑。夫道未始有名,感于物而出,则善之名立矣,托于物而生,则性之名立矣。善者性之德,故庄子曰:'物得以生谓之德。'性者善之资也,故庄子曰:'形体保神谓之性。'盖道之在天地,则播五行于四时,百物生焉,无非善者也,无恶也,故曰:继之者善也。道之在人,则出作而入息,渴饮而饥食,无非性者,无妄也。苟得其性之本然,反身而诚,则天地万物之理得,而道自我成矣,故曰:成之者性也。惟其同出于一气,而气之所值,有全有偏,有邪有正,有粹有驳,有厚有薄,然后有上智下愚中人之不同也。犹之大块噫气,其名为风,风之所出,无异气也,而叱者吸者,叫者号者,其声若是不同,以其所托者物,物殊形耳。其声之不同而谓其有异风,可乎?孟子谓性善,正类此也。荀卿言性恶,扬雄言人之性善恶混,韩愈言性有三品,盖皆蔽于末流而不知其本也。观五方之民,刚柔轻重,迟速异齐,则气之所秉可以类推之也。以尧为君而有丹朱,以瞽瞍为父而有舜,又何足疑乎?孔子言性相近者,以习而相远,则天下之性,或相倍蓰者固多矣。由是观之,则谓性有三品,未为不可,惟其止以是为性,则三子者之失也。'成性存存,道义之门。'盖非尽心知性者不足以与此,宜乎夫子之言性,门人莫得而闻也。子贡知道者也,得其所以言矣,故其赞圣人者及此。"①

21. 或问:"何以知仁?"杨氏曰:"孟子以恻隐之心为仁之端,平居但以此体究,久之自见。且孺子将入于井,而人见之者必有恻隐之心。疾痛非在己也,而为之疾痛,何耶?曰:出于自然,不可已也。曰:安得自然如此,若体究此理,知其所从来,则仁之道不远矣。"薛综博请诸职事会茶,曰:"礼岂出于人心,如此事本非意之所欲,但不得已耳。老子曰:'礼者,忠信之薄。'荀子曰:'礼起圣人之伪。'② 真个是。"因问之曰:"所以召茶者何谓?"薛曰:"前后例如此,近日以事多,与此等稍疏阔,心中打不过,须一请之。"曰:"只为前后例合如此,心中自打不过,岂自外来?如云辞逊之心礼之端,亦只心有所不安,故当辞逊,只此是礼,非伪为也。"又曰:"孟子曰:'人之有四端,犹其有四体也。'夫四体与生俱生,一体不备,谓之不成人,阙一不可,亦无先后之次。老子言'失道而后德,失德而后仁,失仁而

---

① (宋)朱熹:《论语精义》(卷第九上),《朱子全书》(第7册),第568—569页。
② 《荀子·性恶》。

后义,失义而后礼,礼者,忠信之薄而乱之首',此可谓不知道德仁义礼者之言也。谓礼为忠信之薄,是特见后世为礼者之弊耳。先王之礼,本诸人心,所以节文仁义是也,顾所用如何,岂有先后?虽然,老子之薄而末之者,其意欲民还淳反朴,以救一时之弊而已。夫果能使民还淳反朴不亦善乎,然天下岂有此理?夫礼文其质而已,非能有所增益也,故礼行而君臣父子之道得,使一日去礼,则天下乱矣。若去礼,是去君臣父子之道也,而可乎?惟不可去,此四端所以犹人之有四体也。"①

22. 或问:"人性本明,因何得有蔽?"伊川先生曰:"此须索理会也。孟子言人性善是也,虽荀扬亦不知性。孟子所以独出诸儒者,以能明性也。性无不善,而有不善者才也。性即是理,理则自尧舜至涂人一也。才禀于气,气有清浊,禀其清者为贤,禀其浊者为愚。""可变否?"曰:"可。孔子谓上智与下愚不移,然亦有可移之理,惟自暴自弃者则不移也。"曰:"下愚所以自暴弃者,才乎?"曰:"固是也,然却道他不可移不得。性只一般,岂不可移,却被他自暴自弃不肯去学,故移不得,使肯学时,亦有可移之理。"②

23. 尹曰:"孟子传圣人之道,而得其真,高出荀扬之上者,知性故也。"③

24. 伊川曰:"杞柳,荀子之说也。湍水,扬子之说也。"又曰:"扬子,无自得者也,故其言蔓衍而不断,优柔而不决,其论性,则曰:'人之性也,善恶混。修其善则为善人,修其恶则为恶人。'荀子,悖圣人者也,故列孟子于十二子,而谓人之性恶。性果恶耶?圣人何能反其性以至于斯耶?"又曰:"韩退之说'叔向之母闻杨食我之生,知其必灭宗'④,此无足怪,其始便禀得恶气,便有灭宗之理,所以闻其声而知之也。使其能学以胜其气,复其性,可以无此患。"⑤

25. 杨曰:"《孟子》七篇之书,其要道性善而已。湍水之说,孟子固尝辨之,不可与性善混为一说明矣。而论者欲一之,皆未究其所以也。孔子曰:

---

① (宋)朱熹:《孟子精义》(卷第三),《朱子全书》(第7册),第689—690页。
② (宋)朱熹:《孟子精义》(卷第五),《朱子全书》(第7册),第700页。
③ (宋)朱熹:《孟子精义》(卷第十一),《朱子全书》(第7册),第766页。
④ 叔向之母:即羊舌叔姬,晋国大夫羊舌职之妻。杨食我:即羊舌食我,因祁氏的"换妻事件"受牵连而身死族灭。叔向之母曾准确预言之。事见《左传》。
⑤ (宋)朱熹:《孟子精义》(卷第十一),《朱子全书》(第7册),第774页。

'性相近也，习相远也，惟上智与下愚不移。'言相近，则不可谓一，孟子论白羽之白与白雪之白是也。惟相近，故以习而相远，若叔鱼之生，其母视之，知其必以贿死，若此类，是生而恶耶。文王，在母也母不忧，既生也传不勤，既学业师不烦，若此类，是生而善也。韩子不究其所以，遂列为三品，则失之矣。是数说，要之皆原于性善然后为得。横渠曰：'形而后有气质之性，善反之，则天地之性存焉。故气质之性，君子有弗性者焉。'又曰：'德不胜气，性命于气；德胜其气，性命于德。'斯言尽之，更当深考也。"又曰："学始于致知，终于知止耳止焉。致知在格物，物固不可胜穷也，反身而诚，则举天下之物在我矣。《诗》云'天生烝民，有物有则。'凡形色之具于吾身，无非物也，而各有则焉。目之于色，耳之于声，口鼻之于臭味，接乎外而不得遁焉者，其必有以也。知其体物而不遗，则天下之理得矣。天下之理得，则物与吾一也，其有能乱吾之知思而意其有不诚乎？由是通天下之志，类万物之情，赞天地之化，其则不远矣。"又曰："苏子曰：'性之有习，习之有善恶，譬如火之能熟与其能焚也。孟子之所谓善，得火之所谓善，得火之能熟者也，是火之得其性者也；荀子之所谓恶，得火之能焚者也，火之失其性者也。'夫天地之间，有夫妇而后有父子，此物之所同然也。夫木以金克之而火生焉，木与火未尝相离，盖母子之道也。火无形，丽木而有焉，非焚之，则火之用息矣，何熟之有哉？而谓熟者火之得其性，焚之者火之失其性，其察物也，盖亦不审矣。夫子思之学，惟孟子之传得其宗。异哉世儒之论也，以为孟子道性善，得子思之说而渐失之，而轻为之议，其亦不思之过与？"①

26. 伊川曰："养心者且须是教它寡欲，又差有功。"又曰："养心莫善于寡欲，不欲则不惑，所欲不必沉溺，只有所向便是欲。"又曰："养心莫善于寡欲，欲皆自外来，公，欲亦寡矣。"又曰："孟子言养心莫善于寡欲，欲寡则心自诚。荀子言养心莫善于诚，既诚矣，又何养？此已不识诚，又不知所以养。"又曰："学莫大于致知，养心莫大于义理。古人所养处多，若声音以养其耳，采色以养其目，舞蹈以养其血脉，威仪以养其四体。今之人都无此，只有个义理以养心，又不知求。"②

---

① （宋）朱熹：《孟子精义》（卷第十一），《朱子全书》（第7册），第774—776页。
② （宋）朱熹：《孟子精义》（卷第十四），《朱子全书》（第7册），第844页。

27.《资治通鉴纲目》（卷二）

楚以荀况为兰陵令。荀卿，赵人，春申君以为兰陵令。

卿尝与临武君论兵于赵孝成王前。王曰："请问兵要。"卿对曰："要在附民。夫仁人之兵，上下一心，三军同力；臣之于君也，下之于上也，若子弟之事父兄，若手臂之捍头目而覆胸腹也。故兵要在乎附民而已。齐人隆技击，得一首者赐赎锱金，无本赏矣。事小敌毳，则偷可用也；事大敌坚，则焕然离耳，是亡国之兵也。其去赁市佣而战之几矣。魏氏之武卒，以度取之。衣三属之甲，操十二石之弩，负矢五十，置戈其上，冠胄带剑，赢三日粮，日中而趋百里。中试则复其户，利则田宅。气力数年而衰，而复利未可夺也，改造则不易周也，故地虽大，其税必寡，是危国之兵也。秦人，其生民之狭隘，其使民也酷烈，怵之以庆赏，遒之以刑罚，使民所以要利于上者，非斗无由也。使以功赏相长，五甲首而隶五家，是最为众强长久之道。然皆干赏蹈利之兵，未有安制綦节之理也。故齐之技击不可以遇魏之武卒，魏之武卒不可以遇秦之锐士，秦之锐士不可以当桓、文之节制，桓文之节制不可以敌汤武之仁义。故招延募选，隆势诈，上功利，是渐之也。礼义教化，是齐之也。故兵大齐则制天下，小齐则制邻敌。若夫招延选募，隆势诈，尚功利之兵，则胜不胜无常，相为雌雄耳。夫是之谓盗兵，君子不由也。"王曰："善。请问为将。"卿曰："号令欲严以威，赏罚欲必以信，处舍欲周以固，举徙进退欲安以重，欲疾以速，窥敌观变，欲潜以深，欲伍以参，遇敌决战，必行吾所明，无行吾所疑，夫是之谓六术。无欲将而恶废，无怠胜而忘败，无威内而轻外，无见利而不顾其害，凡虑事欲熟而用财欲泰，夫是之谓五权。可杀而不可使处不完，可杀而不可使击不胜，可杀而不可使欺百姓，夫是之谓三至。凡百事之成也必在敬之，其败也必在慢之。故敬胜怠则吉，怠胜敬则灭；计胜欲则从，欲胜计则凶。战如守，行如战，有功如幸。慎行此六术、五权、三至，而处之以恭敬、无旷，夫是之谓天下将。"临武君曰："善。请问王者之兵制。"卿曰："将死鼓，御死辔，百吏死职，士大夫死行列。闻鼓声而进，金声而退。顺命为上，有功次之。不杀老弱，不猎禾稼，服者不禽，格者不赦，奔命者不获。凡诛，非诛百姓也，诛其乱百姓者也。百姓有捍其贼者，是亦贼也。故顺刃者生，傃刃者死，奔命者贡。有诛而无战，不屠城，不潜军，不留众，师不越时，故乱者乐其政，不安其上者，欲其至也。"临武君曰："善。"陈嚣问曰："先生议兵，常以仁义为本，然则又何以兵为哉？"

卿曰："仁者爱人，故恶人之害之也；义者循理，故恶人之乱之也。故兵者所以禁暴除害也，非争夺也。"①

28. 嘉祐中，仆领益部，得苏君所著《权书》《衡论》，因以书先之于翰林欧阳永叔，一见，大称叹，目为荀卿子，献其书于朝。自是名动天下，士争传诵其文，时文为一变，称为老苏。时相韩公琦闻其名而厚待之，尝与论天下事，亦以为贾谊不能过也。(然知其才而不能用。)② 初作昭陵，礼废阙，琦为大礼使，事从其厚。调发趣办，州县骚然。先生以书谏琦，且再三，至引"华元不臣"③ 以责之。琦为变色，然顾大义，为稍省其过甚者。及先生没，韩亦颇自咎恨，以诗哭之，曰："知贤不早用，愧莫先于予者矣。"张安道撰《墓表》④

29. 欧阳文忠公答李诩《论性书》："性非学者之所急，而圣人之所罕言。或因而及焉，非为性而言也。"文忠虽有是说，然大约慎所与所感及率之者，以孟、荀之说皆为不悖，此其大略也。临岐计都官用章谓予曰："性，学者之所当先，圣人之所欲言。吾知永叔卒贻后世之诮者，其在此书矣。"⑤

30. 又曰：周茂叔窗前草不除去，问之，云："与自家意思一般。"子厚观驴鸣，亦谓如此。又曰：周茂叔谓荀子元不识诚。伯淳曰："既诚矣，心焉用养邪？荀子不知诚。"⑥

31. 今乞于《通典》步叔乘⑦下，即以孔鲤次之，系西廊第三十六位，通计第七十二人。又以孔伋次之，系东廊第三十七位，通计七十三人。又以左丘明、荀况、公羊高、穀梁赤以下至王安石二十五人次之，皆东西相对。左丘明系西三十七位，荀况系东三十八位，公羊高系西三十八位，后并依此推之。但《新仪》公羊高误在荀况之上，左丘明误在荀况之下，郑众、扬雄、郑康成、贾逵次序亦误，盖当时不尚《春秋》，兼废史学，故特于此失之，而淳熙仪式未能尽正。⑧

---

① （宋）朱熹：《资治通鉴纲目》（卷二），《朱子全书》（第 8 册），第 105—107 页。
② 《苏洵文集》，《墓表》有此句。
③ 事见《左传》："郑伐宋。宋华元等迎战，羊斟为华元御，华元杀羊以飨士卒，而不送给羊斟吃。将战，斟曰：'畴昔之羊，子为政；今日之御，我为政。'乃驰入郑师，宋遂大败。"及"羊斟惭羹"之事。
④ （宋）朱熹：《五朝名臣言行录》（卷第十之五），《朱子全书》（第 12 册），第 328 页。
⑤ （宋）朱熹：《三朝名臣言行录》（卷第二之二），《朱子全书》（第 12 册），第 428 页。
⑥ （宋）朱熹：《伊洛渊源录》（卷一），《朱子全书》（第 12 册），第 926 页。
⑦ 步叔乘，字子车，孔门七十二贤之一。
⑧ （宋）朱熹：《绍熙州县释奠仪图 文公潭州滕州学备准指挥》，《朱子全书》（第 13 册），第 19 页。

32. 荀子才高，其过多；扬雄才短，其过少。

荀子极偏驳，只一句"性恶"，大本已失；扬子虽少过，然己自不识性，更说甚道？①

33. 文中子本是一隐君子，世人往往得其议论，附会成书，其间极有格言，荀、扬道不到处。

韩愈亦近世豪杰之士，如《原道》中言语虽有病，然自孟子而后，能将许大见识寻求者，才见此人。至如断曰："孟子醇乎醇。"又曰："荀与扬，择焉而不精，语焉而不详。"若不是他见得，岂千余年后便能断得如此分明？②

34. 荀子曰：人有三不祥。幼而不肯事长，贱而不肯事贵，不肖而不肯事贤，是人之三不祥也。③ 无用之辩，不急之察，弃而不治。若夫君臣之义，父子之亲，夫妇之别，则日切磋而不舍也。④

35. "天命之谓性。"命，便是告劄之类；性，便是合当做底职事，如主簿销注，县尉巡捕；心，便是官人；气质，便是官人所习尚，或宽或猛；情，便是当厅处断事，如县尉捉得贼。情便是发用处。性只是仁义礼智。所谓天命之与气质，亦相衮同。才有天命，便有气质。不能相离，若阙一，便生物不得。既有天命，须是有此气，方能承当得此理。若无此气，则此理如何顿放。必大录此云："有气质之性，无天命之性，亦做人不得；有天命之性，无气质之性，亦做人不得。"天命之性，本未尝偏。但气质所禀，却有偏处，气有昏明厚薄之不同。然仁义礼智，亦无阙一之理。……且如言光：必有镜，然后有光；必有水，然后有光。光便是性，镜水便是气质。若无镜与水，则光亦散矣。谓如五色，若顿在黑多处，便都黑了；入在红多处，便都红了；却看你禀得气如何，然此理却只是善。既是此理，如何得恶。所谓恶者，却是气也。孟子之论，尽是说性善。至有不善，说是陷溺，是说其初无不善，后来方有不善耳。若如此，却似"论性不论气"，有些不备。却得程氏说出气质来接一接，便接得有首尾，一齐圆备了。又曰："才又在气质之下，如退之说三品等，皆是论气质之性，说得尽好。只是不合不说破个气质之性，却只是做性说时，便不可。如三品之说，便分将来，何止三品？虽千百可也。若荀、扬则是'论气不论

---

① （宋）朱熹：《近思录》（卷之十四），《朱子全书》（第13册），第283页。
② （宋）朱熹：《近思录》（卷之十四），《朱子全书》（第13册），第283页。
③ 《荀子·非相》。
④ （宋）朱熹：《小学》（卷三），《朱子全书》（第13册），第413页。

性',故不明。既不论性,便却将此理来昏了。"……或问:"若是气质不善,可以变否?"曰:"须是变化而反之。如'人一己百,人十己千',则'虽愚必明,虽柔必强'。"①

36. 孟子言性,只说得本然底,论才亦然。荀子只见得不好底,扬子又见得半上半下底,韩子所言却是说得稍近。盖荀、扬说既不是,韩子看来端的见有如此不同,故有三品之说。然惜其言之不尽,少得一个"气"字耳。程子曰:"论性不论气,不备;论气不论性,不明。"盖谓此也。力行。②

37. 问:"子罕言命。若仁义礼智五常皆是天所命。如贵贱、死生、寿夭之命有不同,如何?"曰:"都是天所命。禀得精英之气,便为圣,为贤,便是得理之全,得理之正。禀得清明者,便英爽;禀得敦厚者,便温和;禀得清高者,便贵;禀得丰厚者,便富;禀得长久者,便寿;禀得衰颓薄浊者(一本作:'衰落孤单者,便为贫为贱为夭。')便为愚、不肖,为贫,为贱,为夭。天有那气生一个人出来,便有许多物随他来。"又曰:"天之所命,固是均一,到气禀处便有不齐。看其禀得来如何。禀得厚,道理也备。尝谓命,譬如朝廷诰敕;心,譬如官人一般,差去做官;性,譬如职事一般,郡守便有郡守职事,县令便有县令职事。职事只一般,天生人,教人许多道理,便是付人许多职事。(别本云:'道理只一般。')气禀,譬如俸给。贵如官高者,贱如官卑者,富如俸厚者,贫如俸薄者,寿如三两年一任又再任者,夭者又如不得终任者。朝廷差人做官,便有许多物一齐趁。(一作'随'。)后来横渠云:'形而后有气质之性,善反之,则天地之性存焉。故气质之性,君子有弗性焉。'如禀得气清明者,这道理只在里面;禀得浑浊者,这道理也只在里面,只被昏浊遮蔽了。譬之水,清底里面纤豪皆见,浑底便见不得。孟子说性善,他只见得大本处,未说得气质之性细碎处。程子谓:'论性不论气,不备;论气不论性,不明:二之则不是。'孟子只论性,不知论气,便不全备。论性不论气,这性说不尽;论气不论性,性之本领处又不透彻。荀、扬、韩诸人虽是论性,其实只说得气。荀子只见得不好人底性,便说做恶;扬子只见得半善半恶底人,便说善恶混;韩子见得天下有许多般人,所以立为三品之说。就三子之中,韩子说又较近。他以仁义礼智为性,以喜怒哀乐为情,只是中间过接处少一个

---

① (宋)朱熹:《朱子语类》(卷四),《朱子全书》(第14册),第192—194页。
② (宋)朱熹:《朱子语类》(卷四),《朱子全书》(第14册),第199页。

'气'字。"①

38. 诸儒论性不同，非是于善恶上不明，乃"性"字安顿不着。砥。

圣人只是识得性。百家纷纷，只是不识"性"字。扬子鹘鹘突突，荀子又所谓隔靴爬痒。扬。②

39. 温公答一学者书，说为学之法，举荀子四句云："诵数以贯之，思索以通之，为其人以处之，除其害者以持养之。"③ 荀子此说亦好。"诵数"云者，想是古人诵书亦记遍数。"贯"字训熟，如"习贯如自然"；又训"通"，诵得熟，方能通晓。若诵不熟，亦无可得思索。广。④

40. "读书须教首尾贯穿。若一番只草草看过，不济事。某记舅氏云：'当《新经》行时，有一先生教人极有条理。时既禁了史书，所读者止是荀、扬、老、庄、列子等书，他便将诸书划定次第。初入学，只看一书。读了，理会得都了，方看第二件。每件须要贯穿，从头到尾，皆有次第。既通了许多书，斯为必取科第之计：如刑名度数，也各理会得些；天文地理，也晓得些。五运六气，也晓得些；如《素问》等书，也略理会得。又如读得《圣制经》。'便须于诸书都晓得些。《圣制经》者，乃是诸书节略本，是昭武一士人作，将去献梁师成，要觅官爵。及投进，累月不见消息，忽然一日，只见内降一书云：'御制《圣制经》，令天下皆诵读。'"方伯谟尚能记此士人姓名。贺孙。⑤

41. 问："'毋自欺'是诚意，'自慊'是意诚否？'小人闲居'以下，是形容自欺之情状，'心广体胖'是形容自慊之意否？"曰："然。后段各发明前说。但此处是个牢关。今能致知，知至而意诚矣。验以日用间诚意，十分为善矣。有一分不好底意思潜发以间于其间，此意一发，便由斜径以长，这个却是实，前面善意却是虚矣。如见孺子入井，救之是好意，其间有些要誉底意思以杂之；如荐好人是善意，有些要人德之之意，随后生来；治恶人是好意，有些狠疾之意随后来，前面好意都成虚了。如《姤卦》上五爻皆阳，下面只一阴生，五阳便立不住了。荀子亦言：'心卧则梦，偷则自行，使之则

---

① （宋）朱熹：《朱子语类》（卷四），《朱子全书》（第 14 册），第 208—209 页。
② （宋）朱熹：《朱子语类》（卷五），《朱子全书》（第 14 册），第 217 页。
③ 《荀子·劝学》。
④ （宋）朱熹：《朱子语类》（卷十），《朱子全书》（第 14 册），第 322 页。
⑤ （宋）朱熹：《朱子语类》（卷十），《朱子全书》（第 14 册），第 328—329 页。

谋。'（见《解蔽篇》。）彼言'偷'者，便是说那不好底意。若曰'使之则谋'者，则在人使之如何耳。谋善谋恶，都由人，只是那偷底可恶，故须致知，要得早辨而豫戒之耳。"大雅。①

42. 敬子问："'所谓诚其意者，毋自欺也。'注云：'外为善，而中实未能免于不善之杂。'某意欲改作'外为善，而中实容其不善之杂'，如何？盖所谓不善之杂，非是不知，是知得了，又容着在这里，此之谓自欺。"曰："不是知得了容着在这里，是不奈他何了，不能不自欺。公合下认错了，只管说个'容'字，不是如此。'容'字又是第二节，缘不奈他何，所以容在这里。此一段文意，公不曾识得它源头在，只要硬去捺他，所以错了。大概以为有纤毫不善之杂，便是自欺。自欺，只是自欠了分数，恰如淡底金，不可不谓之金，只是欠了分数。如为善，有八分欲为，有两分不为，此便是自欺，是自欠了这分数。"或云："如此，则自欺却是自欠。"曰："公且去看。又曰：'自欺非是要如此，是不奈他何底。'荀子曰：'心卧则梦，偷则自行，使之则谋。'某自十六七读时，便晓得此意。盖偷心是不知不觉自走去底，不由自家使底，倒要自家去捉他。'使之则谋'，这却是好底心，由自家使底。"李云："某每常多是去捉他，如在此坐，心忽散乱，又用去捉他。"曰："公又说错了。公心粗，都看这说话不出。所以说格物、致知而后意诚，里面也要知得透彻，外面也要知得透彻，便自是无那个物事。譬如果子烂熟后，皮核自脱落离去，不用人去咬得了。如公之说，这里面一重不曾透彻在。只是认得个容着，硬遏捺将去，不知得源头工夫在。'所谓诚其意者，毋自欺也'，此是圣人言语之最精处，如个尖锐底物事。如公所说，只似个椿头子，都粗了。公只是硬要去强捺，如水恁地滚出来，却硬要将泥去塞他，如何塞得住。"又引《中庸》论诚处，而曰："一则诚，杂则伪。只是一个心，便是诚；总有两个心，便是自欺。好善'如好好色'，恶恶'如恶恶臭'，他彻底只是这一个心，所以谓之自慊。若才有些子间杂，便是两个心，便是自欺。如自家欲为善，后面又有个人在这里拗你莫去为善；欲恶恶，又似有个人在这里拗你莫要恶恶，此便是自欺。因引《近思录》'如有两人焉，欲为善'云云一段，正是此意。如人说十句话，九句实，一句脱空，那九句实底被这一句脱空底都坏了。如十分金，彻底好方谓之真金，若有三分银，便和那七分底也坏了。"又曰："佛家看此亦甚精，

---

① （宋）朱熹：《朱子语类》（卷十六），《朱子全书》（第14册），第519—520页。

被他分析得项数多，如云有十二因缘，只是一心之发，便被他推寻得许多，察得来极精微。又有所谓'流注想'①，他最怕这个。所以沩山禅师②云：'某参禅几年了，至今不曾断得这流注想。'此即荀子所谓'偷则自行'之心也。"僩。③

43. 问："自致知至于平天下，其道至备，其节目至详至悉，而反覆于终篇者，乃在于财利之说。得非义利之辨，其事尤难，而至善之止，于此尤不可不谨欤？不然，则极天命人心之向背，以明好恶从违之得失，其丁宁之意，何其至深且切邪？"曰："此章大概是专从絜矩上来。盖财者，人之所同好也，而我欲专其利，则民有不得其所好者矣，大抵有国有家所以生起祸乱，皆是从这里来。"道夫云："古注：絜音户结反。云结也。"曰："作'结'字解，亦自得。盖《荀子》《庄子》注云：'絜，围束也。'是将一物围束以为之则也。"又曰："某十二三岁时，见范丈所言如此。他甚自喜，以为先儒所未尝到也。"道夫。④

44. 问："'平天下'章言财用特详，当是民生日用最要紧事耳。"曰："然。孟子首先所言，其原出此。"子升问此章所言反覆最详之意。曰："要之，始终本末只一理。但平天下是一件最大底事，所以推广说许多。如明德、新民、至善之理极精微。至治国、平天下，只就人情上区处，又极平易，盖至于平而已耳。后世非无有志于天下国家之人，却只就末处布置，于本原上全不理会。"因言："庄子，不知他何所传授，却自见得道体。盖自孟子之后，荀卿诸公皆不能及。如说'语道而非其序，非道也。'此等议论甚好。度亦须承接得孔门之徒，源流有自。后来佛氏之教有说得好处，皆出于庄子。但其知不至，无细密工夫，少间都说得流了，所谓'贤者过之'也。今人亦须自理会教自家本领通贯，却去看他此等议论，自见得高下分晓。若一向不理会得他底破，少间却有见识低似他处。"因说"曾点之徒，气象正如此"。又问："《论语集注》说曾点是'虽尧、舜事业亦优为之'。莫只是尧、舜事业亦不

---

① 郑泽绵认为朱熹论真知与诚意时所说的"流注想""一刀两断"等思想来自大慧的"将第八识断一刀"。见氏著《"将第八识断一刀"——论大慧宗杲对朱熹晚年的真知与诚意思想的影响》，《中国哲学史》2021 年第 6 期。
② 世称沩山灵佑，禅宗沩仰宗初祖，其基本禅法是把世界分为"想生""相生""流注生"的"三种生"说。
③ （宋）朱熹：《朱子语类》（卷十六），《朱子全书》（第 14 册），第 527—529 页。
④ （宋）朱熹：《朱子语类》（卷十六），《朱子全书》（第 14 册），第 563—564 页。

足以芥蒂其心否?"曰:"尧、舜事业也只是这个道理。"又问:"他之所为,必不中节。"曰:"本领处同了,只是无细密工夫。"木之。①

45. 问:"若是'志于道,据于德',则虽初学便可如此下功。且如'据于德',则得寸守寸,得尺守尺。若是'依于仁',则仁是指全体而言,如何便解依得它?"曰:"所谓'据于德'亦须是真个有是德,方可据守。如事亲时自无不孝,方是有孝之德,其余亦然,亦非初学遽可及也。依仁,只是此心常在,不令少有走作也。"因言:"《周礼》先说'知、仁、圣、义、忠、和','孝、友、睦、姻、任、恤',此是教万民底事。又说教国子以三德,曰:'至德以为道本','敏德以为行本','孝德以知逆恶'。至德,谓德之全体,天下道理皆由此出,如所谓存心养性之事是也,故以此教上等人。若次一等人,则教以敏德为行本。敏,是强敏之谓。以敏德教之,使之见善必迁,有过必改,为学则强力,任事则果决,亦是一等特立独行之人。若又次一等,则教以孝德以知逆恶,使它就孝上做将去,熟于孝,则知逆恶之不可为。夫是三者必相兼。若能至德,则自兼那两事;若自下做去,亦可以到至德处;若只理会个至德,而无下二者,则空疏去。'"又曰:"自'志于道'至'依于仁',是从粗入精;自'依于仁'至'游于艺',是自本兼末。能'依于仁'则其'游于艺'也,盖无一物之非仁矣。"因举横渠语云:"'天体物而不遗,犹仁体事无不在也。''礼仪三百,威仪三千',无一物之非仁也。'昊天曰明,及尔出王;昊天曰旦,及尔游衍。'无一物之不体也。此是横渠赤心片片说与人。如荀、扬,何尝有这样的话。"广。②

46. 问:"'立于礼',礼尚可依《礼》经服行,诗、乐皆废,不知兴诗成乐,何以致之?"曰:"岂特诗、乐无,礼也无。今只有义理在,且就义理上讲究。如分别得那是非邪正,到感慨处,必能兴起其善心,惩创其恶志,便是'兴于诗'之功。涵养德性,无斯须不和不乐,直恁地和平,便是'成于乐'之功。如礼,古人这身都只在礼之中,都不由得自家。今既无之,只得硬做些规矩,自恁地收拾。如诗须待人去歌诵。至礼与乐,自抨定在那里,只得自去做。荀子言:'礼乐法而不说。'③ 更无可说,只得就他法之而已。

---

① (宋)朱熹:《朱子语类》(卷十六),《朱子全书》(第14册),第564—565页。
② (宋)朱熹:《朱子语类》(卷三十四),《朱子全书》(第15册),第1220—1221页。
③ 《荀子·为学》。

荀子此语甚好。"又问:"'志于道,据于德,依于仁',与此相表里否?"曰:"也不争多此,却有游艺一脚子。"寓。淳录云:"徐问:'"立于礼",犹可用力。诗今难晓,乐又无,何以兴成乎?'曰:'今既无此家具,只有理义在,只得就理义上讲究。如分别是非,到感慨处,有以兴起其善心,惩创其恶志,便是"兴于诗"之功也。涵养和顺,无斯须不和不乐,恁地和平,便是"成于乐"之功也。如礼,今亦无,只是便做些规矩,自恁地收敛。古人此身终日都在礼之中,不由自家。古人"兴于诗",犹有言语以讽诵。礼全无说话,只是恁地做去。乐更无说话,只是声音节奏,使人闻之自然和平。故荀子曰:"礼乐法而不说。"'曰:'此章与"志于道"相表里否?'曰:'彼是言德性道理,此是言事业功夫。此却是"游于艺"脚子。'"道夫录云:"居父问:'"立于礼"犹可用力。诗、乐既废,不知今何由兴成之?'曰:'既无此家具,也只得以义理养其心。若精别义理,使有以感发其善心,惩创其恶志,便是"兴于诗"。涵养从容,无斯须不和不乐,便是"成于乐"。今礼亦不似古人完具,且只得自存个规矩,收敛身心。古人终日只在礼中,欲少自由,亦不可得。'又曰:'诗犹有言语可讽诵。至于礼,只得夹定做去。乐,只是使它声音节奏自然和平,更无说话。荀子又云:"礼乐法而不说。"只有法,更无说也。'或问:'此章与志道、据德、依仁、游艺如何?'曰:'不然。彼就德性上说,此就工夫上说,只是游艺一脚意思。'"①

47. 问:"'见大水,必观焉',是何意?"曰:"只川上之叹,恐是夫子本语。孟、荀之言,或是传闻之讹。"必大。②

48. 问:"德行,不知可兼言语、文学、政事否?"曰:"不消如此看,自就逐项上看。如颜子之德行,固可以备;若他人,固有德行而短于才者。"因云:冉伯牛、闵子之德行亦不多见,子夏、子游两人成就自不同。胡五峰说不知《集注》中载否?他说子夏是循规守矩细密底人,子游却高朗,又欠细密工夫。荀子曰:'第作其冠,神襌其辞,禹行而舜趋,是子张氏之贱儒也;正其衣冠,齐其颜色,嗛然而终日不言,是子夏氏之贱儒也;偷儒惮事,无廉耻而嗜饮食,必曰:"君子固不用力",是子游氏之贱儒也。'③ 如学子游之

---

① (宋)朱熹:《朱子语类》(卷三十五),《朱子全书》(第15册),第1298—1299页。
② (宋)朱熹:《朱子语类》(卷三十六),《朱子全书》(第15册),第1358页。
③ 《荀子·非十二子》。

弊，只学得许多放荡疏阔意思。贺孙因举如"丧至乎哀而止"，"事君数，斯辱；朋友数，斯疏"，皆是子游之言。如"小子当洒扫应对进退"等语，皆是子夏之言。又如子游能养而不能敬，子夏能敬而少温润之色，皆见二子气象不同处。曰："然。"贺孙①

49. 或问："乡原引《荀子》愿悫②之说，何也？"曰："乡原无甚见识。其所谓愿，亦未必真愿，乃卑陋而随俗之人耳。"③

50. "齐人伐燕，孟子以为齐宣，《史记》以为齐湣。温公平生不喜孟子，及作《通鉴》，却不取《史记》而独取《孟子》，皆不可晓。荀子亦云'湣王伐燕'，然则非宣王明矣。"问："孟子必不误？"曰："想得湣王胡来做得不好，门人为孟子讳，故改为宣王尔。"④

51. 周季俨云："在兴化摄学事，因与诸生说得一部《孟子》。"先生因问："《孟子》里面大纲目是如何？"答云："要得人充扩。恻隐、羞恶，许多固要充扩，如说无欲害人，无穿窬之心，亦要充扩。"先生曰："人生本来合有许多好底，到得被物遮蔽了，却把不好处做合着做底事。"周云："看孟子说性，只是道顺底是，才逆便不是。"曰："止缘今人做不好事却顺。"因问："孟子以下诸人言性，谁说得无几？"周云："似乎荀子以为恶，却索性。只荀子有意于救世，故为此说。"先生久之曰："韩公之意，人多看不出。他初便说：'所以为性者五，曰仁、义、礼、智、信；所以为情者七，喜、怒、哀、惧、爱、恶、欲'；下方说'三品'。看其初语，岂不知得性善？他只欠数字便说的出。"……贺孙因云："自孟子说，已是欠下了意，所以费无限言语。"先生即举程子之言："论性不论气，不备；论气不论性，不明。""若如说'性恶'、'性善恶混'都只说得气，如孟子、韩子之言，便是不论气，所以不全。"贺孙⑤

52. "故是已然之迹，如水之下，火之上，父子之必有亲，孟子说'四端'皆是。然虽有恻隐，亦有残忍，故当以顺为本。如星辰亦有逆行，大要循躔度者是顺。"问："南轩说故作'本然'。"曰："如此则善外别有本然。

---

① （宋）朱熹：《朱子语类》（卷三十九），《朱子全书》（第 15 册），第 1404—1405 页。
② 《荀子·荣辱》。
③ （宋）朱熹：《朱子语类》（卷四十七），《朱子全书》（第 15 册），第 1635 页。
④ （宋）朱熹：《朱子语类》（卷五十一），《朱子全书》（第 15 册），第 1692 页。
⑤ （宋）朱熹：《朱子语类》（卷五十三），《朱子全书》（第 15 册），第 1775 页。

孟子说性，乃是于发处见其善，荀、扬亦于发处说，只是道不著。"问："既云'于发处见'，伊川云'孟子说性，乃拔本塞原之理'，莫是因发以见其原？"曰："然。"可学。①

53. 器之说："'故者以利为本'，如流水相似，有向下，无向上，是顺他去。"曰："故是本来底，以顺为本。许多恻隐、羞恶，自是顺出来，其理自是如此。孟子怕人将不好底做出去，故说此。若将恶者为利之本，如水'搏而跃之，可使过颡'，这便是将不利者为本。如伊川说楚子越椒之生，必灭若敖氏，自是出来便恶了。荀子因此便道人性本恶。据他说'涂之人皆可为禹'，便是性善了。他只说得气质之性，自是不觉。"寓。②

54. "故"，只是已然之迹，如水之润下，火之炎上。润下炎上便是故也。父子之所以亲，君臣之所以义，夫妇之别，长幼之序，然皆有个已然之迹。但只顺利处，便是故之本。如水之性固下也，然搏之过颡，激之在山，亦岂不是水哉？但非其性尔。仁、义、礼、智，是为性也。仁之恻隐，义之羞恶，礼之辞逊，智之是非，此即性之故也。若四端，则无不顺利。然四端皆有相反者，如残忍饶录作"忮害"。之非仁，不耻之非义，不逊之非礼，昏惑之非智，即故之不利者也。伊川发明此意最亲切，谓此一章专主"智"言。凿于智者，非所谓以利为本也。其初只是性上泛说起，不是专说性。但谓天下之说性者，只说得故而已。后世如荀卿言"性恶"，扬雄言"善恶混"，但皆说得下面一截，皆不知其所以谓之故者如何，遂不能"以利为本"而然也。荀卿之言，只是横说如此，到底灭这道理不得。只就《性恶篇》谓"涂之人皆可如禹"，只此自可见。"故"字，若不将已然之迹言之，则下文"苟求其故"之言，如何可推？历家自今日推算而上，极于太古开辟之时，更无差错，只为有此已然之迹可以推测耳。天与星辰间，或躔度有少差错，久之自复其常。"以利为本"，亦犹天与星辰循常度而行。苟不如此，皆凿之谓也。谟。③

55. 问："孟子言才与程子异，莫是孟子只将元本好处说否？"曰："孟子言才，正如言性，不曾说得杀，故引出荀、扬来。到程、张说出'气'字，然后说杀了。"士毅。④

---

① （宋）朱熹：《朱子语类》（卷五十七），《朱子全书》（第15册），第1845页。
② （宋）朱熹：《朱子语类》（卷五十七），《朱子全书》（第15册），第1845页。
③ （宋）朱熹：《朱子语类》（卷五十七），《朱子全书》（第15册），第1845—1846页。
④ （宋）朱熹：《朱子语类》（卷五十九），《朱子全书》（第16册），第1883—1884页。

56. 问孟、程所论才同异。曰:"才只一般能为之谓才。"问:"《集注》说'孟子专指其出于性者言之,程子兼指其禀于气者言之',又是如何?"曰:"固是。要之,才只是一个才,才之初,亦无不善。缘他气禀有善恶,故其才亦有善恶。孟子自其同者言之,故以为出于性;程子自其异者言之,故以为禀于气。大抵孟子多是专以性言,故以为性善,才亦无不善。到周子、程子、张子,方始说到气上。要之,须兼是二者言之方备。只缘孟子不曾说到气上,觉得此段话无结杀,故有后来荀、扬许多议论出。韩文公亦见得人有不同处,然亦不知是气禀之异,不妨有百千般样不同,故不敢大段说开,只说'性有三品'。不知气禀不同,岂三品所能尽耶!"广。①

57. 孟子说才,皆是指其资质可以为善处。伊川所谓"才禀于气,气清则才清,气浊则才浊",此与孟子说才小异,而语意尤密,不可不考。"乃若其情","非才之罪也",以"若"训"顺"者,未是。犹言如论其情,非才之罪也。盖谓情之发有不中节处,不必以为才之罪尔。退之论才之品有三,性之品有五,其说胜荀、扬诸公多矣。说性之品,便以仁、义、礼、智言之,此尤当理。说才之品,若如此推究,则有千百种之多,姑言其大概如此,正是气质之说,但少一个"气"字耳。伊川谓"论气不论性,不明;论性不论气,不备",正谓如此。如"性习远近"之类,不以气质言之不可,正是二程先生发出此理,濂溪论太极便有此意。汉、魏以来,忽生文中子,已不多得。至唐有退之,所至尤高。大抵义理之在天地间,初无泯灭。今世无人晓此道理,他时必有晓得底人。

金问:"公都子问性,首以情对,如曰'乃若其情,则可以为善矣',是也。次又以才对,如曰'若夫为不善,非才之罪',是也。继又以心对,如曰'恻隐'、'羞恶'之类,是也。其终又结之曰:'或相倍蓰而无算者,不能尽其才者也。'所问者性,而所对者曰才、曰情、曰心,更无一语及性,何也?明道曰:'禀于天为性,感为情,动为心。'伊川则又曰:'自性之有形者谓之心,自性之动者谓之情。'如二先生之说,则情与心皆自夫一性之所发。彼问性而对以情与心,则不可谓不切所问者。然明道以动为心,伊川以动为情,自不相侔。不知今以动为心是耶,以动为情是耶?

"或曰:'情对性言,静者为性,动者为情。'是说固然也。今若以动为情

---

① (宋)朱熹:《朱子语类》(卷五十九),《朱子全书》(第16册),第1884页。

是，则明道何得却云'感为情，动为心'哉？横渠云：'心统性、情者也。'既是'心统性情'，伊川何得却云'自性之有形者谓之心，自性之有动者谓之情耶'？如伊川所言，却是性统心、情者也。不知以心统性情为是耶，性统心情为是耶？此性、情、心三者，未有至当之论也。

"至若伊川论才，则与孟子立意不同。孟子此章言才处，有曰：'非才之罪也。'又曰：'不能尽其才者也。'又曰：'非天之降才尔殊也。'又曰：'以为未尝有才焉。'如孟子之意，未尝以才为不善。而伊川却说'才有善、有不善'，其言曰：'气清则才善，气浊则才恶。'又曰：'气清则才清，气浊则才浊。'意者以气质为才也。以气质为才，则才固有善不善之分也。而孟子却止以才为善者，何也？伊川又曰：'孟子言"非才之罪"者，盖公都子正问性善，孟子且答他正意，不暇一一辨之也。'审如是说，则孟子云'非天之降才尔殊'，与夫'以为未尝有才焉'者，岂皆答公都子之正问哉？其后伊川又引万章之问为证，谓万章尝问象杀舜事，孟子且答他这下意，未暇与他辨完廪、浚井之非。夫完廪、浚井，自是万章不能烛理，轻信如此。孟子且答正问，未暇与他言，此犹可言也。如此篇论才处，尽是孟子自家说得如此，即非公都子之言。其曰未暇一一辨之，却是孟子自错了，未暇辨也。岂其然乎？又说：'孟子既又答他正意，亦岂容有一字之错？若曰错了一字，不惟启公都子之诘难，传之后世，岂不惑乱学者哉？'此又'才'之一字，未有至当之论也。"

曰："《近思录》中一段云：'心一也，有指体而言者。'注云：'"寂然不动"是也。''有指用而言者。'注云：'"感而遂通天下之故"是也。'夫'寂然不动'是性，'感而遂通'是情。故横渠云：'心统性、情者也。'此说最为稳当。如前二先生说话，恐是记录者误耳。如明道'感为情，动为心'，感与动如何分得？若伊川云：'自性而有形者谓之心。'某直理会他说不得！以此知是门人记录之误也。若孟子与伊川论才，则皆是。孟子所谓才，止是指本性而言。性之发用无有不善处。如人之有才，事事做得出来。一性之中，万善完备，发将出来便是才也。"又云："恻隐、羞恶，是心也。能恻隐、羞恶者，才也。如伊川论才，却是指气质而言也。气质之性，古人虽不曾说着，考之经典，却有此意。如《书》云'惟人万物之灵，亶聪明，作元后'，与夫'天乃锡王勇智'之说，皆此意也。孔子谓'性相近也，习相远也'。孟子辨告子'生之谓性'，亦是说气质之性。近世被濂溪拈掇出来，而横渠、二程始有'气质之性'之说。此伊川论才，所以云有善、不善者，盖主此而言也。如韩愈所引越椒等事，若不着个气质说，后如何说得他？韩愈论性比之荀、扬最好，将性分三品，此亦是论气质之性，但欠一个'气'字耳。"谟。此下去伪、人杰录皆云："又问：'既是孟子指本性而言，则孟子谓才无不善，乃为至论。至伊川却云未暇与公都子一一辨者，何也？'曰：'此伊川一时被他们逼，且如此说了。伊川如此等处亦多，不必泥也。'"①

58. 问："程子'论性不论气，不备；论气不论性，不明。'如孟子'性善'是论性不论气；荀、扬异说，是论气则昧了性。"曰："程子只是立说，未指孟子。然孟子之言却是专论性。"②

59. 问："气者性之所寄，故'论性不论气，则不备'；性者气之所成，故'论气不论性，则不明'。"曰："如孟子说性善，是'论性不论气'也。但只认说性善，虽说得好，终是欠了下面一截。自荀、扬而下，便只'论性不论气'了。"道夫曰："子云之说，虽兼善恶，终只论得气。"曰："他不曾说着性。"道夫。③

60. "论气不论性"，荀子言性恶，扬子言善恶混是也。"论性不论气"，孟子言性善是也。性只是善，气有善不善。韩愈说生而便知其恶者，皆是合下禀得这恶气。有气便有性，有性便有气。节。④

61. "'论性不论气，不备；论气不论性，不明。'孟子终是不备，所以不能杜绝荀、扬之口。"厚之问："气禀如何？"曰："禀得木气多，则少刚强；禀得金气多，则少慈祥。推之皆然。"可学。⑤

62. 或问："二之则不是。"曰："若只论性而不论气，则收拾不尽，孟子是也。若只论气而不论性，则不知得那原头，荀、扬以下是也。韩愈也说得好，只是少个'气'字。若只说一个气而不说性，只说性而不说气，则不是。"又曰："须是去分别得他同中有异，异中有同，始得。其初那理未尝不同。才落到气上，便只是那粗处相同。如饥食渴饮，趋利避害，人能之，禽兽亦能之。若不识个义理，便与他一般也。"又曰："'惟皇上帝降衷于下

---

① （宋）朱熹：《朱子语类》（卷五十九），《朱子全书》（第16册），第1884—1887页。
② （宋）朱熹：《朱子语类》（卷五十九），《朱子全书》（第16册），第1889页。
③ （宋）朱熹：《朱子语类》（卷五十九），《朱子全书》（第16册），第1889—1890页。
④ （宋）朱熹：《朱子语类》（卷五十九），《朱子全书》（第16册），第1890页。
⑤ （宋）朱熹：《朱子语类》（卷五十九），《朱子全书》（第16册），第1890页。

民'、'民之秉彝',者便是异处。'庶民去之,君子存之',须是存得这异处,方能自别于禽兽。不可道蠢动含灵皆有佛性,与自家都一般。"义刚。①

63. 横渠曰:"形而后有气质之性,善反之,则天地之性存焉。"如禀得气清明者,这道理只在里面;禀得气昏浊者,这道理亦只在里面,只被这昏浊遮蔽了。譬之水,清底,里面纤微皆可见;浑底,里面便见不得。

孟子说性善,只见得大本处,未说到气质之性细碎处。程子谓:"论性不论气,不备;论气不论性,不明;二之则不是。"孟子只论性,不知论气,便不全备。若三子虽论性,却不论得性,都只论得气,性之本领处又不透彻。荀子只见得不好人底性,便说做恶;扬子只见得半善半恶底人,便说做善恶混;韩子见得天下有许多般人,故立为三品,说得较近。其言曰:'仁、义、礼、智、信,性也,喜、怒、哀、乐、爱、恶、欲,情也。'似又知得性善。荀、扬皆不及,只是过接处少一个"气"字。②

64. 黄子功问:"伊川说过是经历处,是否?"曰:"只是过处人便化,更不待久。"问:"所存者神?"曰:"此才有所存,彼便应,言感应之速也。所以荀子云:'仁人之兵,所过者化,所存者神。'③ 只是'箪食壶浆以迎王师'处,便是神。"子功曰:"'如'舞干羽于两阶,七旬有苗格',亦是此理。"曰:"然。"文蔚。④

65. "君子所过者化",伊川本处解略。《易传》"大人虎变",却说得详。荀子亦有"仁人过化存神"⑤ 之语,此必古语。如"克己复礼",亦是古语。《左传》中亦引"克己复礼,仁也"。如"崇德、修慝、辨惑",亦是古语,盖是两次问了。焘。⑥

66. 问:"过化、存神,有先后否?"曰:"初无先后。便如横渠之说,亦无先后。"去伪。

"过化、存神,旧说所应之事过而不留,便能'所存者神'。神,即神妙不测。故上蔡云:'所过者化',故'所存者神';'所存者神',故'所过者

---

① (宋)朱熹:《朱子语类》(卷五十九),《朱子全书》(第 16 册),第 1890—1891 页。
② (宋)朱熹:《朱子语类》(卷五十九),《朱子全书》(第 16 册),第 1891 页。
③ 《荀子·议兵》。
④ (宋)朱熹:《朱子语类》(卷六十),《朱子全书》(第 16 册),第 1954 页。
⑤ 《荀子·议兵》。
⑥ (宋)朱熹:《朱子语类》(卷六十),《朱子全书》(第 16 册),第 1955 页。

化'。乡里李兹才云：'譬如一面镜，先来照者既去不见了，则后来者又可以照。若先底只在，则不复能照矣。'将做一事说，亦自好。但据《孟子》本文，则只是身所经历处便化，心所存主处便神，如'绥斯来，动斯和'。又荀子亦言'仁人之兵，所过者化，所存者神'，似是见成言语，如'金声玉振'之类，故孟、荀皆用之。荀卿非孟子，必不肯用其语也。"方子。①

67. 孟子说"尽信书不如无书"者，只缘当时恁地战斗残戮，恐当时人以此为口实，故说此。然"血流漂杵"，看上文自说"前徒倒戈，攻其后以北"，不是武王杀他，乃纣之人自蹂践相杀。荀子云："所以杀之者，非周人也，商人也。"② 贺孙。③

68. 问："'天命之为性，率性之谓道'，伊川谓通人、物而言。如此，却与告子所谓人、物之性同。"曰："据伊川之意，人与物之本性同，及至禀赋则异。盖本性理也，而禀赋之性则气也。性本自然，及至生赋，无气则乘载不去，故必顿此性于气上，而后可以生。及至已生，则物自禀物之气，人自禀人之气。气最难看。而其可验者，如四时之间，寒暑得宜，此气之正。当寒而暑，当暑而寒，乃气不得正。气正则为善，气不正则为不善。又如同是此人，有至昏愚者，是其禀得此浊气太深。"又问："明道云：'论性不论气，不备；论气不论性，不明。'"曰："论性不论气，孟子也；不备，但少欠耳。论气不论性，荀、扬也；不明，则大害事！"可学问："孟子何不言气？"曰："孟子只是教人勇于为善，前更无阻碍。自学者而言，则不可不去其窒碍。正如将百万之兵，前有数万兵，韩、白为之，不过鼓勇而进；至它人，则须先去此碍后可。"吴宜之问："学者治此气，正如人之治病。"曰："亦不同。须是明天理，天理明，则自去。《通书》'刚柔'一段，亦须著且先易其恶，既易其恶，则致其中在人。"问："恶安得谓之刚？"曰："此本是刚出来。"语毕，先生又曰："'生之谓性'，伊川以为生质之性，然告子此语亦未是。"再三请益，曰："且就伊川此意理会，亦自好。"可学。④

69. "中行无咎"，言人能刚决，自胜其私，合乎中行，则得无咎。无咎，但能补过而已，未是极至处。这是说那微茫间有些个意思断未得，释氏所谓

---

① （宋）朱熹：《朱子语类》（卷六十），《朱子全书》（第16册），第1955页。
② 《荀子·儒效》。
③ （宋）朱熹：《朱子语类》（卷六十一），《朱子全书》（第16册），第1975页。
④ （宋）朱熹：《朱子语类》（卷六十二），《朱子全书》（第16册），第2019—2020页。

"流注想",荀子所谓"偷则自行",便是这意思。照管不着,便走将去那里去。爻虽无此意,孔子作象,所以裨爻辞之不足。如"自我致寇""敬慎不败"之类甚多。"中行无咎",《易》中却不恁地看。言人占得此爻者,能中行则无咎,不然则有咎。渊。

"中行无咎,中未光也。"事虽正而意潜有所系吝,荀子所谓"偷则自行",佛家所谓"流注不断",皆意不诚之本也。渊。①

70. 问"参伍以变,错综其数"。曰:"荀子说'参伍'处②,杨倞解之为详。《汉书》所谓'欲问马,先问牛,参伍之以得其实'。综,如织综之综。大抵阴阳奇耦,变化无穷,天下之事不出诸此。'成天下之文'者,若卦爻之陈列变态者是也。'定天下之象'者,物象皆有定理,只以经纶天下之事也。"人杰。③

71. 问:"五刑,吴才老亦说是五典之刑,如所谓不孝之刑,不悌之刑。"曰:"此是乱说。凡人有罪,合用五刑,如何不用?《荀子》有一篇专论此意④,说得甚好。《荀子》固有不好处,然此篇却说得尽好。"铢。⑤

72. 问《礼书》。曰:"惟《仪礼》是古全书。若《曲礼》《玉藻》诸篇,皆战国士人及汉儒所裒集。《王制》《月令》《内则》是成书。要好,自将说礼物处,如《内则》《王制》《月令》诸篇附《仪礼》成一书,如中间却将《曲礼》《玉藻》又附在末后;不说礼物处,如《孔子闲居》《孔子燕居》《表记》《缁衣》《儒行》诸篇,却自成一书。《乐书》文章颇粹,怕不是汉儒做,自与《史记》《荀子》是一套,怕只是荀子作。《家语》中说话犹得,《孔丛子》分明是后来文字,弱甚。天下多少是伪书,开眼看得透,自无多书可读。"贺孙。⑥

73.《礼记》《荀》《庄》有韵处多。龚实之云,尝官于泉,一日问陈宜中云:"古诗有平仄否?"陈云:"无平仄。"龚云:"有。"辨之久不决,遂共往决之于李汉老。陈问:"古诗有平仄否?"李云:"无平仄,只是有音韵。"

---

① (宋)朱熹:《朱子语类》(卷七十二),《朱子全书》(第16册),第2450页。
② 《荀子·成相》。
③ (宋)朱熹:《朱子语类》(卷七十五),《朱子全书》(第16册),第2554页。
④ 应为《荀子·正论》中的相关内容。
⑤ (宋)朱熹:《朱子语类》(卷七十八),《朱子全书》(第16册),第2654页。
⑥ (宋)朱熹:《朱子语类》(卷八十四),《朱子全书》(第17册),第2888页。

龚大然之。谓之无有，皆不是，谓之音韵乃是。扬。①

74. "商人求诸阳，故尚声；周人求诸阴，故尚臭，灌用郁鬯。然周人亦求诸阳，如大司乐言'圜钟为宫'，'则天神可得而礼'。可见古人察得义理精微，用得乐便与他相感格。"夔孙录云："大抵天人无间。如云'圣人之道，洋洋乎！发育万物，峻极于天'。圣人能全体得，所以参天地赞化育，只是有此理。以粗底言，如荀子云云。"此乃将神之乐。如舞云门，乃是献神之乐。荀子谓："伯牙鼓琴，而六马仰秣。瓠巴鼓瑟，流鱼出听。"② 粗者亦有此理。又如虞美人草，闻人歌虞美人词与吴词，则自动。夔孙录云："闻唱虞美人词，则自拍。亦不得是虞美人词，凡吴调者皆然。以手近之，亦能如此。"虽草木亦如此。又曰："今有个新立底神庙，缘众人性邪向他，他便盛。如狄仁杰废了许多庙，亦不能为害，只缘他见得无这物事了。上蔡云：'可者欲人致生之，故其鬼神，不可者欲人致死之，故其鬼不神。'"先生每见人说世俗神庙可怪事，必问其处形势如何。赐。夔孙少异。③

75. 学记

"九年知类通达"，横渠说得好："学者至于能立，则教者无遗恨矣。此处方谓大成。"盖学者既到立处，则教者亦不消得管他，自住不得。故横渠又云："学者能立，则自强不反，而至于圣人之大成矣。而今学者不能得扶持到立处。"尝谓此段是个致知之要。如云"一年视离经辨志"，古注云，离经，断绝句也，此且使读得成句；辨志，是知得这个是为己，那个是为人，这个是义，那个是利。"三年敬业乐群"，敬业，是知得此是合当如此做；乐群，是知得滋味，好与朋友切磋。"勿念博习亲师"，博习，是无所不习；亲师，是所见与其师相近了。"七年论学取友"，论学，是他论得有头绪了；取友，是知贤者而取之，此谓之小成。"九年知类通达"，此谓之大成。横渠说得"推类"两字最好，如荀子"伦类不通，不足谓之善学"④。而今学者只是不能推类，到得"知类通达"，是无所不晓，便是自强不反。这几句都是上两字说学，下两字说所得处。如离经，便是学；辨志，辨志所得处。他皆仿此。赐。夔孙同。⑤

---

① （宋）朱熹：《朱子语类》（卷八十七），《朱子全书》（第17册），第2943页。
② 《荀子·劝学》。
③ （宋）朱熹：《朱子语类》（卷八十七），《朱子全书》（第17册），第2963—2964页。
④ 见《荀子·劝学》，中间少"仁义不一"。
⑤ （宋）朱熹：《朱子语类》（卷八十七），《朱子全书》（第17册），第2969—2970页。

76. 子张是个务外底人，子游是个高简、虚旷、不屑细务底人，子夏是个谨守规矩、严毅底人。因观荀子论三子之贱儒，亦是此意，盖其末流必至是也。僩。①

77. 问："濂溪论性自气禀言，却是上面已说'太极''诚'，不妨。如孔子说'性相近，习相远'，不成是不识！如荀、扬便不可。"曰："然，他已说'纯粹至善'。"可学。②

78. 心只是放宽平便大，不要先有一私意隔碍，便大。心大则自然不急迫。如有祸患之来，亦未须惊恐；或有所获，亦未要便欢喜在。少间亦未必，祸更转为福，福更转为祸。荀子言："君子大心则天而道，小心则畏义而节。"③ 盖君子心大则是天心，心小则文王之翼翼，皆为好也；小人心大则放肆，心小则是褊隘私吝，皆不好也。贺孙。④

79. "恕则仁之施，爱则仁之用"，"施、用"两字，移动全不得。这般处，惟有孔、孟能如此。下自荀、扬诸人便不能，便可移易。昔有言"尽己之谓忠，尽物之谓恕"，伊川言："尽物只可言信，推己之谓忠。"盖恕是推己，只可言施。如此等处，极当细看。道夫。⑤

80. 横渠谓："天体物而不遗，犹仁体事而无不在。"此数句，是从赤心片片说出来，荀、扬岂能到！士毅。⑥

81. 因言："久不得胡季随诸人书。季随主其家学，说性不可以善言。本然之善，本自无对；才说善时，便与那恶对矣。才说善恶，便非本然之性矣。本然之性是上面一个，其尊无比。僩录但云："季随主其家学，说性不可以善言。本然之性，是上面一个，其尊无对。"善是下面底，才说善时，便与恶对，非本然之性矣。'孟子道性善'，非是说性之善，只是赞叹之辞，说'好个性'！如佛言'善哉'！此文定之说。某尝辨之云，本然之性，固浑然至善，不与恶对，僩录作"无善可对"。此天之赋予我者然也。然行之在人，则有善有恶：做得是者为善，做得不是者为恶。岂可谓善者非本然之性？只是行于人者，有二者之异，然行

---

① （宋）朱熹：《朱子语类》（卷九十三），《朱子全书》（第17册），第3102页。
② （宋）朱熹：《朱子语类》（卷九十四），《朱子全书》（第17册），第3146页。
③ 《荀子·不苟》。
④ （宋）朱熹：《朱子语类》（卷九十五），《朱子全书》（第17册），第3217页。
⑤ （宋）朱熹：《朱子语类》（卷九十五），《朱子全书》（第17册），第3227页。
⑥ （宋）朱熹：《朱子语类》（卷九十八），《朱子全书》（第17册），第3299页。

得善者，便是那本然之性也。若如其言，有本然之善，_{㵊录作"性"。}又有善恶相对之善，_{㵊录作"性"。}则是有二性矣。方其得于天者，此性也；及其行得善者，亦此性也。只是才有个善底，_{㵊录作"行得善底"。}便有个不善底，所以善恶须着对说。不是元有个恶在那里，等得他来与之为对。只是行得错底，便流入于恶矣。此文定之说，故其子孙皆主其说，而致堂、五峰以来，其说益差，遂成有两性：本然者是一性，善恶相对者又是一性。他只说本然者是性，善恶相对者不是性，岂有此理！然文定又得于龟山，龟山得之东林常摠。摠，龟山乡人，与之往来，后住庐山东林。龟山赴省，又往见之。摠极聪明，深通佛书，有道行。龟山问：'孟子道性善，说得是否？'摠曰：'是。'又问：'性岂可以善恶言？'摠曰：'本然之性，不与恶对。'此语流传自他。然摠之言，本亦未有病。盖本然之性是本无恶。及至文定，遂以'性善'为赞叹之辞；到得致堂、五峰辈，遂分成两截，说善底不是性。若善底非本然之性，却那处得这善来？既曰赞叹性好之辞，便是性矣。_{㵊录作"便是性本善矣"。}若非性善，何赞叹之有？如佛言'善哉！善哉！'为赞叹之辞，亦是说这个道理好，所以赞叹之也。二苏论性亦是如此，尝言，孟子道'性善'，犹云火之能熟物也；荀卿言'性恶'，犹云火之能焚物也。龟山反其说而辩之曰：'火之所以能熟物者，以其能焚故耳。若火不能焚，物何从熟？'苏氏论性说：'自上古圣人以来，至孔子不得已而命之曰一，寄之曰中，未尝分善恶言也。自孟子道性善，而一与中始支矣。'尽是胡说！他更不看道理，只认我说得行底便是。诸胡之说亦然，季随至今守其家说。"因问："文定却是卓然有立，所谓'非文王犹兴'者？"曰："固是。他资质好，在太学中也多闻先生师友之训，所以能然。尝得颍昌一士人，忘其姓名，问学多得此人警发。后为荆门教授，龟山与之为代，因此识龟山，因龟山方识游、谢，不及识伊川。自荆门入为国子博士，出来便为湖北提举。是时上蔡宰本路一邑，文定却从龟山求书见上蔡。既到湖北，遂遣人送书与上蔡。上蔡既受书，文定乃往见之。入境，人皆讶知县不接监司。论理，上蔡既受他书，也是难为出来接他。既入县，遂先修后进礼见之。毕竟文定之学，后来得于上蔡者为多。他所以尊上蔡而不甚满于游、杨二公，看来游定夫后来也是郎当，诚有不满人意处。顷尝见《定夫集》，极说得丑差，尽背其师说，更说伊川之学不如他之所得。所以五峰临终谓彪德美曰：'圣门工夫要处，只在个敬字。游定夫所以卒为程

82. 胡氏说善是赞美之辞，其源却自龟山，《龟山语录》可见。胡氏以此错了，故所作《知言》并一齐恁地说。本欲推高，反低了。盖说高无形影，其势遂向下去。前夜说韩子云"何谓性？仁、义、礼、智、信。"此语自是，却是他已见大意，但下面便说差了。荀子但只见气之不好，而不知理之皆善。扬子是好许多思量安排：方要把孟子"性善"之说为是，又有不善之人；方要把荀子"性恶"之说为是，又自有好人，故说道"善恶混"。温公便主张扬子而非孟子。程先生发明出来，自今观之，可谓尽矣。贺孙。②

83. 或说："象山说：'克己复礼'不但只是欲克去那利欲忿懥之私，只是有一念要做圣贤，便不可。"曰："此等议论恰如小儿剧剧一般，只管要高去，圣门何尝有这般说话。人要去学圣贤，此是好底念虑，有何不可？若以为不得，则尧舜之'兢兢业业'、周公之'思兼三王'、孔子之'好古敏求'、颜子之'有为若是'、孟子之'愿学孔子'之念皆当克去矣。看他意思只是禅。志公云：'不起纤毫修学，心无相光中常自在。'他只是要如此，然岂有此理？只如孔子答颜子'克己复礼为仁。'据他说时，只这一句已多了，又况有下头一落索。只是颜子才问仁，便与打出方是。及至恁地说他，他却又讳。某尝谓，人要学禅时，不如分明去学他禅和一棒一喝便了。今乃以圣贤之言夹杂了说，都不成个物事。道是龙，又无角；道是蛇，又有足。子静旧年也不如此，后来弄得直恁地差异。如今都教坏了后生，个个不肯去读书，一味颠蹶没理会处，可惜！可惜！正如荀子不睹是，逞快胡骂乱骂，教得个李斯出来，遂至焚书坑儒。若使荀卿不死，见斯所为如此，必须自悔。使子静今犹在，见后生辈如此颠蹶，亦须自悔其前日之非。"又曰："子静说话，常是两头明，中间暗。"或问："暗是如何？"曰："是他那不可说破处，他所以不说破，便是禅。所谓'鸳鸯绣出从君看，莫把金针度与人'，他禅家自爱如此。某年十五六时，亦尝留心于此。"广。③

84. 读书，须立下硬寨，定要通得这一书，方看第二书。若此书既晓未得，我宁死也不看那个。如此立志，方成工夫。……又曰："荀子云：'诵数

---

① （宋）朱熹：《朱子语类》（卷一百一），《朱子全书》（第17册），第3393—3395页。
② （宋）朱熹：《朱子语类》（卷一百一），《朱子全书》（第17册），第3395页。
③ （宋）朱熹：《朱子语类》（卷一百四），《朱子全书》（第17册），第3437页。

以贯之,思索以通之。'① 诵数,即即今人读书记遍数也,古人读书亦如此。只是荀卿做得那文字不帖律处也多。"僩。②

85. 伯恭、子约宗太史公之学,以为非汉儒所及,某尝痛与之辨。子由《古史》言马迁"浅陋而不学,疏略而轻信",此二句最中马迁之失,伯恭极恶之。《古史序》云:"古之帝王,其必为善,如火之必熟,水之必寒;其不为不善,如驺虞之不杀,窃脂之不谷。"此语最好。某尝问伯恭:"此岂马迁所能及?"然子由此语虽好,又自有病处。如云:"帝王之道以无为宗"之类,他只说得个头势大,下面工夫又皆空疏。亦犹马迁《礼书》云:"大哉礼乐之道,洋洋乎鼓舞万物,役使群动。"说得头势甚大,然下面亦空疏,却引荀子诸说以足之。又如诸侯年表,盛言形势之利,有国者不可无,末却云:"形势虽强,要以仁义为本。"他上文本意主张形势,而其末却如此说者,盖他也知仁义是个好底物事,不得不说,且说教好看。如《礼书》所云,亦此意也。伯恭极喜渠此等说,以为迁知"行夏之时,乘殷之辂,服周之冕",为得圣人为邦之法,非汉儒所及。此亦众所共知,何必马迁?然迁尝从董仲舒游,《史记》中有"余闻之董生云"此等语言,亦有所自来也。迁之学也,说仁义,也说诈力,也用权谋,也用功利,然其本意却只在于权谋功利。孔子说伯夷"求仁得仁,又何冤",他一传中首尾皆是怨辞,尽说坏了伯夷。子由《古史》皆删去之,尽用孔子之语作传,岂可以子由为非,马迁为是?可惜子约死了,此论至死不曾明。圣贤以六经垂训,炳若丹青,无非仁义道德之说。今求义理,不于六经而反取疏略浅陋之子长,亦惑之甚矣!僩。③

86. 问:"东莱《大事纪》有续《春秋》之意,中间多主《史记》。"曰:"公乡里主张《史记》甚盛,其间有不可说处,都与他出脱得好。如《货殖传》,便说他有讽谏意之类,不知何苦要如此?世间事是还是,非还非,黑还黑,白还白,通天通地,贯古贯今,决不可易。若使孔子之言有未是处,也只还他未是,如何硬穿凿说?"木之又问:"《左氏传》合如何看?"曰:"且看他记载事迹处。至如说道理,全不似《公》《穀》。要知左氏是个晓了识利害底人,趋炎附势。如载刘子'天地之中'一段,此是极精粹底。至说'能

---

① 《荀子·劝学》。
② (宋)朱熹:《朱子语类》(卷一百一十六),《朱子全书》(第18册),第3674页。
③ (宋)朱熹:《朱子语类》(卷一百二十二),《朱子全书》(第18册),第3853—3854页。

者养之以福，不能者败以取祸'，便只说向祸福去了。大率《左传》只道得祸福利害底说话，于义理上全然理会不得。"又问："所载之事实否？"曰："也未必一一实。"子升问："如载卜妻敬仲与季氏生之类，是如何？"曰："看此等处，便见得是六卿分晋、田氏篡齐以后之书。"又问："此还是当时特故撰出此等言语否？"曰："有此理。其间做得成者，如斩蛇之事；做不成者，如丹书狐鸣之事。看此等书，机关熟了，少间都坏了心术。庄子云：'有机械者必有机事，有机事必有机心，则纯白不备。纯白不备者，道之所不载也。'今浙中于此二书极其推尊，是理会不得。"因言："自孟子后，圣学不传，所谓'轲之死不得其传'。如荀卿说得头绪多了，都不纯一。至扬雄所说底话，又多是庄老之说。至韩退之唤做要说道理，又一向主于文词。至柳子厚却反助释氏之说。因言异端之教，汉魏以后，只是老庄之说。至晋时肇法师，释氏之教始兴。其初只是说，未曾身为。至达摩面壁九年，其说遂炽。"木之。①

87. 江西士风好为奇论，耻与人同，每立异以求胜。如陆子静说告子论性强孟子，又说荀子"性恶"之论甚好，使人警发，有缜密之功。②

88. 又曰："'论性不论气，不备。'孟子不说到气一截，所以说万千与告子几个，然终不得他分晓。告子以后，如荀、扬之徒，皆是把气做性说了。"③

89. 问："班史、通鉴二氏之学如何？"曰："读其书自可见。"又曰："温公不取孟子取杨子，至谓王伯无异道。夫王伯之不侔，犹碔砆之于美玉。故荀卿谓'粹而王、驳而伯。'④ 孟子与齐、梁之君力判其是非者，以其有异也。又温公不喜权谋，至修书时颇删之，奈当时有此事何，只得与他存在。若每处删去数行，只读着都无血脉意思，如何存之，却别做论说以断之？"骧。⑤

90. "诸子百家书亦有说得好处，如荀子曰'君子大心则天而道，小心则畏义而节'，此二句说得好。"曰："看得荀子资质，也是个刚明底人。"曰："只是粗。他那物事皆未成个模样，便将来说。"曰："扬子工夫比之荀子恐却细泥。"曰："扬子说到深处，止是走入老、庄窠窟里去，如清净寂寞之说皆

---

① （宋）朱熹：《朱子语类》（卷一百二十二），《朱子全书》（第18册），第3854—3855页。
② （宋）朱熹：《朱子语类》（卷一百二十四），《朱子全书》（第18册），第3879页。
③ （宋）朱熹：《朱子语类》（卷一百二十四），《朱子全书》（第18册），第3887页。
④ 《荀子·赋篇》。
⑤ （宋）朱熹：《朱子语类》（卷一百三十四），《朱子全书》（第18册），第4173页。

是也。又如玄中所说灵根之说。云云，亦只是庄、老意思，止是说那养生底工夫尔。至于佛徒，其初亦只是以老、庄之言驾说尔，如远法师文字与肇论之类皆成片用老、庄之意。然他只是说，都不行。至达摩来，方始教人自去做，所以后来有禅，其传亦如是远。"问："晋、宋时人多说庄、老，然恐其亦为足以尽庄、老之实处。"曰："当时诸公只是借他言语来，盖覆那灭弃礼法之行尔。据其心下污浊纷扰如此，如何理会得庄、老底意思？"广。荀、扬。①

91. 荀子尽有好处，胜似扬子，然亦难看。贺孙。②

92. 不要看扬子，他说话无好处，议论亦无的实处。荀子虽然是有错，到说得处也自实，不如他说得恁地虚胖。贺孙。③

93. 问："东坡言三子言性，孟子已道性善，荀子不得不言性恶，固不是。然人之一性，无自而见。荀子乃言其恶，它莫只是要人修身，故立此说？"先生曰："不须理会荀卿，且理会孟子性善。渠分明不识道理，如天下之物有黑有白，此是黑，彼是白，又何须辨？荀、扬不惟说性不是，从头到底皆不识。当时未有明道之士，被它说用于世千余年。韩退之谓荀、扬'大醇而小疵'，伊川曰'韩子责人甚恕。'自今观之，他不是责人恕，乃是看人不破。今且于自己上作工夫，立得本，本立则条理分明，不待辨。"可学④

94. 或言性，谓荀卿亦是教人践履。先生曰："须是有是物而后可践履。今于头段处既错，又如何践履？天下事从其是，曰同，须求其真个同；曰异，须求其真个异。今则不然，只欲立异，道何由明？陈君举作夷门歌，说荆公、东坡不相合，须当和同，不知如何和得？"可学。荀子。⑤

95. 荀子说"能定而后能应"⑥，此是荀子好话。贺孙。⑦

96. 问荀、扬、王、韩四子。曰："凡人著书，须自有个规模，自有个作用处。或流于申、韩，或归于黄老，或有体而无用，或有用而无体，不可一律观。且如王通这人，于世务变故、人情物态、施为作用处极见得分晓，只是于这作用晓得处却有病。韩退之则于大体处见得，而于作用施为处却不晓。

---

① （宋）朱熹：《朱子语类》（卷一百三十七），《朱子全书》（第18册），第4235页。
② （宋）朱熹：《朱子语类》（卷一百三十七），《朱子全书》（第18册），第4235页。
③ （宋）朱熹：《朱子语类》（卷一百三十七），《朱子全书》（第18册），第4235页。
④ （宋）朱熹：《朱子语类》（卷一百三十七），《朱子全书》（第18册），第4235—4236页。
⑤ （宋）朱熹：《朱子语类》（卷一百三十七），《朱子全书》（第18册），第4236页。
⑥ 《荀子·劝学》。
⑦ （宋）朱熹：《朱子语类》（卷一百三十七），《朱子全书》（第18册），第4236页。

如《原道》一篇，自孟子后无人似它见得。'郊焉而天神格，庙焉而人鬼享。以之为人，则爱而公；以之为心，则和而平；以之为天下国家，无所处而不当'，说得极无疵，只是空见得个本原如此，下面工夫都空疏，更无物事撑拄衬簟，所以于用处不甚可人意。缘它费工夫去作文，所以读书者只为作文用。自朝至暮，自少至老，只是火急去弄文章，而于经纶实务不曾究心，所以作用不得。每日只是招引得几个诗酒秀才、和尚度日，有些工夫，只了得去磨炼文章，所以无工夫来做这边事。兼他说我这个便是圣贤事业了，自不知其非。如论文章云'自屈原、荀卿、孟轲、司马迁、相如、扬雄之徒'，却把孟轲与数子同论，可见无见识，都不成议论。荀卿则全是申、韩，观《成相》一篇可见。他见当时庸君暗主战斗不息，愤闷恻怛，深欲提耳而诲之，故作此篇。然其要卒归于明法制，执赏罚而已，他那做处粗，如何望得王通？扬雄则全是黄、老。某尝说：扬雄最无用，真是一腐儒。他到急处，只是投黄、老，如《反离骚》并'老子道德'之言，可见这人更无说，自身命也奈何不下，如何理会得别事？如《法言》一卷，议论不明快，不了决，如其为人。他见识全低，语言极呆，甚好笑。荀、扬二人自不可与王、韩同日语。"问："王通病处如何？"曰："这人于作用处晓得，急欲见之于用，故便要做周公底事业，便去上书要兴太平。及知时势之不可为，做周公事业不得，则急退而续《诗》《书》、续《玄经》，又要做孔子底事业。殊不知孔子之时接乎三代，有许多典、谟、训、诰之文，有许多礼乐法度、名物度数，数圣人之典章皆在于是，取而缵述，方做得这个家具成。王通之时，有甚么典、谟、训、诰？有甚么礼乐法度？乃欲取汉、魏以下者为之书，则欲以七制、命、议之属为续《书》，"七制"之说亦起于通。有高、文、武、宣、光武、明、章之制，盖以比二典也。诗则欲取曹、刘、沈、谢者为续《诗》。续得这般诗书，发明得个甚么道理？自汉以来，诏令之稍可观者，不过数个。如高帝求贤诏虽好，已自不纯。文帝劝农，武帝荐贤、制策、轮台之悔，只有此数诏略好，此外尽无那壹篇比得典、谟、训、诰，便求一篇如《君牙》《囧命》《秦誓》也无。曹、刘、沈、谢之诗，又那得一篇如《鹿鸣》《四牡》《大明》《文王》《关雎》《鹊巢》？亦有学为四句古诗者，但多称颂之词，言皆过实，不足取信。乐，如何有云、英、咸、韶、濩、武之乐？礼，又如何有伯夷、周公制作之礼？它只是急要做个孔子，又无佐证、故装点几个人来做尧、舜、汤、武，皆经我删述，便显得我是圣人。如《中说》一书，都是要学孔子。《论语》说泰伯'三以天下让',它便说陈思王①善让;《论语》说'殷有三仁',它便说荀氏有二仁。又捉几个公卿大夫来相答问,便比当时门人弟子,正如梅圣俞②说:'欧阳永叔它自要做韩退之,却将我来比孟郊。'王通便是如此,它自要做孔夫子,便胡乱捉别人来为圣为贤。殊不知秦汉以下君臣人物斤两已定,你如何能加重?《中说》一书固是后人假托,非王通自著,然毕竟是王通平生好自夸大,续《诗》、续《书》,纷纷述作,所以起后人假托之过。后世子孙见他学周公、孔子学不成,都冷淡了,故又取一时公卿大夫之显者,缵缉附会以成之。毕竟是王通有这样意思在,虽非它之过,亦它有以启之也。如世人说坑焚之祸起于荀卿,荀卿著书立言,何尝教人焚书坑儒?只是观它无所顾藉,敢为异论,则其末流便有坑焚之理。然王通比荀、扬又复别,王通极开爽,说得广阔,缘它于事上讲究得精,故于世变兴亡、人情物态、更革沿袭、施为作用、先后次第都晓得,识得个仁义礼乐都有用处。若用于世,必有可观,只可惜不曾向上透一著,于大体处有所欠阙,所以如此。若更晓得高处一著,那里得来?只细看它书,便见它极有好处,非特荀、扬道不到,虽韩退之也道不到。韩退之只晓得个大纲,下面工夫都空虚,要做更无下手处,其作用处全疏,如何敢望王通。然王通所以如此者,其病亦只在于不曾子细读书,他只见圣人有个《六经》,便欲别做一本《六经》,将圣人腔子填满里面。若是子细读书,知圣人所说义理之无穷,自然无工夫闲做。他死时极后生,只得三十余岁,它却火急要做许多事。"僩。以下论荀、扬、王、汉及诸子。③

97. 立之问:"扬子与韩文公优劣如何?"曰:"各自有长处。韩文公见得大意已分明,但不曾去子细理会。如《原道》之类,不易得也。扬子云为人深沉,会去思索,如阴阳消长之妙,他直是去推求。然而如《太玄》之类,亦是拙底工夫,道理不是如此。盖天地间只有个奇耦,奇是阳,耦是阴,春是少阳,夏是太阳,秋是少阴,冬是太阴。自二而四,自四而八,只恁推去,都走不得。而扬子却添两作三,谓之天地人,事事要分作三截。又且有气而无朔,有日星而无月,恐不是道理,亦如孟子既说'性善',荀子既说'性恶',他无可得说,只得说个'善恶混'。若有个三底道理,圣人想自说了,

---

① 即曹植,生前封陈王,死后谥号为"思"。
② 即梅尧臣。
③ (宋)朱熹:《朱子语类》(卷一百三十七),《朱子全书》(第18册),第4236—4239页。

不待后人说矣。看他里面推得辛苦，却就上面说些道理，亦不透彻。看来其学似本于老氏，如'惟清惟净，惟渊惟默'之语，皆是老子意思。"时举。①

98. 扬子云、韩退之二人也难说优劣。但子云所见处多得之老氏，在汉末年难得人似它。亦如荀子言语亦多病，但就彼时亦难得一人如此。南升。②

99. 问："先生王氏《续经》说云云，荀卿固不足以望之，若房、杜辈，观其书，则固尝往来于王氏之门，其后来相业，还亦有得于王氏之道否？"曰："房、杜如何敢望文中子之万一？其规模事业，无文中子仿佛。"僩。③

100. 张毅然漕试回，先生问曰："今岁出何论题？"张曰："论题云云，出文中子。"曰："如何做？"张曰："大率是骂他者多。"先生笑曰："他虽有不好处，也须有好处，故程先生言：'他虽则附会成书，其间极有格言，荀、扬道不到处。'岂可一向骂他？"友仁。文中子。④

101. 问："韩文公说人之'所以为性者五'，是它实见得到后如此说邪，惟复是偶然说得著？"曰："看它《文集》中说，多是闲过日月，初不见他做工夫处，想只是才高，偶然见得如此。及至说到精微处，又却差了。"因言："惟是孟子说义理说得来精细明白，活泼泼地，如荀子空说许多，使人看着如吃糙米饭相似。"广。⑤

102. 至问："韩子称'孟子醇乎醇，荀与扬大醇而小疵。'程子谓：'韩子称孟子甚善，非见得孟子意，亦道不到；其论荀、扬则非也。荀子极偏驳，只一句'性恶'，大本已失。扬子虽少过，然亦不识性，更说甚道？'至谓韩子，既以失大本不识性者为大醇，则其称孟氏'醇乎醇'亦只是说得到，未必真见得到。"先生曰："如何见得韩子称荀、扬大醇处便是就论性处说？"至云："但据程子有此议论，故至因问及此。"先生曰："韩子说荀、扬大醇是泛说，与田骈、慎到、申不害、韩非之徒观之，则荀、扬谓大醇。韩子只说那一边，凑不着这一边。若是会说底，说那一边，亦自凑着这一边。程子说'荀子极偏驳，扬子虽少过'此等语，皆是就分秤上说下来。今若不曾看荀

---

① （宋）朱熹：《朱子语类》（卷一百三十七），《朱子全书》（第18册），第4243—4244页。
② （宋）朱熹：《朱子语类》（卷一百三十七），《朱子全书》（第18册），第4244页。
③ （宋）朱熹：《朱子语类》（卷一百三十七），《朱子全书》（第18册），第4245页。
④ （宋）朱熹：《朱子语类》（卷一百三十七），《朱子全书》（第18册），第4251页。
⑤ （宋）朱熹：《朱子语类》（卷一百三十七），《朱子全书》（第18册），第4257—4258页。

子、扬子，则所谓'偏驳'、'虽少过'等处，亦见不得。"①

103. 安卿曰："'博爱之谓仁'等说，亦可见其无原头处。"曰："以博爱为仁，则未有博爱之前，不成是无仁？"义刚曰："他说：'明明德'，却不及'致知、格物'，缘其不格物，所以恁地。"先生曰："他也不晓那'明明德'，若能明明德，便是识原头来处了。"又曰："孟子后，荀、扬浅，不济得事，只有个王通、韩愈好，又不全。"安卿曰："他也只是见不得十分，不能止于至善。"曰："也是。"②

104. 晁录

王逸所传《楚辞》，篇次本出刘向，其《七谏》以下，无足观者，而王褒为最下，余已论于前矣。近世晁无咎以其所载不尽古今词赋之美，因别录《续楚辞》《变离骚》为两书，则凡词之如骚者已略备矣。自原之后，作者继起，而宋玉、贾生、相如、扬雄为之冠，然较其实，则宋、马辞有余而理不足，长于颂美而短于规过；雄乃专为偷生苟免之计，既与原异趣矣，其文又以摹拟掇拾之故，斧凿呈露，脉理断续，其视宋、马犹不逮也。独贾太傅以卓然命世英杰之材，俯就骚律，所出三篇，皆非一时诸人所及，而《惜誓》所谓"黄鹄之一举兮，见山川之纡曲。再举兮，睹天地之员方"者；又于其间超然拔出言意之表，未易以笔墨蹊径论其高下浅深也。此外晁氏所取，如荀卿子诸赋皆高古，而《成相》之篇，本拟工诵箴谏之词，其言奸臣蔽主擅权，驯致移国之祸，千古一辙，可为流涕。其它如《易水》《越人》《大风》《秋风》《天马》，下及乌孙公主、诸王妃妾、息夫躬、晋陶潜、唐韩柳，本朝王介父之"山谷""建业"、黄鲁直之"毁璧陨珠"、邢端夫之《秋风三迭》，其古今大小雅俗之变虽或不同，而晁氏亦或不能无所遗脱，然皆为近楚语者。其次则如班姬、蔡琰、王粲及唐元结、王维、顾况，亦差有味。③

105. 盖屈子者，穷而呼天，疾痛而呼父母之辞也。故今所欲取而使继之者，必其出于幽忧穷蹙、怨慕凄凉之意，乃为得其余韵。而宏衍巨丽之观，欢愉快适之语，宜不得而与焉。至论其等，则又必以无心而冥会者为贵，其或有是，则虽远且贱，犹将汲而进之。一有意于求似，则虽迫真如杨、柳，

---

① （宋）朱熹：《朱子语类》（卷一百三十七），《朱子全书》（第18册），第4258—4259页。
② （宋）朱熹：《朱子语类》（卷一百三十七），《朱子全书》（第18册），第4260页。
③ （宋）朱熹：《楚辞辩证》（下），《楚辞集注》，《朱子全书》（第19册），第215页。

亦不得已而取之耳。若其义，则首篇所著荀卿子之言，指意深切，词调铿锵，君人者诚能使人朝夕讽诵，不离于其侧，如卫武公之抑戒，则所以入耳而著心者，岂但广厦细旃，明师劝诵之益而已哉！此固余之所为眷眷而不能忘者。①

106. 成相第一

《成相者》，楚兰陵令荀卿子之所作也。荀卿，赵人，名况。学于孔氏门人馯臂子弓者，尤邃于礼，著书数万言。少游学于齐，历威、宣，至襄王时，三为稷下祭酒。后以避谗适楚，春申君以为兰陵令。春申君死，荀卿亦废，遂家兰陵而终焉。此篇在《汉志》号《成相杂辞》，凡三章，杂陈古今治乱兴亡之效，托声诗以风时君，若将以为工师之诵、旅贲之规者，其尊主爱民之意，亦深切矣。相者，助也，举重劝力之歌，史所谓"五羖大夫②死，而舂者不相杵"是也。卿非屈原之徒，故刘向、王逸不录其篇。今以其词亦托于楚而作，又颇有补于治道，故录以附焉。然黄歇乱人，卿乃以为托身行道之所，则已误矣。卿学要为不醇粹，其言精神相反为圣人，意乃近于黄、老；而"复后王"、"君论五"③者，或颇出入申、商间，此其所以传不壹再而为督责、坑焚之祸也。差之毫厘，谬以千里，可不谨哉！可不谨哉！

请成相：世之殃，愚暗愚暗堕贤良。人主无贤，如瞽无相，何伥伥！相，并息亮反，上叶平声。堕，许规反。伥，丑羊反。〇相，助也。成相，助力之歌也，堕，坏也。瞽无相者，瞽者无目，故必使人助之，亦谓之相，不可无也。伥伥，狂惑之貌。请布基，慎圣人，愚而自专事不治。主忌苟胜，群臣莫谏必逢灾。慎，读作顺。人，叶音儿。治，直吏反，叶平声。灾，叶音滋。〇布基，谓陈布基业之事也。忌，猜忌也。苟胜，不顾义理，而苟求胜人，若下文所引商纣之事也。论臣过，反其施，尊主安国尚贤义。拒谏饰非，愚而上同，国必祸。过，叶音规。义，叶平声。祸，叶许规反。〇论，论其罪而治之也。言治臣下之过者，必当自省而反其所为，不可尤而效之也。欲尊主安国者，必尚贤义，然后可为，若如纣之足以饰非，辨足以拒谏，己自愚暗，又欲使人同己，则国必祸也。上，与尚同。曷谓"罢"？国多私，比周还主党与施。远贤近谗，忠臣蔽塞主势移。罢，读作疲。比，必寐反。远、

---

① （宋）朱熹：《楚辞后语目录》，《楚辞集注》，《朱子全书》（第19册），第221页。此段与《朱子全书》（第24册）中《晦庵先生朱文公文集》（卷七十六）所收录的《楚辞后语目录》，内容一样，第3685—3686页。

② 即百里奚。

③ 即《荀子·成相》中的"君论有五约以明"。

近，皆去声。○疲，谓弱不任事也。《国语》曰："罢士无伍，罢女无家"是也。若国多私，则其君亦罢矣。还，绕也。谗人用事，能使忠臣蔽塞，而人莫敢言，则权在于彼而不在君矣，此主势所以移于下也。**曷谓"贤"？明君臣，上能尊主下爱民。主诚听之，天下为一海内宾。** 贤，叶胡邻反。○贤，谓贤臣也。能明君臣之道，则为贤臣也。**主之孽，谗人达，贤能遁逃国乃蹶。愚以重愚，暗以重暗，成为桀。** 孽，灾也。蹶，颠覆也。久而愚暗愈甚，遂至于夏桀之无道也。**世之灾，妒贤能，飞廉知政任恶来。卑其志意，大其园囿高其台。** 能，叶奴来反。台下本有榭字，以韵叶之，知是后人误加，今删去。○恶来，飞廉之子，恶来有力，飞廉善走，父子俱以材力事纣也。卑其志意，言无远虑，不慕往古，盖当高者反卑，而当卑者反高也。**武王怒，师牧野，纣卒易乡启乃下。武王善之，封之于宋立其祖。** 怒，叶去声。野，叶上与反。乡，读作向。下，叶音户。○易乡，回也，谓前徒倒戈攻于后。启，微子名。下，降也。立其祖，使祭祀不绝也。**世之衰，谗人归，比干见刳箕子累。武王诛之，吕尚招麾殷民怀。** 刳，音枯。累，平声，与缧同。怀，胡威反。○比干、箕子事，见《九章》、《天问》。缧，囚系也。吕尚，太公也。**世之祸，恶贤士，子胥见杀百里徙。穆公得之，强配五伯六卿施。** 祸，叶许诡反。伯，读为霸。施，叶上声。○子胥，吴大夫伍员字也。谏夫差不听，为所杀。百里奚，虞公之臣。徙，迁也。谋不见用，虞灭，系虏迁徙于秦。穆公，秦伯任好也。六卿，天子之制。施，犹置也。言其强大，僭置天子之官也。**世之愚，恶大儒，逆斥不通孔子拘。展禽三绌，春申道缀基毕输。** 恶，去声。缀，读作辍。○逆，拒。斥，逐大儒不使通。拘，谓畏匡厄陈也。展禽，鲁大夫，名获，居于柳下，谥曰惠，为士师，三见绌。春申，楚相黄歇，封为春申君。缀，止也。毕，尽也。输，倾委也。言春申为李园所杀，其政治基业尽倾覆委地也。**请牧基，贤者思，尧在万世如见之。谗人罔极，险陂倾侧此之疑。** 陂，与诐同。○牧，治也。言贤者必常见思，虽久不忘，但谗人必欲毁之，使人君疑于此人，然后己得行其奸诈也。**基必施，辨贤罢，文武之道同伏戏，由之者治，不由者乱，何疑为？** 罢，音罴。上。戏，与义同。○文武，周文王、武王。伏戏，古帝王太昊氏，始画八卦、造书契者。言古今一理，顺之则治，逆之则乱，无可疑也。**凡成相，辨法方，至治之极复后王。慎、墨、季、惠，百家之说诚不祥。** 祥，一作详。○后王，当时之王，谓当自立，复为一王之法，不必事事泥古也。慎，慎到。墨，墨翟。季，季梁，《列子》云：杨朱之友也。惠，惠施也。祥，善也。**治复一，修之吉，君子执之心如结。众人貳之，谗夫弃之形是诘。** 结，叶音吉。形，当作刑。○复一，归于一理也。心如结，言坚固不解也。貳之，不一也。弃之，不由也。如此之人，皆当以刑诘之也。**水至平，端不倾，心术如此象圣人。而有势，直而用枻必参天。** 人下脱一字，属下句。枻，余制反。天，叶铁因反。○承上章，言圣人则心平如水，无往而非一矣。枻，引也。未详。**世无王，穷贤良，暴人刍豢，仁人糟糠；礼乐灭息，圣人隐伏，墨术行。** 行，叶户郎反。○无王者兴，则贤良穷困。**治之经，礼与刑，君子以修百姓**

宁。明德慎罚，国家既治四海平。治，直吏反。治之志，后势富，君子诚之好以待。处之敦固，有深藏之，能远思。治，同上。富，叶音费。好，去声。待，叶音地。有，读为又。思，叶去声。○为治之意，后权势与富者，则公道行而货赂息也。诚之好以待者，诚意好之以待用也。处之厚固又能深藏，则能远虑也。思乃精，志之荣，好而壹之神以成。精神相反，一而不贰，为圣人。好，去声。○好而不二，则通于神明矣、相反，谓反覆不离散。治之道，美不老，君子由之佼以好。下以教诲子弟，上以事祖考。佼，音绞。○老，休息也。为治当日新其美，不使休息。佼，亦好也。成相竭，辞不蹶，君子道之顺以达。宗其贤良，辨其殃孽。蹶，音厥。○竭，尽也。蹶，仆也。此论成相之事，虽至终篇，辞不仆蹶，言无穷也。道，言说也。辞既不蹶，君子言之，必和顺而通达。①

右一章

请成相，道圣王，尧舜尚贤身辞让。许由、善卷，重义轻利行显明。让，叶平声。卷，音拳。明，叶音芒。○道，亦言也。尧让天下于许由，舜让天下于善卷，二人不受，并见《庄子》。尧让贤，以为民，氾利兼爱德施均。辨治上下，贵贱有等明君臣。贤，叶音形。为，去声。○为万民求明君，所以不私其子。尧授能，舜遇时，尚贤推德天下治。虽有圣贤，适不遇世，孰知之？能，叶音尼。治，叶平声。尧不德，舜不辞，妻以二女任以事。大人哉舜，南面而立万物备。德，叶音帝。辞，叶音似。妻，去声。大人哉舜，四字为一小句。○尧授舜以天下而不自以为德，舜受尧之天下而不辞，授、受皆以至公，无私情也。舜授禹以天下，尚得推贤不失序。外不避仇，内不阿亲，贤者予。下，叶音户。得，当作德。序、予，并叶上声。○舜之授禹，亦以天下之故也。不避仇，谓殛鲧兴禹；不阿亲，则不私其子。惟贤者则予之也。禹劳心力，尧有德，干戈不用三苗服。举舜甽亩，任之天下，身休息。甽，与畎同。○三苗服，见《尚书》，乃舜事，此误也。得后稷，五谷殖；夔为乐正，鸟兽服；契为司徒，民知孝弟尊有德。稷、夔、契事，并见《尚书》，亦尧臣，舜申命之。禹有功，抑下鸿，辟除民害逐共工。北决九河，通十二渚，疏三江。辟，与避同。共，音恭。○抑，遏也。下谓治水使归下也。鸿，即洪水也。流共工、决九河、通三江，并见《尚书》。但流共工亦舜事，今以为禹，误矣。十二渚，亦未详其名数。禹溥土，平天下，躬亲为民行劳苦。得益、皋陶、横革、直成、为辅。溥，一作傅，皆读为敷。○溥土，见《尚书》。言洪水泛滥，禹分布治九州之土也。益、皋陶，见《尚书》。横革、直成，未详。契玄王，生昭明，居于砥石迁于商，十有四世，乃有天乙是成汤。明，叶音芒。○玄王者，契本以母简狄吞玄鸟卵而生，故追号之曰玄王也。昭明，契子也。砥石，未详，或云即砥柱也。商，商丘也。十四世，见《史记》。天乙汤，论举当，身让卞

---

① （宋）朱熹：《楚辞集注》之《楚辞后语》（卷一），《朱子全书》（第19册），第223—227页。

随举牟光。道古贤圣基必张。当，叶平声。牟，或作务。○汤让天下于卞随、务光，二人不受，亦见《庄子》。又言汤能行古圣贤之事，故基业张大也。愿陈辞，世乱恶善不此治。隐讳疾贤，良由奸诈鲜无灾。患难哉，阪为先，此一节有脱误。患难哉，阪为先，尤不可晓，姑阙之。圣知不用愚者谋。前车已覆，后未知更，何觉时？此上亦脱六字。谋，叶音靡、更，平声。○后，后车也。更，改也，谓改辙也，属上小句。何觉时，言前事之戒如此之明，而犹不觉悟，后岂复有觉悟时也！不觉悟，不知苦，迷惑失指易上下。忠不上达，蒙掩耳目塞门户。悟，叶上声。指下一有不字，非是。下，叶音户。门户塞，大迷惑，悖乱昏莫不终极；是非反易，比周欺上恶正直。比，必寐反。恶，去声。○莫，冥寞，言暗也。正是恶，心无度，邪枉辟回失道途。己无邮人，我独自美，岂无故？是，一作直。辟，读为僻。途，叶去声。邮，一作尤。一本岂下有独字，非是。○正直是恶，则心无尺度，不知长短，所向无非邪辟之途矣，岂可尤责它人而自以为美乎？盖凡事之得失必有其故，当自省也。不知戒，后必有，恨后遂过不肯悔。谗夫多进，反覆言语生诈态。有，疑当作悔。恨后，疑当作后复。人之态，不如备，争宠嫉贤利恶忌；妒功毁贤，下敛党与上蔽匿。如，当作知。匿，叶奴计反。○言人之诈态，上若不知为备，则有忌嫉蔽匿之患也。利恶忌，谓以恶忌贤者为己利也。敛，聚也。下聚党与，则上蔽匿矣。上壅蔽，失辅势，任用谗夫不能制。孰公长父之难，厉王流于彘。父，音甫。难，去声。○主蔽匿，则贤人不得尽忠于上，而自失辅助之势。盖其始以谗人为可任，而后己失势，遂不能制之也。孰，当作郭。郭公长父，周厉王之臣，未详其事。彘地名，在河东。厉王无道，信任小人，专利监谤，遂为国人所逐而流于彘。周幽厉，所以败，不听规谏忠是害。嗟我何人，独不遇时当乱世！幽，厉王孙，幽王也。淫昏暴虐，无道尤甚，后为犬戎所杀。欲衷对，言不从，恐为子胥身离凶；进谏不听，到而独鹿弃之江。衷对，当作对衷，乃与韵叶。而，一作以。鹿与麗同，音鹿；一说独鹿以作属镂，上之欲反，下力朱反。江，叶音工。○衷，诚也。欲对以诚，恐言不从而遇祸，如子胥也。独鹿罤麗，小罟也。言子胥自到之后，盛以小罟而弃之江也。一说独鹿，属镂也，剑名，吴王以赐子胥，使自到者也。二说未知孰是。然作独鹿，即而当作而；作属镂，即而当作以。窃谓依本文者近是。观往事，以自戒，治乱是非亦可识，托于成相以喻意。戒，叶音计。识，叶音志。①

右二章

请成相，言治方，君论有五约以明。君谨守之，下皆平正，国乃昌。明，叶音芒。○论为君之道有五，甚简约明白，谓臣下职，一也；君法明，二也；刑称陈，三也；言有节，四也；上通利，五也。臣下职，莫游食，务本节用财无极。事业听上，莫得相使，

---

① （宋）朱熹：《楚辞集注》之《楚辞后语》（卷一），《朱子全书》（第19册），第227—229页。

一民力。守其职，足衣食，厚薄有等，明爵服。利往卬上，莫得擅与，孰私得？服，叶蒲北反。卬，宜亮反。○游食，谓不勤于事，素餐游手也。所兴事业，皆听于上，群下不得擅相役使，则民力一也。又言民不失职，则衣食足。明爵服，谓贵贱有等也。利之所往，皆卬于上。莫得擅为赐与，则谁敢私得于人乎？擅相赐与，若齐田氏然。君法明，论有常，表仪既设民知方。进退有律，莫得贵贱，孰私王？君法仪，禁不为，莫不说教，名不移。修之者荣，离之者辱，孰它师？明，叶音芒。○君法所以明，在言论有常，不二三也。进人、退人，皆以法律，臣下不得以意为贵贱，则孰有能自相贵者乎？又言君者民之法仪，当自禁止不为恶，既能正己，则民皆悦上之教，而善名不移也。孰敢以它为师，言皆归王道不敢离贰也。刑称陈，守其银，下不得用轻私门。罪祸有律，莫得轻重威不分。请牧祺，明有基，主好论议必善谋。五听循领，莫不理续主执持。听之经，明其请，参伍明谨施赏刑。显者必得，隐者复显，民反诚。称，尺证反。银，与垠同。门，叶音民。分，叶孚巾反。谋，叶音糜。请，当作情。○称，谓当作罪。当罪之法施陈，则各守其分限矣。下不得专用刑法，则私门自轻矣。祸，亦罪也。祺，吉也。又言请牧治吉祥之事，在明其所有之基业。五听，见《周礼》。循领，谓修之使得纲领，莫不有文理相续也。主自执持此道，不使权归于下矣。参伍，犹错杂也。又言或往参之，或往伍之，皆使明谨，施其赏刑，言精研不使僭滥也。幽隐皆通，则民不诈伪矣。言有节，稽其实，信诞以分赏罚必。下不欺上，皆以情言，明若日。节，叶音即。○节，谓法度。欲使民言有法度，不欺诳，在稽考其事实也。上通利，隐远至，观法不法，见不视。耳目既显，吏敬法令莫敢恣。上通利不壅蔽，则幽隐遐远者皆至也。所观之法非法，则虽见不视也。此已上，君论有五之事也。君教出，行有律，吏谨将之无铍滑。下不私请，各以宜，舍巧拙。铍，与披同。滑与汩同，音骨。以下疑脱所字。○五论既明，则教令之出皆有法律，而吏谨持之，无敢纷披汩乱者矣。群下孰敢私请，不守所宜，而以巧拙为强弱哉！臣谨修，君制变，公察善思论不乱。以治天下，后世法之成律贯。言臣下但当谨守法度，而君制其变，以出非常之断，公察而善思之，则其论不乱，而天下后世皆得守之，以成法律之条贯也。或疑思当作恶。[①]

107. 佹诗第二

佹诗者，荀卿子之所作也。或曰："荀卿既为兰陵令，客有说春申君者曰：汤以亳，武王以镐，皆有天下。今荀子贤，而君借以百里之势，臣为君危之。春申君乃谢荀子。荀子去，之赵。人又说春申君曰：昔伊尹去夏入殷，殷王而夏亡。管仲去鲁入齐，鲁弱而齐强。夫贤者所在，其君未尝不尊荣也。今荀子，天下贤士也，君何为谢之？春申君又使人请荀子，荀子不还而遗之

[①]（宋）朱熹：《楚辞集注》之《楚辞后语》（卷一），《朱子全书》（第19册），第230—231页。

赋，盖即此《佹诗》也。"然此其说，又与前异，未知其果孰是云。

天下不治，请陈佹诗。治，叶平声。佹，与诡同。○佹诗，佹异激切之诗也。天地易位，四时易乡。列星殒坠，旦暮晦盲。幽暗登昭，日月下藏。盲，叶音芒。昭，或作照。公正无私，反见从横。志爱公利，重楼疏堂。无私罪人，憼革贰兵。道德纯备，谗口将将。仁人绌约，敖暴擅强。天下幽险，恐失世英。螭龙为蝘蜓，鸱枭为凤皇。比干见刳，孔子拘匡。横，叶音黄。憼，与儆同。兵，叶补芒反。将，七羊反。敖，与傲同。英，叶音央。螭，丑知反。蝘，音偃。蜓，音典。鸱，称脂反。枭，工尧反。○反见从横者，反见谓为从横反覆之人也。爱，犹贪也。窃取公家之利以为己有，而反得华屋以居也。憼，戒也。革，甲也。二，副也。言无私心而治有罪之人，乃反恐为所雠害，而常为兵革以备之也。将将，声也。《诗》曰："佩玉将将。"螭，见《九歌》。蝘蜓，蜴蜥也。鸱枭，见《惜誓》。昭昭乎其知之明也，郁郁乎其遇时之不祥也，拂乎其欲礼义之大行也，暗乎天下之晦盲也。明、盲，皆叶音芒。行，叶户郎反。○杨倞曰："郁郁，有文章貌。拂，违也。此盖误耳，当为拂乎其遇时之不祥也，郁郁乎其欲礼义之大行也。晦盲，言人莫之识也。"皓天不复，忧无疆也。千秋必反，古之常也。弟子勉学，天不忘也。圣人共手，时几将矣。皓，与昊同。秋，一作岁。共，读为供。○言若使昊天之运往而不复，则所忧无穷。顾盛衰消息，循环代至，未有千岁而不反者，此固古今之常理也。弟子亦勉于学以俟时耳，天道神明岂终忘此世者哉！况今之时，衰乱已极，虽有圣人，亦拱手而不能有为。盖物极必反，时运之开，其亦将不久矣。与愚以疑，愿闻反辞。此为子弟承勉学之训而请问之词。愚，为其自称也。盖曰圣人拱手，则天下果已不可为矣，而曰时几将矣，则是与我以疑，而使我终不能晓也。故愿闻其所以必反之说，而使我无所疑也。其小歌曰：《九章》亦有少歌，此即反词也。念彼远方，何其塞矣！仁人绌约，暴人衍矣。忠臣危殆，谗人般矣。塞，字音义皆未详，或恐是寒字也。般，音盘，叶蒲典反，一作服。《九歌》首章服亦作般，盖通用也。○衍，饶裕也。般，乐也。琁玉、瑶珠，不知佩也；杂布与锦，不知异也。闾娵、子奢，莫之媒也。嫫母、刀父，是之喜也。琁，音旋。佩，叶音备。娵，子侯反。媒，音谋。喜，许既反。○璇，赤玉。瑶，美玉。布锦，不异，言精粗不同而不能辨也。闾娵、子奢，古之美女也，或曰奢当作都，然则乃谓男子也。嫫母，已见《九章》。刀父，未详。以盲为明，以聋为聪，以危为安，以吉为凶。呜呼！上天！曷维其同？言衰乱之极，人怀私意，乖异反易，至于如此，故呼天而问之曰：何为而可使之同乎？同则合乎天下之公，是非善恶皆当于理，而天下治矣。此明天意，悔祸则转祸为福，拨乱反正，不足为难，以解弟子之惑也。或曰：《云汉》之卒章曰："瞻卬昊天，曷惠其宁？"恐此或用其语，则维当作惠，而文意愈明白矣。①

---

① （宋）朱熹：《楚辞集注》之《楚辞后语》（卷一），《朱子全书》（第19册），第231—233页。

108. 读荀荀下或有子字。雄者雄下，或有也字。其说其下，或有所能字。黄老或无黄字。止耳耳，或作矣。时若时下，或有有字。不粹不下，或有醇字。抑犹抑下，或有其字。黜去之或无黜字。或无去字。醇乎醇者也方从阁，无乎醇字，或作醇如也。皆非是。与扬扬，方作雄，非是。①

109. 荀卿守正，大论是弘，方从《旧史》如此。又云：《文苑》上文皆同，惟是弘作以兴，盖国初以讳避也。阁本亦只作大论。以正为王、以论为伦，自杭本也；而《新史》又易守为宗，其讹益甚矣。其遇遇，或作进。不显。显，或作洎。《旧史》无此上四而字。②

110. 赞曰：唐兴，承五代剖分，王政不纲，文弊质穷，蝆俚混并。天下已定，治荒剔蠹，讨究儒术，以兴典宪。薰酟涵浸，殆百余年，其后文章稍稍可述。至贞元、元和间，愈遂以《六经》之文为诸儒倡，障堤末流，反刓以朴，划伪以真。然愈之才，自视司马迁、扬雄，至班固以下不论也。当其所得，粹然一出于正，刊落陈言，横骛别驱，汪洋大肆，要之无抵捂圣人者。其道盖自比孟轲，以荀况、杨雄为未淳，宁不信然？至进谏陈谋，排难恤孤，矫拂偷末，皇皇于仁义，可谓笃道君子矣。自晋讫隋，老佛显行，圣道不断如带。诸儒倚天下正议，助为怪神。愈独喟然引圣，争四海之惑，虽蒙讪笑，跲而复奋，始若未之信，卒大显于时。昔孟轲拒杨、墨，去孔子才二百年。愈排二家，乃去千余岁，拨衰反正，功与齐而力倍之，所以过况、雄为不少矣。自愈没，其言大行，学者仰之如泰山、北斗云。③

111. 据叶志等供，草簿内，仲友以官钱开荀、扬、文中子、韩文四书，即不见得尽馈送是何官员。④

112. 并唐仲友开雕荀、扬、韩、王四子印板，共印见成装了六百六部，节次径纳书院，每部一十五册，除数内二百五部自今年二月以后节次送与见任寄居官员，及七部见在书院，三部安顿书表司房，并一十三部系本州史教授、范知录、石司户、朱司法经州纳纸兑换去外，其余三百七十五部，内三十部系□表印，及三百四十五部系黄坛纸印到，唐仲友逐旋尽行发归婺州住宅。⑤

113. 据蒋辉供，……去年三月内，唐仲友叫上辉，就公使库开雕《扬

---

① （宋）朱熹：《昌黎先生集考异》（卷四），《朱子全书》（第19册），第454页。
② （宋）朱熹：《昌黎先生集考异》（卷四），《朱子全书》（第19册），第457页。
③ （宋）朱熹：《昌黎先生集考异》（卷十），《朱子全书》（第19册），第628页。
④ （宋）朱熹：《晦庵先生朱文公文集》（卷十九），《朱子全书》（第20册），第845页。
⑤ （宋）朱熹：《晦庵先生朱文公文集》（卷十九），《朱子全书》（第20册），第864页。

子》《荀子》等印版，辉共王定等，一十八人在局雕开，至八月十三日，忽据婺州义乌县弓手到来台州，将辉捉下，称被伪造会人黃念五等通取。辉被捉，欲随前去证对公事，仲友便使承局、学院子董显等三人捉回。①

114. 夫成人之道，以儒者之学求之，则夫子所谓"成人"也。不以儒者之学求之，则吾恐其畔弃绳墨，脱略规矩，进不得为君子，退不得为小人。正如搅金、银、铜、铁为一器，不唯坏却金银，而铜铁亦不得尽其铜铁之用也。荀卿固讥游、夏之贱儒矣，不以大儒目周公乎？孔子固称管仲之功矣，不曰"小器而不知礼"乎？"人也"之说，古注得之。若管仲为当得一个人，则是以子产之徒为当不得一个人矣。圣人词气之际不应如此之粗厉而鄙也。其他琐屑，不能尽究。但不传之绝学一事，却恐更须讨论，方见得从上诸圣相传心法，而于后世之事有以裁之而不失其正。②

115. 答蔡季通

还家半月，节中哀痛不自胜。两儿久欲遣去，因循至今，今熹亦欲过寒泉矣，谨令诣左右。告便令入学，勿令游嬉废业为幸！大儿不免令读时文，然观近年一种浅切文字，殊不佳；须寻得数十年前文字，宽舒、有议论者与看为佳。虽不入时，无可奈何。要之，将来若能入场屋，得失又须有命，决不专在趋时也。向借得子勉旧本《书义》，皆今人所不读者，其间尽有佳作；又记向年曾略看《论粹》前后集，其间亦多好论，然当时犹以为俚俗而不观，安知今日乃作此曲拍乎？可叹！此儿读《左传》向毕，经书要处更令温绎为佳。如《礼记》，令拣篇读。韩、欧、曾、苏之文滂沛明白者，拣数十篇，令写出，反复成诵尤善。庄、荀之属皆未读，可更与兼善斟酌，度其缓急而授之也。此儿作文，更无向背往来之势，自首至尾，一样数段，更看不得，可怪！望与镌之。小者尤难说，然只作小诗无益，更量其材而诱之为幸！近来觉得稍胜往年，不知竟能少进否？可虑。钱物已令携去一千足，米俟到后山遣致。或彼价廉，即寄钱去，烦为籴也。③

116. 答潘恭叔

或问："程子以薄昭之言证桓公之为兄，信乎？"曰："荀卿尝谓桓公杀兄

---

① （宋）朱熹：《晦庵先生朱文公文集》（卷十九），《朱子全书》（第20册），第866页。
② （宋）朱熹：《晦庵先生朱文公文集》（卷三十六），《朱子全书》（第21册），第1589页。
③ （宋）朱熹：《晦庵先生朱文公文集》（卷四十四），《朱子全书》（第22册），第1992—1993页。

以争国,而其言固在薄昭之前矣,盖亦未有以知其必然。但孔子之于管仲,不复论其所处之义,而独称其所就之功耳。盖管仲之为人,以义责之,则有不可胜责者,亦不可以复立于名教之中。以功取之,则其功所以及人者未可以遽贬而绝之也。"① ……友恭窃详二子之问,子路曰:"召忽死之,管仲不死,未仁乎?"……今伏读先生之说,恍然自失,玩味累日,迄未有得。区区之意,窃谓若从荀卿之说,则桓公为杀兄,管仲为事雠。是仲不可复立于名教之中,圣人当明辨之,以存万世之防可也。舍二子之所问而旁及其所就之功,毋乃以功而掩义乎?使二子问仲之功,夫子置其所处之义,而以不可贬者称之可也。今所问者不答,而所答者非问,则是略其义而取其功也。②

117. "胥命于蒲",《三传》、荀卿及胡氏皆有取齐、卫二侯之说,而或者以谓二侯不由王命,相推戴命为方伯,故《春秋》变文以讥之也。愚谓若如或者之说,则于文义为顺,恐合经意。③

118. 参,以三数之也。伍,以五数之也。如云什伍其民,如云或相什伍,非直为三与五而已也。盖纪数之法以三数之则遇五而齐,以五数之则遇三而会,故荀子曰:"窥敌制变,欲伍以叁。"④

119. 答李守约

管仲夺伯氏骈邑。亦尝疑苏说少异,然牵于爱而存之。此但当用吴氏说,引《荀子》以证之可也。⑤

120. "侗而不愿","愿"字何训?或谓谨愿,则有不放纵之意。或谓愿悫,则有朴实之意,二说各不同,不审其义,果如何?第十七篇"乡原"章,亦引荀子愿悫之说。二说无甚不同,乡人无甚见识,其所谓愿未必真愿,乃卑陋而随俗之人耳。⑥

121. 答宋深之

《大学》是圣门最初用功处,格物又是《大学》最初用功处。试考其说,就日用间如此作工夫,久之意思自别,见得世间一切利欲好乐皆不足以动心,

---

① (宋)朱熹:《晦庵先生朱文公文集》(卷五十),《朱子全书》(第22册),第2304页。
② (宋)朱熹:《晦庵先生朱文公文集》(卷五十),《朱子全书》(第22册),第2305—2306页。
③ (宋)朱熹:《晦庵先生朱文公文集》(卷五十一),《朱子全书》(第22册),第2409页。
④ (宋)朱熹:《晦庵先生朱文公文集》(卷五十四),《朱子全书》(第23册),第2569页。
⑤ (宋)朱熹:《晦庵先生朱文公文集》(卷五十五),《朱子全书》(第23册),第2602页。
⑥ (宋)朱熹:《晦庵先生朱文公文集》(卷五十七),《朱子全书》(第23册),第2725页。

便是小小见效处也。荀、杨言性得失，忘记前语首尾云何。然此等处，若于自己分上见得分明，则亦不待人言，自然见得矣。但恐读书之时无为己之意，只欲以资口耳、作文字、即意思浮浅，看他义理不出也。①

122. 荀子言性恶礼伪，其失盖出于一，大要不知其所自来，而二者亦互相资也。其不识天命之懿，而以人欲横流者为性；不知天秩之自然，而以出于人为者为礼，所谓不知所自来也。至于以性为恶，则凡礼文之美是圣人制此以返人之性而防遏之，则礼之伪明矣；以礼为伪，则凡人之为礼皆反其性矫揉以就之，则性之恶明矣。此所谓互相资也。告子杞柳之论，则性恶之意也；义外之论，则礼伪之意也。②

123. 参伍以变错综其数说

参，以三数之也。伍，以五数之也。如云"什伍其民"，如云"或相什伯"，非直为三与五而已也。盖纪数之法以三数之则遇五而齐，以五数之则遇三而会，故荀子曰："窥敌制变，欲伍以参。"注引韩子曰："省同异之言，以知朋党之分；偶三五之验，以责陈言之实。"又曰："参之以比物，五之以合三。"……参伍所以通之，其治之也简而疏；错综所以极之，其治之也繁而密。③

124. 舜典象刑说

或者又谓四凶之罪不轻于少正卯，舜乃不诛而流之，以为轻刑之验。殊不知共、兜朋党，鲧功不就，其罪本不至死。三苗拒命，虽若可诛，而蛮夷之国，圣人本以荒忽不常待之，虽有负犯，不为畔臣，则姑窜之远方，亦正得其宜耳，非故为是以为轻之也。若少正卯之事，则予尝窃疑之，盖《论语》所不载，子思、孟子所不言，虽以《左氏春秋》内、外传之诬且驳，而犹不道也，乃犹荀况言之，是必齐鲁陋儒愤圣人之失职，故为此说以夸其权耳，吾又安敢轻信其言而遽稽以为决乎？聊并记之，以俟来者。④

125. 王氏《续经》说

或曰：然则仲淹之学固不得为孟子之伦矣，其视荀、杨、韩氏，亦有可得而优劣者耶？曰："荀卿之学，杂于申商；子云之学，本于黄、老，而其著书之意，盖亦姑托空文以自见耳，非如仲淹之学，颇近于正而粗有可用之实

---

① （宋）朱熹：《晦庵先生朱文公文集》（卷五十八），《朱子全书》（第23册），第2772页。
② （宋）朱熹：《晦庵先生朱文公文集》（卷五十九），《朱子全书》（第23册），第2865—2866页。
③ （宋）朱熹：《晦庵先生朱文公文集》（卷六十七），《朱子全书》（第23册），第3257页。
④ （宋）朱熹：《晦庵先生朱文公文集》（卷六十七），《朱子全书》（第23册），第3261页。

也。至于退之《原道》诸篇，则于道之大原若有非荀、杨、仲淹之所及者。然考其平生意乡之所在，终不免于文士浮华放浪之习，时俗富贵利达之求，而其览观古今之变，将以措诸事业者，恐亦未若仲淹之致恳恻而有条理也。是以予于仲淹独深惜之，而有所不假于三子，是亦《春秋》责备贤者之遗意也，可胜叹哉！"①

126. 井田类说

汉文帝十三年六月除田租。荀氏论曰：古者什一而税，以为天下之中正也。② 今汉民或百一而税，可谓鲜矣。③

127. 读唐志

欧阳子曰："三代而上，治出于一，而礼乐达于天下；三代而下，治出于二，而礼乐为虚名。"此古今不易之至论也。然彼知政事礼乐之不可不出于一，而未知道德文章之尤不可使出于二也。夫古之圣贤，其文可谓盛矣，然初岂有意学为如是之文哉？有是实于中，则必有是文于外。如天有是气则必有日月星辰之光耀，地有是形则必有山川草木之行列。圣贤之心，既有是精明纯粹之实以旁薄充塞乎其内，则其著见于外者，亦必自然条理分明，光辉发越而不可掩盖，不必托于言语，著于简册，而后谓之文，但自一身接于万事，凡其语默动静，人所可得而见者，无所适而非文也。姑举其最而言，则《易》之卦画，《诗》之咏歌，《书》之记言，《春秋》之述事，与夫礼之威仪，乐之节奏，皆已列为六经，而垂万世。其文之盛，后世固莫能及。然其所以盛而不可及者，岂无所自来，而世亦莫之识也。故夫子之言曰："文王既没，文不在兹乎？"盖虽已决知不得辞其责矣，然犹若逡巡顾望而不能无所疑也。至于推其所以兴衰，则又以为是皆出于天命之所为，而非人力之所及。此其体之甚重，夫岂世俗所谓文者所能当哉！孟轲氏没，圣学失传，天下之士，背本趋末，不求知道养德以充其内，而汲汲乎徒以文章为事业。然在战国之时，若申、商、孙、吴之术，苏、张、范、蔡之辩，列御寇、庄周、荀况之言，屈平之赋，以至秦汉之间韩非、李斯、陆生、贾傅、董相、史迁、刘向、班固，下至严安、徐乐之流，犹皆先有其实，而后托之于言。唯其无

---

① （宋）朱熹：《晦庵先生朱文公文集》（卷六十七），《朱子全书》（第23册），第3283页。
② 见《荀子·王制》论"王者之法"。
③ （宋）朱熹：《晦庵先生朱文公文集》（卷六十八），《朱子全书》（第23册），第3326页。

本而不能一出于道。是以君子犹或羞之。及至宋玉、相如、王褒、扬雄之徒，则一以浮华为尚，而无实之可言矣。雄之《太玄》《法言》，盖亦长杨、校猎之流而粗变其音节，初非实为明道讲学而作也。东京以降，迄于隋唐，数百年间愈下愈衰，则其去道益远，而无实之文亦无足论。韩愈氏出，始觉其陋，慨然号于一世，欲去陈言以追《诗》《书》《六艺》之作，而其弊精神、糜岁月，又有甚于前世诸人之所为者。然犹幸其略知不根无实之不足恃，因其颇溯其源而适有会焉。于是《原道》诸篇始作，而其言曰："根之茂者其实遂，膏之沃者其光晔，仁义之人其言蔼如也。"其徒和之，亦曰："未有不深于道而能文者。"则亦庶几其贤矣。然今读其书，则其出于诙诿戏豫放浪而无实者自不为少。若夫所原之道，则徒能言其大体，而未见其有讨探服行之效。使其言之为文者，皆必由是以出也。故其论古人，则又直以屈原、孟轲、马迁、相如、杨雄为一等，而犹不及于董、贾。其论当世之弊，则但以词不已出而遂有神徂圣伏之叹。至于其徒之论，亦但以剽掠僭窃为文之病，大振颓风，教人自为为韩之功，则其师生之间、传受之际，盖未免裂道与文以为两物，而于其轻重缓急、本末宾主之分，又未免于倒悬而逆置之也。自是以来，又复衰歇数十百年，而后欧阳子出。其文之妙，盖已不愧于韩氏。而其曰"治出于一"云者，则自荀、扬以下皆不能及，而韩亦未有闻焉，是则疑若几于道矣。然考其终身之言与其行事之实，则恐其亦未免于韩氏之病也。抑又尝以其徒之说考之，则诵其言者既曰"吾老将休，付子斯文"矣，而又必曰"我所谓文，必与道俱"。其推尊之也，既曰"今之韩愈"矣，而又必引夫"文不在兹"者，以张其说。由前之说，则道之与文，吾不知其果为一耶？为二耶？由后之说，则文王、孔子之文，吾又不知其与韩、欧之文果若是其班乎否也？呜呼！学之不讲，久矣。习俗之谬，其可胜言也哉！吾读《唐书》而有感，因书其说以订之。①

128. 张无垢中庸解

张公始学于龟山之门，而逃儒以归于释。既自以为有得矣，而其释之师语之曰："左右既得欛柄入手，开导之际，当改头换面，随宜说法，使殊途同归，则世出、世间，两无遗恨矣。然此语亦不可使俗辈知，将谓实有恁么事也。"见大慧禅师《与张侍郎书》，今不见于《语录》中，盖其徒讳之也。用此之故，凡张氏

---

① （宋）朱熹：《晦庵先生朱文公文集》（卷七十），《朱子全书》（第23册），第3373—3376页。

所论著，皆阳儒而阴释，其离合出入之际，务在愚一世之耳目，而使之恬不觉悟，以入乎释氏之门，虽欲复出，而不可得。本末指意，略如其所受于师者。其二本殊归，盖不特庄周出于子夏、李斯原于荀卿而已也。窃不自揆，尝欲为之论辩，以晓当世之惑，而大本既殊，无所不异。因览其《中庸说》，姑掇其尤甚者什一二著于篇。其他如《论语》《孝经》《大学》《孟子》之说，不暇遍为之辨。大抵忽遽急迫，其所以为说，皆此书之类也。①

129. 温公疑孟上

辨曰：孟子曰："人性之善也，犹水之下也，人无有不善，水无有不下。"盖言人之性皆善也。《系辞》曰："一阴一阳之谓道，继之者善也，成之者性也。"是则孔子尝有性善之言矣。《中庸》曰："天命之谓性。"《乐记》曰："人生而静，天之性也。"人之性禀于天，曷尝有不善哉？荀子曰性恶，扬子曰善恶混，韩子曰性有三品，皆非知性者也。牺生梨胎，龙寄蛇腹，岂常也哉？性一也，人与鸟兽草木，所受之初皆均，而人为最灵尔，由气习所异，故有善恶之分。上古圣人固有禀天地刚健纯粹之性生而神灵者，后世之人或善或恶，或圣或狂，各随气习而成，其所由来也远矣。尧舜之圣性也，朱均之恶，岂性也哉！夫子不云乎，"唯上智与下愚不移"，非谓不可移也，气习渐染之久，而欲移下愚而为上智，未见其遽能也。讵可以此便谓人之性有不善乎！②

130. 李公常语下

常语曰：孟子曰："尽信《书》则不如无《书》。""仁人无敌于天下，以至仁伐不仁，而何其血之流杵也。"曰："纣一人恶耶？众人恶耶？众皆善而纣独恶，则去纣久矣，不待周也。"夫为天下逋逃主萃渊薮，同之者可遽数耶？纣存则逋逃者曷归乎？其欲拒周者，又可数耶？血流漂杵，未足多也。或曰：前徒倒戈，攻于后以北，故荀卿曰：杀者皆商人，非周人也。然则商人之不拒周审矣。曰：如皆北也，焉用攻？又曰：甚哉，世人之好异也！孔子非吾师乎？众言骒骒，千径百道，幸存孔子，吾得以求其是。《虞》《夏》《商》《周》之书出于孔子，其谁不知，孟子一言，人皆畔之，畔之不已，故

---

① （宋）朱熹：《晦庵先生朱文公文集》（卷七十二），《朱子全书》（第24册），第3473页。
② （宋）朱熹：《晦庵先生朱文公文集》（卷七十三），《朱子全书》（第24册），第3516页。也收录于（明）黄宗羲：《黄宗羲全集》（第三册），《宋元学案》（一），《涑水学案》（卷七），司马光《温公疑孟》，第357—358页。

今人之取孟子以断《六经》矣。呼呼！信孟子而不信经，是犹信他人而疑父母也。①

131.《折衷》曰：《孙子》十三篇，不惟武人之根本，文士亦当尽心焉。其词约而缛，易而深，畅而可用，《论语》《易大传》之流，孟、荀、扬著书皆不及也。以正合，以奇胜，非善也。正变为奇，奇变为正，非善之善也。即奇为正，即正为奇，善之善也。

辨曰：昔吾夫子对卫灵公以军旅之事未之学，答孔文子以甲兵之事未之闻。及观夹谷之会，则以兵加莱人而齐侯惧；费人之乱，则命将士以伐之而费人北。尝曰"我战则克"，而冉有亦曰"圣人文武并用"，孔子岂有真未学闻哉！特以军旅、甲兵之事非所以为训也。乃谓《孙子》十三篇，不惟武人根本，文士所当尽心，其词可用。《论语》《易大传》之流，孟、荀、扬著书皆不及。是启人君穷兵黩武之心，庸非过欤？叛吾夫子已甚矣，何立言之不审也。

此段本不必辨，但斯人薄三王、罪孟子，而尊尧舜似矣，乃取孙武之书厕之《易》《论语》之列，何其驳之甚欤！愚前所谓郑氏所谓未能真知尧、舜，而好为太高之论以骇世，若商鞅之谈帝道，于是信矣。②

132.《知言》曰：或问性。曰："性也者，天地之所以立也。""然则孟轲氏、荀卿氏、杨雄氏之以善恶言性也，非欤？"曰："性也者，天地鬼神之奥也。善不足以言之，况恶乎哉！"或又曰："何谓也？"曰："宏闻之先君子曰：'孟子所以独出诸儒之表者，以其知性也。'宏请曰：'何谓也？'先君子曰：'孟子道性善云者，叹美之词，不与恶对。'"或问："心有死生乎？"曰："无生死。"曰："然则人死，其心安在？"曰："子既知其死矣，而问安在耶？"或问："何谓也？"曰："夫惟不死，是以知之，又何问焉？"或者未达，胡子笑曰："甚哉，子之蔽也！子无以形观心，而以心观心，则其知之矣。"

熹按："性无善恶""心无生死"两章似皆有病。性无善恶，前此论之已详，心无死生则几于释氏轮回之说矣。天地生物，人得其秀而最灵，所谓心者，乃夫虚灵知觉之性，犹耳目之有见闻耳。在天地，则通古今而无成坏；

---

① （宋）朱熹：《晦庵先生朱文公文集》（卷七十三），《朱子全书》（第24册），第3533—3534页。
② （宋）朱熹：《晦庵先生朱文公文集》（卷七十三），《朱子全书》（第24册），第3551页。

在人物，则随形气而有始终。知其理一而分殊，则亦何必为心无死生之说，以骇学者之听乎！〇栻曰："心无死生"章亦当删去。

《知言》曰：凡天命所有而众人有之者，圣人皆有之。人以情为有累也，圣人不去情；人以才为有害也，圣人不病才；人以欲为不善也，圣人不绝欲；人以术为伤德也，圣人不弃术；人以忧为非达也，圣人不忘忧；人以怨为非弘也，圣人不释怨。然则何以别于众人乎？圣人发而中节，而众人不中节也。中节者为是，不中节者为非。挟是而行则为正，挟非而行则为邪。正者为善，邪者为恶。而世儒乃以善恶言性，邈乎辽哉！

熹按："圣人发而中节"，故为善；"众人发不中节"，故为恶。"世儒乃以善恶言性，邈乎辽哉"，此亦性无善恶之意。然不知所中之节，圣人所自为耶？将性有之邪？谓圣人所自为，则必无是理。谓性所固有，则性之本善也明矣。〇栻曰：所谓"世儒"殆指荀、扬，荀、扬，盖未知孟子所谓善也。此一段大抵意偏而词杂，当悉删去。〇熹详此段不可尽删，但自"圣人发而中节"以下删去。而以一言断之云："亦曰天理人欲之不同尔。"〇栻曰：所谓轻诋世儒之过而不自知其非，恐气未和而语伤易。析理当极精微，毫厘不可放过，至于尊让前辈之意，亦不可不存也。〇熹观此论切中浅陋之病，谨已删去讫。①

133. 问：荀子著书，号其篇曰《性恶》，以诋孟子之云性善者，而曰涂人可以为禹。夫禹，大圣人也，语其可知之质，可能之具，乃在夫涂之人耳。人之性也，岂果为恶哉！然且云尔者，何也？二三子推其说以告。②

134. 白鹿书堂策问

孔子殁，七十子丧，杨、墨之徒出。孟子明孔子之道以正之，而后其说不得肆千有余年。诸生皆诵说孔子，而独荀卿、扬雄、王通、韩愈号为以道鸣者，然于孟子或非之，或自比焉，或无称焉，或尊其功以为不在禹下，其归趣之不同既如此。而是数子者，后议其前，或以为同门而异户，或无称焉，或以为大醇而小疵，而不得与于斯道之传者。其于杨、墨或微议其失，或无称焉，或取焉以配孔子。其取予之不同又如此，是亦必有说矣。本朝儒学最盛自欧阳氏、王氏、苏氏，皆以其学行于朝廷。而胡氏、程氏亦以其学传之

---

① （宋）朱熹：《晦庵先生朱文公文集》（卷七十三），《朱子全书》（第24册），第3559—3560页。
② （宋）朱熹：《晦庵先生朱文公文集》（卷七十四），《朱子全书》（第24册），第3575页。

学者。然王、苏本出于欧阳，而其末有大不同者，胡氏、孙氏亦不相容于当时，而程氏尤不合于王与苏也，是其于孔子之道，孰得孰失，岂亦无有可论者耶？杨、墨之说则熄矣，然其说之流，岂亦无有未尽泯灭者耶？后世又有佛老之说，其于杨、墨之说同耶异耶？自杨雄以来，于是二家是非之论，盖亦多不同者，又孰为得其正耶？二三子其详言之。①

135.《楚辞后语》目录序

右《楚辞后语》目录，以晁氏所集录《续》《变》二书刊补定著，凡五十二篇。晁氏之为此书，固主于辞，而亦不得不兼取于义。今因其旧，则其考于辞也宜益精，而择于义也当益严矣！此余之所以兢兢而不得不致其谨也。

盖屈子者，穷而呼天，疾痛而呼父母之辞也。故今所欲取而使继之者，必其出于幽忧穷蹙、怨慕凄凉之意，乃为得其余韵。而宏衍巨丽之观，欢愉快适之语，宜不得而与焉。至论其等，则又必以无心而冥会者为贵，其或有是，则虽远且贱，犹将汲而进之。一有意于求似，则虽迫真如杨、柳，亦不得已而取之耳。若其义，则首篇所著荀卿子之言，指意深切，词调铿锵，君人者诚能使人朝夕讽诵，不离其侧，如卫武公之抑戒，则所以入耳而著心者，岂但广厦细旃，明师劝诵之益而已哉！此固余之所为眷眷而不能忘者。若《高唐》《神女》《李姬》《洛神》之属，其辞若不可废，而皆弃不录，则以义裁之，而断其为礼法之罪人也。《高唐》卒章，虽有"恩万方，忧国害，开圣贤，辅不逮"之云，亦屠儿之礼佛，倡家之读礼耳，几何其不为献笑之资，而何讽一之有哉！其息夫躬②、柳宗元之不弃，则晁氏已言之矣。至于扬雄，则未有议其罪者，而余独以为是其失节，亦蔡琰之俦耳。然琰犹知愧而自讼，若雄则反讪前哲以自文，宜又不得与琰比矣。今皆取之，岂不以夫琰之母子无绝道，而于雄则欲因《反骚》而著苏氏、洪氏之贬辞，以明天下之大戒也。陶翁之词，晁氏以为中和之发，于此不类，特以其为古赋之流而取之，是也。抑以其自谓晋臣耻事二姓而言，则其意亦不为不悲矣！序列于此，又何疑焉？至于终篇，特著张夫子、吕与叔之言，盖又以告夫游艺之及此者，使知学之有本而反求之，则文章有不足为者矣。其余微文碎义，又各附见于本篇，此

---

① （宋）朱熹：《晦庵先生朱文公文集》（卷七十四），《朱子全书》（第24册），第3579页。
② 息夫躬，字子微，西汉末期大臣，习《春秋》。

不暇著悉云。①

136. 士子之贤如施、林诸人已相见，皆如来喻。但陈、郑未见，旦夕访问之，当肯顾也。五日一延见诸生，力为普说，今颇觉有风动之意。少假旬月，亦当有以少变前日之陋也。闻同官多得同志，甚慰鄙怀。其间亦有相识相闻者，恨无由相会聚切磋耳。近观时论日就卑鄙，而吾党之士相继而出，似犹未艾。天意傥遂悔祸，则亦不为无可用之人矣。愿相与勉旃。荀卿子云："皓天不复，忧无疆也。千秋必反，古之常也。弟子勉学，天不忘也。"② 此正区区今日之意也。③

137. 释奠申礼部检状（见临漳语录）

伏睹淳熙六年，尚书礼部颁降淳熙编类祭祀仪式，内有合行申请事件，须至申闻。

一、神位。某近得礼部侍郎王普所著释奠仪式，考其位次爵号，皆与此本不同。大抵此图自东而西，两两相对，而王氏本自东序一至五，次西序一至五，又次东廊一至卅六，又次西廊一至卅五，次西廊泗水侯孔鲤，次东廊沂水侯孔伋，遂连中都伯左丘明以下至贾逵，又次西廊杜子春以下至王安石。详此次序，固不如今图之善，但此图十哲次序亦有小误。盖以《论语》考之，当以闵损为第一，在东序；冉耕为第二，在西序；冉雍为第三，在东序；宰予为第四，在西序；端木赐为第五，在东序；仲由为第六，在西序；冉求为第七，在东序；言偃为第八，在西序；卜商为第九，在东序；曾参为第十，在西序。今乃以冉雍为第一，闵损为第三，冉求为第六，仲由为第七，则亦误矣。又其爵号，王氏本费公为琅琊公，郑公为东平公，薛公为下邳公，齐公为临淄公，黎公为黎阳公，徐公为彭城公，卫公为河内公，吴公为丹阳公，魏公为河东公，成侯为武成侯，未知孰是。又按《国朝会要》，政和间沂水侯与泗水侯俱封，仍同从祀，则王氏本为得之，而此图独阙泗水，委是脱误。其左丘明以下，当从此图两两相对。但左丘明当在西廊，对孔伋，而荀况以下当在东廊，公羊高以下当在西廊，两两相对，与此相反，乃为得之耳。伏乞更赐详考，改正行下。④

---

① （宋）朱熹：《晦庵先生朱文公文集》（卷七十六），《朱子全书》（第24册），第3685—3686页。
② 《荀子·赋篇》。
③ （宋）朱熹：《晦庵先生朱文公续集》（卷五），《朱子全书》（第25册），第4737页。
④ （宋）朱熹：《晦庵先生朱文公别集》（卷八），《朱子全书》（第25册），第4993—4994页。

陈 埴

陈埴，生卒年不详，字器之，学者称"潜室先生"，宋永嘉人。先后从师叶适、朱熹。著有《木钟集》等。

1. "上智下愚不移"与韩子三品言性合否？

三品之说略相似《论语》"性近习远"，正说中品。

先圣论性只说"相近"两字，自孟子以下说性累累不同。

荀、扬、韩子之论性，不待生于孟子之后，各占一说以相反（东坡说得刻薄）。孟子时已自有诸家之说（见告子），要之同异之论，自来有许多般数，然亦各有理。故程子有"不备、不明"等语。[①]

2. 血气之性与气禀之性同否？

"生之谓性"，"食色，性也"，是血气之性。荀子性恶、扬子性善恶混、韩子三品与《论语》"性近习远""上智下愚"之说皆是气禀之性。血气之性是于气禀中独指知觉运动，悦色嗜味。言之尤为卑下。[②]

刘清之

刘清之（1133—1189），字子澄，宋江西临江人。著有《戒子通录》等。

[①] （宋）陈埴：《木钟集》（卷一），《论语》，《钦定四库全书》，子部一，儒家类。
[②] （宋）陈埴：《木钟集》（卷十），《近思杂问附》。（宋）陈埴：《近思杂问》，华东师范大学出版社2014年版，第4页。

周公

周公(周文王子,姬旦。旦子伯禽,封于鲁,将之国,故戒之也。又一章荀卿子,又一章刘向。)

"君子不施其亲,不使大臣怨乎,不以故旧,无大故则不弃也,无求备于一人。"① 又云:"君子力如牛,不与牛争力;走如马,不与马争走;智如士,不与士争智。"② 又云:"德行广大而守以恭者荣,土地博裕而守以险者安,禄位尊盛而守以卑者贵,人众兵强而守以畏者胜,聪明睿智而守以愚者益,博文多记而守以浅者广。去矣,其毋以鲁国骄士矣。"③

薛季宣

薛季宣(1134—1173),字士龙,号艮斋,学者称艮斋先生,宋永嘉人。著有《浪语集》等。

1. 读鬼诗拟作二首

李斯

刚从荀卿学帝王,为羞贫贱速危亡。威严无复人居上,自处应惭厕鼠方。④

2. 七届

逮于《穀梁》,爰及史篇,善恶是扬。诸子则曾、王、荀、孟、贾、董、韩、扬,异端则杨、墨、孙、吴、佛、老、申、商、鬼谷之徒。其言之详纷竞陈而破卷,咸有正于群经。⑤

---

① 《论语·微子》。
② 《荀子·尧问》。
③ 《诫伯禽书》。内容是周公告诫儿子伯禽,但上述《论语》《荀子》中的两句话都是该书部分。因此即便这几句话流传甚久,但成书应该晚。
④ (宋)薛季宣:《浪语集》(卷八),《钦定四库全书》,集部四,别集类三。
⑤ (宋)薛季宣:《浪语集》(卷十四)。

3. 拟策一道（并问）

问：寓兵于农，古之大政也。……

对：善乎！荀卿子之论兵曰："仁者爱人，故恶其害之；义者循理，故恶其乱之。仁人之兵，聚则成卒，散则成列，延若莫邪之长刃，婴之者断；兑①若莫邪之利锋，当之者溃。圜居方止，有如磐石；触之者，角靡而退。以桀诈桀，犹有巧拙之幸；以桀诈尧，谁肯贼其父母。谓桓文之节制不足以敌汤武之仁义。"② 故论兵要，舍汤武何法哉？今之兵家，一本之孙吴氏。孙武力足以破荆入郢，而不能禁夫概王之乱；吴起威加诸侯百越，而不能消失职者之变。诈力之尚，仁义之略，速亡贻祸，迄用自焚？是故兵足戒也。……秦之锐士，以功赏相长。荀卿固以为干赏冒利，庸徒鬻卖之道，未有安制、矜节之理，故谓"齐之技击不可以遇魏之武卒，魏之武卒不可以值秦之锐士，秦之锐士不可以当桓文之节制"。赵武灵王侥一切之利骑射变于古者，又荀卿所不道，何足论哉？③

4. 策问二十道

问《语》曰："道不同不相为谋。"夫彼重则此轻，天下必然之势也。孟子之拒杨墨，荀氏之诎孙吴，与韩氏之辟佛老，凡以此也，夷考其事，乃若有大可疑者。老子与孔子同时，庄子与孟子同时。老子之书推提仁义，绝灭礼乐，宜得罪于圣人者而夫子从之问礼，至欲窃比老彭。孟子当战国之时，尊圣人之道，杨墨之外，虽若神农之言，桓文之事，尚皆辨其非，是庄周诋訾孔氏，曾无一语及之。至若荀卿，论诎孙吴而躬未免于谈兵，韩愈深辟佛老，而与大颠、弥明④之徒游从，多所假借西方之教，盖百家之晚出者，其清静类庄老，其自了类杨朱，其慈悲、明鬼、非乐、不丧又甚似墨者之言。三三柏子之机乃其极至语也。⑤

---

① 古同"锐"。
② 《荀子·议兵》。
③ （宋）薛季宣：《浪语集》（卷二十八）。
④ 大颠：唐代著名高僧。韩愈被贬潮州时，与之有交游。弥明：唐宪宗时的衡山道士。
⑤ （宋）薛季宣：《浪语集》（卷二十八）。

5. 策问二十道

问:"文王既没,文不在兹乎?"孔子语也。……子弓之学于荀卿、李斯而废,子夏之传至田子方、庄周而极,惟子舆之道子思、孟轲皆不失其所传。将毋师法不同,本有次第,抑其流传之远自有幸、不幸欤?荀卿非十二子,而子思、孟轲皆未免为有罪,庄周论天下道术,身与老聃、关尹犹自列于一家。卿言子思、孟轲自谓子游之说。周称田子方语,又曰学于溪工。古人尊道严师,安有闻见之异,疑信相乱,其故何哉?①

6. 策问二十道

荀卿有言"仁人之兵,聚则成卒,散则成列,延若莫邪之长刃,婴之者断;兑若莫邪之利锋,当之者溃,员②居方止若盘石然,触之者角靡"③。而退以为綦制安节之理,其古之军陈欤?今之为兵,固有常教之陈,无用于战,讲肄而已。④

唐仲友

唐仲友(1136—1188),字与政,号悦斋,学者称悦斋先生,宋浙江金华人。著有《六经解》《帝王经世图谱》《悦斋文集》等。

剥卦

荀卿作《成相》,言"文武之道同伏羲",盖有深意。作《易》固该三才之道,不止为君子、小人,然为天下治乱之本者,君子、小人而已。六十四卦言阴阳消长,君子小人之进退。最著明者在此十二卦,故总而论之。周公得文王之道,以告成王者,立政之书是也。与此卦合而观之,则忧小人而危

---

① (宋)薛季宣:《浪语集》(卷二十八)。
② 《荀子》原文为"圜"。
③ 《荀子·议兵》。
④ (宋)薛季宣:《浪语集》(卷二十八)。

君子。伏羲、文武无异道也。荀卿为楚作《成相》，故其言及此。①

吕祖谦

吕祖谦（1137—1181），字伯恭，宋婺州人，与朱熹、张栻齐名，并称"东南三贤"。著有《东莱集》等，并与朱熹合著《近思录》。

1. 法后王

至荀卿始，开"法后王"之论。李斯得之，荡灭古学，令吏以法令为师，卒以亡秦。②

2. 太学策问

孟子、告子之不动心，自今观之固异也，使未闻所以异之答，能辩其异乎？禹、稷、颜子之事业，自今观之固同也，使未闻易地皆然之语，能识其同乎？荀况、扬雄、王通、韩愈皆尝言学矣，试实剖其是非；贾谊、董仲舒、崔寔、仲长统皆尝言治矣，试实评其中否。凡此数端，具以质言实相，讲磨以仰称，明天子教养之实德，乃若意尚奇而不求其安，辩尚胜而不求其是，论尚新而不求其常，辞尚异而不求其达，则非有司之所敢闻。③

3. 与陈同甫

文中子序引此意，久无人知之。第其间颇有抑扬过当处，如云"荀、扬不足胜"；又云"孔孟之皇皇，盖迫于此矣"；又云"《续经》之作，孔氏之志也，世胡足以知之哉？"此类恐更须斟酌。盖荀扬固未尽知统纪，谓之不足胜则处之太卑，孔孟之皇皇畏天命而修天职也，迫字亦似未稳。《续经》之

---

① （宋）唐仲友：《帝王经世图谱》（卷二），《钦定四库全书》，子部十一，类书类。
② （宋）吕祖谦撰，时澜增修：《增修东莱书说》（卷三十），《周官》第二十二，《钦定四库全书》，经部二，书类。
③ （宋）吕祖谦：《东莱集》（卷五），《钦定四库全书》，集部四，别集类三。

意，世诚不足以知之。①

4. 养生养心

盖养生、养心同一法也。荀子言："喜事至，则和而理；忧事至，则静而理。"② 理者，有条理而不乱之谓。③

5. 序卦

有无妄，然后可畜。（荀子"养心莫善于诚"之语未莹。）④

6. 荀子论进退

偶记荀子论儒者进退处有一句，云"不用，则退编百姓而悫"⑤，颇似有味。畎浍之水，涓涓安流，初何足言。⑥

7. 论克己

马迁能克己，可胜仲舒；庄周能克己，可胜荀子。⑦

8. 王子合

呜呼！孔孟既远，诸儒说铃。荀扬未醇，谁其善鸣？圣学不传，千载晦冥。粤有程子自任以兴，抽发秘奥，昭若日星。⑧

陈傅良

陈傅良（1137—1203），字君举，号止斋，学者称止斋先生，宋温州

---

① （宋）吕祖谦：《东莱别集》（卷十），《与陈同甫》，《钦定四库全书》，集部四，别集类三。
② 《荀子·仲尼》，原文为"福事""祸事"。
③ （宋）吕祖谦：《东莱别集》（卷十），《与学者及诸弟》。
④ （宋）吕祖谦：《东莱别集》（卷十二），《读易纪闻》。
⑤ 《荀子·儒效》。
⑥ （宋）吕祖谦：《东莱外集》（卷六），《与陈同父》。
⑦ （宋）吕祖谦：《东莱外集》（卷六），《杂说》。
⑧ （宋）吕祖谦：《东莱集》（附录卷三）。

瑞安人。著有《止斋文集》《八面锋》等。

1. 任官

荀子曰："人主之患不在乎不言用贤，而在乎诚必用贤。夫言用贤者，口也；却贤者，行也。口行相返而欲贤者之至，不亦难乎。"①

法令之行当自近始。②

2. 国子祭酒彭椿年除直龙图阁江东路转运副使

昔荀卿尝为祭酒矣，而卒老兰陵，后世恨之尔。某于今百辟最先进也，方在诸生及见，故老比为博士，独抱遗经而自诡治民，迟迟翔集，盖累年于此矣。晚长成均，雅不自喜，亟上恳牍，欲便其私，将轮江壖，升华牺阁。虽宠尔行而朕尚冀尔，无遄心也，以解荀卿之恨亦有意乎？可。③

3. 答贾端老五

获麟以后，孟、荀推尊孔氏，明礼义之统纪。二子死，百氏益乱真，老儒如浮邱伯、伏生之徒区区于秦楚之际，抱经自（阙）而其力不足以发挥前绪。至汉六七十年间，董大夫始究大业，田何、孔安国、戴圣、戴德（阙）、毛苌并出，各有所著而又未能合群书为一。削其不合以存其合者，太史谈有意矣，然六家之论犹崇老抑儒。迁卒家学乃尽百家之精，而断以六艺，《易》本田何，《春秋》本董仲舒，《尚书》本孔安国，《礼》本河间，独恨不见《毛氏诗》耳。盖其融液九流，萃为一篇罢黜杂论，自五帝纪以下，盛有依据。荀卿之后，仅见此书尔。④

4. 策问

问治乱废兴之故，数千载间，其既有圣贤之效者所不论矣。自余岂无渺

---

① 《荀子·致士》，"返"应为"反"。
② （宋）陈傅良：《八面锋》（卷一），《钦定四库全书》，子部十一，类书类。
③ （宋）陈傅良：《止斋文集》（卷十八），《钦定四库全书》，集部四，别集类三。
④ （宋）陈傅良：《止斋文集》（卷三十五）。

然长思放言而太息者,要皆谓成康后无善治,周孔远无正学,其志往往磅薄宇内而求一世之尽,从吾说而不可得也。然至今独以孟氏为是,其果然乎?彼荀卿于制作之原,富强之效,视帝王六经所论无一不周。扬雄虽不如荀之详也,如梡革断鞠,所以谆谆于唐、虞、成、周云者,意亦独至。自余有师说、家法者陈经制长策者俱非。①

陆九渊

陆九渊(1139—1193),字子静,宋抚州金溪人,陆王心学的代表人物。因讲学于象山书院,被称为"象山先生"。著有《象山先生全集》。

1. 与侄孙濬

由孟子而来,千有五百余年之间,以儒名者甚众,而荀、杨、王、韩独著,专场盖代,天下归之,非止朋游党与之私也。若曰传尧舜之道,续孔孟之统,则不容以形似假借,天下万世之公,亦终不可厚诬也。至于近时伊洛诸贤,研道益深,讲道益详。志向之专,践行之笃,乃汉唐所无有,其所植立成就,可谓盛矣!然江汉以濯之,秋阳以暴之,未见其如曾子之能信其皓皓;肫肫其仁,渊渊其渊,未见其如子思之能达其浩浩;正人心,息邪说,距诐行,放淫辞,未见其如孟子之长于知言而有以承三圣也。②

2. 与傅子渊

子渊判别得义利甚明白,从此加工,宜其日进,但不可他有眩惑耳。如来书集义之说,已似有少眩惑。盖孟子所谓集义者,乃积善耳。《易》曰"善不积不足以成名",荀卿"积善成德"③之说亦不悖理。若如近来腐儒所谓集义者,乃是邪说诬民,充塞仁义者也。诸非纸笔可尽,当迟面剖。④

---

① (宋)陈傅良:《止斋文集》(卷四十三)。
② (宋)陆九渊:《陆九渊集》(卷一),《与侄孙濬》,钟哲点校,中华书局1980年版,第13页。
③ 《荀子·劝学》。
④ (宋)陆九渊:《陆九渊集》(卷六),《与傅子渊》,第76页。

3. 与包详道

人生天地间，气有清浊，心有智愚，行有贤不肖。必以二涂总之，则宜贤者心必智，气必清；不肖者，心必愚，气必浊；而乃有大不然者。……至其行之贤者，则或智虑短浅，精神昏昧，重以闻见之狭陋，渐习之庸鄙，则其于慧巧者之所辩，浑然曾不能知，甚至于如荀卿所谓"门庭之间，犹可诬欺焉"①。道术之邪正，政治之得失，人品之高下，天下国家之成败安危，尚何所复望其判白黑于其间哉？利诱而害怵，刑驱而势迫，虽使之如商丘开之赴水火，盖未必不可也。……一旦骇于荒唐缪悠之说，惊于诡谲怪诞之辞，则其颠顿狼狈之状，可胜言哉？正使与之诵唐虞之书，咏商周之诗，殆亦未必不指污沱为沧海，谓丘垤为嵩华，况又杂之以不正之言，亦安得而不狼狈哉？当其猖狂惶骇之时，盖不必明者而后知其缪也。由是而言，则所谓清浊智愚者，殆不可以其行之贤不肖论也。②

4. 天地之性人为贵

圣人所以晓天下者甚至，天下所以听圣人者甚藐。人生天地之间，禀阴阳之和，抱五行之秀，其为贵孰得而加焉！使能因其本然，全其固有，则所谓贵者固自有之，自知之，自享之，而奚以圣人之言为？惟夫陷溺于物欲而不能自拔，则其所贵者类出于利欲，而良贵由是以寖微。圣人悯焉，告之以"天地之性人为贵"，则所以晓之者，亦甚至矣。诵其书，听其言，乃类不能惕然有所感发，独胶胶乎辞说议论之间，则其所以听之者不既藐矣乎？"天地之性人为贵"，吾甚感夫圣人所以晓人者至，而人之听之者藐也。孟子言"知天"，必曰"知其性，则知天矣"；言"事天"，必曰"养其性，所以事天也"。《中庸》言"赞天地之化育"，而必本之"能尽其性"。人之形体与天地甚藐，而《孟子》《中庸》则云然者，岂固为是阔诞以欺天下哉？诚以吾一性之外无余理，能尽其性者，虽欲自异于天地，有不可得也。

虽然，愚岂敢以是殚责天下，独以为古之性说约，而性之存焉者类多；

---

① 《荀子·非相》。
② （宋）陆九渊：《陆九渊集》（卷六），《与包详道》，第80—81页。

后之性说费，而性之存焉者类寡。告子湍水之论，君子之所必辨；荀卿性恶之说，君子之所甚疾。然告子之不动心实先于孟子，荀卿之论由礼，由血气、智虑、容貌、态度之间，推而及于天下国家，其论甚美，要非有笃敬之心，有践履之实者，未易至乎此也。今而未有笃敬之心，践履之实，拾孟子性善之遗说，与夫近世先达之绪言，以盗名干泽者，岂可与二子同日道哉？故必有二子之质，而学失其道，此君子之所宜力辩深诋，挽将倾之辕于九折之坂，指迷途而示之归也。若夫未有笃敬之心，践履之实，而遽为之广性命之说，愚切以为病而已耳。①

5. 删定官轮对劄

臣闻人主不亲细事，故皋陶赓歌，致丛脞之戒。周公作立政，称文王，罔攸兼予庶言、庶狱、庶事。……今天下米监麋细之务，往往皆上累宸听。臣谓陛下虽得皋陶、周公，亦何暇与之论道经邦哉？

荀卿子曰："主好要，则百事详；主好详，则百事荒。"② 臣观今日之事，有宜责之令者，令则曰我不得自行其事；有宜责之守者，守亦曰我不得自行其事；推而上之，莫不皆然。文移回复，互相牵制，其说曰：所以防私。而行私者方藉是以藏奸伏慝，使人不可致诘。惟尽忠竭力之人欲举其职，则苦于隔绝而不得以遂志。以陛下之英明，焦劳于上，而事实之在天下者，皆不能如陛下之志，则岂非好详之过邪？此臣所谓旨趣之差，议论之失，而可以立变者也。臣谓必深惩此失，然后能遂求道之志，致知人之明。陛下虽垂拱无为，而百事详矣。③

6. 论蔽

予举《荀子·解蔽》"远为蔽，近为蔽，轻为蔽，重为蔽"之类，说好。先生曰："是好，只是他无主人。有主人时，近亦不蔽，远亦不蔽，轻重皆然。"④

---

① （宋）陆九渊：《陆九渊集》（卷三十），《天地之性人为贵》，第383—384页。
② 《荀子·王霸》。
③ （宋）陆九渊：《陆九渊集》（卷十八），《删定官轮对劄》之五，第224页。
④ （宋）陆九渊：《陆九渊集》（卷三十五），《语录下》，第448页。

7. 理与文

文以理为主，荀子于理有蔽，所以文不雅驯。①

8. 人之通病

近日举及《荀子·解蔽篇》，说得人之蔽处好。梭山兄云："后世之人，病正在此，都被荀子、庄子辈坏了。"答云："今世之人通病恐不在此。大概人之通病，在于居茅茨则慕栋宇，衣蔽衣则慕华好，食粗粝则慕甘肥，此乃世人之通病。"②

9. 退之论荀杨

退之言："轲死不得其传。""荀与杨，择焉而不精，语焉而不详。"何其说得如此端的。③

10. 策问

孟子之后，以儒称于当世者，荀卿、扬雄、王通、韩愈四子最著。《荀子》有《非十二子篇》，子思、孟轲与焉。荀子去孟子未远，观其言，甚尊孔子，严王霸之辨，隆师隆礼，则其学必有所传，亦必自孔氏者也。而乃其非子思、孟轲，何耶？至言子夏、子游、子张，又皆斥以贱儒。则其所师者果何人？而所传者果何道耶？其所以排子思、孟轲、子游、子张者，果皆出其私意私说，而举无足稽耶？抑亦有当考而论之者耶？④

11. 孟子说

孟子之辟杨墨，但泛言"息邪说，距诐行，放淫辞"，初不向杨墨上分孰为诐，孰为淫，孰为邪。所以《论语》有六言六蔽，论后世学者之蔽，岂止六而已哉？所以贵于知其所蔽也。总而论之，一蔽字可尽之矣。《荀子·解蔽篇》却通蔽字之义。观《论语》六言六蔽与《荀子·解蔽篇》，便可见当于

---

① （宋）陆九渊：《陆九渊集》（卷三十五），《语录下》，第466页。
② （宋）陆九渊：《陆九渊集》（卷三十四），《语录上》，第404页。
③ （宋）陆九渊：《陆九渊集》（卷三十四），《语录上》，第410页。
④ （宋）陆九渊：《陆九渊集》（卷二十四），《策问》，第288—289页。

所字上分诸子百家。①

12. 经德堂记

夫子既没,百家并兴,儒名者皆曰自孔氏。颜渊之死,无疑于夫子之道者,仅有曾子。自子夏、子游、子张,犹欲强之以事有若,他何言哉?章甫其冠,逢掖其衣,以《诗》《书》《礼》《乐》之辞为口实者②,其果真为自孔氏者乎?③

13. 与包详道

至其行之贤者,则或智虑短浅,精神昏昧,重以闻见之狭陋,渐习之庸鄙,则其于慧巧者之所辩,浑然曾不能知。甚至于如荀卿所谓"门庭之间,犹可诬欺焉"。④

赵汝愚

赵汝愚(1140—1196),字子直,宋崇德县人。著有《忠定集》等。

1. 上神宗五事 刘述⑤

今夫一邑之小,丞尉之卑,朝廷尚思择其人而任之,况天下之大,两府之重乎!荀卿子曰:"请问为政。"曰:"贤能不待次而举,不能不待顷而废,元恶不待教而诛。"⑥ 此可谓得为政术也。臣愿陛下察其不堪任者而绌之,举贤才而属之,亦不可少缓矣。⑦

---

① (宋)陆九渊:《陆九渊集》(卷二十一),《孟子说》,第266页。
② 此处为《荀子·儒效》中对"俗儒"描写的概述。
③ (宋)陆九渊:《陆九渊集》(卷十九),《经德堂记》,第236页。
④ (宋)陆九渊:《陆九渊集》(卷六),《与包详道》,第80页。
⑤ 刘述,字孝叔,北宋大臣,卒后,赠秘阁修撰。
⑥ 《荀子·王制》,"不能不待"原文为"罢不能不待"。
⑦ (宋)赵汝愚编:《宋名臣奏议》(卷一),君道门,君道一,《钦定四库全书》,史部六,诏令奏议类二。

2. 上哲宗乞诏儒臣讨论唐故事以备圣览　苏颂①

臣闻前事不忘，后事之师也。……臣闻之，荀卿曰"道不过三代。道过三代谓之荡"②，言其远而难信也。本朝去唐正同三代，其事近而易考，所宜宸扆之留听也。③

3. 上仁宗论人君之职不当详察细务　司马光

盖言人君细碎无大略，则群臣不尽力。群臣不尽力，则万事皆废坏也。此二者治乱之至要也。荀子曰："明主好要，暗主好详。明主好要，则百事详。暗主好详，则百事荒。"故为人君者，自有职事，固不当详察细务也。然则人君之职谓何？臣愚以为量材而授官一也，度功而加赏二也，审罪而行罚三也。材有长短，故官有能否；功有高下，故赏有厚薄；罪有小大，故罚有轻重。此三者，人君所当用心，其余皆不足言也。④

4. 上神宗论内外大小臣不和由君子小人并处　富弼⑤

《书》曰："君子在野，小人在位，民弃不保，天降之咎。"此谓用小人则民叛，而天降灾也。仲尼曰："君子中庸，小人反中庸。"荀亦曰："君子小人相反也。"⑥夫小人所为，既与君子相反戾，则安可使之并处哉？所议安能得其协和哉？夫天子无官爵，无职事，但能辨别君子、小人而进退之，乃天子之职也。自古称明主、明君、明后者，无他，惟能辨别君子、小人而用舍之方为明矣。⑦

5. 上徽宗乞辟众正之路开不讳之门　李光⑧

近岁以来，士大夫狃于因循，安于宠禄，谀佞成风，至妄引荀卿"有听

---

①　苏颂（1020—1101），字子容，北宋大臣，天文学家，药物学家，领导制造了世界上最古老的天文钟"水运仪象台"。著有《苏魏公文集》。
②　《荀子·王制》。
③　（宋）赵汝愚编：《宋名臣奏议》（卷六），《君道门》，帝学中。
④　（宋）赵汝愚编：《宋名臣奏议》（卷八），《君道门》，政体。
⑤　富弼（1004—1083），字彦国，北宋名相、文学家。今存《富郑公集》。
⑥　《荀子·不苟》。
⑦　（宋）赵汝愚编：《宋名臣奏议》（卷十五），君道门，用人三。
⑧　李光（1078—1159），字泰发，号转物老人。著有《李庄简集》等。

从，无谏诤"①之说，以杜塞言路。多士盈庭，莫敢开说。②

6. 上宣仁皇后论纳后宜先知者四事　范祖禹

今臣与众官讨论、讲议，皆约先王之礼，参酌其宜，不为过隆。愿陛下勿以为疑。进言者必曰：天子至尊，无敌于天下，不当行夫妇之礼。而荀卿有言"天子无妻，告人无匹也"③，如此则是周公之典、孔子之言皆不可信，而荀卿之言可信也。臣谨按礼冠、昏唯有士礼，而无天子、诸侯之礼。故三代以来，唯以士礼推而上之为天子、诸侯之礼。盖以成人之与夫妇，自天子至于士则一也。④

7. 上哲宗论执政事简得留心远业　刘安世⑤

臣闻非至简不足以待天下之至繁，非至静不足以制天下之至动。故荀卿有言曰："论一相以兼率之，人主之职也。"又曰："相者，论列百官之长，听百事之要，终岁奉其成功以效于君。"⑥ 推此言之，则人主择辅臣，辅臣择庶长，庶长择僚，佐以次选抡，不容虚受。是以所任愈隆而所择愈简，所择愈简而所得愈精。此尧舜三代之君所以垂衣拱手，不烦事诏而天下晏然以治者，用此道也。⑦

8. 上神宗论军器监事不必谋及殿前马步军司　曾孝宽⑧

凡外人所陈，非已出者，必不肯言。是朝廷亦未尝考其说之当否，遂从而寝。荀卿以谓"工精于器，而不可以为工师。有人不能此技，可使治其官。唯精于道者为然。"⑨ 今陛下置监以除戎器，不属之。介胄之武夫，斧斤之巧匠，而使臣等领其事，则岂以臣尝能此技而使之乎？殆将以其薄烛道理，而

---

① 《荀子·臣道》。
② （宋）赵汝愚编：《宋名臣奏议》（卷十九），君道门，广言路下。
③ 《荀子·君子》。
④ （宋）赵汝愚编：《宋名臣奏议》（卷二十七），帝系门，皇后上。
⑤ 刘安世（1048—1125），字器之，号元城、读易老人。有《尽言集》等传世。
⑥ 《荀子·王霸》。
⑦ （宋）赵汝愚编：《宋名臣奏议》（卷四十八），百官门，宰执下。
⑧ 曾孝宽（1025—1090），字令绰，北宋大臣。
⑨ 《荀子·解蔽》。

可使治其官者也。①

9. 上哲宗乞诏执政举馆职　王岩叟②

臣闻荀子曰"下臣事君以货，中臣事君以身，上臣事君以人"③，故历古以来明主莫不以求贤为急，忠臣莫不以荐士为先。臣虽甚愚，辄慕此义。④

10. 上神宗论除监司条制　吕公著⑤

昔荀况称"贤与能，不待次而举，疲不能不待顷而废"⑥。董仲舒亦称小才，虽累日不离于小官。贤才虽未久，不害为辅佐。⑦

11. 上神宗叙述前后辞免恩命以辩谗谤　富弼

如此等语极多，不可悉数，以至周孔大圣，荀孟大贤尚不能免，臣本何人而望免？夫谗舌谤口之毁不亦难乎？⑧

12. 上神宗议僖祖祧迁　韩维

昔先王既有天下迹，基业之所由起，奉以为太祖，所以推功美，重本始也。盖王者之祖有系天下者矣，诸侯之祖有系一国者矣，大夫、士之祖系其宗而止矣，亦其理势然也。荀卿曰："王者、天、太祖、诸侯不敢怀，大夫、士有常宗"⑨，所以别贵始。贵始，德之本也。若益有天下之始，若后稷有一国之始，若周公，大夫、士之始，所以贵以配天地不祧也，有常宗也，此其所以别也。今直以契、稷为本统之祖，是下同大夫、士之礼，非荀卿之所谓别也。……后世有天下者皆特起无所因，故遂为太祖，所从来久矣。⑩

---

① （宋）赵汝愚编：《宋名臣奏议》（卷五十八），百官门，六部。
② 王岩叟（1043—1093），字彦霖，宋朝状元，书法家，论著家。著有《易诗春秋传》等。传世墨迹有《秋暑帖》等。
③ 《荀子·大略》。
④ （宋）赵汝愚编：《宋名臣奏议》（卷五十九），百官门，馆阁。
⑤ 吕公著（1018—1089），字晦叔，著有《吕正献集》《葵亭集》等。
⑥ 《荀子·王制》，原文"疲"为"罢"。
⑦ （宋）赵汝愚编：《宋名臣奏议》（卷六十七），百官门，监司。
⑧ （宋）赵汝愚编：《宋名臣奏议》（卷七十五），百官门，戒敕。
⑨ 《荀子·礼论》。
⑩ （宋）赵汝愚编：《宋名臣奏议》（卷八十七），礼乐门，宗庙上。

13. 上英宗乞如两制礼官所议　宋敏求[①]

按本朝真宗谓秦王为皇叔，仁宗谓楚王、昭成太子并为皇伯，是则皇伯、叔之名在本朝称之久矣。盖遵用旧文有所自也。或以谓可加为皇伯父者。谨按《荀子》与《史记》并载："周公自称我文王之为子，武王之为弟，成王之为叔父。"[②]……故称叔父者是生称之辞。既没，则未有称为叔父者。[③]

14. 上神宗论孟子配飨　林希[④]

唐贞观二十一年，诏以伏胜、高堂生、杜预、范甯之徒二十一贤与颜子俱配享孔子庙堂，至今犹为从祀。孟子于孔圣之门当在颜子之列，至于荀况、扬雄、韩愈皆发明先圣之道，有益学者，久未配飨，诚为阙典。伏请自今春秋释奠，以邹国公孟子配飨文宣王，设位于兖国公之次，所有荀况、扬雄、韩愈并以世次先后从祀于左丘明等二十一贤之间。

贴黄。……左丘明至范甯二十一人并封伯爵。如允所请，即乞荀况、扬雄、韩愈并加封爵。自国子监及天下，至圣文宣王庙皆塑邹国公像，其冠服同兖国公；仍画荀况等像于从祀之列。荀况在丘明之下，扬雄在刘向之下，韩愈在范甯之下，冠服各从封爵。[⑤]

15. 上哲宗乞定子思封爵　朱光庭[⑥]

伋，字子思。尝学于曾子，得圣道之传，著为《中庸》一书，垂之万世。君臣、父子、兄弟、夫妇、朋友，尽斯道者可以造圣贤之域。至于穷性命之理，究中和之致，讲天德之微，旨论至诚之妙用。孟子师之，然后得其传，固非荀、扬、韩之可企。荀、扬、韩尚蒙圣朝茅土之封，而独未及子思诚阙典也。

贴黄。……孟子师之，然后得其传。荀、韩、扬固未及其堂奥，今圣朝

---

① 宋敏求（1019—1079），字次道，史地学家。编著有《唐大诏令集》，地方志《长安志》，考订详备；笔记《春明退朝录》。
② 《荀子·尧问》。
③ （宋）赵汝愚编：《宋名臣奏议》（卷八十九），礼乐门，濮议上。
④ 林希（1035—1101），字子中，号醒老。著有《两朝宝训》《林氏野史》《林子中奏议集》等。
⑤ （宋）赵汝愚编：《宋名臣奏议》（卷九十一），礼乐门，褒崇先圣。
⑥ 朱光庭（1037—1094），字公掞，程颢弟子。

封孟、荀、韩、扬，独不及子思于义，诚以为未足。①

16. 上哲宗乞追赠张载　张舜民

（张载）著书万言，名为《正蒙》，阴阳变化之端，仁义道德之理，死生性命之分，治乱国家之经，罔不究通。方之前人，其孟轲、扬雄之流乎？如荀况辈不足望于载也。关中学者靡然就之，谓之横渠先生。……朝廷褒贤录善，岂特为其贤者之后乎？如孟轲、荀卿、扬雄于今千有余年，学者徒能读诵其书而已。……一旦列之封爵，血食庙堂，使后世观之，贤于孟轲、荀卿、扬雄乎？贤于本朝乎？故知臣今日之言非为载也。②

17. 拟御试策　苏轼

古之求治者，将以措刑也。今陛下求治，则欲致刑。此又群臣误陛下也。臣知其说是出于荀卿。荀卿好为异论，至以人性为恶，则其言治世刑重，亦宜矣。说者又以为《书》称唐虞之隆刑，故无小；而周之盛时，群饮者杀。臣请有以辨之。夏禹之时，大辟二百。周公之时，大辟三百。岂可谓周治而禹乱耶？秦及三族，汉除肉刑，岂可谓秦治而汉乱耶？致之言极也。天下幸而大治，使一日未安，陛下将变今之刑而用其极欤？天下几何不叛耶？徒闻其语而惧者已众矣。③

18. 上仁宗论先正内而后制外　庞籍④

臣愿陛下执恭俭，严纪纲也。荀子曰："恭俭者，偋五兵。"⑤ 又曰："强本而节用，则天下不能贫。"⑥ 故当今之急无先于恭俭也。⑦

---

① （宋）赵汝愚编：《宋名臣奏议》（卷九十一），礼乐门，褒崇先圣。
② （宋）赵汝愚编：《宋名臣奏议》（卷九十五），礼乐门，谥法。
③ （宋）赵汝愚编：《宋名臣奏议》（卷一百十三），财赋门，新法五。
④ 庞籍（988—1063），字醇之，与韩琦、范仲淹等人交好，举荐司马光、狄青。著有《清风集》等。
⑤ 《荀子·荣辱》。
⑥ 《荀子·天论》。
⑦ （宋）赵汝愚编：《宋名臣奏议》（卷一百三十一），边防门，辽夏三。

杨　简

杨简（1141—1226），字敬仲，号慈湖，宋慈溪人，世称慈湖先生。传世有《慈湖遗书》等。

1. 杨注出处

荀子曰："鼫鼠五技而穷。"① 杨倞所注本《说文》。②

2. 论社、稷

先儒谓祭社必及稷。荀子曰："社，祭社；稷，祭稷。"③《王制》虽汉儒所成，当亦有所据依，岂古昔自有异礼欤？④

3. 论孟子诸子

自孔子殁而大道不明，自曾子殁而道滋不明，孟子正矣而犹疏，荀卿勤矣而愈远。……呜呼！异乎！孔子之言道矣，自知道者观之，惟有嗟悯。而自汉以来，士大夫学识略同。孔子曰："谁能出不由户，何莫由斯道也。"……诸儒杂说芜论所至如是，能知其非者有几，就有知其非者又不得行其道于天下，而欲望复见三代之治，难矣。⑤

4. 论荀卿

荀卿子言性恶而自背驰，听讼两词不同，静听久之而真情自露。荀卿曰："人之性恶，其善者伪也。"⑥ 其《大略篇》则曰："虽桀纣不能去民之好义，

---

① 《荀子·劝学》。
② （宋）杨简：《杨氏易传》（卷十二），《钦定四库全书》，经部一，易类。
③ 《荀子·礼论》。
④ （宋）杨简：《五诰解》（卷三），《钦定四库全书》，经部二，书类。
⑤ （宋）杨简：《慈湖遗书》（卷十四），北京大学《儒藏》编纂与研究中心编：《儒藏》（精华编第二五册），北京大学出版社2009年版，第895页。
⑥ 《荀子·性恶》。

然而能使其好义不胜其欲利也。"夫不能去民之好义，则人性之本善验矣。（见训语）①

袁 甫

袁甫，生卒年不详，字广微，宋庆元府鄞县人。从学于杨简。著有《蒙斋集》等。

世人为何不明道

世之不明道者，语道则离于性，语性则离于命，殊不知所谓道者断断乎合天地人，断断乎通性与命，是之谓道，是之谓无所不通。荀、扬、韩不知道，故不识性。或以为性恶，或以为善恶混，或以为三品，何其纷纷乎异说耶！且夫人之禀赋固有刚柔、缓急、轻重、清浊之异矣，然而一性之灵则举天下相似也。②

陈 亮

陈亮（1143—1194），原名陈汝能，字同甫，号龙川，学者称为龙川先生。宋婺州永康人。著有《龙川文集》等。

1. 扬雄度越诸子

天下不知其几人也，古今不知其几书也。……自昔圣贤之生于世也，岂以一身之故而求以自见于斯世哉？适会其时而人道之不可少者，待我而后具，则其责不可得而辞。进而经世，退而著书，亦惟所遇而已矣。六经待孔子而

---

① （宋）杨简：《慈湖遗书》（卷十四），第898—899页。
② （宋）袁甫：《蒙斋中庸讲义》（卷一），《钦定四库全书》，经部八，四书类。

具者也，七篇之书待孟子而具者也，荀卿子之书出而后儒者之事业始发挥于世，彼其时之不可以无此人也，亦不可以无此书也。岂若诸子之诐诐然，诵其所闻而求以自见哉。①

2. 辩士传序

世之所谓有道之士，若孟、荀、庄、周，其立言论事犹时有辩士之风，要其归以正，是以无讥焉。②

3. 类次文中子引

独伊川程氏以为隐君子，称其书胜荀、扬。荀、扬非其伦也，仲淹岂隐者哉，犹未为尽。③

4. 又甲辰答书

推倒一世之智勇，开拓万古之心胸。如世俗所谓粗块大脔，饱有余而文不足者，自谓差有一日之长而来教，乃有义利双行、王霸并用之说，则前后布列，区区宜其皆未见悉也。海内之人未有知此书之笃实真切者，岂敢不往复自尽其说，以求正于长者。自孟、荀论义利、王霸，汉唐诸儒未能深明其说。本朝伊洛诸公辩析天理、人欲，而王霸、义利之说于是大明。然谓三代以道治天下，汉唐以智力把持天下，其说固已不能使人心服。而近世诸儒遂谓三代专以天理行，汉唐专以人欲行，其间有与天理暗合者，是以亦能久长。信斯言也，千五百年之间，天地亦是架漏过时，而人心亦是牵补度日，万物何以阜蕃，而道何以常存乎？④

5. 与朱元晦秘书

天地人为三才，人生只是要做个人。圣人，人之极则也。……学者所以学为人也，而岂必其儒哉。子夏、子张、子游皆所谓儒者也，学之不至，则

---

① （宋）陈亮：《龙川集》（卷九），《钦定四库全书》，集部四，别集类三。
② （宋）陈亮：《龙川集》（卷十三）。
③ （宋）陈亮：《龙川集》（卷十四）。
④ （宋）陈亮：《龙川集》（卷二十）。此条收录于（明）黄宗羲《黄宗羲全集》（第五册），《宋元学案》（三）（黄氏原本、全氏修定），《龙川学案》（卷五十六），第216—217页。

荀卿有某氏贱儒之说，而不及其他。《论语》一书只告子夏以"女为君子儒"，其他亦未之闻也，则亮之说亦不为无据矣。①

6. 复吴叔异

亮闻古人之于文也，犹其为仕也。仕将以行其道也，文将以载其道也，道不在我则虽仕何为？虽有文，当与利口者争长耳。韩退之《原道》无愧于孟、荀，而终不免以文为本，故程氏以为倒学。况其止于驰骋语言者，固君子所不道，虽终日哓哓欲以陵轹一世，有识者固俯首而笑之耳，岂肯与之辩论是非哉！君子不成人之恶，岂愿其至此。②

刘 爚

刘爚（1144—1216），原名刘诏，字晦伯，号云庄居士，宋建宁崇安人。著有《云庄集》等。

南雄州学四先生祠堂记

道之大原出于天，其传在圣贤。此子思之《中庸》，所以有性、道、教之别也。盖性者，智愚所同得，道者古今共由。而明道阐教以觉斯人，则非圣贤莫能与，故自尧舜至于孔子率五百岁而圣人出。孔子既没，曾子、子思与邹孟氏，复先后而推明之。……幸战国嬴秦以后，学术泮散，无所统盟，虽董生、韩文公之贤相望于汉唐，而于渊源之正体用之全，犹有未究其极者，故仅能著卫道之功于一时，而无以任传道之责于万世。……盖孔孟之道至周子而复明。周子之道至二程子而益明。二程子之道至朱子而大明。其视曾子、子思、邹孟氏之传若合符节，岂人所能为也哉？天也。然四先生之学岂若世之立奇见、尚新说，求出乎前人所未及耶？亦因乎天而已。盖自荀、扬氏以恶与混为性，亦不知天命之本。然老庄氏以虚无为道而不知天道之至实，佛

---

① （宋）陈亮：《龙川集》（卷二十）。
② （宋）陈亮：《龙川集》（卷二十一）。

氏以划灭彝伦为教而不知天叙之不可易。周子生乎绝学之后，乃独深探本源，阐发幽秘，二程子见而知之，朱子又闻而知之，述作相承，本末具备。自是人知性不外乎仁义礼智，而恶与混非性也；道不离乎日用事物，而虚无非道也；教必本于君臣、父子、夫妇、昆弟，而划灭彝伦非教也。阐圣学之户庭，祛世人之蒙瞆，千载相传之正统，其不在兹乎！呜呼！天之幸斯文也，其亦至矣。①

袁 燮

（宋）袁燮（1144—1224），字和叔，宋庆元府鄞县人。著有《絜斋集》等。

1. 简要之道

荀卿有言："主好要，则百事详；主好详，则百事荒。"人主岂可不知简要之道？宰相犹不亲细务，而况天子乎？②

2. 皋陶

盖天下之理，惟有不偏者存，然后能见其为偏者。荀子谓性恶固无足辨，然不知所以见其恶者谁欤？必有不恶者存矣。惟人心本不偏，所以能见其偏。所贵乎学问者，将以克其气质之偏，约而归于中也。故未归于中也，当强力矫揉，用工日深，使得其大本，可也。吾日夜于九德之中用工，则以观人彼其偏而未全者，皆将见之，将何所逃乎？……后世如荀子所谓"治气，养心之术"③，匡衡所谓"治性之道"，与皋陶所谓"九德"，大要相似，而究竟不同。荀、匡之言皆是外面说，皋陶之论自人本心上说来，盖有异矣。且如荀子只是说人性恶，故须用来修治此性，去其性之恶者，岂与皋陶所谓九德

---

① （宋）刘爚：《云庄集》（卷四），《钦定四库全书》，集部四，别集类三。
② （宋）袁燮：《絜斋家塾书钞》（卷二），《钦定四库全书》，经部二，书类。
③ 《荀子·修身》。

同哉？①

3. 凝

荀子曰："兼并易能也，坚凝之难，故凝士以礼，凝民以政。"② 如齐桓公岂无功业？然桓公一死，五公子争立，国内大乱。是无他故焉，不能凝故也。③

4. 取意

观荀子中一段"所以养耳也。所以养目也"④，此意甚佳。但古之所谓画，不与后世相似，古者只取其意，不具其形。⑤

5. 专一

前辈谓利与善之间，言其相去甚微，盖亦有为善而出于利者。故善无常主，须是协于克一。所谓一者，所谓乍见孺子入井，怵惕恻隐之心不期而起是也。是一也，非专一之谓。荀子多要，说这一字，然只说得专一。专一则是有终始，这个"一"字是本根之一。识得本根之一，方才下得专一工夫。未得我之本心，徒然有意为善，仡仡专一以守之，亦未必是也。人之本心有一而无二，又安得有三。⑥

6. 藏富于民

臣闻善为国者，富藏于民；不善为国者，富藏于府库。君民一体也。……故有若之言曰："百姓足，君孰与不足。"荀卿言"财货本末源流"⑦，亦以为本原在下而不在上也。⑧

---

① （宋）袁燮：《絜斋家塾书钞》（卷三）。
② 《荀子·议兵》。
③ （宋）袁燮：《絜斋家塾书钞》（卷三）。
④ 《荀子·礼论》。原文见"礼者，养也"一段。
⑤ （宋）袁燮：《絜斋家塾书钞》（卷三）。
⑥ （宋）袁燮：《絜斋家塾书钞》（卷五）。
⑦ 《荀子·富国》。
⑧ （宋）袁燮：《絜斋毛诗经筵讲义》（卷四），《钦定四库全书》，经部三，

7. 论民兵

然则今日之土豪,可不加厚哉。厚之者,不过数人而从之者,不胜其众。荀卿所谓"若挈裘领,诎五指而顿之,顺者不可胜数"①,得处事之要矣。②

叶 适

叶适(1150—1223),字正则,号水心居士,宋温州永嘉人。世称水心先生,永嘉学派代表人物。著有《习学记言》等。

1. 楚

然而国别土断,卒无卓然以忠哲志义之材自成者。及楚用其民,纵横吞灭,君臣暴诈之行,著于春秋。久而孙卿、屈原之徒,议论风旨为天下师,则怒峡之巅,绝汭之崖,兰芷芳洁,宝璐照耀,而楚之文词尝盛矣。③

2. 利禄之学

若夫利禄之学,枝叶之文,口耳教导,媚世希宠,斯又在孙卿、屈原之下尔,非所以也愧。④

3. 积

夫师之不忘,以道;令之不忘,以政。三代远矣,令有政而不由学;孔、孟远矣,师有道而不知统也。学非一日之积也,道岂一世而成哉?⑤

---

① 《荀子·劝学》。
② (宋)袁燮:《絜斋集》(卷七),《钦定四库全书》,集部四,别集类三。
③ (宋)叶适:《叶适集》(上),刘公纯、王孝鱼、李哲夫点校,中华书局2010年版,第140页。
④ (宋)叶适:《叶适集》(上),第141页。
⑤ (宋)叶适:《叶适集》(上),第186页。

4. 孔氏

孔氏之子孙既集以为一家之记，而司马迁论为世史，又尽取而次之。凡后世称诵阙里之遗言以为口实者，往往皆出于三书。甚矣迁之陋也！孔氏益远而大义微灭，世无复明智深识之士，皎然知圣贤之言于杂乱不可考之中，而遂以为其道止如此，可不痛乎！故自后世若荀卿、司马迁、扬雄，皆不足以知圣贤之言。……夫由前之浅，是不求之于心也；由今之妙，是不止之于心也。不求之于心与不止之于心，然则圣贤之难至，果非学者之患矣哉！①

5. 待以书考证

余虽以《诗》《书》《春秋》《易》《周官》《左氏》为正文，推见孔氏之学，而患无书可以互考……然怪孟荀以来，陈良子弓皆得称数，汉唐博学之士，掎摭前闻，义理皆非一，皆未尝及此书，而余所从先生大儒亦无道之者。②

6. 孔子家语

余尝疑集《论语》何人，而义精词严，视《诗》《书》有加焉。孔子而无是书，其道或几乎隐矣。至《左氏》兼诸国事，见孔子之所以断制物理者，比《论语》尤精，然学者多忽而不亲。盖《左氏》本以孔子用力于《春秋》，故为之传，专在发明大旨。今舍四达之衢而荒径是即，未如之何也。

《大婚解》《儒行解》《问礼》《哀公问政》《本命解》《论礼》《观乡射》《郊问》《刑政》《礼运》《辨乐》《问玉》《曲礼子贡问》《子夏问》《公西赤问》：以上已见《二载③记礼》中。按《二戴》，其野而诞及文词近战国者皆不取；惟《月令》外，虽浅深不同，大抵亦能出入诸经，非他书比也。或疑《家语》《礼记》并出无辨。按孔衍言"戴圣近世小儒，以《曲礼》不足，而乃取《孔子家语》杂乱者及子思、孟轲、荀卿之书以裨益之，总名曰《礼记》"；谓"刘向见其已在《礼记》者，则便除《家语》之本篇"，是灭其原

---

① （宋）叶适：《叶适集》（下），第710—710页。
② （宋）叶适：《习学记言序目》（上册），中华书局1977年版，第229页。
③ 参照上下文语境，"二载"似应为"二戴"。

而存其末也。《家语》汉初已流布人间，又经孔安国撰定，戴圣集礼在安国之后，《礼记》盖本《家语》，《家语》不本《礼记》。使向果如衍之言，则其考《家语》为不详矣。①

7. 相鲁始诛

"初仕为中都宰。"孟子谓"尝为委吏""尝为乘田"，其时去孔子未远，此篇无有，岂微之而不记耶，抑孟子误也？谓相夹谷为行相事，疑未然。《春秋》"堕三都，成人叛，不克堕"，此言"遂堕三都之城"，非是。又言"摄相事，有喜色"，"乐以贵下人"，非是。又言"七日诛乱政大夫少正卯，戮于两观之下，尸于朝三日"，其词云云，皆非是，此荀卿子所载②，或者荀氏之传宜若此，而《孔氏家语》遂取以实其书尔。

……"然则汤诛尹谐，文王诛潘正以至华士、付乙、史何、少正卯"③，殆书生之寓言，非圣贤之实录也。使后世谓圣人之用，不量先后缓急，教未加而遽震于大讨，轻举妄发以害中道，而曰孔子实然，盖百世所同患矣。自子思、孟子犹皆不然，独荀况近之，故余以为荀氏之传也。④

8. 五仪解

《五仪》所言庸人、士、君子、贤、圣人之别，与哀公"生于深宫"连文。按《论语》，孔子未尝轻言圣，故曰"何事于仁，必也圣乎？尧舜其犹病诸"；"圣人吾不得而见之矣"。子思、孟子始轻言圣，而荀卿为甚，此亦荀卿之传也。轻言圣而学者之患至于重言，不可救也。⑤

9. 表

先儒所谓法后王，犹后人言知典故及今事也。后王可以言知，而不可以言法。"俗变相类，议卑易行"，此论尤不可。作丘甲，用田赋，初税亩；及秦之变法乱政，岂可谓后王已行者便为法乎？明于道者，有是非而无今古。

---

① （宋）叶适：《习学记言序目》（上册），第231—232页。
② 《荀子·宥坐》。
③ 《荀子·宥坐》。荀子认为："此七子者，皆异世同心，不可不诛也。"
④ （宋）叶适：《习学记言序目》（上册），第232—234页。
⑤ （宋）叶适：《习学记言序目》（上册），第235页。

至学则不然，不深于古，无以见后；不监于后，无以明前；古今并策，道可复兴；圣人之志也。卓然谓王政可行者，孟子也；晓然见后世可为者，荀卿也。然言之易者行之难，不可不审也。①

10. 列传

以孟子、荀卿冠之诸子，虽于大体不差，而有可憾者，知不言利之为是，而未知所以不言之意，且于驺衍分数终为多耳。又言武王仁义，伯夷不食周粟。天下惟一理，武王果仁义，则伯夷何名死之？盖传者妄也。后世谓孔孟绝学，秦汉以后无人可到，亦非虚尔。(《孟子》《荀卿》)②

11. 法言

"多闻则守之以约，多见则守之以卓；寡闻则无约也，寡见则无卓也。"按孟子称"博学而详说之，将以反说约"，又言"曾子守约"；荀卿多言博约，颜渊"既竭吾才，如有所立卓尔"；雄酌于颜孟，故定约卓之论也。义理随世讲习而为准的，诚无后先，然必质于孔子而后不失其正。③

12. 皇朝文鉴四

苏洵自比贾谊，曾巩、王安石皆畏其笔，至以为过之，欧阳氏比于荀卿；嘉祐后，布衣特起，名冠当时而高后世，李觏、王回④，岂敢望也！⑤

13. 荀子

劝学

傅说固已言学之要，孔子讲之尤详。道无内外，学则内外交相明，今在《书》《论语》者，其指可以考索而获也。荀卿累千数百余言，比物引类，条端数十，为辞甚苦，然终不能使人知学是何物，但杂举泛陈，从此则彼背，外得则内失；其言学数有终，义则不可须臾离，全是于陋儒专门上立见识，

---

① (宋)叶适：《习学记言序目》(上册)，第269—270页。
② (宋)叶适：《习学记言序目》(上册)，第285页。
③ (宋)叶适：《习学记言序目》(下册)，第657—658页。
④ 王回：字深父，北宋人，事见《宋史·王回传》。
⑤ (宋)叶适：《习学记言序目》(下册)，第743—744页。

又隆礼而贬《诗》《书》，此最为入道之害。后扬雄言"学，行之上，言之次，教人又其次"，亦是与专门者较浅深尔。古人固无以行为上而教人为下者，惟后世陋儒专门，莫知所以学，而徒守其师传之妄以教人；雄习见之，以为能胜此而兼行者则上矣。近世之学则又偏堕太甚，谓独自内出，不由外入，往往以为一念之功，圣贤可招揖而致；不知此身之粮莠，未可遽以嘉禾自名也。故余谓孔子以三语成圣人之功，而极至于无内外，其所以学者，皆内外交相明之事，无生死壮老之分，而不厌不倦于其中，此孔氏之本统与傅说同也。①

荣辱

止斗一义，莫晓其故。按子路问"君子尚勇"，孔子称"戒之在斗"，《中庸》"袵金革死而不厌，北方之强"，司马迁亦言"子路陵暴孔子，孔子设礼诱之"；古之师友，岂固训导于戈矛陵夺之间耶？而荀卿之戒，则尤为鄙暴不近人理，至谓以"少顷之怒丧终身之躯，室家立残，亲戚不免刑戮"。若立学聚教而其弟子粗暴至此，则奚以学为！虽古今材品强弱不同，而荀卿亦有过论，然致道必有象，而果若是，则仁义道德安从生？有子以"孝悌而好犯上作乱者鲜"，后世疑之，观此殆非诬耳。然则后世之学，又有愈焉者矣。②

非十二子

荀卿屡言为治当以后王为法，后王者，周也，意诚不差。然周道在春秋时，已自阙绝不继，自一鲁外，诸侯视之皆如弁髦；孔子尽力补拾，其大者十仅得七八，而小者不存多矣。况至荀卿，王法灭尽之余，暴秦大并之日，孔氏子孙畏祸不敢，而独伥伥然以无因难验之说叫呼于其间，有轻易之情，无哀思之意，徒以招侮而不能为益也。自晨门荷蓧楚狂接舆之流，犹以孔子为病，而鲁两生梁鸿尚谓汉人不足为，况昭襄始皇之际耶！

余尝疑孟子力排杨墨。杨墨岂能害道？然排之不已者，害所由生也，此自孟子一病，不可为法。若夫荀卿所言诸子，苟操无类之说，自衣食于一时，其是非尤不足计，而乃列攻群辨，若衢骂巷哭之为，至于子思、孟轲，并遭诋斥，其谬戾无识甚矣！又好言子弓，常与仲尼同称；安有与仲尼齐圣，独为荀卿所私而他书无见者？既无立言行事可以考其是非，使非荀卿之妄，则或者子弓仲尼之别名，不然，姑假立名字以自况尔。孟轲亦屡扳仲尼，孔

---

① （宋）叶适：《习学记言序目》（下册），第645页。
② （宋）叶适：《习学记言序目》（下册），第646页。

乃无所比,何哉?"窃比于老彭","吾何执"。①

仲尼

"仲尼之门,五尺竖子,言羞称乎五霸。"按《孟子》,或问曾西,"吾子与管仲孰贤?"曾西艴然不悦,然则竖子羞称,固当有之。盖幼志先登,能自启迪,不堕驳地,而虽成劳茂烈,苟徒止于所能,则晚进后生皆轻贬之矣。此一义常存,自应有益于新学。孟子,大人也,天下臧否,由己而定,岂以其身与人称量高下者哉!故孔子虽谓管仲小器,而终以九合之功归之,此亦深于学者所宜知也。②

儒效

荀卿言周公大儒之效,与《中庸》"仲尼祖述尧舜"一章略相似,皆夸毗飞动之辞,圣人自用力处极不然。二者参观,子思言理闳大,而分限不可名;荀卿言事虽张皇,而节目尤可见也。周公孔子,艰难一世以就德业,而后世学者反以为甚易而无难,若是,则神灵之所为而非人也;且又引以自神,则近乎狂惑矣。③

君道

荀卿论治,多举已然之迹,无自致之方,可观而不可即也。惟言国具差若有意,谓"无便嬖左右足信者之谓暗,无卿相辅佐足任者之谓独,所使于四邻诸侯者非其人之谓孤"也。然穆王命太仆、左右、仆从、侍卿,"无以便嬖侧媚,其惟吉士",是则嬖者不吉,吉者不嬖也。卿相辅佐,所以同起治功,臣虽专任其劳,君不独有其逸;谓不能不有游观安燕之时,欲倚之为基杖,则用人之道狭矣。汤灭桀而自惭,仲虺诰而解之;德诚有余,安用其臣喻志于四方?然则荀卿所言者,战国之事,非帝王之治也。④

议兵

读荀卿与临武君议兵及"四世有胜非幸",又入秦何见,以为无儒,又与秦昭王辨"儒有益于人之国",令人叹息。周衰,诸侯皆恣己自便,而秦以夷狄之治,堕灭先王之典法,吞噬其天下,别自为区域。孔子力不能救,不过能不入秦而已,子孙守其家法,故曰"秦为不义,义所不入",遂死于家。荀

---

① (宋)叶适:《习学记言序目》(下册),第646—647页。
② (宋)叶适:《习学记言序目》(下册),第647页。
③ (宋)叶适:《习学记言序目》(下册),第647—648页。
④ (宋)叶适:《习学记言序目》(下册),第648页。

卿谈王道若白黑，嗣孔子如冢嫡，不秦之仇，而望之以王，责之以儒，呜呼固哉！秦惟不能自反也，不用荀卿而用李斯欤！①

天论

"天行有常，不为尧存，不为桀亡。"所以言有常道者，覆帱运行，日月之所丽尔；尧之时则治，是为尧而存也，桀之时则乱，是为桀而亡也；谓"不为尧存，不为桀亡"，非也。又言："应之以治则吉，应之以乱则凶。"吉凶果在所应，则是无常也；谓"天行有常"，非也。"强本而节用，则天不能贫；养备而动时，则天不能病；修道而不贰，则天不能祸。"夫古人既强本节用矣，既养备动时矣，既修道不贰矣，其不贫不病无祸，则皆曰"天也，非我也"。今偃然而自居曰："我也，非天也。"夫奉天以立治者，圣人之事也；今皆曰"我自致之，非天能为"，是以人灭天也。"不为而成，不求而得，夫是之谓天职"，谓下文"天情"也，"天官"也，"天君"也。夫物各赋形于天，古人谓其独降衷于民，然必为而后成，求而后得，故为圣贤；败而失之者，下愚不肖也。今既谓当"清天君"，"正天官"，"养天情以全天功"，而又谓"不求知天"；且虽圣人，无不自修于受形之后，而未有求知于未形之先者，及其既修而能全天之所赋矣，则惟圣人为求知天；今谓"圣人为不求知天"，非也。又谓"全其天功，则天地官而万物役"；且古圣人未尝敢自大其身而曰"吾能官使天地"者也。又曰："大天而思之，孰与物畜而制之？从天而颂之，孰与制天命而用之？"按孔子曰："大哉尧之为君也，惟天为大，惟尧则之"，是尧未尝"物畜而制之"也；《诗》曰："不识不知，顺帝之则"，是文王未尝"制天命而用之"也。详荀卿之说，直以人不能自为而听于天者，不可也；然则人能自为而不听于天，可乎？武王曰："惟天阴骘下民，相协厥居"，尧舜传之至于周矣；然则谓人之所自为而天无预也，可乎？又曰："道之所善，中则可从，畸则不可为，匿则大惑。"呜呼！惟其不知中也，是以其言屡变而卒为畸且匿也。又曰："万物为道一偏，一物为万物一偏，愚者为一物一偏，而自以为知道，无知也。慎子有见于后，无见于先；老子有见于诎，无见于信；墨子有见于齐，无见于畸；宋子有见于少，无见于多。"呜呼！万物之于道，无偏也，无中也；一物之于万物，无偏也，无中也；自其中言之，皆中也，一物犹万物也；自其偏言之，皆偏也，万物犹一物也。荀卿以诸子为愚

---

① （宋）叶适：《习学记言序目》（下册），第648—649页。

而偏，而自谓为中也，而其乖错不合于道如此，吾未见其能异于诸子也。①

正论

"世俗之为说者曰：尧舜禅让"，荀卿明其不然，以为天子至尊，无所与让，故有"以尧继尧""以尧易尧"之语；又谓"诸侯有老，天子无老"，"血气筋力有衰，智虑取舍无衰"，"持老养衰，莫如天子"。按《书序》"将逊于位，让于虞舜"，《书》记尧舜禅让甚明，而又自言"在位七十载，耄期倦于勤"；然则荀卿不信《书》而诋其为世俗之说耶？且必不当禅让何义？以天子之位为持老养衰之地何据？孟轲言"民为贵，社稷次之，君为轻"，虽偏，然犹有微也；而荀卿谓天子如天帝，如大神。盖秦始皇自称曰朕，命为制，令为诏，民曰黔首，意与此同，而荀卿不知，哀哉！②

礼论

"故礼者养也：刍豢稻粱，五味调香，所以养口也；椒兰芬苾，所以养鼻也；雕琢刻镂，黼黻文章，所以养目也；钟鼓管磬，琴瑟竽笙，所以养耳也；疏房檖貌，越席床第几筵，所以养体也。"按孔子教颜渊"非礼勿视，非礼勿听，非礼勿言，非礼勿动"，谓能自克以复礼。夫自克则不费乎物而礼行焉；而荀卿谓制礼以为养。使耳目口鼻百体之须必皆有待于礼，则礼者欲而已矣。且颜子箪食瓢饮陋巷，不改其乐，孔子亟称之，故独许以复礼。今为费以求多于礼，筋骸通塞，纷纷乎豢养于外物之不暇，而安所复哉？然则养者，礼之文也，非礼之实也。③

解蔽

荀卿议论之要有三，曰解蔽、正名、性恶而已。其言诸子莫不有蔽，而不蔽之理，莫如知道而治心；故曰"虚一而静，谓之大清明，万物莫形而不见，莫见而不论，莫论而失位，坐于室而见四海，处于今而论久远，疏观万物而知其情，参稽治乱而通其度"，至于参日月，满八极，谓之大人，而无有蔽之者也。虽然，难矣。盖诸子之学，何尝不曰知道而治心，使之虚静而清明以形天下万物之理，而自谓不能蔽也！荀卿以己之所明而号人以蔽，人安得而受之？舜言"人心惟危，道心惟微"，不止于治心；箕子"思曰睿"，不

---

① （宋）叶适：《习学记言序目》（下册），第649—650页。
② （宋）叶适：《习学记言序目》（下册），第651页。
③ （宋）叶适：《习学记言序目》（下册），第651—652页。

在心；古之圣贤无独指心者。至孟子，始有尽心知性、心官贱耳目之说。然则辩士素隐之流，固多论心，而孟荀为甚焉。孔子曰："学而时习之，不亦说乎！有朋自远方来，不亦乐乎！人不知而不愠，不亦君子乎！"夫学常进则得其养，同于人则不偏于己，重于己则不尤于人，舍是，吾未见其不蔽也。①

正名

"后王之成名，刑名从商，爵名从周，文名从礼，散名之加于万物，则从诸夏之成俗曲期"，荀子之言如此，其于名可以为精矣。虽然，古人正事而不正名，名与天地并，未有知其所由来者。以《书》《诗》所称，则何必后王？舍前而取后，是名因人而废兴也。孔子谓卫之政当先正名，是时父子不正而人道失序，则孔子所欲正者，亦其事而已；名不正故事乱，名正则事从矣。战国群谈聚议，妄为无类之言，彼固自知其不可，而姑为戏以玩一世；其贵人公子亦以戏听之，然于事不为之损益也。荀卿不知其不足辩，而辩之终身不置。是时去六国灭亡无几，焚经籍，杀儒生，事既坏而名亦丧，荀卿无以救之，则与十二子者同归于尽耳，哀哉！②

性恶

孟子"性善"，荀卿"性恶"，皆切物理，皆关世教，未易重轻也。夫知其为善，则固损夫恶矣；知其为恶，则固进夫善矣。然而知其为恶而后进夫善以至于圣人，故能起伪以化性，使之终于为善而不为恶，则是圣人者，其性亦未尝善矣欤？伊尹曰："兹乃不义，习与性成"；孔子曰："性相近也，习相远也，惟上智与下愚不移。"呜呼！古人固不以善恶论性也，而所以至于圣人者，则必有道矣。③

总论

荀卿于陋儒专门立见识，隆礼而贬《诗》《书》，为入道之害，又专辨析诸子，无体道之弘心，皆略具前章。按后世言道统相承，自孔氏门人至孟荀而止，孔氏未尝以辞明道，内之所安则为仁，外之所明则为学，学则六经也，门人之志于六经者少。至于内外不得而异称者，于道其庶几矣。子思之流，始以辞明道，《中庸》未必专子思作，其徒所共言也。辞之所之，道亦之焉，

---

① （宋）叶适：《习学记言序目》（下册），第652页。
② （宋）叶适：《习学记言序目》（下册），第653页。
③ （宋）叶适：《习学记言序目》（下册），第653页。

非其辞也，则道不可以明。孟子不止于辞而辩胜矣。荀卿本起稷下，凡有所言，皆欲挫辩士之锋，破滑稽之的，其指决割，其言奋呼，怒目裂眦，极口切齿，先王大道，至此散薄，无复淳完。或者反谓其才高力强，易于有行；然则诛少正卯，戮俳优，无怪乎陋儒以是为孔子之极功也。学者苟知辞辩之未足以尽道，而能推见孔氏之学以上接圣贤之统，散可复完，薄可复淳矣。不然，循而下之，无所终极，断港绝潢，争于波靡，于道何有哉！①

14. 温州经籍志提要

水心论学，在宋时自为一家，不惟与洛闽异趋，即于薛文宪陈文节平生所素与讲习者，亦不为苟同。此书论辨纵横，说经则于《系辞》《礼记》《檀弓》《孔子闲居》《中庸》《大学》，咸有遗议；论史则不满于史迁、班固，论文则不满于韩愈、曾巩；其苟诋前人，信不免太过。然其论太极先后天及《尚书》《论语》《大学》无错简，则在讲学家为不甚于众咻者。至于诸史自《战国策》《史记》迄《唐书》，诸子自《老子》《荀子》迄自兵家《七书》，靡不赅览总贯，抉其义蕴，其渊博尤非陋儒所敢望，未可以陈伯玉所论遽讥其偏驳也。

又案，汪《跋》谓所见凡二本：一本分前后两帙，出于林居安；一本合编为五十卷。孙《叙》谓水心子寀所编次，汪氏据以刊行。今世藏书家展转传钞，皆出汪本，林本遂不复传。然以汪氏所述推之，林本先后分合义例，不甚可解，固不若孙本之精整，然今本书末亦有"学生林居安校正"一行，<small>案黄刻本已删去此行。</small>则汪刊虽依孙本，亦经林氏手棱矣。又四十六卷末孙氏附记云："按诸子书，惟《庄》《列》《文中子》不及论述，先生尝答之弘书云：'《记言序目》孙卿后仅有四卷，如《庄》《列》诸书，虽熟商量莫知所以命笔，只得且放过，以此且欲将《文鉴》结尾作了当去。'又云：'《庄》《列》《文中子》，向本欲先下手，为其当条理处太多，不胜笔墨，颇若烦碎，合为一论，则又贯穿未易。'"此二书黎谅编《水心集》未载。是此书终《文鉴》，水心手定本固已如是。至云荀卿后有四卷，则与今本又不合，今本《荀子》在四十四卷，后四十五卷《管子》，四十六卷《孙》《吴》《司马法》《六韬》《三略》《尉缭子》《李靖问对》，四十七至五十卷并《文鉴》，凡六卷。疑叶寀及门人编定时或有分并矣。②

---

① （宋）叶适：《习学记言序目》（下册），第654页。
② （宋）叶适：《习学记言序目》（下册），第769—770页。

黄　榦

黄榦（1152—1221），字直卿，号勉斋，宋福州人。著有《勉斋集》。

1. 袁州重建韩文公庙记

以公之所见观之，则圣贤所传其不以是欤？荀、杨氏去孟氏未远也，醇疵之不同，其见者异也。公称孟子醇而斥荀杨之疵，则公之见，盖有得于孟氏，而又以自况也。①

2. 拟难策问

问：六经之道与天人并三纲五常之所自出，而天道之所由以立也。更秦迄汉，书缺简脱而礼乐之失为尤甚，《乐》之为书无复存者。《小戴》所存《乐记》一篇乃出于荀卿子。司马迁从而述之，其果圣人之遗经耶？然其所记者乃乐之大义，而乐之节奏不与焉，其亦有可考者耶？《周礼》，职官之书；《礼记》，汉儒所述，乃与《仪礼》并列为三礼，亦大不伦矣。而《仪礼》在唐虽名儒已苦其难读，今乃不得与二礼列于学官，以设科取士，何耶？礼乐所以正人心，厚风俗，而残缺若此，是未暇悉辨也。②

项安世

项安世（1153—1208），字平父（一作平甫），号平庵，宋括苍人。著有《项氏家说》等。

---

① （宋）黄榦：《勉斋集》（卷二十），《钦定四库全书》，集部四，别集类三。
② （宋）黄榦：《勉斋集》（卷二十六）。

1. 至孝近乎王，至弟近乎霸

此《祭义》之文也，《礼记》之文多若此类，虽似可疑，然皆古之遗言。先儒口以相授，其中多古之义训，不可忽也。……自孟子、荀子推明王霸之辨，而后学者以伯为羞，故此章遂不可通。殊不知孟、荀所辟谓春秋时五伯尔。由桓文以前（案："桓文"原本避宋钦宗讳作"威文"，今更正），尧舜之四岳，夏商之二伯，文、武时周、召为二伯，成王时太公为侯伯，康王时召公、毕公为二伯，是亦可羞乎？学者考古不精，多据后说以破前言，不可不谨也。①

2. 孟子道性善

荀卿子之攻孟子也，其说曰："性善则去圣王，息礼义矣。性恶则贵圣王，兴礼义矣。"② 嗟乎！荀卿子此言，诚乃释老氏之学之病矣，特施之孟子、子思则为过耳。孟子、子思其于遵先王之法，服礼义之教，至明且习也。彼荀卿子者，习闻其说而未读其书，轻于立论，勇于毁人，而不知并其天地父母之性而自毁之也。然其所谓"性善则去圣王，息礼义矣"，则足以一言而蔽释老之学。而后之儒者欲攻二氏者，皆莫之及也。嗟乎！卿亦豪杰矣哉。

本荀说

《荀子·性恶篇》曰：人之性恶，其善者伪也。凡礼义者，是生于圣人之伪，非生于人之性也。圣人积思虑习伪，故以生礼义而起法度。今将以礼义积伪为人之性耶？然则有曷贵尧禹，曷贵君子矣哉？凡所贵尧、禹、君子者，能化性，能起伪，伪起而生礼义。然则圣人之于礼义积伪也，亦陶埏而生之也，岂人之性也哉？由是推之，谓隆礼由义为伪，其说实出荀子。又《非十二子篇》曰：略法先王而不知其统，犹然而材剧志大，闻见杂博（犹然，舒迟貌。剧，繁多也。），按往旧造说谓之五行（五行，仁、义、礼、智、信也。），甚僻违而无类，幽隐而无说，闭约而无解（荀卿尝言"法后王"治当世，而孟子、子思以为必行尧、舜、文、武之道，然后为治。不知随时救弊，故言僻违无类。）。按饰其辞而祗敬之，曰：此真先君子之言也。子思唱之，

---

① （宋）项安世：《项氏家说》（卷六），《说经篇》（三），《钦定四库全书》，子部一，儒家类。
② 《荀子·性恶》。

孟轲和之,世俗之沟犹瞀儒嚾嚾然,不知其所非也(沟读为讲。犹犹,豫也。瞀,暗也。嚾嚾,喧嚣之貌)。遂受而传之,以为仲尼、子游为兹厚于后世(厚,垂德厚也),是则子思、孟轲之罪也。由是推之,恶言理、性?读《中庸》,其说亦出荀子,适世之有是说也,作本荀说。①

3. 总论卦义

古人之于文不敢一日离也。古之圣人谓人之情不可以径行也,使夫人而可以径行则将无所不至。是故因其羞恶、辞逊之节而为之文以饰之,其交也以礼,其合也以义,百拜而饮,三辞而受,六礼而婚,所以饰其情而养其耻也。荀子不知而以为伪,晏子不知而以为劳,战国之君以为迂阔,西晋之士以为鄙吝,独伏羲、文王、周公、孔子以为此所以奉天命之变,成人伦之化,不可以一日无也。②

周　南

周南(1159—1213),字南仲,号山房,宋吴郡人。著有《山房集》等。

策问

昔管仲佐齐、尊周,三十年间中国无与加其盛,夷裔莫敢抗其力。周之社稷藉以弗坠,功名懋矣。然孔子褒其仁,而孟子卑其烈,荀卿以为学者所羞道,何耶?孔子曰:"管仲之器小哉。"太史公曰:"管仲世所谓贤人。"孔子小之者谓其不能勉桓公于王道也。夷考桓公亦将有可勉者乎?扬子云又以管仲小器,谓不能自治。孔子之所指论,果孰从乎?每爱《左氏》褒许夷吾,最有奇笔。仲父功名磊落,左氏笔墨为多。然曹子劫盟,威公还地,其视伐原,非小信也。史迁以为出于管仲,而丘明略之,何耶?宰孔致胙威公,亚

---

① (宋)项安世:《项氏家说》(卷七),《说经篇》(七)。
② (宋)项安世:《周易玩辞》(卷五),《钦定四库全书》,经部一,易类。

拜，其视请隧非小善也。公羊子以为出于管仲，而丘明略之，何耶？岂其事之未必然耶？何其于盟甯母受下卿皆极力彰写。兹事体大，反遗落而不录耶？《春秋》书灭谭，灭遂，灭项数国耳。荀卿以为灭国三十五①，考之经安在？荀卿曷所据而云尔耶？仲之书八十六篇，班固列之道家流，而隋唐史皆附见于法家书。出一手而附见两家，可乎？然读其书，虚无老聃之论也。……仲有之，不知世所传《管子》果其书耶？抑亦有真耶？其篇目又何其相戾耶？夫由前所论，则圣贤之评品仲者异；由后所论，则记载之所录仲者殊，予甚惑焉。……自春秋以讫秦汉，后王君公之尊尚，学士大夫之夸许，或称管晏，或曰管乐，真有梦寐其霸轨而不可寻者，或乃以王佐而并称伊管，萧曹之功不足进焉。……如此是上下二千年间，世盖未有能及仲者，不知孟荀之论，果以其狭不足慕欤？抑为时而起此论，而别有意欤？岂其事信，有传记弗能尽，而读其书又未能深考欤？今学者尊孟荀而黜管晏，其议论杰出乎事之表矣。虽然徒知其事，上未达其所谓王，下不识其所由霸，何益欤？愿考次其事而论定其人。②

陈　淳

陈淳（1159—1223），字安卿，亦称北溪先生，宋漳州龙溪人。著有《北溪全集》等。

1. 性

性即理也。何以不谓之理而谓之性？盖理是泛言天地间人物公共之理，性是在我之理。只这道理受于天而为我所有，故谓之性。性字从生从心，是人生来具是理于心，方名之曰性。其大目只是仁义礼智四者而已。得天命之元，在我谓之仁；得天命之亨，在我谓之礼；得天命之利，在我谓之义；得天命之贞，在我谓之智。性与命本非二物，在天谓之命，在人谓之性。故程

---

① 《荀子·仲尼》。
② （宋）周南：《山房集》（卷六），《钦定四库全书》，集部四，别集类三。

子曰："天所付为命，人所受为性。"文公曰："元亨利贞，天道之常；仁义礼智，人性之纲。"

性命只是一个道理，不分看则不分晓。只管分看不合看，又离了，不相干涉。须是就浑然一理中看得有界分，不相乱。所以谓之命、谓之性者何故？大抵性只是理，然人之生不成只空得个理，须有个形骸方载得此理。其实理不外乎气，得天地之气成这形，得天地之理成这性。所以横渠曰："天地之塞吾其体，天地之帅吾其性。"塞字只是就孟子"浩然之气塞乎天地"句掇一字来说气，帅字只是就孟子"志，气之帅"句掇一字来说理。人与物同得天地之气以生，天地之气只一般，因人物受去各不同。人得五行之秀，正而通，所以仁义礼智，粹然独与物异。物得气之偏，为形骸所拘，所以其理闭塞而不通。人物所以为理只一般，只是气有偏正，故理随之而有通塞尔。

天所命于人以是理，本只善而无恶。故人所受以为性，亦本善而无恶。孟子道性善，是专就大本上说来，说得极亲切，只是不曾发出气禀一段，所以启后世纷纷之论，盖人之所以有万殊不齐，只缘气禀不同。这气只是阴阳五行之气，如阳性刚，阴性柔，火性燥，水性润，金性寒，木性温，土性重厚。七者夹杂，便有参差不齐。所以人随所值，便有许多般样。然这气运来运去，自有个真元之会，如历法算到本数凑合，所谓"日月如合璧，五星如连珠"时相似。圣人便是禀得这真元之会来。然天地间参差不齐之时多，真元会合之时少，如一岁间剧寒剧暑阴晦之时多，不寒不暑光风霁月之时极少，最难得恰好时节。人生多值此不齐之气。如有一等人非常刚烈，是值阳气多；有一等人极是软弱，是值阴气多；有人躁暴忿戾，是又值阳气之恶者；有人狡谲奸险，此又值阴气之恶者。有人性圆，一拨便转，也有一等极愚拗，虽一句善言亦说不入，与禽兽无异。都是气禀如此。阳气中有善恶，阴气中亦有善恶，如《通书》中所谓刚善、刚恶、柔善、柔恶之类。不是阴阳气本恶，只是分合转移、齐不齐中便自然成粹驳善恶耳。因气有驳粹，便有贤愚。气虽不齐，而大本则一。故虽下愚，亦可变而为善，然工夫最难，非百倍其功者不能。故子思曰："人一能之己百之，人十能之己千之，果能此道，虽愚必明，虽柔必强。"正为此耳。孟子不说到气禀，所以荀子便以性为恶，扬子便以性为善恶混，韩文公又以为性有三品，都只是说得气。近世东坡苏氏又以为性未有善恶，五峰胡氏又以为性无善恶，都只含糊就与天相接处捉摸，说个性是天生自然底物，竟不曾说得性端的指定是甚底物。直至二程得濂溪先生《太极图》发端,方始说得分明极至,更无去处。其言曰:"性即理也。理则自尧舜至于涂人一也。"此语最是简切端的。如孟子说善,善亦只是理,但不若指认理字下得较确定。胡氏看不彻,便谓善者只是赞叹之辞,又误了。既是赞叹,便是那个是好物方赞叹,岂有不好物而赞叹之耶?程子于本性之外,又发出气禀一段,方见得善恶所由来。故其言曰:"论性不论气,不备;论气不论性,不明。二之则不是也。"盖只论大本而不及气禀,则所论有欠阙未备。若只论气禀而不及大本,便只说得粗底,而道理全然不明。千万世而下,学者只得按他说,更不可改易。

孟子道性善,从何而来?夫子系《易》曰:"一阴一阳之谓道,继之者善也,成之者性也。"所以一阴一阳之理者为道,此是统说个太极之本体。继之者为善,乃是就其间说;造化流行,生育赋予,更无别物,只是个善而已。此是太极之动而阳时。所谓善者,以实理言,即道之方行者也。道到成此者为性,是说人物受得此善底道理去,各成个性耳,是太极之静而阴时。此性字与善字相对,是即所谓善而理之已定者也。"继""成"字与"阴""阳"字相应,是指气而言;"善""性"字与"道"字相应,是指理而言。此夫子所谓善,是就人物未生之前,造化原头处说,善乃重字,为实物。若孟子所谓性善,则是就"成之者性"处说,是人生以后事,善乃轻字,言此性之纯粹至善耳。其实由造化原头处有是"继之者善",然后"成之者性"时方能如是之善。则孟子之所谓善,实渊源于夫子所谓善者而来,而非有二本也。《易》三言,周子《通书》及程子说已明备矣。至明道又谓孟子所谓性善者,只是说继之者善也。此又是借《易》语移就人分上说,是指四端之发见处言之,而非易之本旨也。

气禀之说从何而起?夫子曰:"性相近也,习相远也。""惟上智与下愚不移。"此正是说气质之性。子思子所谓三知三行,及所谓"虽愚必明,虽柔必强",亦是说气质之性,但未分明指出气质字为言耳。到二程子始分明指认说出,甚详备。横渠因之又立为定论曰:"形而后有气质之性。善反之,则天地之性存焉。故气质之性,君子有弗性者焉。"气质之性,是以气禀言之。天地之性,是以大本言之。其实天地之性亦不离气质之中,只是就那气质中分别出天地之性,不与相杂为言耳。此意学者又当知之。

韩文公谓"人之所以为性者五,曰仁义礼智信",此语是看得性字端的,但分为三品又差了。三品之说,只说得气禀,然气禀之不齐,盖或相什百千万，岂但三品而已哉！他本要求胜荀扬，却又与荀扬无甚异。

佛氏把作用认是性，便唤蠢动含灵皆有佛性，运水搬柴无非妙用。不过又认得个气，而不说著那理耳。达磨答西竺国王作用之说曰："在目能视，在耳能闻，在手执捉，在足运奔，在鼻嗅泹，在口谈论，遍现俱该沙界，收摄在一微尘，识者知是道性，不识唤作精魂。"他把合天地世界总是这个物事，乃吾之真体，指吾之肉身只是假合幻妄，若能见得这个透彻，则合天地万物皆是吾法身，便超出轮回。故禅家所以甘心屈意、枯槁山林之下，绝灭天伦，扫除人事者，只是怕来侵坏著他这个灵活底。若能硬自把捉得定，这便是道成了，便一向纵横放恣，花街柳陌，或吃猪头鸠千都不妨。其实多是把持到年暮气衰时，那一切情欲自热退减，却自唤做工夫至到，便矜耀以为奇特，一向呵佛骂祖去。①

2. 师友渊源

文明之治，孔子不得行道之位，乃集群圣之法作《六经》，为万世师。而回、参、伋、轲实得之，上下数千年无二说也。轲之后，失其传，荀与扬既不识大本，董子又见道不分明，间有文中子粗知明德、新民之为务矣，而又不知至善之所出。韩子知道之大用流行于天下矣，而又不知全体具于吾身。盖千四百余年昏昏冥冥、醉生梦死直至我宋之兴。②

3. 答徐懋功二

七篇孟子之文也，而其大本自性善而来，故醇醇乎仁义、王道之谈。荀卿惟不识大本，故其文偏驳而不纯。扬雄惟善恶无别，故其文浅短而艰晦。董子最得圣贤之意，故三篇之策，纯如也，惟其见道不甚明白，故其失也缓而不切。韩子惟有见乎尧、舜、禹、汤、文、武、周、孔之传，故其文雄深雅健，最为近古。惟其知用而不及体，故无精微缜密之功。欧阳之文步骤最学韩而欠韩之健，不免浅弱而少理，致由其不事性学，无韩之渊源。眉山之文老苏波澜最为雄健，然纵横偏驳，原于战国之学，欧阳子以为似荀卿，其偏驳者相似也。③

---

① （宋）陈淳：《北溪字义》，熊国祯、高流水点校，中华书局2011年版，第6—10页。
② （宋）陈淳：《北溪大全集》（卷十五），《钦定四库全书》，集部四，别集类三。
③ （宋）陈淳：《北溪大全集》（卷三十四）。

韩 淲

韩淲（1159—1224），字仲止，一作子仲，号涧泉，韩元吉之子。祖籍开封，南渡后隶籍信州上饶。著有《涧泉集》等。

1. 注述子弓

《释文》引王弼注，朱张字子弓，荀卿以比孔子者。（案荀子云："通则一天下，穷则独立贵名，桀跖之世不能污，仲尼、子弓是也。"① 邢昺遂谓子弓行与孔子同，故孔子不论其行。其说无据，淲祖述之，殊误。）②

2. 楚黄相庙

开禧二年春，寂寂楚相庙。上书能说秦，将兵亦救赵。太子质不归，变衣何其妙。因城吴故墟，宫室本照耀。宠辱一以惊，失计易贻笑。帐座神所严，香火忍兴吊。但想荀兰陵，朱英或同调。③

赵秉文

赵秉文（1159—1232），字周臣，号闲闲居士，晚号闲闲老人，宋磁州滏阳人。著有《滏水集》等。

1. 原教

汉儒以天下之通道莫大于五者，天下从而是之。扬子曰：事系诸道德仁

---

① 《荀子·儒效》。
② （宋）韩淲：《涧泉日记》（卷中），《钦定四库全书》，子部十，杂家类三。
③ （宋）韩淲：《涧泉集》（卷二），《钦定四库全书》，集部四，别集类三。

义礼，辟老氏而言也。韩子以仁义为定名，道德为虚位，辟佛老而言也。言各有当而已矣。然自韩子言仁义而不及道德，王氏所以有道德性命之说也。然学韩而不至，不失为儒者；学王而不至，其弊必至于佛老，流而为申韩。何则？道德性命之说，固圣人罕言之也，求其说而不得，失之缓而不切，则督责之术行矣。此老庄之后，所以为申韩也与？过于仁，佛老之教也；过于义，申韩之术也。仁义合而为孔子。孟子法先王，荀卿法后王，荀孟合而为孔子。①

2. 性道教说

性之说，难言也，何以明之？上焉者，杂佛老而言；下焉者，兼情与才而言之也。佛则灭情以归性，老氏则归根以复命，非吾所谓性之中也。荀卿曰"人性恶"，扬子曰"人性善恶混"，言其情也。韩子曰"性有上、中、下"，言其才也，非性之本也。《记》曰："人生而静，天之性也。"又曰："中者，天下之大本也。"此指性之本体也，方其喜、怒、哀、乐未发之际，无一毫人欲之私，纯是天理而已。故曰："天命之谓性。"孟子又于中形出性善之说，曰："恻隐也，羞恶也。辞让也，是非也。"孟子学于子思者也，其亦异于曾子、子思之所传乎？曰：否。不然也。此四端含藏而未发者也，发则见矣。譬之草木萌芽，其茁然而出者必直，间有不直，物碍之耳。惟大人为能不失其赤子之心，此承性而行之者也，故谓之道。人欲之胜久矣，一旦求复其天理之真，不亦难乎？固当务学以致其知，以先明乎义利之辨，使一事一物了然吾胸中。习察既久，天理日明，人伪日消，庶几可以造圣贤之域。故圣人修道以教天下，使之遏人欲、存天理，此修道之谓教也。孟子之后不得其传，独周、程二夫子绍千古之绝学，发前圣之秘奥，教人于喜怒未发之前，求之以戒慎恐惧，于不见不闻为入道之要，此前贤之所未至。其最优游乎！其徒遂以韩、欧诸儒为不知道，此好大之言也。后儒之扶教得圣贤之一体者多矣。使董子、扬子、文中子之徒游于圣人之门，则游、夏矣。使诸儒不见传注之学，岂能遽先毛、郑哉？闻道有浅深，乘时有先后耳。或曰：韩、欧之学失之浅，苏氏之学失之杂，如其不纯何？曰：欧、苏长于经济之变，如其常自当归周、程。或曰：《中庸》之学，孔子传之曾子，曾子传之子思，而后成书，不以明告群弟子，何

---

① （金）赵秉文：《滏水集》（卷一），《钦定四库全书》，集部五，别集类四。

也?曰:《诗》《书》、执礼皆雅言也。雅之犹言素所言耳。至于天道性命,圣人所难言,且《易》之一经夫子晚而喜之,盖眘①言之也。孟子不言《易》。荀卿曰"始乎为士,终乎读礼"②,于时未尝言《易》。后世犹曰:孟子不言《易》,所以深言之也。圣人于寻常日用之中所语无非性与天道,故曰:"吾无隐乎尔。"但门弟子有不知者。迨子贡,曰:"夫子之言性与天道不可得而闻也。"③ 子贡闻一贯之后,盖知之矣,然亦未尝以穷高极远为得也。……吾恐贪高慕远,空谈无得也,虽圣学如天,亦必自近始。然则何自而入哉?曰:慎独。④

3. 滏水文集

夫道,何谓者也?总妙体而为言者也。教者何?所以示道也。传道之谓教。教有方内,有方外。道不可以内外言之也,言内外者,人情之私也。圣人有以明夫道之体,穷理尽性,语夫形而上者也。圣人有以明夫道之用,开物成务,语夫形而下者也。是故语夫道也,无彼无此,无大无小,备万物,通百氏,圣人不私道,道私圣人乎哉?语夫教也,有正有偏,有大有小,开百圣,通万世,圣人不外乎大中,大中外圣人乎哉?吾圣人之所独也。仁者,人此者也;义者,宜此者也;礼者,体此者也;智者,知此者也;信者,诚此者也。天下之达道五,此之谓也。五常之目何谓也?是非孔子之言也。孟子言四端而不及信,虽兼言五者之实,主仁义而言之,于时未有五常之目也。(汉儒以天下之达道莫大于五者,天下从而是之。扬子五事,系诸道德仁义信,辟老氏而言也。韩子以仁义为定名,以道德为虚位,辟佛氏而言也。言各有当而已矣。然自韩子言仁义而不及道德,王氏所以有道德性命之说也。然学韩而不至,不失为儒者;学王而不至,其蔽必至于佛、老,流而为申、韩。何则?道德性命之说,固圣人罕言之也。求其说而不得,失之缓而不切,则督责之术行矣,此老、庄之后,所以流为申、韩也与!过于仁,佛、老之

---

① 古同"慎"。
② 《荀子·劝学》。
③ 《论语·公冶长》。
④ (金)赵秉文:《滏水集》(卷一),《钦定四库全书》,集部五,别集类四。祖望谨案:此章最断得平允,尽宋人之得失。该条收录于(明)黄宗羲《黄宗羲全集》(第六册),《宋元学案》(四)(全氏补本),《屏山鸣道集说略》(卷一百),第889—891页。

教也;过于义,申、韩之术也;仁义合而为孔子。孟子守先王,荀卿法后王,荀、孟合而为孔子)。《原教》。①

性之说,难言也。何以明之?上焉者,杂佛、老而言;下焉者,兼情与才而言之也。佛则灭情以归性,老则归根以复命,非吾所谓性之中也。荀卿曰"人性恶",扬子曰"人性善恶混",言其情也。韩子曰"性有上中下",言其才也,非性之本也。《记》曰:"人生而静,天之性也。"又曰:"中者,天下之大本也。"此指性之本体也。方其喜怒哀乐未发之际,无一毫人欲之私,纯是天理而已,故曰"天命之谓性"。孟子又于中形出性善之说,曰恻隐也,羞恶也,辞让也,是非也。孟子学于子思者也,其亦异于曾子、子思之所传乎?曰:"否,不然也。此四端含藏而未发者也,发则见矣。譬之草木萌芽,其苗然出者必直,间有不直,物碍之耳。惟大人为能不失其赤子之心,此率性而行之者也,故谓之道。人欲之胜久矣,一旦求复其天理之真,不亦难乎!固当务学以致其知,先明乎义理之辨,使一字一物了然吾胸中。习察既久,天理日明,人伪日消,庶几可以造圣贤之域。故圣人修道以教天下,使之遏人欲、存天理,此修道之谓教也。孟子之后,不得其传,独周、程二夫子绍千古之绝学,发前圣之秘奥,教人于喜怒哀乐未发之前求之,以戒慎恐惧于不见,于不闻,为入道之要,此前圣之所未到,其最优乎!其徒遂以韩、欧诸儒为不知道,此好大人之言也。后儒之扶教,得圣贤之一体者多矣,使董子、扬子、文中子之徒游于圣人之门,则游、夏矣。使诸儒不见传注之学,岂能遽先毛、郑哉!闻道有浅深,乘时有先后耳。"或曰:"韩、欧之学失之浅,苏氏之学失之杂,如其不纯何?"曰:"欧、苏长于经济之变,如其常,自当归周、程。"或曰:"中庸之学,孔子传之曾子,曾子传之子思,而后成书,不以明告群弟子,何也?"曰:"《诗》、《书》、执礼,皆雅言也。雅言,犹言素所言耳。至于天道性命,圣所难言,且《易》之一经,夫子晚而喜之,盖慎言之也。孟子不言《易》。荀卿曰:'始乎为士,终乎读《礼》。'于时未尝言《易》。后世犹曰'孟子不言《易》',所以深言之也。圣人于寻常日用之中,所语无非性与天道,故曰'吾无隐乎尔'。但门弟子有不知者,迨子贡曰:'夫子之言性与天道,不可得而闻也。'子贡闻'一贯'之后,盖

---

① 祖望谨案:总、妙、体三字,便夹杂佛、老家矣。收录于(明)黄宗羲《黄宗羲全集》(第六册),《宋元学案》(四)(全氏补本),《屏山鸣道集说略》(卷一百),第888—889页。

知之矣，然亦未尝以穷高极远为得也。自王氏之学兴，士大夫非道德性命不谈，而不知笃厚力行之实，其蔽至于以世教为俗学。而道学之蔽，亦有以中为正位，仁为种性，流为佛、老而不自知，其蔽反有甚于传注之学，此又不可不知也。且中庸之道何道也？天道也，大中至正之道也。典礼德刑，非人为之私也，且子以为外，是别有所谓性与天道乎？吾恐贪高慕远，空谈无得也，虽圣学如天，亦必自近始，然则何自而入哉？曰慎独。"《性道教说》。①

张 洽

张洽（1160—1237），字元德，号主一。著有《春秋集注》等。

宣公十年

饥。王政以民食为重，故积贮，天下之大命也。前此百有余年，水旱螟螽之灾多矣，不以饥书。今大水之后，特书饥者，著宣公烦于事外，国用无节，上下困竭。故一遇水旱，遂致乏食耳。荀卿论本末源流②，贾谊论蓄积，皆明于为民，而知《春秋》书饥之意者也。③

吴仁杰

吴仁杰，字斗南，一字南英，宋昆山人。著有《离骚草木疏》等。

1. 方明

明堂者以其加方明于其上，坛而不屋故曰明堂，宫谓墙，土为埒而已。

---

① 祖望谨案：此章最断得平允，尽宋人之得失。（明）黄宗羲：《黄宗羲全集》（第六册），《宋元学案》（四），《屏山鸣道集说略》（卷一百），第888—891页。
② 《荀子·富国》。
③ （宋）张洽：《春秋集注》（卷六），《钦定四库全书》，经部五，春秋类。

荀卿书曰："虽为之筑明堂于塞外，使治可矣。"① 杨倞注：明堂，坛也。谓巡守至方岳之下，会诸侯为坛，加方明于其上。然则方明之为明堂，先儒其知之矣。②

2. 辑

梁阮孝绪为《七录》，始有文集录。《隋经籍志》遂以荀况等诗赋之文皆谓之集，而又有别集。③

3. 咸恒

按荀卿书曰："《易》之咸，见夫妇"④，故《卦序》始言天地而不言乾坤。此言夫妇而不言咸，盖昭然义见不必申言之也。⑤

4. 干越

仁杰按荀卿书："干、越、夷、貊之子。"⑥⑦

5. 石兰

荀子所谓"幽兰花生于深林者"⑧，自应是一种。故《离骚》以石兰别之。⑨

6. 茝药

庆善引荀子"兰槐之根为芷"⑩，注，谓：苗名，兰槐根，名芷。然则木根与苗，皆喻本也。⑪

---

① 《荀子·强国》。原文后半句为："而朝诸侯，殆可矣。"
② （宋）吴仁杰：《两汉刊误补遗》（卷四），《钦定四库全书》，史部一，正史类。
③ （宋）吴仁杰：《两汉刊误补遗》（卷五）。
④ 《荀子·大略》。
⑤ （宋）吴仁杰：《两汉刊误补遗》（卷十）。
⑥ 《荀子·劝学》。
⑦ （宋）吴仁杰：《两汉刊误补遗》（卷十）。
⑧ 《荀子·宥坐》。
⑨ （宋）吴仁杰：《离骚草木疏》（卷一），《钦定四库全书》，集部一，楚词类。
⑩ 《荀子·劝学》。
⑪ （宋）吴仁杰：《离骚草木疏》（卷一）。

李如圭

李如圭,生卒年不详,字宝之,南宋庐陵人。著有《仪礼集释》等。

1. 子曰:诺,惟恐弗堪,不敢忘命

释曰:荀子曰:"亲迎之礼,父南乡而立,子北面而跪。醮而命之:'往迎尔相,成我宗事,勖率以敬先妣之嗣,若则有常。'子曰:'诺,惟恐不能,敢忘命矣。'"①②

2. 若不言,立则视足,坐则视膝

释曰:荀子云:"坐视膝,立视足,应对言语视面。"③④

3. 宾奉束锦以请觌

释曰:荀子曰:"聘,问也;享,献也;私觌,私见也。"⑤⑥

4. 币美则没礼

释曰:荀子曰:聘礼志曰:"聘厚则伤德,财侈则殄礼。礼云!礼云!玉帛云乎哉。"⑦⑧

5. 乳母

释曰:荀子曰:"乳母,饮食之者也,而三月;慈母,衣被之者也,而九

---

① 《荀子·大略》。
② (宋)李如圭:《仪礼集释》(卷二),《钦定四库全书》,经部四,礼类二。
③ 《荀子·大略》。
④ (宋)李如圭:《仪礼集释》(卷三)。
⑤ 《荀子·大略》。
⑥ (宋)李如圭:《仪礼集释》(卷十二)。
⑦ 《荀子·大略》。
⑧ (宋)李如圭:《仪礼集释》(卷十四)。

月；君曲被者也，三年毕乎哉。"①②

6. 祝取铭置于重

郑注：祝，习周礼者也。

释曰：重主道，故置铭于重。荀子曰："丧礼者，以生者饰死者也，大象其生以送其死也。始卒，沐浴，鬠体，饭含，象生执也。不沐则濡栉三律而止，不浴则濡巾三式而止。充耳而设瑱，饭以生稻，唅以槁骨，反生术矣。说亵衣，袭三称，搢绅而无钩带矣。设掩面儇目，鬠而不笄矣。书其名，置于其重，则名不见而柩独明矣。"③④

7. 筮宅，冢人营之

郑注：宅葬，居也。冢人有司掌墓地，兆域者，营犹度也。《诗》云："经之营之。"

荀子曰："经纩听息之时，则夫忠臣孝子亦知其闵已。然而殡敛之具，未有求也；垂涕恐惧，然而幸生之心未已，持生之事未辍也。卒矣，然后作具之。故虽备家必逾日然后殡，三日而成服。然后告远者出矣，备物者作矣。故殡久不过七十日，速不损五十日，是何也？曰：远者可以至矣，百求可以得矣，百事可以成矣；其忠至矣，其节大矣，其文备矣。然后月朝卜日，月夕卜宅，然后葬也。"⑤ 卜宅，大夫礼云：月朝卜日，月夕卜宅。未详。⑥

8. 宗人告事毕，宾出，主人送拜，稽颡

释曰：荀子曰："几筵、馈荐、告祝，如或飨之。物取而皆祭之，如或尝之。毋利举爵，主人有尊，如或觞之。宾出，主人拜，反易服，即位而哭，如或去之。谓丧祭也。毋利举爵，谓佐食不献尸；主人有尊，谓纳一尊于西

---

① 《荀子·礼论》。
② （宋）李如圭：《仪礼集释》（卷一九）。
③ 《荀子·礼论》，"说亵衣"原文为"设亵衣"。
④ （宋）李如圭：《仪礼集释》（卷二十一）。
⑤ 《荀子·礼论》。
⑥ （宋）李如圭：《仪礼集释》（卷二十二）。

北隅。"① 易服，杨倞谓易祭服。盖谓练祥之祭也，当考。②

吕乔年

吕乔年，生卒年不详，字巽伯，吕祖谦从子，南宋婺州人。有《泽泽论说集录》等传世。

门人集录孟子说

得道者多助，失道者寡助（止），胜矣。此皆明人和由于得道。且人本不助我，而助我之道；本非不助我，而由我之失道，是人不亲而道亲。如纣之无道，微子去之，箕子为奴，是失道者，虽亲戚亦叛。如武王之得道，虽微卢彭濮远在八荒之外，亦来助之，是得道者，虽疏亦亲。且荀卿言人之性恶，把此一段看，既人性果恶，则失道者必多助，得道者必寡助。今人不助失道而助得道，以是知人性本不恶。至与临武君议兵亦说在附民。然孟子止数句，尽古今用兵之道，为兵法之祖。如《吴子》《孙子》《六韬》《三略》之类，止言天时、地利，亦不言人和。而荀子《议兵》亦有一篇之详，盖圣贤见得明，他人见得不明，以此见学问之深浅处。③

孙应时

孙应时，生卒年不详，南宋时人，字季和，自号烛湖居士，余姚人。著有《烛湖集》等。

---

① 《荀子·礼论》，"母"应为"毋"。
② （宋）李如圭：《仪礼集释》（卷二十五）。
③ （宋）吕乔年编：《泽泽论说集录》（卷七），《钦定四库全书》，子部一，儒家类。

遂安县学两祠记

异时,《六经》《语》《孟》微言大义沉汩破碎于浅陋杂驳之谈,乃今发越条达简易、平实,本乎性善,经乎人伦,而用乎治国、平天下,破瞶为聪,砭蒙为明,荀扬以来莫或进焉。是以学术莫隆于本朝,而议论莫正于今日。故惟三先生为得斯道之传,岂可诬哉?①

程公说

程公说(1171—1207),字伯刚,号克斋,南宋丹棱人。著有《春秋分纪》。

冠于卫成公之庙,则冠于阼,以著代之,礼失矣

荀卿曰"天子、诸侯十九而冠"②,误也。《小记》曰:"大夫冠而不为殇。"大夫不待二十而冠,岂天子、诸侯之冠特先士礼一岁哉?……《左氏》以为礼,非矣。③

洪咨夔

洪咨夔(1176—1236),字舜俞,号平斋,南宋临安人。著有《春秋说》等。

高朝散墓志铭

叔渊,少朗悟绝人,书一再过成诵。荀、杨氏,韩、柳氏,汉、唐、三

---

① (宋)孙应时:《烛湖集》(卷九),《钦定四库全书》,集部四,别集类三。
② 《荀子·大略》。
③ (宋)程公说:《春秋分记》(卷三十七),《书十九》,《钦定四库全书》,经部五,春秋类。

国、南北诸史皆手抄。是非得失，反覆究见。①

真德秀

真德秀（1178—1235），始字实夫，后更字景元，又更为希元，号西山。南宋建宁府浦城县人。学者称其为"西山先生"。有《西山文集》等传世。

1. 大学衍义序

臣尝妄谓，《大学》一书君天下者之律令格例也。本之则必治，违之则必乱。……凡帝王为治之序，为学之本，洞然于胸次矣。臣不佞，窃思所以羽翼是书者，故剟取经文二百有五字，载于是编，而先之以《尧典》《皋谟》《伊训》与《思齐》之诗、《家人》之卦者，见前圣之规模，不异乎此也。继之以子思、孟子、荀况、董仲舒、杨雄、周敦颐之说者，见后贤之议论，不能外乎此也。②

2. 为国

荀子（名况）。请问为国。曰：闻修身矣，未尝闻为国也。君者，槃也，槃圆而水圆；君者，盂也，盂方而水方。君者，源也，源清则流清，源浊则流浊。③

臣按荀况之意，谓君身正则臣民亦正，故多为之喻如此，亦有指哉。④

3. 人君致知之首

或谓以此为人君致知之首，何也？曰：人君之于道所当知者非一，而性

---

① （宋）洪咨夔：《平斋文集》（卷三十一），《钦定四库全书》，集部四，别集类三。
② （宋）真德秀：《大学衍义》序，《钦定四库全书》，子部一，儒家类。同时还收录于《西山文集》（卷二十九）。亦收录于（明）黄宗羲《黄宗羲全集》（第六册），《宋元学案》（四）（黄氏原本、全氏修定），《西山真氏学案》（卷八十一），第188—189页。
③ 《荀子·君道》。
④ （宋）真德秀：《大学衍义》（卷一），《帝王为治之序》。

善尤其最焉。盖不知己性之善，则无以知己之可为尧舜。不知人性之善，则无以知人之可为尧舜。故孟子于滕世子之见，曹交之问，皆以是告焉，庶几其道得行，使君为尧舜之君，民为尧舜之民也。不幸！邪说放纷，正理衰熄，当时之君无能尊信。其言者未几，而荀卿氏出，则为性恶之说，于是李斯本之以相秦。（斯，荀卿弟子。）划灭先王之礼教，一以严法峻刑毒天下，由其以人性为恶故也。片言之误，流祸至此，岂不哀哉！或谓性固然也，然求之天下，其能为善者无几，何也？曰：此气质之异，而非性之罪也。先儒张载尝言之矣。曰："形而后有气质之性，善反之，则天地之性存焉。"盖天之所以与人者，莫非纯粹至善之理，此所谓天地之性也。人之受之则所值之气不同，或清而纯，或浊而杂，故其性亦随而异，此所谓气质之性也。……若夫以己之性为不善，而不以圣人之道治其身，是自暴者也。以人之性为不善，而不以圣人之道治其民，是暴天下者也。故系其说如此，惟圣明详玩之。①

4. 异端学术之差

愈又尝著《原道》篇，略曰：凡吾所谓道德云者，合仁与义言之也，天下之公言也。……孔子传之孟轲。轲之死，不得其传焉。荀与扬也，择焉而不精，语焉而不详。

臣按韩愈之书深排释老，可谓有功于卫道者，故剟其略著于篇。然愈所谓尧传之舜，舜传之禹，至于孟子没而不得其传者，亦言其概。而所以相传者，则未之详也。然则所以相传者果何道邪？曰：尧、舜、禹、汤之中，孔子、颜子之仁，曾子之忠恕，子思之中之诚，孟子之仁义，此所谓相传之道也。知吾圣贤相传之正，则彼异端之失可不辩而明矣。

以上论异端学术之差。②

5. 王道、霸术之异

荀子曰：粹而王（粹谓纯全也。），驳而霸（驳，杂也。）。③

臣按荀卿以粹驳二字而为王霸之分，亦可谓知言者也。盖粹然出于仁义

---

① （宋）真德秀：《大学衍义》（卷五）。
② （宋）真德秀：《大学衍义》（卷十三）。
③ 《荀子·富国》。

者,王也。仁而杂以不仁,义而杂以不义者,霸也。王者纯乎道德,而霸者杂以功利,此其所以异也。荀卿之论王霸非一,独此为当于理,他如隆礼、尊贤、重法、爱民之别,敬日、敬时之分,皆非是,故弗取焉。

……王道如砥,本乎人情,出于礼义,若履大路而行,无复回曲。霸者崎岖,反侧于曲迳之中,而卒不可入尧舜之道。

以上论王道、霸术之异。①

6. 义与利

《荀子》:义与利者,人之所两有也。虽尧舜不能去民之欲利,然而能使其欲利不克其好义也(克,胜也。)。虽桀纣亦不能去民之好义,然而能使其好义不胜其欲利也。故义胜利者为治世,利克义者为乱世。上重义则义克利,上重利则利克义。故天子不言多少,诸侯不言利害,大夫不言得丧,士不通财货。有国之君不息牛羊,错质之臣不息鸡豚,冢卿不修币(冢,长也。),大夫不为场园,从士以上皆羞利而不与民争业,乐分施而耻积藏。②

臣按荀卿之论美矣,然谓义之与利,人所两有,则是未知人之本性也。性之所有,惟义而已。自其物我角立,然后利心生焉。又谓尧舜不能去民之欲利,桀纣不能去民之欲义。夫桀纣不能去民之义心者,以其秉彝之善,虽暴君不能夺也。若曰尧舜不能去民之利心,则所谓黎民于变者果何事耶?圣人之化所以与天地同流者,正以使民迁善远罪而不知也。若民有利心而不能去,则非所谓迁善而不知矣。夫利者,人心之蟊贼,不可有也。圣贤之教,学者必使尽去此心,而后可与为善。其化民必使尽革此心,而后可与为治。曾谓尧舜之民而犹有利心耶?卿以人性为恶,故其论若此,臣不得以不辨。③

7. 以理与气论性

《孝经》。子曰:"天地之性人为贵。"

愚按荀子曰:"水火有气而无生,草木有生而无知,禽兽有知而无义。人有气,有生,有知亦且有义,故最为天下之贵也。"④ 其论似矣,至其论性则

---

① (宋)真德秀:《大学衍义》(卷十四)。
② 《荀子·大略》。
③ (宋)真德秀:《大学衍义》(卷二十六)。格物致知之要三,审治体,义利重轻之别。
④ 《荀子·王制》。

以为恶，论礼则以为伪，何其自相戾耶？

《中庸》："天命之谓性，率性之谓道，修道之谓教。"

盖在天在人，虽有性命之分，而其理则未尝不一。在人在物，虽有气禀之异，而其理则未尝不同。此吾之性所以纯粹至善，而非若荀、杨、韩子之所云也。①

8. 告子言性

告子曰："性犹杞柳也，义犹桮棬也。以人性为仁义，犹以杞柳为桮棬。"

朱子曰：性者，人生所禀之天理也。告子言人性本无仁义，必矫揉而后成，如荀子性恶之说也。②

9. 辩性之善恶

胡氏说："性不可以善言。本然之性，其尊无对，才说善时便与恶对，非本然之性矣。孟子道性善非是说性之善，只是赞叹之辞。"某尝辨之。本然之性固浑然至善，无恶可对，此天之赋予然也。然行之在人，则有善有恶。行得善者即本然之性，岂可谓善者非本然之性乎？若如其言，有本然之性，又有善恶相对之性，则是有两性矣。其得于天者，此性也；行得善者，亦此性也。只是才有个行得善底，便有个不善底，所以善恶须着对说，不是元有个恶在里与之为对，只是行得错底便流入于恶尔。然文定之说又得于龟山，龟山得之东林总老。总极聪明，龟山尝问：孟子道性善是否？总曰：是。又问：性岂可以善恶言？总曰：本然之性不与恶对。总之言本未有病。盖本然之性是本无恶。及至文定父子，遂分成两截，说善底不是性。若善底非本然之性，却那处得这善来？既以善为赞叹之词，便是性本善矣。若非性善，何赞叹之有？二苏论性亦是如此，尝言孟子道性善，犹云火之能熟物也。荀卿言性恶，犹云火之能焚物也。龟山反其说，而辨之曰：火之所以能熟物者，以其能焚故耳。若火不能焚物，何从熟？苏氏论性自尧舜至孔子不得已而命之，且寄之曰"中"，曰"一"，未尝分善恶言也，自孟子道性善而一与中始支矣，更不看道理，只认说得行底便是。诸胡之说亦然。《知言·论性》曰："不可以

---

① （宋）真德秀：《西山读书记》（卷一），《钦定四库全书》，子部一，儒家类。
② （宋）真德秀：《西山读书记》（卷一）。

善恶辨，不可以是非分。"既无善恶，又无是非，则是告子湍水之说尔。①

10. 论性与气

程子曰："论性不论气，不备；论气不论性，不明。二之则不是。"

朱子曰：孟子说性善是论性不论气，荀扬而下论气不论性。孟子终是未备，所以不能杜绝荀扬之口。然不备，但少欠耳。不明则大害事。○天命之性若无气质却无安顿处，且如一勺之水，非有物盛之，则水无归着。程子此论所以发明千古圣贤未尽之意，甚为有功。○濂溪《太极图说》阴阳五行之变不齐，二程因此推出气质之性。○才说性时，便有气质在里。○气是无形之物，才是有形之物，便有美恶。○二气五行，何尝不正？只滚来滚去便有不正，如阳为刚躁，阴为重浊之类。○气升降无时止息，理只附气。惟气有昏浊，理亦随而间隔。○性之善，只一般气便有不齐处。……○问天地之性既善，则气禀之性如何不善。曰：理固无不善，才赋于气质，便有清浊、偏正、刚柔、缓急之不同。盖气强而理弱，理管摄他不得。○大凡禀得一边重，便占了其他底。如慈爱底人少断制，断制之人多残忍。……○气质之说起于张、程，极有功于圣门，有补于后学。前此未曾有人说到，故张程之说立，则诸子之说泯矣。……○荀子只见得不好人底性，便说做恶。扬子见半善半恶人，便说善恶混。韩子见天下有许多般人，所以立为三品之说。就三子中，韩子说又较近，只是中间过接处少个气字。②

11. 论性

龟山杨氏曰：人所资禀固有不同，若论其本则无不善。此孟子所以言性善也。横渠说气质之性，亦以人之性有刚柔、缓急、强弱、昏明而已，非谓天地之性然也。……○天地之性是理也，才到有阴阳五行处便有气质之性，于此便有昏明厚薄之殊。○论天地之性则专指理而言，论气质之性则以理与气杂而言之。○气质阴阳五行所为性，即太极之全体；但论气质之性，即此体堕在气质之中耳，非别有一性也。……○南轩张氏曰：学者须是变化气质，或偏于刚，或偏于柔，必反之。如禽兽是其气质之偏，不能反也。人若不知

---

① （宋）真德秀：《西山读书记》（卷一）。
② （宋）真德秀：《西山读书记》（卷二）。

自反，则天性日以远矣。若变化得过来，只是本性所有，初未尝增添，故言性者须分别出气质之性。〇勉斋黄氏曰：自孟子言性善，而荀卿言性恶，扬雄言善恶混，韩文公言性有三品，及至横渠张子又分为天性之性、气质之性，然后诸子之说始定。性善者，天地之性也。余则所谓气质之性也。然尝疑之。张子所谓气质之性，形而后有；则天地之性，乃未受生以前天理之流行者也。故又以为极本穷源之性，而又以为万物一源。如此，则可以谓之命，而不可以谓之性也。程子又有"人生而静以上不容说"之语，又于所作"好学论"言性之本，而后言形既生矣，则又疑所谓天地之性指命而言，命固善矣，于人性果何预乎？曰：张、程之论非此之谓也。盖自其理而言之，不杂乎气质而为言，则是天地赋与万物之本然者，而寓乎气质之中也。故其言曰："善反之，则天地之性存焉。"盖谓天地之性未尝离乎气质之中也。而其以天地为言，特指其纯粹至善，乃天地赋予之本然也。……未发之前，气不用事，所以有善而无恶。至哉此言也。①

12. 荀子论心

荀子曰："君子大心则天而道，小心则畏义而节。小人则不然，大心则慢而暴，小心则淫而倾。"②

朱子曰：君子心大则是天心，心小则如文王之翼翼。小人心大则放肆，心小则偏隘私吝。

"耳目鼻口能各有接而不相能也，夫是之谓天官。心居中虚以治五官，夫是之谓天君。圣人清其天君，正其天官。"③ "心卧则梦，偷则自行，使之则谋。"④

朱子曰：佛家有所谓"流注想"最害事，所以为山禅师云参禅几年，至今不能断得"流注想"，此即荀子"偷则自行"之心也。愚按"偷则自行"谓我无以主宰而听命于动也，"使之则谋"谓我有以主宰而惟我，所以云云。

"虚壹而静谓之清明。"⑤

---

① （宋）真德秀：《西山读书记》（卷二）。
② 《荀子·不苟》。
③ 《荀子·天论》。
④ 《荀子·解蔽》。
⑤ 《荀子·解蔽》。

本文清明之上有大字。○愚按"虚"谓无物欲之碍。"壹"谓无思虑之杂。如是而又静以养之,是之谓清明。非于三者之外又有清明也。

"心者,形之君也,而神明之主也。出令而无所受令。"① 杨氏曰:心出令以役百体,不为百体所使也。

"心枝则无知,倾则不精,贰则疑惑。"②

枝,散也;倾,邪也。心一则见理明,故散则无知。心正则见理的,故倾则不精。贰则散之东,又之西,故疑惑。枝与贰相近,枝又甚于贰也。

《道经》曰:"人心之危,道心之微。"危微之几,惟明君子而后能知之。故人心譬如槃水,正错而勿动,则湛浊在下而清明在上,则足以见须眉而察理矣。③

湛,澄也。浊谓沉泥,滓也。理谓肌肤之文理也。

微风过之,湛浊动于下,清明乱于上,则不可以得大形之正也。心亦如是矣。故导之以理,养之以清,物莫之倾,则足以定是非,决嫌疑矣。小物引之,则其正外易,其心内倾则不足以决庶理也。④

言此者,以喻心不一于道。异端所蔽则惑矣。○愚按,荀子论心前数章皆可取,若此章则可疑。盖心之虚灵知觉者万理具焉,初岂有一毫之污浊哉?自夫汨于物欲而后有污浊耳。学者必尽去物欲之害,则本然之清明自全。今曰湛浊在下而清明在上,是物欲之害。初未尝去,但伏而未作耳,其可恃以为安邪?水不能不遇风,长川巨浸,泓澄无底,虽大风不能使之浊。心不能不应物,欲尽理明,表里莹彻,虽酬酢万变不能使之昏。无风则清,有风则浊者,尘滓之伏于下也。静之则明,动之则昏者,利欲之藏于中也。⑤

13. 气

荀子治气养心之术:"血气刚强则柔之以调和,智虑渐深则一之以易良,勇胆猛戾则辅之以道顺,齐给便利则节之以动止,狭隘褊小则廓之以广大,卑湿重迟贪利则抗之以高志,庸众驽散则劫之以师友,怠慢僄弃则照之以祸

---

① 《荀子·解蔽》。
② 《荀子·解蔽》。
③ 《荀子·解蔽》。
④ 《荀子·解蔽》。
⑤ (宋)真德秀:《西山读书记》(卷三)。

灾，愚款端悫则合之以礼乐，通之以思索。"① 按荀子之言不皆纯粹，匡衡治性大意略同，而其疵反少，已见气质篇。②

14. 射意

荀子曰："空石之中有人焉，善射而好思。耳目之欲接，则败其思。蚊虻之声闻，则挫其精。是以辟耳目之欲，而远蚊虻之声，闲居静思则通。思仁若是，可谓微乎？"③ 与孟子奕射④意略同，然其语近于庄、列，故不足取。⑤

15. 养心

程子曰：孟子言养心莫善于寡欲，欲寡则心自诚。荀子言养心莫善于诚，既诚矣，又何养？此已不识诚，又不知所以养。○致知在所养，养知莫过于寡欲。……若学者以寡欲为要，则当存养扩充，由寡欲以至无欲，则其清明高远者为无穷矣。⑥

16. 论桓公、管仲

子曰："桓公九合诸侯不以兵车，管仲之力也。如其仁！如其仁！"

不以兵车，言不假威力也。如其仁，言谁如其仁者。又再言，以深许之。盖管仲虽未得为仁人，而其利泽及人，则有仁之功矣。○或问管仲不死之说。曰：程子至矣，但以薄昭之言证桓公之为兄，则荀卿尝谓桓公杀兄以争国⑦，而其言固出于薄昭之前矣，盖不可以此证其必然。但以《春秋》《公》《穀》所书之文为据，而参以此章之言断之，可也。盖圣人之于人，有功则称其功，有罪则数其罪，不以功掩罪，亦不以罪掩功。今于管仲但称其功不言其罪，则可见不死之无害于义，而桓公、子纠之长少亦从以明矣。⑧

---

① 《荀子·修身》。
② （宋）真德秀：《西山读书记》（卷四）。
③ 《荀子·解蔽》。
④ 见《孟子·离娄下》中"逢蒙学射于羿"的相关论述。
⑤ （宋）真德秀：《西山读书记》（卷四）。
⑥ （宋）真德秀：《西山读书记》（卷四）。
⑦ 《荀子·仲尼》。
⑧ （宋）真德秀：《西山读书记》（卷六）。

17. 荀、扬未及横渠

公说：天体物不遗。既说得是，则所谓仁体事而无不在者，亦不过如此。今所以理会不透，只是以天与仁为有二也。今须将圣贤言仁处就自家身上思量，久之自见。○横渠此语是将赤心片片说与人，荀、扬何尝有此。①

18. 《荀子》论礼与论性

荀子曰：人生而有欲，欲而不得则不能无求。求而无度量、分界则不能不争。争则乱，乱则穷。先王恶其乱也，故制礼义以分之，以养人之欲，给人之求。使欲必不穷于物，物必不屈于欲。两者相待而长也。

凡礼，事生，饰欢也；送死，饰哀也；师旅，饰威也。是百王之所同，古今之所一也。②

按《荀子》书有《礼论》，其论礼之本末，甚备；至其论性，则以礼为圣人之伪，岂不谬哉。③

19. 知仁之论

荀子曰：处仁以义，然后仁。④

学者有以此说为当理者，盖谓施仁而不以义，则兼爱无别，不足以为仁矣。愚谓此不知仁之论也。盖仁义虽曰对立，然仁未尝不兼义。仁者，体也；义者，用也。有体斯有用也。以其体而言之，则仁者之心无不周遍，所谓理一也。至其施之，则亲亲与仁民不同，仁民与爱物不同，所谓分殊也，即所谓义也。程子之论，《西铭》尽之矣。必若荀子之言，则仁未足以为仁，必处之以义然后仁也。如此，则仁小于义，义大于仁矣，岂理也哉？⑤

20. 忠臣之事

孔氏曰：《公羊传》云：大夫已去三年待放。范甯以为君赐之环则还，赐

---

① （宋）真德秀：《西山读书记》（卷七）。
② 《荀子·礼论》。
③ （宋）真德秀：《西山读书记》（卷八）。
④ 《荀子·大略》。
⑤ （宋）真德秀：《西山读书记》（卷九）。

之玦则往，故荀卿云："召人以环，绝人以玦。"① ……夫忠臣之事，君言不用而去之，不得已也。其心岂舍君哉？②

21. 论臣

《荀子》："有能臣者，有篡臣者，有功臣者，有圣臣者。内不足使一民，外不足使距难，百姓不亲，诸侯不信；然而巧敏佞说，善取宠乎上，是能臣者也。"③

杨氏曰：以佞媚为容能。上不忠乎君，下善取誉乎民，不恤公道，通义朋党，比周以环主，图私为务，是篡臣者也。环主，环绕其主，不使贤臣得用。图，谋也。篡臣者，篡夺其君政也。

"内足使一民，外足使距难，民信之，士信之，上忠乎君，下爱百姓而不倦，是功臣者也。上则能尊君，下则能爱民，政令教化，形下如影，应卒遇变，齐给如响，推类接誉，以待无方，曲成制象，是圣臣者也。"④

此明应卒遇变之意，无方无常也。推其比类，接其声誉，言见其本而知其末也。待之无常，谓不滞于一隅也。委曲皆成制度、法象，言物至而应，无非由法，不苟而行之也。圣，无所不通之谓也。

"故齐之苏秦，楚之州侯，秦之张仪，可谓能臣者也。韩之张去疾，赵之奉阳，齐之孟尝，可谓篡臣者也。晋之咎犯，齐之管仲，楚之孙叔敖，可谓功臣矣。殷之伊尹，周之太公，可谓圣臣矣。是人臣之论也。

"从命而利君，谓之顺。从命而不利君，谓之谄。逆命而利君，谓之忠。逆命而不利君，谓之篡。不恤君之荣辱，不恤国之臧否，偷合苟从以持禄养交而已耳，谓之国贼。君有过谋、过事，将危国家，殒社稷。大臣、父子、兄弟有能进言于君，用则不去，不用则去，谓之谏。有能进言于君，用则可，不用则死，谓之争。有能比知同力，率群臣百吏而相与强君、矫君，君虽不安，不能不听，遂以解国之大患，除国之大害，成于尊君安国，谓之辅。有能抗君之命，窃君之重，反君之事，以安国之危，除君之辱，功伐足以成国之大利，谓之拂。故谏争辅拂之人，社稷之臣也，国君之宝也。伊尹、箕子

---

① 《荀子·大略》。
② （宋）真德秀：《西山读书记》（卷十二）。
③ 《荀子·臣道》。
④ 《荀子·臣道》。

可谓谏矣。比干、子胥可谓争矣。平原君之于赵，可谓辅矣。信陵君之于魏，可谓拂矣。《传》曰'从道不从君'，此之谓也。

"有大忠者，有次忠者，有下忠者，有国贼者。以德复君而化之，大忠也；以德调君而补之，次忠也；以是谏非而怒之，下忠也；不恤君之荣辱，不恤国之臧否，偷安苟容以之持禄养交而已耳，国贼也。若周公之于成王，可谓大忠矣；若管仲之于桓公，可谓次忠矣；若子胥之于夫差，可谓下忠矣；若曹触龙之于纣，可谓国贼矣。"①

按荀子之言，醇疵相半。然其大概，有可取者。姑录之以上，言人臣优劣之差，亦事君者所当深知而审处也。又《鹖冠子》有师臣、友臣、仆臣之目，盖为人主用人而发，此不录。然所谓仆臣者，正孟子所谓以事君为容悦，荀子所谓能臣是也。故眉山苏氏有云：仆隶之臣，诺诺唯唯。士大夫志在禄位，而偷安苟容无复责难陈善之义者，皆所谓仆臣也。少有羞恶之心者其可为乎？②

22. 人伦之始

夫妇之道，不可以不久也，故受之以恒。

〇荀子曰："《易》之《咸》，见夫妇之道，不可不正也。君臣，父子之本也。咸，感也。以高下下，以男下女，柔上而刚下。聘仕之义，亲迎之道，重始也。"③ 〇此章论人伦之始。④

23. 乡愿

子曰："乡原，德之贼也。"

朱子曰：乡者，鄙俗之意。"原"与"愿"同。荀子原悫，注作愿是也。乡原者，乡人之愿者也。盖其同流合污以媚于世，故在乡人之中独以原称。夫子以其似德而反乱乎德，故以为德之贼而深恶之。⑤

---

① 《荀子·臣道》。
② （宋）真德秀：《西山读书记》（卷十二）。
③ 《荀子·大略》。
④ （宋）真德秀：《西山读书记》（卷十三）。
⑤ （宋）真德秀：《西山读书记》（卷十五）。

24. 畏

子曰："君子有三畏：畏天命，畏大人，畏圣人之言。"

……荀子亦云："人不肖而不敬，则是狎虎也。狎虎则危，灾及其身。"①以此义参之，不独大人之当敬，虽小人亦不可不敬也。荀卿乃有爱而敬、畏而敬之别，其意谓于君子则心敬，小人则貌敬，岂其然邪？《书》曰："德盛不狎侮。"盖德盛者，自不为狎侮，非以危殆为可畏也。孔子曰：君子无小大，无众寡，无敢慢。深味斯言，则荀氏之醇疵可见矣。○此章专言畏。②

25. 论学

荀子曰："学恶乎始？恶乎终？曰：其数则始乎诵经，终乎读礼。其义则始乎为士，终乎为圣人。真积力久则入，学至乎没而后止也。君子之学也，入乎耳，著乎心，布乎四体，形乎动静。小人之学也，入乎耳，出乎口，口耳之间，财四寸耳。"③

程子曰：学未至而其言至者，循其言亦可以入道。《荀子》曰"真积力久乃入"，荀卿元不知此。

君子知夫不全不粹之不足以为美也，故诵数以贯之，思索以通之，为其人以处之，除其害者以持养之。朱子曰：司马公答学者书，说为学之法，举荀子四句云云，此说亦好。诵数云者，想是古人诵书亦说遍数，"贯"字训"熟"，如习贯自然之贯，又训"通"。诵得熟，方能通晓；若诵不熟，亦无可得思索。

学者固学为圣人也，非学为无方之民也。④

26. 为学次第

致知之道在乎即事观理，以格夫物。格者，极至之谓，如格于文祖之格，言穷之而至于极也。此《大学》之条目，圣贤相传，所以教人为学之次第，至为纤悉。然汉魏以来，诸儒之论未闻有及之者。至唐，韩子乃能援以为说，

---

① 《荀子·臣道》。
② （宋）真德秀：《西山读书记》（卷十八）。
③ 《荀子·劝学》。
④ （宋）真德秀：《西山读书记》（卷二十）。

而见于《原道》之篇，则庶几其有闻矣。然其言极于正心、诚意，而无曰致知、格物云者，则是不探其端而骤语其次，亦未免于"择焉不精，语焉不详"之病矣，何乃以是而议荀、杨哉。①

27. 释"絜"

荀子、庄子注云："絜"，围束也，是将一物围束，以为之则也。某幼时见范文所言如此，他甚自喜，以为先儒所未到。○以上治国平天下传。②

28. 论音中之理

虽今之世，太常教坊，各有司局，初不相乱，况上而春秋之世，宁有编郑卫乐曲于雅音中之理乎？《桑中》《溱洧》诸篇作于周道之衰，其声虽已降于烦促，而犹止于中声。荀卿独能知之，其辞虽近于讽，一劝百，然犹止于礼义。大序独能知之，仲尼录之于经，所以谨世变之始也。③

29. 六经之指

荀子曰："《书》者，政事之纪也。"
杨氏曰：《书》所以纪政事，此说六经之意。
"《诗》者，中声之所止也。"
《诗》谓乐章，所以节音。生乎中而止，不使流淫。《春秋传》曰：中声以降。五降之后，不容弹矣。
"礼者，法之大分，类之纲纪也。"
礼所以为典，法之大分，统类之纲纪。类谓礼法，所触类而长者，犹律条之比附。
"故学至乎礼而止矣。夫是之谓道德之极，礼之敬文也，乐之中和也。《诗》《书》之博也，《春秋》之微也，在天地之间者毕矣。又曰：礼乐法而不说。"
有大法而不曲说。

---

① （宋）真德秀：《西山读书记》（卷二十二）。
② （宋）真德秀：《西山读书记》（卷二十二）。
③ （宋）真德秀：《西山读书记》（卷二十三）。

"《诗》《书》故而不切。"

《诗》《书》但谓先王故事而不委曲切近于人。

"《春秋》约而不速。"①

文义隐约,不能使人速晓其意。○愚谓"法而不说"谓陈列其法,使人自悟,而无待于论说,故而不切。谓但述已然之得失,使人视以为监,而不待于迫切。②

30. "桓公夺伯氏之邑以与管仲"之事

荀卿所谓"与之书社三百,而富人莫之敢拒者"③,即此事也。④

31. 论人物

按孟子论人物,如伯夷、柳下惠、伊尹之类已散见诸篇,若仲子事合见出处篇,匡章事亦合在父子篇,以其察世俗之毁誉,而断之以至公之理,深得论人之法,故备载焉。若荀、杨以下评论人物未必皆当,故略之。⑤

32. 省身

荀子曰:"君子博学而日三省乎己,则智明而行无过矣。"⑥ ○此章言省身。⑦

33. 尧舜之道

韩子曰:"斯道何道也?曰:斯吾所谓道也,非向所谓老与佛之道。尧以是传之舜,舜以是传之禹,禹以是传之汤,汤以是传之文、武、周公,文、武、周公传之孔子,孔子传之孟轲。轲之死,不得其传焉。荀与扬,择焉而不精,语焉而不详。"

程子曰:退之因学文,日求所未至,遂有所得,如曰"轲之死,不得其

---

① 该条加引号的六句引文皆出自《荀子·劝学》。
② (宋)真德秀:《西山读书记》(卷二十四)。
③ 《荀子·仲尼》。
④ (宋)真德秀:《西山读书记》(卷二十五)。
⑤ (宋)真德秀:《西山读书记》(卷二十五)。
⑥ 《荀子·劝学》。
⑦ (宋)真德秀:《西山读书记》(卷二十七)。

传"，似此言语，非蹈袭前人，又非凿空撰出，必有所见。若无所见，不知言所传者何事。张子曰：孔孟而后，其心不传。如荀、扬皆不能知。〇以上总叙尧、舜、禹、汤、文、武、周、孔传授。然其所传之道，若尧、舜、禹之中，汤、文之敬，武王之极，周公之礼乐，孔子之六经与？凡心学、性学之类各已散见诸篇，合而观之，然后见圣贤传授之全体，又非此篇所能悉该也。①

34. 荀扬之学

韩子曰："孟氏醇乎醇者也，荀与扬大醇而小疵。"

上文云：始吾读孟轲书，然后知孔子之道尊，圣人之道易行，王易王，霸易霸也。以为孔子之徒没，尊圣人者孟氏而已。晚得扬雄书，益尊信孟氏。因雄书而孟氏益尊，则雄者亦圣人之徒欤。及得荀氏书，又知有荀氏者。考其辞时，若不粹，要其归与孔子异者鲜矣，抑犹在轲、雄之间乎。

程子曰：扬子无自得者也，故其言蔓衍而不断，优柔而不决。其论则曰：人之性善恶混。荀子，悖圣人者也。故列孟子于十二子，而谓人之性恶。性果恶邪？圣人何能反其性，以至于斯邪？

又曰：荀卿才高，其过多。扬雄才短，其过少。韩子称其大醇，非也。若二子可谓大驳矣。又曰：退之言"孟子醇乎醇"，此言极好。非见得孟子意，亦道不到其言。"荀扬大醇小疵"，则非也。荀子极偏驳，只一句"性恶"大本已失。扬子虽过少，然已自不识性，更说甚道。又曰：韩愈云"孟子醇乎醇。又曰：荀与扬，择不精，语不详。"若不是他见得，岂千余年后更能断得如此分明。又曰：荀子云"始乎为士，终乎为圣人"。今学者才读书，便望至圣贤，然中间至之之方更有多少？荀子虽能如此说，却以礼义为伪，性为不善。它自情性尚理会不得，怎生到得圣人？又曰：扬雄规矩窄狭，道即性也。言性已错，更何所得？按《荀子·性恶篇》曰："人之性恶，其善者伪也。"古者圣人以人之性恶，以为偏险而不至，悖乱而不治，是以为之起礼义、制法度，以矫饰人之情性而正之，以扰化人之情性而道之，使皆出于理，合于道者也。今人化师法，积文学，道礼义者为君子；从性情，安恣睢，慢礼义者为小人。以此观之，人之性恶明矣。孟子曰"人之性善"，是不然。问

---

① （宋）真德秀：《西山读书记》（卷二十八）。

者曰：人之性恶，则礼义恶生？曰：凡礼义者，生于圣人之伪，非生于人之性也。其《非十二子篇》曰：略法先王而不知其统，犹然而材剧志大，闻见杂博。案往旧造说，谓之五行，甚僻违而无类，幽隐而无说，闭约而无解，案饰其辞而祗敬之曰："此真先君子之言也。"子思唱之，孟轲和之。世俗之沟犹瞀儒，嚾嚾然不知其非也，遂受而传之，以为仲尼、子游为兹厚于后世，是则子思、孟轲之罪也。十二子者，它嚣、魏牟也；陈仲、史鰌也；墨翟、宋钘也；慎到、田骈也；惠施、邓析也；子思、孟子之道即尧、舜、禹、汤、文、武、周公、孔子之道也。而以厕于十子之间，其与前章性恶之云皆其言之甚驳，而获罪于圣人之门者也，故具列于此。眉山苏氏曰：昔者常怪李斯事荀卿，既而焚灭其书，大变古先圣王之法，于其师之道不啻若寇雠。及今观荀卿之书，然后知李斯之所以事秦者，皆出于荀卿，而不足怪也。荀卿者，喜为异说而不让，敢为高论而不顾者也。子思、孟轲世之所谓贤人、君子也。荀卿独曰：乱天下者，子思、孟轲也。天下之人如此其众也，仁人义士如此其多也。荀卿独曰：人性恶，桀纣性也；尧舜伪也。由是观之意，其为人必也刚愎不逊而自许大过。彼李斯者，又特甚者耳。今夫小人之为不善，犹必有所顾忌，是以夏商之亡，桀纣之残暴，而先王之法度、礼乐、刑政犹未至于绝灭而不可考者，桀纣犹有所存而不敢尽废也。彼李斯者独能奋而不顾，焚烧夫子之六经，烹灭三代之诸侯，破坏周公之井田，此亦必有所恃者矣。彼见其师历诋天下之贤人，自是其愚，以为古先圣王皆无足法者。不知荀卿特以快一时之论，而荀卿亦不知其祸之至于斯也。○苏氏之言有可取者，故附见焉。

荀子曰：真积力久则入，循其言可以入道。然荀子初不及此。

圣人之言远如天，近如地。其远也，若不可得。而及其近也，亦可得而行。扬子曰：圣人之言，远如天；贤者之言，近如地。非也。

朱子曰：荀子说"能定而后能应"，又曰"君子大心则天而道，小心则畏义而节"，皆好语也。

问：荀子资质亦是刚明底人。曰：然。只是粗。又问：扬子比荀子却细。曰：扬子说到深处，只是入老庄窠穴中去。如清静寂寞之说与太玄中藏心于渊，亦是庄老意。○以上兼言荀扬之学。[①]

---

① （宋）真德秀：《西山读书记》（卷三十）。

35. 文中子之学

程子曰：王通者，隐德君子也。……其粹处殆非荀扬所及，若《续经》之类皆非其作。

一本云：文中子本是一隐君子。世人往往得其议论，傅会成书。其间极有格言，荀扬说不到处；又有一件事半截好，半截不好。……或曰：然则仲淹之学固不得为孟子之伦矣，其视荀卿、韩氏亦有可得而优劣者耶？曰：荀卿之学杂于申商。子云之学本于黄老，而其著书之意盖亦姑托空文以自见耳。非如仲淹之学，颇近于正而粗有可用之实也。至于退之《原道》诸篇，则于道之本原，若有非荀、扬、仲淹之所及者。然考其平生意乡之所在，终不免于文士浮华放浪之习，时俗富贵利达之求，而其览观古今之变将以措诸事业者，恐亦未若仲淹之致恳恻而有条理也。是以予于仲淹独深惜之，而有所不暇于三子，是亦《春秋》责备贤者之遗意也，可胜叹哉。①

36. 韩子之学

汉魏以来，诸儒之论未闻有及之者。至唐，韩子乃能援以为说，庶几其有闻矣。然其言极于正心、诚意而无致知、格物云者，则是不探其端而骤语其次，亦未免于"择焉不精，语焉不详"之病矣，何乃以是而议荀扬哉。②

37. 韩非之学

太史公曰：韩非者，韩之诸公子也，喜刑名、法术之学，而其归本于黄老，与李斯俱事荀卿。斯自以为不如非。③

38. 欧阳修之说

欧阳子本论曰：佛法为中国患千余岁。……然则礼义者，胜佛之本也。今一介之士知礼义者，尚能不为之屈；使天下皆知礼义，则胜之矣，此自然之势也。又曰：昔荀卿子之说以为人性本恶，著书一篇以持其论。予始爱之，

---

① （宋）真德秀：《西山读书记》（卷三十）。
② （宋）真德秀：《西山读书记》（卷三十）。
③ （宋）真德秀：《西山读书记》（卷三十五）。

及见世人之归佛者，然后知荀卿之说缪焉甚矣。人之性善也。彼为佛者，弃其父子，绝其夫妇，于人之性甚戾。又有蚕食虫蠹之弊，然而民皆相率而归焉者，以佛有为善之说故也。呜呼！诚使吾民晓然知礼义之为善，则安知不相率而从哉？①

39. 理与性

盖在天、在人，虽有性命之分，而其理则未尝不一。在人、在物，虽有气禀之异，而其理则未尝不同。此吾之性所以纯粹至善，而非若荀、扬、韩子之所云也。②

40. 南雄州学四先生祠堂记

盖自荀、杨氏以恶与混为性，而不知天命之本。然老、庄氏以虚无为道，而不知天理之至实。佛氏以划灭彝伦为教，而不知天叙之不可易。周子生乎绝学之后，乃独深探本原，阐发幽秘。二程子见而知之，朱子又闻而知之，述作相承，本末具备。自是，人知性不外乎仁义礼智，而恶与混，非性也。道不离乎日用事物，而虚无非道也。教必本于君臣、父子、夫妇、昆弟，而划灭彝伦非教也。③

41. 重建王忠文公祠堂记

自荀卿子性恶之说行，为政者大抵刍狗其人而鬼魅其俗，谓不可以理义化。吁！使民性而果恶也，则凡暴君污吏之所为，亦将思之矣。弗彼之思而此焉，思有以知民性之至善。而卿之言，所谓贼其民者也。④

42. 问治国平天下章

言我有此心，人亦有此心。在上之君子，当以己之心度人之心，如以矩而度物也。矩，制方之器，俗谓曲尺是也。荀子曰："五寸之矩，尽天下之

---

① （宋）真德秀：《西山读书记》（卷三十六）。
② （宋）真德秀：《中庸集编》（卷上），《钦定四库全书》，经部八，四书类。
③ （宋）真德秀：《西山文集》（卷二十六），《钦定四库全书》，集部四，别集三。
④ （宋）真德秀：《西山文集》（卷二十六）。

方。"① 言矩虽止长五寸，然天下之为方器者，必以此为则以譬一心，虽微而推之，以度人之心，虽千万人无不同者。我欲孝于亲人，亦欲孝于亲我，欲弟于长人，亦欲弟于长，故为君子者必使人各得以遂其孝弟之心。我欲安人，亦欲安我，欲寿人亦欲寿，我欲富人亦欲富，故君子者必使人各遂其所欲，此皆所谓絜矩也。（俗言以心比心，即是此义。）②

魏了翁

魏了翁（1178—1237），字华父，号鹤山，南宋邛州蒲江人。南宋理学家，著有《鹤山全集》等。

1. 吕公好相人

鹤山先生曰："相人"二字始见于《左氏》。文公元年，传内史叔服能相人，至荀卿始为书③非之，然未得其要。大抵吕公能相高祖之当贵，而不能相吕后之覆宗。此《大学》曰：人莫知其子之恶，其是之谓欤。④

2. 《左传》传授源流

据刘向《别录》云：左丘明授曾申，申授吴起，起授其子期，期授楚人铎椒。铎椒作抄撮八卷，授虞卿。虞卿作抄撮九卷，授荀卿。荀卿授张苍。此经既遭焚书，而亦废灭。⑤

3. 申尚书省乞检会元奏赐横渠先生谥状

元祐四年，秦凤路提点刑狱张舜民有请于朝，谓先生学际天人，诚动金石，著书万言，阴阳变化之端，仁义道德之理，死生性命之分，治乱国家之

---

① 《荀子·不苟》。
② （宋）真德秀：《西山文集》（卷三十）。
③ 即《荀子·非相》。
④ （宋）魏了翁：《古今考》（卷一），《钦定四库全书》，子部十，杂家类二。
⑤ （宋）魏了翁：《春秋左传要义》（卷首）序，《钦定四库全书》经部五，春秋类。

经，罔不究通，盖孟轲、扬雄之流，如荀况辈殆不足道。①

4. 往

《家语》、荀卿、戴德诸书记孔子、子贡答问之语，亦谓君子见大水必观，使其不过论死生、昼夜之理，而于道体之运因无所发也，则胡为其必观也。自孔子而后，惟孟子独能推明此义为源泉。观水之说，而秦汉而下则无传焉。②

5. 敬安堂记

盖太公丹书曰：敬胜怠者，吉；怠胜敬者，灭。凡此不下百言，皆治心修身之事。武王得书，铭于几杖，……其文未必尚父所作，而荀卿、贾傅读之，大戴氏记之。况其书，大较以敬为主，则圣门传心之要也。③

6. 吕氏读诗记后序

余昔东游，闻诸友朋曰：东莱吕公尝读书至躬自厚而薄责于人。……今东莱于此皆已反覆究图，所以为学者求端用力之要，深切著明已矣。诚能味其所以言，而有以反求诸己，如荀卿氏所谓"为其人以思之，除其害以持养之"④者，殆将怡然、泮然以尽得于兴。⑤

陈耆卿

陈耆卿（1180—1236），字寿老，号筼窗，南宋台州临海人。著有《筼窗集》等。

---

① （宋）魏了翁：《鹤山集》（卷二十三），《钦定四库全书》，集部四，别集类三。
② （宋）魏了翁：《鹤山集》（卷四十一）。
③ （宋）魏了翁：《鹤山集》（卷五十）。
④ 《荀子·劝学》，原文"思"为"处"。
⑤ （宋）魏了翁：《鹤山集》（卷五十一）。

1. 天台

天台县有孔子庙，……正殿塑孔子，南乡左右十哲，曾子自余门弟子六十有一人，与诸儒传经者二十有一人皆图之壁间，各以其所追爵等降，如周之服冕圭璧，惟孟子、荀况、扬雄、韩愈氏服儒服焉。①

2. 代上楼参政书

盖自老泉先生以六经论谒公，公即掀髯爱赏以为荀卿子之文，且以其书荐之朝，几以为古人复出。当是时老苏既显矣，一子继之，遂皆蒙国士之遇，非此父固不生此子，非此子固不肖此父，而非欧阳公之特达，则委弃泥淖，人亦莫知其为苏氏父子也。②

杜 范

杜范（1182—1245），字成之，号立斋，南宋台州黄岩人。著有《清献集》等。

1. 太常少卿转对劄子

夫当中国不竞，四夷交侵，则谨饬武备以捍外侮，诚不可缓。若使廷内未加洒扫之功，纪纲不明，表仪不正，虽士马强壮，兵革犀利，蛮方未易逊也，而况兵力素弱，事力日困之时耶。荀卿所谓"堂上不粪，郊草不瞻旷芸"③，内治之急，盖有甚于外攘者。④

---

① （宋）陈耆卿：《赤城志》（卷四），《钦定四库全书》，史部十一，地理类三。
② （宋）陈耆卿：《篔窗集》（卷五），《钦定四库全书》，集部四，别集类三。
③ 《荀子·强国》。
④ （宋）杜范：《清献集》（卷七），《钦定四库全书》，集部四，别集类三。

王 迈

王迈（1184—1248），字实之，一作贯之，自号臞轩居士，南宋兴化军仙游人。著有《臞轩集》。

1. 武帝论四

窃谓仲舒虽号醇儒，而阘纵阴阳之术亦自陷溺其中而莫之觉，习俗移人，豪杰不免，何怪乎帝听其言而不能绝也。秦汉而下，以儒自名，不能不为异端所污者亦多矣。荀卿学孔氏也，而是桀跖；贾谊明王道也，而习申韩、黄老何人。……而醇儒如仲舒犹不免议信矣，必纯乎为孔孟之学，而后可以言正人心。①

2. 诸门生祭真大参西山先生文

（先生）探千古理乱之原，著《大学》之衍义，可肩孟而跨荀。曰：如有用我者，吾将献之吾君。天佑我宋。②

赵汝腾

赵汝腾（？—1261），字茂实，号庸斋。著有《庸斋集》。

示林宗辰劝学数语

青出于蓝，冰寒于水。立言劝学，荀卿氏子。卿不如轲，醇乎醇矣。谓学无他，求其放心。存则圣贤，舍则犊禽。差只毫发，隔逾丈寻。必有事焉，

---

① （宋）王迈：《臞轩集》（卷四），《钦定四库全书》，集部四，别集类三。
② （宋）王迈：《臞轩集》（卷十一）。

所言何事？而勿正心，正亦何累？勿忘勿助，持敬之意。于此习察，是之谓学。于此而劝，其进罔觉。勉哉宗辰，说博守约。①

刘克庄

刘克庄（1187—1269），初名灼，字潜夫，号后村，宋福建莆田县人。作品收录于《后村先生大全集》。

1. 赠马相士二首

妪貌何妨至辅臣，猴形亦有上麒麟。伏波眉目空如画，不是云台剑佩人。
（唐人嘲欧阳询，云：谁令麟阁上，画此一猕猴。）

荀卿粗了心形者，䐉彻安知背面哉？别有精微书不载，待君见了季咸来。②

2. 荀卿

历历非诸子，骎骎及圣丘。乃知焚籍相，亦自有源流。③

3. 西山真文忠公行状

公讳德秀，字希元，浦城县迁阳镇人。……初，从臣惟魏公了翁，庶僚惟洪考功咨夔④、胡评事梦昱⑤，与公议论略同。时相折简言路⑥曰："礼侍强辩不已，洪魏和之，胡尤无状。"故论列交上，胡贬象台，公与洪公皆逐，而魏公亦有靖州之行矣。公归，修《西山读书记》，以《六经》《语》《孟》之

---

① （宋）赵汝腾：《庸斋集》（卷一），《钦定四库全书》，集部四，别集类三。
② （宋）刘克庄：《后村集》（卷九），《钦定四库全书》，集部四，别集类三。（宋）刘克庄：《刘克庄集笺校》（第一册），辛更儒笺校，中华书局2011年版，第560页。
③ （宋）刘克庄：《后村集》（卷十四）。（宋）刘克庄：《刘克庄集笺校》（第一册），第828页。
④ 洪咨夔，字舜俞，号平斋，南宋时临安人。著有《平斋文集》。
⑤ 胡梦昱，季昭，又字季汲，号竹林愚隐，南宋时吉水人。著有《象台集》等。
⑥ 折简：指书札或信笺。言路：旧指向朝廷进言的途径。

言为主，荀、扬、诸子附焉。诸老先生之言为解经而发者，附本经之注。①

蔡 模

蔡模（1188—1246），字仲觉，号觉轩，南宋建安人。著有《论孟集疏》等。

1. 孟子集疏序说

独孟子以伐燕为宣王时事，与《史记》《荀子》等书皆不合，而《通鉴》以伐燕之岁为宣王十九年，则是孟子先游梁而后至齐见宣王矣。然考异，亦无他据，又未知孰是也。

韩子曰：尧以是传之舜，舜以是传之禹，禹以是传之汤，汤以是传之文、武、周公，文、武、周公传之孔子，孔子传之孟轲。轲之死，不得其传焉。荀与扬也，择焉而不精，语焉而不详。（程子曰：韩子此语非是蹈袭前人，又非凿空撰得出，必有所见。若无所见，不知言所传者何事。）○又曰：孟子醇乎醇者也，荀与杨大醇而小疵。（程子曰：韩子论孟子甚善。非见得孟子意亦道不到。其论荀扬则非也。荀子极偏驳，只一句性恶大本已失。扬子虽少过，然亦不识性，更说甚道。）②

2. 宣王、湣王之辨

问：伐燕之事，孟子以为宣王，《史记》《荀子》以为湣王，而司马温公《通鉴》从孟子，苏氏、古史从《史记》《荀子》，孰为得邪？曰：此则无他可考。又曰：温公平生不喜孟子，及作《通鉴》却不取《史记》而独取孟子，皆不可晓。问：孟子必不误。曰：想湣王后来做得不好，门人为孟子讳，故改为宣王尔。③

---

① （宋）刘克庄：《后村集》（卷五十）。（宋）刘克庄：《刘克庄集笺校》（第十三册），第6497—6514页。
② （宋）蔡模：《孟子集疏》，《序说》，《钦定四库全书》，经部八，四书类。
③ （宋）蔡模：《孟子集疏》（卷二），《梁惠王章句下》。

3. 论性

夫孟子性善之论至矣，而荀、扬、韩氏或以为恶，或以为混，或以为有三品。最后释氏者出，复有无善无恶之论焉。儒者虽习闻乎孟子之说，然或未知性之所以为性，于是悦于彼说之高而反羞吾说为不及，则牵孟子之说以附焉，而造为是说以文之。盖推性于善恶之前，而置孟子于异同之外，自以为得性之真而有功于孟氏之门矣，而不知其实陷于释氏之余，直以精神魂魄至粗之质，而论仁义礼智至微之理也。且又不究秉彝之实德，而指为赞美之空言，不察至善之本然，而别立无对之虚位，推而言之，至以天理、人欲为同体，特因其发之中节与否而后有善恶之名焉，则亦劳力费辞而无复仿佛孟子之遗意矣。①

4. 二苏论性

有二苏论性亦是如此。尝言孟子道性善，犹云火之能熟物也；荀卿言性恶，犹云火之能焚物也。龟山反其说，而辨之曰：火之所以能熟物者，以其能焚故耳，若火不能焚物，何能熟？苏氏论性自尧舜至孔子不得已而命之，且寄之曰中，未尝分善恶言也，自孟子道性善，而一与中始支矣，更不看道理，只说我行得底便是。诸胡之说亦然。②

5. 性

性者，人生所禀之天理也。……告子言人性本无仁义，必待矫揉而后成，如荀子性恶之说也。③

6. 性即理

道学不明，异端竞起，时变事异，不得不然也。又曰：程子所谓性即是理，而原其所自未尝不善者，则自孟子以来未有及此者也。不知性之为理，而以气为性者，荀、扬之失盖不难见。独韩子以仁义礼智信为言，则其说已

---

① （宋）蔡模：《孟子集疏》（卷五），《滕文公章句上》。
② （宋）蔡模：《孟子集疏》（卷五），《滕文公章句上》。
③ （宋）蔡模：《孟子集疏》（卷十一），《告子章句上》。

优于二子，但亦不察乎其所以不齐者为气使之然，是以其论有所缺耳。①

7. 过化存神之语

荀子亦有"过化存神"②之语，此必古语。③

8. 血流漂杵之说

或问：血流漂杵乃纣之前徒倒戈之所为。荀子以为杀者皆商人，非周人者是也，而孟子不之信，何哉？朱子曰：此亦拔本塞源之论，盖虽杀者非我而亦不忍言也。程子以为孟子设为是言，盖得其微意矣。余隐之云《鲁语》曰"俎豆之事，则尝闻之矣。军旅之事，未之学也"④，孔子之意可见矣。⑤

9. 乡愿

乡原非有识者，原与愿同。荀子原悫字皆读作愿，谓谨愿之人也。故乡里所谓愿人，谓之乡原。孔子以其似德而非德，故以为德之贼。⑥

林希逸

林希逸（1193—1271），字肃翁，号竹溪，又号鬳斋，今福建福清市人。著有《竹溪鬳斋十一稾续集》。

1. 内篇人间世第四

其年壮，其行独者，言少年自用，不恤众议也。轻用其国而不自知其过失，轻民之生而戕贼之。量其国中前后见杀者，若泽中之蕉然，谓轻民如草

---

① （宋）蔡模：《孟子集疏》（卷十一），《告子章句上》。
② 即"所存者神，所过者化"，见《荀子·议兵》《荀子·尧问》，也见《孟子·尽心上》。
③ （宋）蔡模：《孟子集疏》（卷十三），《尽心章句上》。
④ 《论语·卫灵公》。
⑤ （宋）蔡模：《孟子集疏》（卷十四），《尽心章句下》。
⑥ （宋）蔡模：《孟子集疏》（卷十四），《尽心章句下》。

芥也。《荀子·富国篇》有曰"以泽量"与此意同。本是若泽蕉，却倒一字曰泽若蕉，此是作文奇处。①

2. 外篇胠箧第十

上诚好知而无道，则天下大乱矣。何以知其然邪？甘食而下，又是山无蹊隧处抽绎出来。某所有贤者赢粮而趋之，便是暗说孟子、荀子，推而上之，孔子亦在其间矣。观齐稷下与苏张之徒，便见庄子因当时之风俗，故有此论。好知则非自然之道矣。故曰：好知而无道。②

3. 注疏之法

唐杨倞注《荀子》亦曰：古今字殊，齐鲁言异。或取偏旁相近，声类相通，此即二郑旧法也。③

4. 第二道

圣人之述史，此《春秋》之作所以辞严而事信也，夫孰不名也？而于季友曰"季子"，一字之褒称，万世之贵重。圣人之书法，宜不苟也。……万世之所贵，书法所以甚严，一时之喜述，史所不容泯。其辞如此，岂不为严？其事如此，岂不为信？此《春秋》之所以无异说也。嗟夫！季子何以得此哉？曾、颜、荀、孟之流则以子称此名，不轻予也。而季子得于圣人，周公之东留，则西人欲其归，此情不易得也。④

5. 锐（准渐）

蚓食黄泉而心一，蟹多足而躁，反不如之。《荀子·劝学篇》已有此喻。⑤

---

① （宋）林希逸：《庄子口义》（卷二），《钦定四库全书》，子部十四，道家类。
② （宋）林希逸：《庄子口义》（卷四）。
③ （宋）林希逸：《考工记解》（卷下），《钦定四库全书》，经部四，礼类一。
④ （宋）林希逸：《竹溪鬳斋十一藁续集》（卷八），《春秋义》，《钦定四库全书》，集部四，别集类三。
⑤ （宋）林希逸：《竹溪鬳斋十一藁续集》（卷二十五），《太玄精语》。

6. 元

元,始也。夜,半日之始也。朔,月之始也。冬,至岁之始也。好学,智之始也。此数语佳。慎于举趾,差则千里;机正其矢,谨矢意也。《荀子》《尚书》已有此意。①

7. 溪西先生

澄世所不能澄,裁世所不能裁。千条析理,一绪连天。捍壁周孔,俾申、韩、杨、墨、佛、老,重足而立疑,不若孟、荀、杨、韩天才,英俊豪拔不群。朝野挹其风流,人伦推其表烛。落笔作文章,言语妙天下。干将莫邪,难与争锋。②

8. 言墨子之文

《荀子·富国篇》云:"墨子之言昭昭然为天下忧不足。夫不足非天下之公患也,特墨子之私忧过计也。今是土之生五谷也,人善治之,则亩数盆,一岁而再获之。然后瓜桃枣李一本数以盆鼓(量也。《记》曰:献米者操量鼓);然后荤菜百疏以泽量;然后六畜禽兽一切而剸车;鼋、鼍、鱼、鳖、鳅、鳣以时别,一而成群;然后飞鸟、凫、雁若烟海;然后昆虫万物生间(生其间也),可以相食养者,不可胜数也。夫天地之生万物也,固有余,足以食人矣。麻葛茧丝、鸟兽之羽毛也,固有余,足以衣人矣。夫有余不足,非天下之患也,特墨子之私忧过计也。"此段之文可谓奇绝。③

王　栢

王栢(1197—1274),字会之,自号长啸,三十岁后改号鲁斋,南宋婺州金华人。著有《鲁斋集》。

---

① (宋)林希逸:《竹溪鬳斋十一藁续集》(卷二十七),《太玄精语》。
② (宋)林希逸:《竹溪鬳斋十一藁续集》(卷二十九),《学记》。
③ (宋)林希逸:《竹溪鬳斋十一藁续集》(卷三十),《学记》。

1. 复天台陈司户（天瑞，字景祥）

今足下乃用朱子之意削其世次，益以事实，黜秦伯而不污其纪，降三晋、田齐而不作世家，增虞、夏、商、周名臣于列传，而春秋战国之贤亦与焉。别立孔子及弟子传，止于孟轲，斥老子、荀卿于异端。其立义凛然，其用力甚勇，其地步阔而又阔，复加以正其门户，正而又正，复济之以阔，岂非欲推本于经，折衷以理邪？若以是为识本原而可达于圣贤，则不可必识本原可达于圣贤，而后能推本于经，折衷以理也。然虽非学者之先务，而程子所谓考古今，别是非，亦致知之一端。①

2.《家语》考

文公谓《家语》为先秦古书无可疑者，因求《家语》之始末，而益有大可疑。请从而论之。……以《论语》之体段，推《家语》之规模，大概止记录而已。然精要简明既萃于《论语》，则其余者存于《家语》。虽不得为纯全之书，其曰"先秦古书"岂不宜哉？虽然予尝求《家语》之沿革矣，其序故曰：当秦昭王时，荀卿入秦。王问儒术。卿以孔子语及弟子言参以己论献之。卿于儒术固未醇也，而昭王岂能用儒术者哉？可谓两失之。此《家语》为之一变矣。于是以其书列于诸子，得逃焚灭之祸。秦亡，书悉归汉。……马融得小戴礼，又足《月令》《明堂》《乐记》三篇，郑康成受业于融，为之注解，究其原多出于荀卿之所传，故《戴记》中多有荀卿之书。班固曰：《孔子家语》二十七卷，卷与篇不同。颜师古已注云，非今所有之《家语》。成帝时，孔子十三世孙衍上书，言戴圣近世小儒，以《曲礼》不足，乃取《孔子家语》杂乱者，及子思、孟轲、荀卿之书以裨益之，总名曰《礼》，遂除《家语》本篇，是灭其原而存其末也。以是观之，《礼记》成而《家语》又几于亡矣。予于是有曰：《论语》者，古家语之精语也；《礼记》者，后《家语》之精语也。今之《家语》十卷。凡四十有四篇意，王肃杂取《左传》、《国语》、荀、孟、二戴之绪余，混乱精粗，割裂前后，织而成之，托以安国之名，舍珠玉而存瓦砾，宝康瓠而弃商鼎，安国不应如是之疏也。……以今《家语》正《中庸》，终恐有所未安，以朱子晚年之论久之未必不改也。学者

---

① （宋）王柏：《鲁斋集》（卷八），《钦定四库全书》，集部四，别集类三。

胶柱而调瑟却成大病，是以不容不论，惟明者择焉。①

陈大猷

陈大猷（1198—1250），字忠泰，号东斋，南宋三泽人。著有《书集传或问》等。

1. 仲虺之诰

荀子所谓纣卒易向而诛纣，盖武王本无杀纣之意，而前徒倒戈，纣身死于行阵之间，乃殷人杀之耳。纣既见杀，武王无可奈何，故立其子代殷。……邵康节盖以为汤能容桀而武王不能容纣也，失其旨矣。此说亦善。②

2. 武成

薛氏曰：桀、纣罪有浅深。汤、武之放、弑应乎天而顺乎人，非汤、武所能为也。荀卿谓纣卒易向而弑纣。……观商人怨纣如此，虽欲如桀之放，得乎？此说善。③

吴子良

吴子良（1198—1257?），字明辅，号荆溪，南宋临海县城人。存有《荆溪林下偶谈》。

---

① （宋）王柏：《鲁斋集》（卷九）。
② （宋）陈大猷：《书集传或问》（卷上），《钦定四库全书》，经部二，书类。
③ （宋）陈大猷：《书集传或问》（卷下）。

1. 文字序语结语

《尚书》诸序初总为一篇。……晦庵考异谓，古书篇题多在后，荀子诸赋是也。但此篇前既有题，不应复出。以愚观之，此乃结语，非篇题也。……后人沿袭者甚多，贾同①《责荀》云："故作责荀，以示来者。"孙复《儒辱》云："故作儒辱。"荆公《闵习》云："作闵习。"岂皆篇题之谓哉？②

2. 文章缘起③

梁任昉有《文章缘起》一卷，著秦汉以来文章名目之始。按论之名起于秦汉以前，荀子《礼论》《乐论》，《庄子·齐物论》，《慎到·十二论》，吕不韦《八览》《六论》是也。至汉，则有贾谊《过秦论》。昉乃以王褒四子讲德论为始，误矣。④

汤 汉

汤汉（1202—1272），字伯纪，号东涧，南宋饶州安仁人。著有《东涧集》等。

1. 妙绝古今序

文以载道也。……夫子之言"性与天道不可得而闻也"，岂游、夏从于陈蔡之间，性与天道尚未得闻之与？要之，文而离道，艺焉而已。……《易》《诗》《书》《礼》《春秋》以取道之原参之，孟、荀、庄、老、《穀梁》、《国语》、《离骚》、太史旁推交通而以之为文。其文似矣，其果合于道乎？⑤

---

① 贾同：字希得，初名罔，字公疏，青州临淄人。著有《山东野录》。
② （宋）吴子良：《荆溪林下偶谈》（卷一），《钦定四库全书》，集部九，诗文评类。
③ 南朝梁任昉文论性质的著作。
④ （宋）吴子良：《荆溪林下偶谈》（卷二）。
⑤ （宋）汤汉编：《妙绝古今》（序），《钦定四库全书》，集部八，总集类。

2. 送孟东野序

周公鸣周，凡载于《诗》、《书》、六艺皆鸣之善者也。周之衰，孔子之徒鸣之，其声大而远。《传》曰：天将以夫子为木铎，其弗信矣乎。其末也，庄周以其荒唐之辞鸣于楚。楚，大国也，其亡也，以屈原鸣。臧孙辰、孟轲、荀卿以道鸣者也。杨朱、墨翟、管夷吾、晏婴、老聃、申不害、韩非、慎到、田骈、邹衍、尸佼、孙武、张仪、苏秦之属，皆以其术鸣。①

3. 答吴充秀才书

昔孔子老而归鲁，六经之作数年之顷耳。然读《易》者，如无《春秋》，读《书》者，如无《诗》，何其用力少而至于至也。圣人之文，虽不可及，然大抵道胜者，文不难而自至也。故孟子皇皇不暇著书，荀卿盖亦晚而有作。若子云、仲淹方勉焉，以模言语，此道未足而强言者也。后之惑者徒见前世之文传，以为学者文而已，故愈力愈勤而愈不至此。足下志于为道，犹自以为未广，若不止焉，孟荀可至而不难也。②

4. 妙绝古今后序

观其所载多《左氏》、《国语》、庄、列、荀、扬、韩、柳之词，其体近乎古，而其义切于用者。③

车若水

车若水（约 1209—1275），字清臣，号玉峰，南宋讴韶人。著有《脚气集》等。

---

① （宋）汤汉编：《妙绝古今》（卷三）。
② （宋）汤汉编：《妙绝古今》（卷四）。此文为欧阳修所作。
③ （宋）汤汉编：《妙绝古今》（后序）。

议史鰌

圣人曰:"直哉!史鱼!邦有道如矢,邦无道如矢。"而荀子曰:"盗名不如盗货,田仲、史鰌不如盗也。"① 然则圣人亦被史鱼②瞒了,荀卿无忌惮。③

许 衡

许衡(1209—1281),字仲平,号鲁斋,世称鲁斋先生,金元时怀州河内人。著有《鲁斋遗书》等。

立论

凡立论必求事之所在,理果如何,不当驰骋文笔。如程试文字,捏合抑扬,且如论性说孟子,却缴得荀子道性恶,又缴得杨子道善恶混,又缴出性分三品之说,如此等文字皆文士驰骋笔端,如策士、说客,不求真是,只要以利害惑人。若果真见是非之所在,只当主张孟子,不当说许多相缴之语。

宋文章近理者多,然得实理者亦少,世所谓弥近理而大乱真。宋文章多有之,读者直须明著眼目。④

黄 震

黄震(1213—1280),字东发,号文洁,人称于越先生,南宋庆元慈溪人。著有《黄氏日钞》等。

---

① 《荀子·不苟》。
② 即史鰌。
③ (宋)车若水:《脚气集》,《钦定四库全书》,子部十,杂家类三。
④ (金元)许衡:《鲁斋遗书》(卷一),《钦定四库全书》,集部五,别集类四。

1. 儒生

荀卿（赵人，年五十始游学于齐，三为祭酒。逃逸之楚，春申君以为兰陵令。当时士趋刑名者事变诈，言道德者事空虚，宗老氏；言王道者惟孟荀。荀虽学识不及孟之醇，亦守道不变。）。①

2. 楚春申君（黄歇，楚人，游学博闻。……以荀卿为兰陵令，客三千余。）。②

3. 韩臣

韩非（韩诸公子，喜刑名法术，学本老子，与李斯俱事荀卿。）。③

4. 战国视春秋士习又一变

春秋诸臣各忠于其国，至战国则朝秦暮楚，于其利而已。惟荀卿谈王道不变，故首列之；仲连志在天下，故次之；四豪养士又次之；而后次以列国之臣。惟处士横议，无补一时而反流弊后世，故列最后。④

5. 荀淑（弃官闲居，荀卿十一世。）。⑤

6. 苏洵（欧公目为荀子，为上其文。）。⑥

7. 梁惠王下

晦庵又谓孟子以伐燕为宣王时事，与《史记》《荀卿》等书皆不合。《通鉴》以伐燕为宣王十九年，则是孟子先游梁而后见齐宣王，亦未知孰是。⑦

8. 庭燎

箴鍼针同（见《内则》与荀子《箴赋》），义取鍼砭。⑧

9. 甲戌楚子旅卒

世之称五霸者，其论出于荀孟，圣人初无是言也。孔子曰：齐威公正而不谲，晋文公谲而不正。⑨言威、文而已，初不及宋襄、秦穆、楚庄、吴阖

---

① （宋）黄震：《古今纪要》（卷一），《钦定四库全书》，史部四，别史类。
② （宋）黄震：《古今纪要》（卷一）。
③ （宋）黄震：《古今纪要》（卷一）。
④ （宋）黄震：《古今纪要》（卷一）。
⑤ （宋）黄震：《古今纪要》（卷三）。
⑥ （宋）黄震：《古今纪要》（卷十八）。
⑦ （宋）黄震：《黄氏日抄》（卷三），《读孟子》，《钦定四库全书》，子部一，儒家类。
⑧ （宋）黄震：《黄氏日抄》（卷四），《读毛诗》。
⑨ 《论语·宪问》原文为："晋文公谲而不正，齐桓公正而不谲。"

间、越句践也。而荀孟之所谓五霸者，亦所取不同，各循战国一时之称慕而主论尔。孟子之所谓五霸则威、文与宋襄、秦穆、楚庄为五，荀子之所谓五霸则威、文与楚庄、阖闾、句践为五。如前七君者，皆见乎春秋，而圣人独于威、文有实。……圣人所以予之者，幸天下有威、文而不遂为夷也，若宋襄固无成功而秦穆、楚庄、阖闾、句践皆为中国患，圣人何忍长其寇哉。……贤者固如是乎？尝怪后世不审孟荀之论，概以五霸为贤，吾故辨之。暴秦楚之恶以存中国，非私意也，《春秋》意也。①

10. 诸儒从祀封爵

元丰七年五月，诏荀况封兰陵伯（七十三），扬雄封成都伯（八十三），韩愈封昌黎伯（九十五）。②

11. 公子纠

潘恭叔问答，谓桓公非杀兄，管仲非事雠。（荀卿谓纠为兄，薄昭谓纠为弟。）③

12. 少正卯

少正卯之事，独荀况言之，必齐鲁陋儒愤圣人之失职，故为此说以夸其权耳。④

13. 《张无垢中庸解》。凡张氏所论著皆阳儒阴释，盖不特庄周出于子夏，李斯原于荀卿而已，因览《中庸说》，掇其尤甚者著于篇。⑤

14. 策问

问：孔孟后，荀卿、扬、王、韩，本朝欧、王、苏、胡、程氏之学。⑥

15. 性理

孔子曰"性相近也"，兼气质而言。孟子指性之本而言，却似论性不论气，有些不备。得程氏说气质来接，便有首尾。若荀扬则是论气而不论性，故不明。退之说性只将仁义礼智来说，便是识见高处。⑦

---

① （宋）黄震：《黄氏日抄》（卷十），《读春秋》（四）。
② （宋）黄震：《黄氏日抄》（卷三十二），《读孔氏书》。
③ （宋）黄震：《黄氏日抄》（卷三十四），《读本朝诸儒理学书》（二）。
④ （宋）黄震：《黄氏日抄》（卷三十五），《本朝诸儒理学书》（三）。
⑤ （宋）黄震：《黄氏日抄》（卷三十五），《本朝诸儒理学书》（三）。
⑥ （宋）黄震：《黄氏日抄》（卷三十五），《本朝诸儒理学书》（三）。
⑦ （宋）黄震：《黄氏日抄》（卷三十七），《本朝诸儒理学书》（五）。

16. 诵数

荀子云"诵数",即今人读书记遍数也。读书须立下硬寨,誓以必晓彻为期。①

17. 陆象山

象山言荀子性恶之论甚好,使人警发,有缜密之功。②

18. 诸子

荀子有好处,胜似扬子。雄之学似出于老子,如《太玄》。③

19. 天地之性人为贵论

按,此篇吕东莱识其为江西陆子静之文,而特取之者也。……盖象山恃才愤世,无言不疾。除象山一人之见如此,合场决无第二卷也。论之讲肚云,告子湍水之谓,君子所必辨;荀卿性恶之说,君子之所甚疾。然告子之不动心实先于孟子,而荀卿之论甚美,非有笃敬之心,有践履之实者,未易至乎此也。今拾孟子性善之遗说,与夫近世先达之绪言,以盗名干泽者,岂可与二子同日语哉?凡皆讲肚之全文如此。夫告子、荀子之言,众所共斥,而象山独取之。伊洛诸儒之言性,众所共宗,而象山独斥之。且程文试论法不及本朝,而此言近世先达题言天地之性人为贵。而此说取性犹湍水,取性恶,曰湍、曰恶,正与贵之义相反。除象山一人之见如此,合场亦决无第二卷也。东莱以议论之异也,而易识。徐杨以意见之同也,而易合。若以三儒者主之而因以为确论,则恐夫子之经旨不如此,论家之法度不如此,谓诸儒之言性者皆为盗名干泽,恐亦不如此。象山自赴省试,自谈性理,而谓平居暇日讲明性理为盗名干泽,疑亦未安。④

20. 与章彦节

荀卿、扬雄、韩愈皆不世出,至言性则戾。近世巨儒性理之论犹或不安。某乃稽百氏异同之论,出入于释老,反复乎孔子、子思、孟子之言,潜思而独究之,焕然有明焉。⑤

---

① (宋)黄震:《黄氏日抄》(卷三十七),《本朝诸儒理学书》(五)。
② (宋)黄震:《黄氏日抄》(卷三十八),《本朝诸儒理学书》(六)。
③ (宋)黄震:《黄氏日抄》(卷三十八),《本朝诸儒理学书》(六)。
④ (宋)黄震:《黄氏日抄》(卷四十二),《读本朝诸儒书》(十)。
⑤ (宋)黄震:《黄氏日抄》(卷四十二),《读本朝诸儒书》(十)。

21. 孟子、荀卿

迁之文卓哉！迁之识欤，盖传申韩于老庄之后者，所以讥老庄；而传淳于髡诸子于孟荀之间者，所以长孟荀也。荀卿年五十始自赵学于齐，三为齐祭酒。后为楚兰陵令，春申君死而卿废。卒死于兰陵，葬焉。嫉世之浊而鄙儒小拘如庄周等，又滑稽乱俗，于是著书数万言，此亦能守道不变者。故太史公进之与孟子等。①

22. 孟子、荀卿传

太史公略叙孟子游说不遇，退而著书，即开说当时余子之纷纷，然后结以荀卿之尊孔氏，明王道。及其名传，独以孟、荀，而余子不及焉。其布置之高，旨意之深，文辞之洁，卓乎不可尚矣。苏子取而焚之，已不知其用心之所在。……若其谓孟子学于子思，得其说而渐失之，反称誉田骈、慎到之徒。而又谓其为佛家所谓钝根声闻者，且谓曰骈之徒既死，而后荀卿得为祭酒，何哉，苏子之立言也？②

23. 战国策

愚尝谓战国二百余年间，惟鲁仲连正名义，止帝秦，为天下士；惟孟、荀明王道，宗孔氏，为万世士；彼纷纷者，不足言士。③

24. 荀子

余读荀卿书，然后知昌黎公之不可及。虽欧阳子最尊昌黎公，其议论亦有时而异者。大抵诵述正论于义理开明之日易，辨明正理于是非迷谬之世难。自战国纵横之说兴，而处士横议之风炽，极而至于庄周并收一世之怪，大肆滑稽之口以戏薄尧、舜、禹、汤、文、武、周公、孔子之道，而天下之正理，世无复知于斯时也。知尊王而贱霸，知尊孔氏而黜异端，孟子之后仅有荀子一人。而世不称荀子，何哉？盖尝考其故，由汉及唐皆尊老庄。其间溢出而为禅学者，亦庄老之余流。而荀子尝斥老聃为知诎而不知伸④，斥庄周为蔽于天而不知人⑤。其说正由，由汉及唐之学者相背驰，宜其不之称也。独一昌黎公，奋自千载无传之后，破除千载谬迷之说，尊孟子，以续孔氏，而表荀子

---

① （宋）黄震：《黄氏日抄》（卷四十六），《读史》（一）。
② （宋）黄震：《黄氏日抄》（卷五十一），《读杂史》（一）。
③ （宋）黄震：《黄氏日抄》（卷五十二），《读杂史》（二）。
④ 《荀子·天论》。
⑤ 《荀子·解蔽》。

以次孟子，卓哉，正大之见！孔孟以来，一人而已。其关系正邪之辨为何如哉！迨至我朝理学大明，三尺孺子亦知向方矣。老苏以杰然不世出之才，反独远追战国纵横之学，此与荀子正相南北。识者已疑之。欧阳子一见乃惊叹，以为荀子。夫荀子明儒术于战国纵横之时，而老苏祖纵横于本朝崇儒之日。同耶？异耶？而谓苏为荀耶？或者特于其文而言之耶？

后辩

昌黎称"荀子大醇小疵"，世之因而指实其小疵者，曰：非子思、孟子也；曰：谓性为恶，而谓为善者伪也。若然，则岂止小疵而已哉？余观其非子思、孟子，盖其妄以知道自任，故欲排二子而去之，以自继孔子之传，其意尽于篇末可见，失正坐不自量耳。至其以为善为伪，则其说虽可惊，其意犹可录。盖彼所以伪者，人为之名，人非诈伪之谓。若曰人性本恶，修为斯善，其意专主习，而不主性，其说遂堕一偏。而又古今字义渐变不同，如古以媚为深爱，而后世以为邪；古以佞为能言，而后世以为谄。荀子之所谓伪，殆类《中庸》之所谓矫，而择言不精，遂犯众骂，不然何至以为善为诈伪之伪也哉？惟其本意之所指初不其然，此昌黎姑恕其说而指为小疵欤。抑荀子之小疵，虽其议论之近理者亦或不免，不但非孟言性而已也。大抵荀子之所主者，在礼，而曰"礼之敬文也"① 则礼之本于内心者。卿殆未之深考，故其议礼之效，惟欲辨分以足用。其于论王伯，曰粹而王，驳而伯；曰义立而王，信立而伯。② 几谓王、伯无异道，特在醇不醇之间。至于内心义利之分，则略不之及。又谓能治其国，则文绣为当，然而后葬为无害，其与他日讥齐威淫泆而犹许其有大节者，无以异。然则使荀卿而用于世，亦不过富国、强兵、善致邻国成霸功尔。

荀子注于"驽马十驾"之下云有缺文。愚按"驽马十驾，功在不舍"此二句正相联属，若曰"马驽而能致十驾之远者，功在于行，行而不止耳"。

25. 扬子

自汉武以来，孔子之褒显尊异为已久，正不待扬雄而后尊。而此时亦非有异端之可辟。如孟荀不幸生处士横议之时也，迹其言议，况多粗浅。首章谓倥侗颛蒙恣于情性，是既不知有物则秉彝之理矣。如曰学行之，上也；言

---

① 《荀子·劝学》。
② 《荀子·王霸》。

之，次也；教人又其次也，亦岂孔门之旨耶？孔门之学致知、思辨为先。愚尝谓孟子之论于其心，故可以继孔子之传。荀子之论止于事，故不能如孟子之醇。扬子当正论已明之后，不过掇拾绪余，以恣说。①

25. 管子

《管子》之书不知谁所集，乃庞杂重复，似不出一人之手。然诸子惟荀卿、扬雄、王通知宗尚孔氏，而未知其倪用于世果何如。余皆处士横议，高者诬诞，下者刻深，戏侮圣言，坏乱风俗，盖无一非孔门之罪人。其间尝获用于世而卓然有功为孔子所称者，管子一人而已。②

26. 墨子

墨子之说似是而实不可为治，殆不止如韩昌黎之议荀扬"择焉不精"而已。而昌黎乃侪墨子于孔子，何哉？且昌黎不过谓墨氏尚同，而孔谓居是邦不非其大夫，《春秋》讥专臣亦尚同尔。……然鬼神之当敬，虽愚不肖者亦同此心，何独孔墨之同？顾墨氏之明鬼，乃谓圣王明天鬼之所欲，而避天鬼之所憎，是亦率天下万民祭祀天鬼，又与吾儒报本反始之义亦相反。且昌黎严于"荀、杨择焉未精"之辨，何独恕于墨子似是而非耶？……昌黎曰："孔子必用墨子，墨子必用孔子。"愚曰：孔子必不用墨子，墨子亦必不用孔子。虽然，儒名而墨行者，昌黎固尝挥之矣。③

27.《吕氏春秋》

《吕氏春秋》者，秦相吕不韦耻以贵显，而不及荀卿子之徒，著书布天下。……淳熙五年冬，尚书韩彦直为之序，谓士之传于天下后世者，非徒以其书。夫子之圣则书宜传，孟子之亚圣则书宜传，过是而以书传者；老聃以虚无传，庄周以假寓传，屈原以骚传，荀卿以刑名传，司马迁以史传，扬雄以《法言》传，班孟坚以续史迁传。然概之孔孟，宜无传而皆得并传者，其人足与也。④

28. 董仲舒论性

《书》谓人性有善有恶，在所养焉。董仲舒因孟、荀言性不同，作情性之说，谓性生于阳，情生于阴。曰：性善者见其阳，谓恶者见其阴。刘子政反

---

① （宋）黄震：《黄氏日抄》（卷五十五），《读诸子》（一）。
② （宋）黄震：《黄氏日抄》（卷五十五），《读诸子》（一）。
③ （宋）黄震：《黄氏日抄》（卷五十五），《读诸子》（一）。
④ （宋）黄震：《黄氏日抄》（卷五十六），《读诸子》（二）。

之，以性在身为阴，以情形于外为阳。①

29. 孙子

若孙子之书，岂特兵家之祖，亦庶几乎立言之君子矣。诸子自荀、扬外，其余浮辞横议者莫与比。②

30. 读荀

读荀谓孟尊孔，扬尊孟，而荀在轲、雄之间，剂量审矣，是亦于其言而定之。盖谓荀未尝知尊孟，故尔若不于其言而于其人，扬则未必不劣于荀。此韩公他日独以孟荀并言欤，虽然荀又岂孟伍哉？故又曰："轲之死，不得其传。"呜呼！公之剂量诸儒审矣。③

31. 苏氏文集序为子美作，伤其不遇。

郑荀改名序。论诸子独荀卿好圣人，学荀卿而又进焉，则孰能御。④

32. 争气（《与谢景山书》。荀子曰：有争气者，不可与辨。⑤）。⑥

33. 武王非圣人

苏子谓武王非圣人，孔子所不敢言也。谓孔氏之家法，孟轲始乱之，儒者所不忍言也。谓荀文若为圣人之徒，自昔立议论者，无此言也。于武王，孟子何损于荀文，若何？益独可为苏子惜耳。⑦

34. 养贤教士

《周公论》谓荀子所载周公礼士之事无之，不过修养贤教士之法。愚谓荀卿所载固不免后世增饰之说，然养贤教士乃公治定，后旋为之制。方其驱驰艰难时，安得而不下礼于士，荆公之论适足以启后世富贵者简贤之心，非有识之言也。⑧

35. 论礼乐

《礼论》谓荀卿不知礼，自是晓然之理。

---

① （宋）黄震：《黄氏日抄》（卷五十七），《读诸子》（三）。
② （宋）黄震：《黄氏日抄》（卷五十八），《读诸子》（四）。
③ （宋）黄震：《黄氏日抄》（卷五十九），《读文集》（一）。
④ （宋）黄震：《黄氏日抄》（卷六十一），《读文集》（三）。
⑤ 《荀子·劝学》。
⑥ （宋）黄震：《黄氏日抄》（卷六十一），《读文集》（三）。
⑦ （宋）黄震：《黄氏日抄》（卷六十二），《读文集》（四）。
⑧ （宋）黄震：《黄氏日抄》（卷六十四），《读文集》（六）。

礼乐论以道家修养法释先王立礼乐之意，则公溺于异端之见也。①

36. 荀卿辩其仁智之说为失次。②

37. 孔子家语

谓《家语》《左传》《礼记》皆近圣人之世，而所载皆不能知其言。后世若荀卿、司马迁、扬雄，亦皆不足以知圣贤之言。今世之知言者谈性命，而圣贤之实犹未著。愚谓此借《家语》以排世之谈性命者，谓均之不知圣言尔，然岂其伦耶？③

38. 万载县尉衙清心堂记

六经无清心之说，谓心当养之以清，其说方自荀卿始。④

陈　著

陈著（1214—1297），字子微，号本堂，南宋鄞县人。著有《本堂集》。

1. 自斋说

佛之空，老之虚，杨氏之为我，墨氏之兼爱，告子之仁内义外，荀子之道性恶，差毫厘而缪千里。⑤

2. 天命

战国之时，若不遇孟子道一"善"字，说出本性，天下将胥异端，谁排辟以卫吾道？此第一节也。自孟子后一节，尤长如荀，如杨，如韩，皆是表表于其间者。当时学者尊之宗之不减孟子，而荀子道性恶，杨子道性是善恶混，韩子又说性三品，此皆是不曾看得性之大本，各恃其才，各执所见，却

---

① （宋）黄震：《黄氏日抄》（卷六十四），《读文集》（六）。
② （宋）黄震：《黄氏日抄》（卷六十四），《读文集》（六）。
③ （宋）黄震：《黄氏日抄》（卷六十八），《读文集》（十）。
④ （宋）黄震：《黄氏日抄》（卷八十八），《记》。
⑤ （宋）陈著：《本堂集》（卷三十四），《钦定四库全书》，集部四，别集类三。

从气质上论性,迄无定论。直至我朝程子,受学于周子,说出"论性不论气,不备;论气不论性,不明"等语,彼只说气质之性而不知天地之性者,千载之纷纷始定。……呜呼!朱子未远也,今之学者又各自以其意说性,而不知性出于天;各自以其意说道,而不知道出于性;各自以其意说教,而不知教出于道。性、道、教一贯之说,又胥而为纷纷为昏。①

赵顺孙

赵顺孙(1215—1277),字和仲,号格庵,南宋缙云云塘人。著有《四书纂疏》等。

1. 无头学问

然汉魏以来,诸儒之论未闻有及之者。至唐韩子乃能援以为说,而见于《原道》之篇,则庶几其有闻矣。然其言极于正心诚意,而无曰"致知格物"云者,则是不探其端,骤语其次,亦未免于"择焉不精,语焉不详"之病矣,何乃以是而议荀扬哉?(《语录》曰:《原道》中举《大学》却不说"致知格物"一句,苏氏《古史》举《中庸》"不获乎上",却不说"不明乎善,不诚乎身"二句,这样底都是个无头学问。)②

2. 论性

在人在物虽有气禀之异,而其理则未尝不同。(《文集》曰:论万物之一原,则理同而气异。)此吾之性所以纯粹至善,而非若荀、杨、韩子之所云也。(陈氏曰:天所命于人以是理,本只善而无恶,故人所受以为性亦本善而无恶。荀子以性为恶,杨子以性为善恶混,韩子又以为性有三品,都只是说得气。若只论气而不及大本,便只说得粗底,而道理全然不明。)③

---

① (宋)陈著:《本堂集》(卷九十四)。
② (宋)赵顺孙:《大学纂疏》,《钦定四库全书》,经部八,四书类。
③ (宋)赵顺孙:《中庸纂疏》(卷一)。

3. 子曰："素隐行怪，后世有述焉，吾弗为之矣。"

○三山陈氏曰：诡异之行。荀子所谓苟难者於陵仲子①、申屠狄、尾生之徒是也。○愚谓深求隐僻之理，是求知乎人之所不能知；过为诡异之行，是求行乎人之所不能行。②

4. 治与乱

○舜有臣五人而天下治。五人：禹、稷、契、皋陶、伯益。武王曰：予有乱臣十人。

《书·泰誓》之辞，马氏曰：乱，治也。（辅氏曰：荀卿子曰"治乱谓之乱，犹治污谓之污也"③，则乱之训治，其来久矣。）④

5. 夺邑与管仲之事

盖桓公夺伯氏之邑以与管仲，伯氏自知己罪，而心服管仲之功，故穷约以终身而无怨言。荀卿所谓"与之书社三百而富人莫之敢拒者"，即此事也。⑤

6. 子曰："然固相师之道也。"

相，助也。古者瞽必有相其道如此，盖圣人于此非作意而为之，但尽其道而已。（辅氏曰：夫子相师之际，尽夫诚，行夫道而已。不与焉，此亦圣人之庸行也。○胡氏曰：瞽必有相者。荀子所谓犹瞽无相。《春秋传》云：其相曰朝也，冕之来见。适无相者，坐必作，过必趋，哀矜之念，乃圣人之素心。至此，自不能已也，故代相者告之，使其有相不必如是屑屑然矣。）⑥

7. 子曰："乡原，德之贼也。"

乡者，鄙俗之意。（黄氏曰：乡之得名本以鄙俗为言也，故曰：我犹未免为乡人也。亦犹都鄙之称，都之为言美矣，鄙之为言俗也。然则乡者，亦鄙之类欤。）原与愿同。荀子原悫，注读作"愿"是也。（辅氏曰：原若如字，

---

① 即陈仲子，世称於陵子、於陵仲子等。大致与孟子为同时代人。著名思想家、隐士。
② （宋）赵顺孙：《中庸纂疏》（卷一）。
③ 《荀子·不苟》。
④ （宋）赵顺孙：《论语纂疏》（卷四），《泰伯》第八。
⑤ （宋）赵顺孙：《论语纂疏》（卷七），《宪问》第十四。
⑥ （宋）赵顺孙：《论语纂疏》（卷八），《卫灵公》第十五。

读则无义，故依荀子读作愿。愿有谨信之意。）乡原，乡人之愿者也。盖其同流合污以媚于世，故在乡人之中独以愿称。①

8. 宣王还是湣王伐燕

独《孟子》以伐燕为宣王时事，与《史记》《荀子》等书皆不合，而《通鉴》以伐燕之岁为宣王十九年，则是孟子先游梁而后至齐见宣王矣。然考异亦无它据，又未知孰是也。○辅氏曰：详考朱子之说，则当以《史记》《古史》为正，伐燕实湣王时事，恐是后世传写，误以湣作宣耳。②

9. 孟、荀、扬

韩子曰："尧以是传之舜，舜以是传之禹，禹以是传之汤，汤以是传之文、武、周公，文、武、周公传之孔子，孔子传之孟轲。轲之死，不得其传焉。荀与扬也，择焉而不精，语焉而不详。"（程子曰：韩子此语非是蹈袭前人，又非凿空撰得出，必有所见。若无所见，不知言所传者何事。○荀子，名况，楚兰陵人。扬子，名雄，汉蜀郡人。○《文集》曰：此非深知所传者何事，则未易言也。尧舜之所以为尧舜，以其尽此心之体而已。禹、汤、文、武、周公、孔子传之，以至于孟子，其间相望有或数百年者，非得口传耳授，密相付属也。特此心之体，隐乎百姓日用之间。贤者识其大，不贤者识其小。而体其全且尽者，则为得其传耳。）○又曰：孟氏醇乎醇者也，荀与扬大醇而小疵。（程子曰：韩子论孟子甚善，非见得孟子意，亦道不到。其论荀扬，则非也。荀子极偏驳，只一句性恶，大本已失。扬子虽少过，然亦不识性，更说甚道。○《文集》曰：韩子谓"荀、扬大醇小疵"非是。就他论性处说只是泛说，其与田骈、慎到、申不害、韩非之徒观之，则荀、扬为大醇耳。韩子只是说那一边，然以这边观之则凑不着，故觉得为非。若是会说底，说那一边亦自凑着这一边。○《语录》曰：程子说"荀、扬等语是就分金秤上说下来"。）③

10. 董子、荀子

若夫正心、修身之道则自有不可已者。至谓自古论王霸未有如是之深切

---

① （宋）赵顺孙：《论语纂疏》（卷九），《阳货》第十七。
② （宋）赵顺孙：《孟子纂疏》（序说）。
③ （宋）赵顺孙：《孟子纂疏》（序说）。

著明者，亦为得之。其视董子美玉、砥砆之喻，荀子隆礼、尊贤、重法、爱民，与夫曰"粹"曰"驳"诸说，皆为优矣。①

11. 孟子三见齐王

辅氏曰：孟子三见齐王，事见荀子书。以此章观之，必是孟子有此事。此一义最是事君者之大节目。观孟子之言如此，则孟子自任之重，可知程子发明其说已尽。②

12. 告子言人性

告子言人性本无仁义，必待矫揉而后成，如荀子性恶之说也。（《语录》曰：告子只是认气为性，见得性有不善，须拗他方善。）③

13. 性三品说

韩子性有三品之说，盖如此。（《语录》曰：韩子分三品，却只说得气，不曾说得性。○陈氏曰：韩子谓人之所以为性者五，曰：仁、义、礼、智、信。此语似看得性字端的，但分为三品，又差了。三品之说，只说得气禀。然气禀之不齐，盖或相什百千万，岂但三品而已哉？他本要求胜荀、扬，却又与荀、扬无甚异。）④

14. 乡愿

乡原，非有识者。原与愿同。荀子原"悫"字，皆读作愿，谓谨愿之人也。故乡里所谓愿人，谓之乡愿。孔子以其似德而非德，故以为德之贼。过门不入而不恨之，以其不见亲就为幸，深恶而痛绝之也。（辅氏曰：先儒皆以原为善，不惟无所据。又善字所包广，既曰善人，则不应遂以为德之贼。故《集注》引荀子为证，以原为愿。且曰乡人无知，其所谓愿人谓之乡原。愿字固浅狭，又乡人以为愿，则亦未为真愿者也。孔子以其似德而非德，而遂斥以为德之贼，

---

① （宋）赵顺孙：《孟子纂疏》（卷三），《公孙丑章句上》。
② （宋）赵顺孙：《孟子纂疏》（卷七），《离娄章句上》。
③ （宋）赵顺孙：《孟子纂疏》（卷十一），《告子章句上》。
④ （宋）赵顺孙：《孟子纂疏》（卷十一），《告子章句上》。

深恶而痛绝之,是亦圣人性情之正也。)万章又引孔子之言而问也。①

许月卿

许月卿(1217—1286),字太空,后字宋士,南宋徽州婺源人。著有《百官箴》等。

1. 百官箴施用

朱熹叙《楚辞后语》曰:若其义,则首篇所著,荀卿子之言指意深切,词调铿锵。君人者,诚能使人朝夕讽诵,不离于其侧,如卫武公之抑戒,则所以入耳而著心者,岂但广厦细旃,明师劝诵之益而已哉?此固余之所为眷眷而不忘者。

又叙《成相》第一曰:成相者,荀卿子之所作也。在《汉志》号《成相》杂辞。凡三章,杂陈古今治乱兴亡之效,托声诗以风其君,若将以为工师之诵旅贲②之规者,其尊主、爱民之意亦深切矣。③

2. 《荀子》:省工贾,众农夫,禁盗贼,除奸邪。又上以节贤良而明贵贱,下以饬长幼而明亲疏,上在王公之朝,下在百姓之家。④⑤

3. 《荀子》:皋陶之状,色如削瓜,闳夭之状,面无见肤。⑥⑦

方逢辰

方逢辰(1221—1291),原名梦魁,字君锡,号蛟峰,学者称蛟峰先生,南宋淳安人。著有《蛟峰先生文集》等。

---

① (宋)赵顺孙:《孟子纂疏》(卷十四),《尽心章句下》。
② 官名。
③ (宋)许月卿:《百官箴》(卷二),《钦定四库全书》,史部十二,职官类二。
④ 《荀子·君道》。
⑤ (宋)许月卿:《百官箴》(卷二)。
⑥ 《荀子·非相》。
⑦ (宋)许月卿:《百官箴》(卷二)。

1. 江东提刑一考丐祠劄

窃惟荀卿之书以礼逊为伪，卫风之诗以素餐为非。苟以荀卿之言为嫌，而犯卫风之刺，则为顽钝、无耻之士。①

2. 题薛上舍集

孟轲氏发性善一语，反以激荀、杨、韩子之争端。周茂叔说"无极而太极"，亦以启陆子静之排诋。立言之难如此乎？②

3. 论

礼法之大分如何论

杨夲③批立说得先儒议论，行文有前辈气象。

佳作也

论天下纲常之大，当自人君，立其大者基之。夫礼莫大于分，分莫大于君，君不能自有其大，则礼法荡矣。生民之初，人未知有君之尊也。先王忧焉，为之辨上下，别等杀，而为截然之法。法立而礼行，礼行而君尊。夫为君者，盍曰：吾之所以独尊于天下者，仅有此分耳。使吾一日失此，则不能自有其大。君失其大，则礼法能独存乎？世降叔末，此分不明久矣。不知先王所以为是礼法者，正为君尊地也。吾处其大，可不思有以守其大乎云云。礼法之分安在乎曰君臣也，父子也，兄弟也，皆分也。……分不克守，则失其为君之大；君失其大，如礼法之陵荡何？春秋皆此类也，况荀卿之时乎？卿也起视四顾，无一可人意，著书立言而有礼法大分之语。卿之意，深矣。杨倞不足以知此，以任人职分释之。吁！卿之意，或者正为名分忧，岂在区区分守乎？虽然大分一语，卿言是矣。然载之《王霸》之篇，君子不无遗论焉。夫礼法之废，正为五伯坏之耳。卿方欲遏颓澜，不能尊王抑霸，顾以王霸并称而名篇，不观笔削之经乎？子拒父者，罪之，而父子之分明。庶夺敌

---

① （宋）方逢辰：《蛟峰文集》（卷一），《钦定四库全书》，集部四，别集类三。
② （宋）方逢辰：《蛟峰文集》（卷六）。
③ 夲同"本"。

者，贬之，而兄弟之分明。臣召君者，讳之，而君臣之分明。然则《春秋》一书，其礼法之大宗乎？此见《春秋》者，有周礼尽在鲁之叹。而后儒亦曰：《春秋》为一王法。①

郝 经

郝经（1223—1275），字伯常，金元时泽州陵川人。著述收于《陵川集》。

1. 道

道统夫形器，形器所以载夫道，即是物而是道存，即是事而是道在。近而易行明而易见也。……至中而不过，至正而不偏，愚夫愚妇可以与知，可以能行。非有太高远以惑世者，惟夫未有见夫此也，故以为高远，以为幽深，以为艰阻也。庄周雄辨过于高，荀卿著书求夫异。后世百家众流力探远蹈，欲出圣人之上，卒在圣人之下。曾不知，至易者乾，至简者坤。圣人所教六经所载者多人事而罕天道，谓尽人之道则可以尽天地万物之道，能尽天地万物之道，则三才之蕴一贯于我矣。嗟夫！天地万物具在圣人之六经。②

2. 性

凡物之生，莫不有所本而为之性。天地本太极，则太极为之性。万物本天地，则天地为之性。人官天地，府万物，得于赋予之初，见于事物之间，而复于真是之归，则其所性根于太极，受于天地，备于万物，而总萃于人，所以为有生之本，众理之原也。……仲尼曰："一阴一阳之谓道，继之者善，成之者性。"又曰："成性存存，道义之门。"又曰："利贞者，性情，则推本然而言也。"曰："性相近，习相远。"上智下愚不移，则兼生质而言也。盖有

---

① （宋）方逢辰：《蛟峰文集》（卷七）。
② （元）郝经：《陵川集》（卷十七），《钦定四库全书》，集部五，别集类四。

本然之性则有生质之气，性统气，气载性，相须而一也。故刘康公谓"人受天地之中以生"而言其位，《乐记》谓"人生而静"而言其体。子思子则谓"天命之谓性"而言其所受。孟轲氏"道性善"而言其理之本，然则无不尽也，无不备也。其言之差自告子始。告子曰："生之谓性。"生固可谓性矣，而所以生之理则不言也，是以差也。至荀卿则断然而谓之恶，恶岂性也哉？生质之情则有之，其本则非恶也。扬雄则为淆乱之言，曰"善恶混"。性之理无不善，其恶则情之流也，源泉而滑（同汨）之以泥，其清洁之本在焉，而遂谓之浊；日月而蔽之以云，其昭彻之本在焉，而遂谓之昏。清浊不相入也，昏明不相易也，而可混乎哉？本然之善蔽而为恶，修而复之，则性自在焉。源泉清而日月明也，乌可谓之混也？至韩愈氏则以五性、七情并义理、气质合而为言，则过夫荀、扬远矣。第谓性与情之品三，则太拘而有未尽焉者。盖自其同者而言，则万殊一本；自其异者而言，则一本万殊，非三品所能限也。至乎苏轼则曰：言性之差自孟子之定名为善也。曾不知孟子之言本诸孔子。孔子曰：元者，善之长，继之者善，则性善者，孔子言之也。向无定名，则人亦无定性哉，是亦一偏之言也。盖孔孟之言性也，本夫理。诸子之言性也，本夫气，是以至于谬戾而不知其非也。夫通天下一理，会万物一气，无非本然之全也。……呜呼！物欲肆而天理亡，能存之者鲜矣。自言性者不一，而善恶之说差，又非惟不能存，而为惑世蠹道者窃之，诱人以善，而导人以利，惧人以害，而驱人以恶，以伪乱真，诪张诞妄入于人也深。仁义道德之说不行，使天下之人皆忘其本然之说，无复人道。①

3. 辨微论

异端

儒之名立，而异端作，儒之实亡，而异端盛。实既亡矣，虚名之儒何益乎？是以不竞于异端，是以天下之人茧茧扰扰，复以儒为异，而不知异端之为异也。夫道行于一，丧于二。天下治于一，乱于二。矧异端之多乎哉？昔三代无儒者，而天下皆儒也。后世有儒者，而天下无儒也。三代之盛莫盛于周。周之盛，莫盛于礼乐。……及周之衰，礼乐废缺，王政下移，侯度不谨。孔子有天纵之圣而不位君师。六代之典于是大坏，吾民日趋于异。孔子没，诸弟子各

---

① （元）郝经：《陵川集》（卷十七）。

以其说游于诸侯，而儒之名始立。孔子之时已有过不及之差，愚鲁喭辟之不一。既本揭原分，斡摧枝折，异端于是乎作。是以子夏之后流而为庄周，李斯出于荀卿之门。而周乱其理，斯削其迹，堕先王之制，灭先王之道，万亿之不能一存，撤天下之藩篱，破天下之畦町①，则孰不得鼓舞猖獗于其间哉。是以申韩以刑名，孙吴以兵，仪秦以辩，杨朱为我，墨翟兼爱，杂然锋出，灿然星布。……悲夫！孟轲氏辨之于微而时人弗知，仲舒欲罢黜百家而孝武不用，韩愈氏力为之争而窜逐南海。三人者非不为大儒也，而不能遂灭异端。②

4. 内游

齐桓、晋文霸心方侈而束之以道，缚之以义；乱臣贼子禁其欲而不敢肆，藩垣屏翰，既周流而历览之，乃升正大之堂，入高明之域。尧、舜、禹、汤、文、武、周、孔拱宓牺③而坐，皋、夔、伊、吕亚风牧而侍，孟轲氏辨乎其间，而颜、曾导焉，荀、扬奉焉，熙熙乎育物之仁，翕翕乎制物之义，位尊卑，辨上下，治神人之礼，和而不流之乐，别嫌疑，明是非。④

5. 浑源刘先生哀辞

道索古追羲，皇一编处言。含天章立意，造语攀荀扬。⑤

6. 答友人论文法书

自孔孟氏没，理浸废，文浸彰，法浸多，于是左氏释经而有传注之法，庄荀著书而有辨论之法，屈宋尚辞而有骚赋之法，马迁作史而有序事之法，自贾谊、董仲舒、刘向、扬雄、班固，至韩、柳、欧、苏氏作为文章而有文章之法，皆以理为辞，而文法自具。篇篇有法，句句有法，字字有法，所以为百世之师也。故今之为文者，不必求人之法，以为法明夫理而已矣。……先秦之文则称《左氏》、《国语》、《战国策》、《庄》、《荀》、屈、宋。二汉之文则称贾谊、董仲舒、司马迁、刘向、扬雄、班固、蔡邕，唐之文则称韩、

---

① 畦町：规矩。
② （元）郝经：《陵川集》（卷十九）。
③ 宓犧：伏羲。
④ （元）郝经：《陵川集》（卷二十）。
⑤ （元）郝经：《陵川集》（卷二十）。

柳，宋之文则称欧、苏，中间千有余年，不啻数千百人皆弗称也。……呜呼！文固有法，不必志于法。法当立诸己，不当尼诸人。①

7. 与北平王子正先生论道学书

吾圣人之学始自为儒家，卒致焚戮之祸。由汉以来，六家、九流、三教、诸子百氏猬然杂出，丧心惑世、毒天下、祸生人，至于今而不已。……孔孟之书未有过。夫尧、舜、禹、汤、文、武、周、孔之所传者，独谓之道学，则尧、舜、禹、汤、文、武、周、孔之学不谓之道学，皆非邪？孟、荀、扬、王、韩、欧、苏、司马之学不谓之道学，又皆非邪？故儒家之名立，其祸学者犹未甚；道学之名立，祸天下后世深矣。岂伊洛诸先生之罪哉？伪妄小人私立名字之罪也。其学始盛，祸宋氏者百有余年。今其书，自江汉至中国学者，往往以道学自名，异日祸天下必有甚于宋氏者。②

8. 与汉上赵先生论性书

孔子曰："元者，善之长。大哉乾元，万物资始。"又曰："一阴一阳之谓道，继之者善也，成之者性也。成性存存，道义之门。"则性之善，孔子备言之矣。于是孟子道性，断然以为善而不惑，而以已天下万世之惑也。荀卿大儒也，学孔子者也而谓之恶；扬子云大儒也，学孔孟者也而谓之善恶混，始惑于情而以气质之禀受者为言，于是大起天下后世之惑，至于今而不已也。至今先儒谓性非学者所急，又谓颜状未离于婴孩，高谈已及于性命，于是不言性，纵或言之不过夫性习之说，不辨夫理、性与夫气质之别，遂谓扬子云之善恶混为最得。又谓论性之差，自孟子始，孟子不当定名为善。复谈空说无，入于老、佛氏，皆自以为是而不知其非，又在荀扬之下矣。是以人之有性不能自知、自尽而至于命，其说不可复闻矣。自汉至唐八九百年得大儒韩子，始以仁义为性，复乎孔子、孟子之言。其《原性》一篇高出荀、扬之上。至其徒李翱，为《复性书》，反复于《中庸》《大学》之间，以复乎曾子、子思之言，恨不得亲炙之，而问其所以然，质心之所素定者。③

---

① （元）郝经：《陵川集》（卷二十三）。
② （元）郝经：《陵川集》（卷二十三）。
③ （元）郝经：《陵川集》（卷二十四）。

9. 春秋三传折衷序

圣人之道大，春秋之旨微，由一世之事业，著万世之事业，非研覆究竟，精粗并举，本末具见，未易学也。……自孟轲氏发明大纲，传《春秋》者三家，左氏、公羊氏、穀梁氏。其书皆出于西汉，而皆不著其传，谓左氏学者谓为左丘明，与圣同耻，亲授经于仲尼，为经作传。丘明虽见称于仲尼，而颜、曾诸弟子问答之际一不及焉，而不厕于不及门十人者之列，岂大经、大法不授之颜、曾之徒而独授之丘明乎？且其传载《易·文言》《诗三颂》及《孝经》等，皆仲尼晚年所作。……诸弟子记注之书如《论语》《曲礼》《檀弓》等，及孟轲、荀况诸子之论说亦不一及焉。①

10. 原古录序

文之大端本于太极，而经之法制成于圣人。……仲尼氏没，大经与天地并为至文，嶷为名教，至于今而不可易也。虽驳杂于战国，火于秦，黄老于汉，佛于晋、宋、齐、梁、魏、周、隋、唐，而大儒、杰士相继而出。孟轲、韩愈则浚源张本，雄辨力抵，廓清御侮，接续正传。荀况、董仲舒、刘向、扬雄、王通则著书立言，尊王贱霸，修仁明义，表章儒学。陈抟、周敦颐、邵雍、程颢、程颐、张载、朱熹则根极致命，尽性穷理，比象衍数，直造圣地。②

11. 赠韩愈礼部尚书制

穆宗长庆四年，愈卒，赠礼部尚书，谥曰文。

制曰：……吏部侍郎韩愈执德不回，以道自任，……传仲尼，心若颜渊、曾参之亲炙，述孟轲志，谓荀况、扬雄为未醇。③

吕大圭

吕大圭（1227—1275），字圭叔，号朴卿。著有《易经集解》等。

---

① （元）郝经：《陵川集》（卷二十八）。
② （元）郝经：《陵川集》（卷二十九）。
③ （元）郝经：《陵川集》（卷三十一）。

齐侯卫侯胥命于蒲

或问：胥命，《公羊》以为近正，《穀梁》以为近古。荀卿亦曰：《春秋》善胥命，然则善之乎？曰：愈于盟可也，谓之正则不可。然则其所以相命者，何也？曰：当是时王泽浸微，伯图未起，诸侯强力，盖未有以相伯也，则云胥命而已。齐卫二国皆大国也。……石门之盟则齐郑相结将以图伯也。继而瓦屋之盟，则齐于是始有胁诸侯之心，然而未能胁也。今也，胥命于蒲，则又以侯伯之事相命，亦将以图伯也。其后也，又为恶曹之盟，则又相结以为强也。伯图自是浸长矣。然则二国之相命，其五伯专权擅命之渐乎？故曰愈于盟可也，谓之正则不可。①

黄仲元

黄仲元（1231—1312），字善甫，号四如，宋元之际兴化军莆田人。入元，改名渊，号韵乡老人。著有《四如讲稿》等。

1. 子曰：巍巍乎！舜禹之有天下也而不与焉章

天下未有无理之用，亦未有无用之理。《语》《孟》两书，虽门人记当时师弟问答之言，然句句是理，字字是用。……道不用，则必传无圣人乌乎？传孔子之传，犹有曾伋；孟之传者谁与？同时如荀卿所学所见迥别，不到孟子地位。历汉、晋、隋、唐，其间仅有一董仲舒识得大意。扬子号为尊信孟子，然本领差错，他何足观。王仲淹亦为有志斯道者，然所学殊无着里靠实工夫，而所言仅影响于形声之末。韩退之《原道》之作颇知源委，然趋向所在，亦未免文章之好利禄之求。若数子者只是能言传道，而未知所以为道之传。传，且尔用安在？虽然斯道之绝续，天也，亦人也。百十年间常有一个人出而宗主之，则斯道气脉常有生意，少有间断。后人担当尤为难。难所谓宗主之者，要必如孟子，严义利之辨，审王霸之途，明吾道异端之界限，而

---

① （宋）吕大圭：《春秋或问》（卷五），《钦定四库全书》，经部五，春秋类。

后可以扶道统。否则下为荀扬，高则不过韩退之耳。①

2. 小戴礼乐记

然《乐记》与大司乐俱不可谓乐之经。《史记正义》谓《乐记》公孙尼子次撰。胡明仲谓是子贡作。或又谓非孟子以下不能作。大抵此记有出于《家语》，出于《荀子》，出于《易大传》与《文言》，河间集博士诸生所作，王定传之。②

3. 五伯

《荀子·王伯篇》曰：齐桓、晋文、楚庄、吴阖闾、越勾践。……荀卿生于战国，去五伯为甚近，其言似足信。③

4. 愚丘记

主人犹忘为石（十袭以帛，十重封之。荀子曰：宋之愚人得燕石于梧台之侧，藏之以为大宝。周客闻而观焉。主人斋七日，端冕玄服以发宝匮。客见之，俯而掩口，笑曰：此燕石也，与瓦甓等。主人大怒，藏之愈固）。④ 子之愚毋若宋人。……愚不辱子，子能辱愚，奈何乎丘。虽然，《佹诗》不云乎，弟子勉学，天不忘。圣人共手。⑤ （荀卿所作。卿既为兰陵令，客有说春申君，曰：荀子贤而君借以百里之势，臣为君危之。荀子去之赵，既又使人请之，荀子不还，而遗之赋。）时几将（皆佹诗云）子毋以愚为疑。⑥

刘辰翁

刘辰翁（1232—1297），字会孟，别号须溪，南宋庐陵灌溪人。遗著

---

① （宋）黄仲元：《四如讲稿》（卷二），《钦定四库全书》，经部七，五经总义类。
② （宋）黄仲元：《四如讲稿》（卷四）。
③ （宋）黄仲元：《四如讲稿》（卷六）。
④ 战国寓言小说，载于《阙子·燕石珍藏》。《后汉书》等书有引。《荀子》一书未见。
⑤ 《荀子·赋篇》。
⑥ （宋）黄仲元：《四如集》（卷二），《钦定四库全书》，集部四，别集类三。

被编为《须溪先生全集》。

朝仙观记

某丘以地氏，氏浮丘者不一世，安在其为授诗翁，且授诗翁，荀卿门人，彼知授诗之为人师，而不知荀卿之于浮丘，又其师也。①

金履祥

金履祥（1232—1303），字吉父，号次农，自号桐阳叔子，宋元间兰溪人。学者尊称为仁山先生。著有《尚书注》《仁山集》等。

1. 诛少正卯。（荀子曰：孔子为鲁相，摄朝七日，诛少正卯。门人进问曰：少正卯，鲁之闻人也。夫子为政而始诛之，得无失乎？孔子曰：人有恶者五，而盗窃不与焉。心达而险，行辟而坚，言伪而辩，记丑而博，顺非而泽，此五者有一于人则不得免于君子之诛。而少正卯兼有之，故居处足以聚徒成群，言谈足以饰荣褒众，强御足以反是独立，此小人之奸雄也，不可以不诛也。②朱子曰：少正卯之事，予窃疑之。盖《论语》所不载，子思、孟子所不言，虽以《左氏春秋》内外传之诬且驳而犹不道也，乃独荀况言之。是必鲁齐陋儒愤圣人之失职，故为此说，以夸其权尔，安敢轻信其言，而遽稽以为决乎？按朱子之言如此，而于此存诛少正卯四字，盖存疑尔。）③

2. 诸子之学皆出于圣人。（按韩文：子夏之后有田子方，子方之后流而为庄周，又商瞿及馯臂子弓，其后为荀卿。）④

3. 恶者可以惩创人之逸志。（然今之三百篇岂尽夫子之三百篇乎？《礼记》《左氏》《荀子》所引之《诗》多有善者，而今《诗》多无之，此犹

---

① （宋）刘辰翁：《须溪集》（卷三），《钦定四库全书》，集部四，别集类三。
② 《荀子·宥坐》。
③ （宋）金履祥：《论语集注考证》（卷一前），《序说》，《钦定四库全书》，经部八，四书类。
④ （宋）金履祥：《论语集注考证》（卷一），《学而》。

可也。)①

4. 真积力久。(谓真实积累功力之久也,出《荀子》。)②

5. 威公夺伯氏之邑以与管仲。(玩本文似管仲夺伯氏之邑,而伯氏虽穷不怨者,故古注谓:伯氏食邑三百家,管仲夺之,使饭疏食,没齿无怨言。而说者多引诸葛孔明窜廖立、李平无怨为证,注引《荀子》"与之书社三百,而富人莫之敢拒"③,以此知是威公夺与之。然既公夺与之,则安得但云夺,又云无怨言?盖古者天下封建国立世家各已久有其地。……荀卿云"富人莫之敢拒"是管仲之功,有以服其心敛手而归邑也。)……卞庄子之勇。(《新序》事见第八卷。或问已引之。又荀子曰:齐人伐鲁,忘卞庄子,不敢过卞。④)⑤

6. 桓公杀公子纠章。(事在《左传》庄公九年。……荀子又有威公杀兄之说。)⑥

7. 乡原音愿。荀子原悫读作愿。(《荀子·荣辱篇》)⑦

8. 夷逸朱张不见经传。(邢疏云:王弼谓字子弓,即荀卿所称仲尼子弓者。履祥恐即周章⑧。武王求之而不反,故亦谓之逸民,令亦不敢为一定之说。)⑨

9. 伐燕与讳

游事齐宣王,不能用,适梁。孟子以伐燕为宣王,与《史记》、荀子不合。……况伐燕之事莫详于《孟子》,莫不详于《史记》,安得取其略者而反疑其详者。《传》曰:"所见异辞,所闻异辞,所传闻异辞。"齐宣王伐燕,孟子所见也;谓为湣王者,荀卿所闻也;《史记》又所传闻者也。安得以后世所传闻之辞,而反疑孟子所见之辞乎?且温公固疑孟子者,《通鉴》尚取《孟子》为正。文公尊孟子者,《序说》及《集注》反取《荀子》《史记》,而疑

---

① (宋)金履祥:《论语集注考证》(卷一),《为政》。
② (宋)金履祥:《论语集注考证》(卷二),《里仁》。
③ 《荀子·仲尼》。
④ 《荀子·大略》,"忘"应为"忌"。
⑤ (宋)金履祥:《论语集注考证》(卷七),《宪问》。
⑥ (宋)金履祥:《论语集注考证》(卷七),《宪问》。
⑦ (宋)金履祥:《论语集注考证》(卷九),《阳货》。
⑧ 周章:姬姓吴氏,名周章,仲雍曾孙。武王灭商后,寻访太伯、仲雍后裔。
⑨ (宋)金履祥:《论语集注考证》(卷九),《阳货》。

《孟子》为差。虽曰疑以传疑，而后人将以为实，且益资非孟子之据矣。故履祥以为伐燕之事虽微，《战国策》亦当一以孟子为断，况又有《战国策》之可据乎？或曰：荀卿事齐宣王，三为祭酒。宣王伐燕，即薨。荀卿为宣王讳，过后见湣王之不善，故以伐燕归之湣王。文公尝谓孟子弟子为孟子讳，故以湣王为宣王。愚亦谓荀卿为宣王讳，故以伐燕为湣王。①

10. 荀（荀子，名况，字卿，赵人。仕齐，三为祭酒。仕楚，老终，后或作孙况者，避汉宣帝讳。）扬择焉而不精（择如择善之择，不精谓辨不到恰好处，不失之浅则失之差。），语焉而不详（详如详明之详，谓说得不透彻也。惟其择之不精明，故其言之不详明。朱子曰：孟子见道理十分极至，十分透彻）。程子（叔子）又曰：（语见韩文《读荀子篇》大醇者，谓其大纲。知尊孔氏，崇正道，与其他诸子不同耳。小疵者，谓其内却驳杂也。）程子（叔子）又曰（语见《送王埙序》）大而能博。（大是言其规模之大，博是言其节目之详，遍。观其大尽识其详。）②

11. 董子。（仲舒对曰：粤本无一仁。夫仁人者，正其谊不谋其利，明其道不计其功。是以仲尼之门，五尺之童，羞称五伯，为先诈力而后仁义，故不足称于大君子之门也。末句，荀子同。）③

12. 天下之言不归杨，则归墨。（荀子举宋牼与墨翟并言，若公孙龙坚白、异同之辩，庄子亦举而归之墨翟、禽滑釐之流。淳于髡虽学无所主而慕晏婴，是亦墨也。又荀子亦言慎、墨、季、惠四家，而季乃杨朱之友，仪奉之弃亲戚而游诸侯，亦云救世之战。盖宋牼之类，但其设心反覆以取世资，此又其最下者。以此知孟子谓天下之言不归杨，则归墨，是当时异端邪说不出此二家之流也。）墨氏兼爱。（荀子亦讥其大俭约而僈差等，曾不足以容辨异，悬君臣也。④ 夫圣人岂不欲举天下之人兼而爱之，顾有所不给也，故必急于亲贤，其立为亲亲之杀，尊贤之等者，盖广而充之，所以爱天下也。……此孟子论二氏之害，其极至于无父、无君而不免陷于禽兽也。）⑤

---

① （宋）金履祥：《孟子集注考证》（卷一前），《序说》，《钦定四库全书》，经部八，四书类。
② （宋）金履祥：《孟子集注考证》（卷一前），《序说》。
③ （宋）金履祥：《孟子集注考证》（卷一），《梁惠王上》。
④ 《荀子·非十二子》。
⑤ （宋）金履祥：《孟子集注考证》（卷三），《滕文公上》。

13. 孟子三见齐王而不言事。(《荀子·大略篇》曰：孟子三见宣王不言事。门人曰：曷为三遇齐王而不言事？孟子曰：我先攻其邪心。○此章入要略四之五)①

14. 逢蒙，羿家众。(荀子作逄门。)②

15. 告子上

告子义犹桮棬也，如荀子性恶之说。(《荀子·性恶篇》曰：人之性恶，其善者伪也。故枸木必将待檃括烝矫然后直，钝金必将待砻厉然后利。今人之性恶，故将待师法然后正，得礼义然后治。他如《劝学篇》亦多言矫揉之意。……履祥就其杞柳而断之曰：杞柳柔韧有可为桮棬之性，故揉之可为桮棬。人心本善有为仁义之性，故可充之为仁义。不必深辟其矫揉之说，盖人为气禀所拘者，谓不资矫揉，不可也。)③

16. 近世苏氏、胡氏之说。(苏氏，轼也。其说略见《子思论》。曰：夫子之道可由而不可知，可言而不可议，不争为区区之论以开是非之端。夫子既殁，诸子欲为书以传世者，皆喜立论。论定而争起。孟子曰：人之性善。是故荀子不得不出于恶。人之性有善恶而已，二子既已据之，是以杨子不得不出于善恶混也。为论不求其精，而务以为异于人，则纷纷之说未可以知其所止，且夫子未尝言性也。盖亦尝言之矣，而未有必然之论也云云。胡氏文定公安国及其子宏也，详见胡子《知言》。或问性。曰：性也者，天地之所以立也。曰：然则孟轲氏、荀卿氏、扬雄氏之以善恶言性也，非欤？曰：性也者，天地鬼神之奥也，善不足以名之，况恶乎？宏闻之先君子曰：孟子所以独出诸儒之表者，以其知性也。孟子之道性善云者，叹美之辞，不与恶对也。又曰：大哉！性乎！世俗之言性者，类指一理而言尔，未有见天命之全体者也。又曰：凡人之生，粹然天地之心，道义完具，无适无莫，不可以善恶辨，不可以是非分。朱子曰：《知言》所云即告子无善无不善之论也。)④

17. 宋牼、庄子书有宋鈃。(见《荀子·非十二子篇》："不知壹⑤天下建

---

① (宋)金履祥：《孟子集注考证》(卷四)，《离娄上》。
② (宋)金履祥：《孟子集注考证》(卷四)，《离娄下》。
③ (宋)金履祥：《孟子集注考证》(卷六)，《告子上》。
④ (宋)金履祥：《孟子集注考证》(卷六)，《告子上》。
⑤ 《荀子》原文为"壹"。

国家之权称，上功用，大俭约而僈差等，是墨翟、宋钘也。"注云孟子作宋牼。……孟子尊敬宋牼，取其救世之心也，不取其言利，救其学识之浅也。）①

18. 孙叔敖。（荀子曰：孙叔敖，期思之鄙人也。）②

19. 所过者化，所存者神。（二句古语。荀子亦云"仁人之兵，所过者化，所存者神"是也，旧说。）③

20. 仲虺作诰

仲虺，臣名。荀子作中䖵，奚仲之后，为汤左相。④

21. 爰立作相，王置诸左右。（荀卿曰：学莫便乎近其人。⑤ 置诸左右者，近其人也，以学也。……愚按，君心者，天下之本而相特其助。后世人主，忽不知此，既得贤相，自谓逸于任人，则悉以事任委之，而自处于逸，谓得人君用相之体，不知心身不修，事理未彻，一旦失辅则乱。）⑥

22. 汤武仁义与桓文之节制

荀卿氏为桓文之节制不足以敌汤武之仁义⑦，然而汤武之仁义则有以该桓文之节制。吾于牧野之事见乏矣。⑧

23. 此诰康叔以明德也，弘于天。荀子引此作弘覆于天，意义为明。言今治民惟在敬述文王耳。⑨

24. 丙戌周成王元年，周公相践阼而治。（所谓摄政皆在成王谅阴之时，非以幼冲而摄。而其摄也，不过位冢宰之位而已，亦非如荀卿所谓摄天子位之事也。）⑩

25. 程子言此大约以桓兄纠弟为断。然荀子又有桓公杀兄之说。观当时事体，子纠必弟也。然其是非不待兄弟而后可断，顾子纠名义已失，不得为正尔。⑪

---

① （宋）金履祥：《孟子集注考证》（卷六），《告子下》。
② （宋）金履祥：《孟子集注考证》（卷六），《告子下》。
③ （宋）金履祥：《孟子集注考证》（卷七），《尽心上》。
④ （宋）金履祥：《资治通鉴前编》（卷四），《钦定四库全书》，史部二，编年类。
⑤ 《荀子·劝学》。
⑥ （宋）金履祥：《资治通鉴前编》（卷五）。
⑦ 《荀子·议兵》。
⑧ （宋）金履祥：《资治通鉴前编》（卷六），《周武王》。
⑨ （宋）金履祥：《资治通鉴前编》（卷六），《周武王》。
⑩ （宋）金履祥：《资治通鉴前编》（卷七）。
⑪ （宋）金履祥：《资治通鉴前编》（卷十）。

26. 楚公子比奔晋。(问：疾缢而弑之，杀其二子。……荀子曰：以冠缨绞之。杜氏曰：以疟疾赴。)①

27. 鲁以孔子摄相事与闻国政。(荀子曰：孔子为鲁相，摄朝七日而诛少正卯。门人进问曰：夫少正卯，鲁之闻人也。夫子为政而始，诛之，得无失乎？孔子曰：人有恶者五，而盗窃不与也。一曰心达而险，二曰行辟而坚，三曰言伪而辨，四曰记丑而博，五曰顺非而泽。此五者，有一于人则不得免于君子之诛。而少正卯兼有之，故居处足以聚徒成群，言谈足以饰邪营众，疆足以反是独立，此小人之杰雄也，不可以不诛也。是以汤诛户谐，文王诛潘正，周公诛管叔，太公诛华仕，管仲诛付里乙，子产诛邓析史，何此七子者皆异世同心，不可不诛也。参用《家语》。……朱子曰：少正卯之事，尝窃疑之。盖《论语》所不载，子思、孟子所不言，虽以《左氏春秋》内外传之诬且驳而犹不道也，乃独荀况言之，是必齐鲁诸儒愤圣人之失政，故为此说，以夸其权尔，吾又岂敢轻信其言而遽稽以为决乎？)②

28. 孔子围于陈蔡之间，《庄子》《荀子》③ 皆有此语，今故存之。④

29. 按荀子、庄子皆有尧舜问答之辞⑤，胡氏大纪亦取之，然疑信相半，今不取。⑥

陈文蔚

陈文蔚，约1210年前后在世，字才卿，号克斋，信州上饶人。师从朱熹。著有《克斋集》。

饶州州学讲义

然天命之性固无不善，而气禀之质不能皆齐，故或清而或浊，或厚而或

---

① （宋）金履祥：《资治通鉴前编》（卷十六）。
② （宋）金履祥：《资治通鉴前编》（卷十七）。
③ 《荀子·宥坐》。
④ （宋）金履祥：《资治通鉴前编》（卷十七）。
⑤ 《荀子·尧问》。
⑥ （宋）金履祥：《御批资治通鉴纲目前编》（卷一），《钦定四库全书》，史部十五，史评类。

薄，或者徒见清浊厚薄之不齐，遂以为性不能皆善，殊不知本然之性未尝不善，而有清浊厚薄之不齐者杂于气质而然也。荀子言性恶固不识性，扬子谓善恶混，韩子谓性有三品，是皆以气质言，或以其才言，而非性之本也。故孟子既道性善而言必称尧舜。观尧舜，则性善可知。此孟子道性善，所以言必称尧舜也。盖道无古今，人无智愚，为之则是，性善故也。①

史绳祖

史绳祖，约1241年前后在世，字庆长，宋眉山人。著有《学斋占毕》。

1. 孟、荀、扬言性之所本

孟子性善之说实本于孔子《系易》"一阴一阳之谓道，继之者善也，成之者性也"。朱文公谓性善之理至孟子而益明，其源实出于此是也。盖圣贤之学必有所本。绳祖谓孟子学于子思，本于孔子《系易》及《中庸》《大学》之书，故道性善，得其正也。及荀卿言性恶，扬雄言善恶混，意其亦必有所本。及观告子问性，然后知荀扬二子之说实本于告子也。告子谓性犹杞柳，义犹桮棬，以人性为仁义，犹以杞柳为桮棬，谓人性本无仁义，若杞柳本非桮棬，必强用力矫揉而后就。荀子得其说，而谓"人之性恶，其善者伪也"。至传于李斯，遂指天下之人为恶，严刑峻法以待之，极于大乱之道。斯固孟子谓"祸仁义者，必子之言"明验矣。告子又谓："性犹湍水也，决诸东方则东流，决诸西方则西流。人性之无分于善不善，犹水之无分于东西。"扬子得其说而谓"人之性也，善恶混"。其害至于莽，移汉祚，莫知适从，而著剧秦美新以赞之，斯又体认不明之甚，则又孟子谓"人无有不善，水无有不下"之明辩晰也。《孟子序》谓：有《外书》四篇。《性善辩》居其一，惜其不传。若夫荀扬，则醇未见其大，而疵岂小耶？当反韩子之言而云：荀与扬小醇而大疵也。②

---

① （宋）陈文蔚：《克斋集》（卷八），《钦定四库全书》，集部四，别集类三。
② （宋）史绳祖：《学斋占毕》（卷一），《钦定四库全书》，子部十，杂家类二。

2. 成王冠颂

《大戴记》一书虽列之十四经，然其书大抵杂取《家语》之书，分析而为篇目。又其间《劝学》一篇全是荀子之辞。①

3. 学斋先生无书不读，读而有所疑则思，思而有所得则录，名之曰：孟、荀、扬言性。②

刘 炎

刘炎，生卒年不详，字子宣，南宋括苍人，精于理学。著有《迩言》。

1. 迩言自序

言近而指远，辞约而理尽，天下之至言也。非圣人其孰能修之？是故《论语》一书独具中和之道；次则孟氏七篇，莫非浩然之气；又其次也，荀卿辨而肆，扬雄约而拘，王通华而僭，虽三子所言得失不同，艰易不一，然皆得明道之一端，著书之一体，有过于老、庄、申、韩之说远矣。③

2. 成性

中天地而立，与天地参者，人也。天命以人不物之矣。天不物之，而自待以物，始也人，终去禽犊不远矣。然则人之性，实天地之性也。孔子以为贵，孟子以为善，天地予人之正也。荀卿谓之恶，主血气言之也。扬雄谓之混，杂人与物言之也。韩愈品分之，是复以清浊之气，高下之质言之也。荀、扬、韩之言性皆非天地予人之正也。君子保天命之性之谓仁，成天性之仁莫如学。④

3. 立志

昔者二帝、三王志于仁天下，汉祖、唐宗志于定天下，伊周自任以治，

---

① （宋）史绳祖：《学斋占毕》（卷四）。
② （宋）史绳祖：《学斋占毕》（原跋）。
③ （宋）刘炎：《迩言》（自序），《钦定四库全书》，子部一，儒家类。
④ （宋）刘炎：《迩言》（卷一）。

孔孟自任以道，下而荀卿、扬雄期以言语、文章成名于后世，皆其素有得者也。①

4. 或问：诸子立言之体。曰：古者一言足以尽道，今也千万言仅足述古人一二而已。圣人言则成章，无待强作，必也得立言之体则，孟氏亚于圣人，荀、扬、王其次也，韩、柳又其次也，不及韩柳不能传矣。

或问：荀、扬之得失安在？曰：立言则荀不雕篆，雄多模仿；辩理则雄有据依，荀多偏执。荀、扬得失，王通盖兼有之。②

姚 燧

姚燧（1238—1313），字端甫，号牧庵。清人辑有《牧庵集》。

1. 灵山先生董君实坟道碑

君讳珪，字君实。……逮三子章、奇、彦生，曰："古以三人为众，吾家四世，惟一其传。积德在余，有是众子。"延师私塾，务知修己治人之要，以笃其成才，不事记览为词章夸逐时好。既其入官，惟饬三事，曰："忠以事上，清以约己，仁以裕民。古之人未有舍是而名昭于时者。"晚爱灵山，暇与亲友纵游，曰："是荀卿子所谓'秦刻赵有苓及松柏之塞'③者。后与封龙、无极、三公、白石，其一则余忘之，为六名山，皆吾郡之望。"④

2. 河内李氏先德铭

铭曰：荀卿子言臂非长，升高而招所见彰⑤，斯若可用为君方。惟怀为州河之阳，实为三圣渊龙乡。其间下士虽守藏，或小大国君卿当，其贵可参攀

---

① （宋）刘炎：《迩言》（卷三）。
② （宋）刘炎：《迩言》（卷十）。
③ 《荀子·强国》。
④ （元）姚燧：《牧庵集》（卷二十五），《钦定四库全书》，集部五，别集类四。（元）姚燧：《姚燧集》（卷二十五），查洪德编校，人民文学出版社2011年版，第387页。
⑤ 《荀子·劝学》。

鳞翔。况复有孙翼贤王，远塞而近孔子堂。仕优学以能自疆，何畏潜德无辉光！①

戴表元

戴表元（1244—1310），字帅初，一字曾伯，号剡源，元代庆元奉化人。著有《剡源集》。

1. 赠子贞编修序

余惊喜愿交之久，而读其文属辞②庄屈之洁，析理孟荀之达，而比事左班之核也。③

2. 送铅山王亦诜归乡序

物之能为其类之宗者，必异。世言凤飞而群鸟从之以万数，世固未有识凤而见其飞者也。……孔、孟、荀、韩之于儒，其当为宗，何以异于龟与凤。然方其存时，从夫子而游者，去来之大略不过三千人。孟、荀加少，韩之门不叛去仅六、七，惟其久也，人始闻风而宗之。此一圣三贤，岂翘翘然欲见异，以取眩骇于天下之耳。……士渐不知其宗，吾为吾道吾类惧焉。④

3. 孟子荀卿列传

古之君子，其学为己也，而不专乎为己。盖其得之也有余，则推以与人也不患于不足；成之也劳，则其事传之于久而无弊。……孔氏之道，可远，可近，可约，可博，非若他事淫污辨杂以为通，诞神僻异以为高也。学他氏者于己不必诚，而常惧于无以徇人。学孔氏者，进可以及人，而退亦不自辱，其在己者也。故学孔氏者，近劳而什有八九焉，不失为君子学。他氏者，近

---

① （元）姚燧：《牧庵集》（卷二十六）。（元）姚燧：《姚燧集》（卷二十六），第403页。
② 属辞：指诗文。
③ （宋）戴表元：《剡源集》（卷十四），《钦定四库全书》，集部五，别集类五。
④ （宋）戴表元：《剡源集》（卷十四）。

佚而什有一焉，不免陷于小人。孟子、荀卿之于邹子、淳于、尸子、长卢①之属是也。自夫孔氏既没，世乱道微。生民之命，悬于谈兵说利之口者。若干年而子思之学再传而为孟子，子弓之学亦一传而得荀卿。荀卿之学未知出于子弓，何如也？而孟子于子思，有光矣。夫当孔子之时，诸子不弃其师之穷，相与追随，驰逐列国之郊，羁愁困饿而不忍去。一时能言之士与夫非诮孔氏而不为其学者，声华气势计当十百过之，讫无所据托，而独孔氏师友一线之传屹然不坠。以为儒者折衷，非止邹子、淳于之徒不可度絜短长而已耳。自是而降，诸子愈散。其荀卿之学亦一传而谬天下。异端曲说，愈炽于邹子、淳于之徒。而孟子之所著书遂与诸子之书之可传者，共扶孔氏以至于今日。由此言之，孔氏之道，世治则与之俱治，世乱则不与之俱乱。自古至今，固未尝一日废而学，何其劳而孤也。世言：太史公不知孔子。吾读《孟子荀卿列传》亦灿然知所趣舍哉。②

熊 禾

熊禾（1247—1312），字位辛，一字去非，号勿轩，晚号退斋。元代建阳崇泰里人。存有《勿轩集》等。

三山郡泮五贤祠记

从祀之典，凡先儒之有功德于圣门者咸在。若夫配食先圣，则非其道德功言足以得夫圣统之正传者，不足以与此也。韩氏曰：轲之死不得其传。此五先生所谓吾无间然者矣，后有作者不可易也。若夫邵、马及张、吕诸贤固已秩在从祀矣，非去之也。……曲阜旧有五贤祠，乃祀荀、杨诸贤。今祠已毁，归当请之。衍圣公更议以此五贤易之，此不惟大明洙泗之正传，亦以一洗汉唐之陋习，扶世立教，抑邪崇正之功弘矣。因其行也，力赞勉之。……

---

① 邹子：邹衍，阴阳家代表人物。淳于：淳于髡，稷下学宫中最有影响的学者之一。尸子：尸佼，先秦诸子百家之一。长卢：楚国贤者。
② （宋）戴表元：《剡源集》（卷二十二）。

学者辞必根理，文必称行。……孟氏之后无传，濂洛未兴之前，寥寥千载，独一董仲舒学最正，行最醇，顾不得秩在从祀。而扬雄美新投阁不能掩纲目莽大夫之书；荀况以性为恶，以礼为伪，大本已失，更学何事。至今二人上敢与孟子同列，下犹不失与王通、韩愈并称。向微文公品论权衡之定，则孟子终贬，而荀扬辈偃然得在弟子列矣。世教不明至此，可胜叹哉。①

胡一桂

胡一桂（1247—?），字庭芳，号"双湖先生"，元时徽州婺源人。著有《易附录纂注》等。

1. 夬

释氏所谓"流注想"，荀子谓"偷则自行"②，便是这意思，照管不著，便走将那里去。爻虽无此意，孔子作象所以裨爻辞之不足。③

2. 蒙

勿用取女，行不顺也。（顺当作慎。盖顺慎，古字通用。荀子顺墨作慎墨。且行不慎，于经意尤亲切。）④

3. 系辞传

盖通三揲两手之策，以成阴阳、老少之画，究七、八、九、六之数，以定卦爻动静之象也。"参伍错综"皆古语，而参伍尤难晓。按荀子云：窥敌制变，欲伍以参。韩非曰：省同异之言，以知朋党之分；偶参伍之验，以责陈言之实。又曰：参之以此物，伍之以合参。《史记》曰：必参而伍之。又曰：参伍不失。《汉书》曰：参伍其贾，以类相准，此足以相发明矣。

---

① （元）熊禾：《勿轩集》（卷二），《钦定四库全书》，集部四，别集类三。
② 《荀子·解蔽》。
③ （元）胡一桂：《易附录纂注》（卷二），《钦定四库全书》，经部一，易类。
④ （元）胡一桂：《易附录纂注》（卷五）。

……愚按：杨倞荀子注伍参，足以经纶天下之事也。人杰，犹杂也，使间谍，或参之，或伍之，于敌间而尽知其事。①

熊朋来

熊朋来，生卒年不详，字与可，宋元时豫章丰城县人。著有《经说》等。

1. 三宫无商调

大司乐圜钟、函钟、黄钟三宫，求神之乐皆无商调。郑氏谓祭尚柔，而商坚刚，恐未必然。其他诸儒有别为说者，亦多穿凿。陈旸《乐书》引荀卿说"太师审诗商，避所剋"②，为稍近理。周以木德王，而商为金。佩玉左，徵角右，宫、羽亦不言商，皆周人之言也。太师五声未尝不言商，审商者，特不用于起调毕曲，故商调缺焉。③

2. 不言商

《周礼》三宫之乐言宫、角、徵、羽，不言商。（《乐书》引荀卿云"大师审商故佩玉"亦止言宫、角、徵、羽。周，木德。审商则唐。宋不当审商。）④

刘 荀

刘荀，生卒年不详，字子卿，宋元之际东光人。存世著作《明本释》。

---

① （元）胡一桂：《易附录纂注》（卷七）。
② 《荀子·乐论》。
③ （元）熊朋来：《经说》（卷四），《钦定四库全书》，经部七，五经总义类。
④ （元）熊朋来：《瑟谱》（卷五），《乐章谱》，《钦定四库全书》，经部九，乐类。

刘荀

1. 至之之道

自修身可以至于尽性至命，然其间有多少般数，其所以至之之道当如何？荀子曰："始乎为士，终乎为圣人。"① 今学者须读书，才读书便望为圣贤，然中间至之之方便有多少。②

2. 正君心者，治国之本。

荀子曰："君者，人之源也。源清则流清，源浊则流浊。"③ 明道云：天下治乱系乎人君仁不仁耳。离是而非，则生于其心，必害于其政，岂待乎作之于外哉？……今之贤者多尚权智，不以正己为先。纵得好时节，终是做不彻。或谓权智之人亦可以救时。据某所见，正不欲得如此人在人君左右，坏人君心术。又曰：人臣事君，岂可佐以刑名之说，是使人主失人心也。无人心则不足以得人，能使其君视民如伤，则王道行矣。④

3. 刑赏者制师之本。

虽兵略不一，大要尚严，而以刑赏为先。苟无刑赏，虽有节制亦文具而已。……荀子论为将，号令欲严以威，刑赏欲必以信。⑤《书·胤征》曰："威克厥爱，允济；爱克厥威，允罔功。"……知胜之道者，必先知畏侮之权。⑥

4. 又须思其无不赏，而"事大敌坚，有涣然离"⑦ 之理，则赏不僭矣。（荀卿曰：齐人隆技击，得一首，则赐赎锱金，无不赏矣。事小敌毳，则偷可用也。事大敌坚，则涣然离耳，是亡国之兵也。）⑧

5. 老泉，名洵，字明允，自号老泉。……欧阳永叔一见大称叹，目为荀卿子，献其书于朝。自是名动天下，士争传诵其文，时文为之一变。⑨

6. 知止者，保身之本。

万物之理，进必有退，存必有亡，得必有丧，亢知一而不知二，故道穷

---

① 《荀子·劝学》。
② （元）刘荀：《明本释》（卷上），《钦定四库全书》，子部一，儒家类。
③ 《荀子·君道》。
④ （元）刘荀：《明本释》（卷上）。
⑤ 《荀子·议兵》。
⑥ （元）刘荀：《明本释》（卷中）。
⑦ 《荀子·议兵》。
⑧ （元）刘荀：《明本释》（卷中）。
⑨ （元）刘荀：《明本释》（卷下）。

而致灾。荀子曰"物禁太盛",言物极则衰,理之常也。苏黄门云:"日中则移,月满则亏,四时之运,成功者去。"天地尚然,况于人乎。①

吴　澄

吴澄（1249—1333）,字幼清,晚字伯清,元代临川郡崇仁县人。著有《吴文正公全集》。

1. 《大戴礼记》

《大戴记》三十四篇,澄所序次,按《隋志》。……《本命》以下杂录事,辞多与《家语》《荀子》《贾传》等书相出入,非专为《记》《礼》设《礼运》以下诸篇之比也。②

2. 老庄二子叙录

杨倞注荀卿书,定其篇次,读者咸以为当,予于庄氏之书亦然。③

3. 答人问性理

自未有天地之前,至既有天地之后,只是阴阳二气而已。本只是一气,分而言之,则曰阴阳。又就阴阳中细分之,则为五行。五气即二气,二气即一气。气之所以能如此者,何也？以理为之主宰也。理者,非别有一物在气中,只是为气之主宰者即是,无理外之气,亦无气外之理。人得天地之气而成形,有此气即有此理。所有之理谓之性,此理在天地则元亨利贞是也,其在人而为性则仁义礼智是也。性即天理,岂有不善？但人之生也,受气于父之时,既有或清或浊之不同,成质于母之时,又有或美或恶之不同。气之极清,质之极美者,为上圣。盖此理在清气美质之中,本然之真无所污坏,此

---

① （元）刘荀：《明本释》（卷下）。
② （元）吴澄：《吴文正集》（卷一）,《钦定四库全书》,集部,别集类。
③ （元）吴澄：《吴文正集》（卷一）。

尧舜之性，所以为至善。而孟子之道性善，所以必称尧舜以实之也。其气之至浊，质之至恶者，为下愚。上圣以下，下愚以上，或清，或浊，或美，或恶，分数多寡，有万不同。惟其气浊而质恶，则理在其中者被其拘碍沦染，而非复其本然矣。此性之所以不能皆善，而有万不同也。孟子道性善是就气质中挑出其本然之理而言，然不曾分别性之所以有不善者，因气质之有浊恶而污坏其性也。故虽与告子言，而终不足以解告子之惑。至今，人读孟子亦见其未有以折倒告子而使之心服也。盖孟子但论得理之无不同，不曾论到气之有不同处，是其言之不备也。不备者谓但说得一边，不曾说得一边，不完备也。故曰"论性不论气不备"，此指孟子之言性而言也。至若荀、扬以性为恶，以性为善恶混，与夫世俗言人性宽、性褊、性缓、性急，皆是指气质之不同者为性，而不知气质中之理谓之性，此其见之不明也。不明者谓其不晓得性字，故曰"论气不论性不明"，此指荀、扬、世俗之说性者言也。程子"性即理也"一语正是针砭世俗错认"性"字之非，所以为大有功。张子言："形而后有气质之性，善反之，则天地之性存焉。故气质之性，君子有弗性者焉。"此言最分晓，而观者不能解其言，反为所惑，将谓性有两种。盖天地之性、气质之性，两性字只是一般，非有两等性也。故曰："二之则不是。"言人之性本是得天地之理，因有人之形则所得天地之性，局在本人气质中，所谓形而后有气质之性也。气质虽有不同，而本性之善则一；但气质不清、不美者，其本性不免有所污坏。故学者当用反之之功反之，如汤武反之也。反之谓反之于身而学焉，以至变化其不清不美之气质，则天地之性浑然全备，具存于气质之中。故曰："善反之，则天地之性存焉。"气质之用小，学问之功大，能学，气质可变，而不能污坏吾天地本然之性，而吾性非复如前污坏于气质者矣。故曰："气质之性，君子有弗性者焉。"①

4. 刘尚友文集序

永叔拟以荀卿直跻之周秦间，子瞻长江大河一泻千里。②

---

① （元）吴澄：《吴文正集》（卷二）。收录于（明）黄宗羲《黄宗羲全集》（第六册），《宋元学案》（四）（黄氏原本、全氏修定），《草庐学案》（卷八十七），第574—576页。
② （元）吴澄：《吴文正集》（卷二十二）。

5. 原序

吾儒之道，三纲五常之道也。故儒道之在天地间，一日不可无者。自先师孔子设教于洙泗之后，惟颜、曾、思、孟氏得传斯道以为真儒。余未免惑于虚无寂灭之谈，溺于记诵词章之习，其于真儒盖不易得也。两汉之儒固多而道统无传，有唐之儒亦多而道统罕继。惟昌黎韩子奋然而出，历序道统相传之自，有曰"尧以是传之舜，舜以是传之禹，禹以是传之汤，汤以是传之文、武、周公，文、武、周公传之孔子，孔子传之孟轲，而未有轲死不得其传。"之言，又有"荀、扬择焉不精"之语，至于力排异端，起衰济溺，而韩子所任之意亦有在焉。由是观之，道统之传有自来矣，真儒之生诚不偶也。①

胡炳文

胡炳文（1250—1333），字仲虎，号云峰，元代婺源考川人。著有《云峰集》《四书通》等。

1. 勿用取女，行不顺也。

顺当作慎。盖顺、慎古字通用。荀子顺墨作慎墨。且行不慎，于经意尤亲切，今当从之。②

2. 论性

然其气质之禀或不能齐，是以不能皆有，以知其性之所有而全之也。（通曰：若有恒性，汤言天命之性；习与性成，伊尹言气质之性。孟子性善，言天命之性而未及气质之性；荀子性恶，扬子善恶混，韩子三品，言气质之性而不及天命之性。至周子《太极图》始即太极言其本然者，即阴阳五行言其气质者。张子曰："形而后有气质之性，善反之，则天地之性存焉。"性之说，至是明且备矣。此序所以必兼言之也。）③

---

① （元）吴澄：《吴文正集》（原序）。
② （元）胡炳文：《周易本义通释》（卷三），《钦定四库全书》，经部一，易类。
③ （元）胡炳文：《四书通》（大学朱子序），《钦定四库全书》，经部八，四书类。

3. "天命之谓性,率性之谓道,修道之谓教。"

饶氏曰:"率性之谓道"一语专为训道名义。盖世之言道者高,则入于荒唐,以为无端倪之可测识,老庄之论是也。卑则滞于形器,以为是人力之所安排,告、荀之见是也。是以子思于此首指其名义,以示人言道者非他,循性之谓也。①

4. 子曰:"素隐行怪,后世有述焉,吾弗为之矣。"

北山陈氏曰:诡异之行,如荀子所谓苟难者,於陵仲子、申徒狄、尾生之徒是也。②

5. 子曰:"由!诲女知之乎?知之为知之,不知为不知,是知也。"

荀卿曰:君子知之曰知之,不知曰不知,言之要也,盖出于此。③

6. 武王曰:"予有乱臣十人。"

《书·泰誓》之辞,马氏曰:乱治也。(辅氏曰:荀卿子曰:"治乱谓之乱,犹治污谓之污也。"则乱之训治,其来久矣。)④

7. 盖桓公夺伯氏之邑以与管仲,伯氏自知己罪,而心服管仲之功,故穷约以终身而无怨言。荀卿所谓与之书社三百。(周礼二十五家为社。书社谓以社之户口书于版图者,凡三百社。)⑤

8. 子曰:"乡原,德之贼也。"

原与愿同。荀子原悫注,读作愿,是也。乡原,乡人之愿者也,盖其同流合污以媚于世,故在乡人之中独以愿称。⑥

9. 告子言人性本无仁义,必待矫揉而后成,如荀子性恶之说也。(《语录》:告子只是认气为性,见得性有不善,须拗他,方善。)⑦

10. 陈氏曰:韩子谓人之所以为性者五,曰:仁、义、礼、智、信,此语似看得性字端的,但分为三品,又差了三品之说;只说得气禀,然气禀之不齐,盖或相什百千万,岂但三品而已哉?他本要求胜荀杨,却又与荀杨无甚异。⑧

---

① (元)胡炳文:《中庸通》(卷一)。
② (元)胡炳文:《中庸通》(卷一)。
③ (元)胡炳文:《论语通》(卷一)。
④ (元)胡炳文:《论语通》(卷四)。
⑤ (元)胡炳文:《论语通》(卷七)。
⑥ (元)胡炳文:《论语通》(卷九)。
⑦ (元)胡炳文:《孟子通》(卷十一)。
⑧ (元)胡炳文:《孟子通》(卷十一)。

11. 或问：血流漂杵乃纣之前徒倒戈之所为，荀子以为杀之者皆商人，非周人者，是也。而孟子不之信，何哉？曰：此亦拔本塞源之论。盖虽杀者非我，而亦不忍言也。程子以为孟子设为是言，盖得其微意。①

12. 《集注》引荀子为证以原为愿，且曰乡人无知，其所谓愿人，谓之乡原。原字固浅狭，又乡人以为愿，则亦未为真愿者也。孔子以其似德而非德，而遂斥以为德之贼，深恶而痛绝之，是亦圣人性情之正也。②

陈 栎

陈栎（1252—1335），字寿翁，晚号东阜老人，元代徽之休宁人。著有《定宇集》等。

1. 送董季真入闽刊书序

予谓深山成此书，若先知科目之兴，表章风厉者，岂如窦公，俨以奎聚，预知文运哉？亦如荀卿所谓"千载必返，古之常。弟子勉学，天不忘"③，以理知之耳。④

2. 送张静山序

荀卿有言"雩而雨"，何也？曰：犹不雩而雨也。彼盖疑祈与雨会。天苟雨，虽不祈亦雨耳。呼！有是哉！天地以生物为心，人得天地此心，是为仁心。理也，性也。天生五谷，以生斯人，此理之常。或有凶旱水溢者，数之变。数虽变，理可斡回之。不忍人之丁斯旱，而诚以祷诸天，将以理性之常回气数之变也。……以吾仁心感通造化生物之心，如契券关籥耳。况今调元赞化，端有其人，傅岩之霖，真自启乃心出，谁谓不雩亦雨哉？荀卿以性为

---

① （元）胡炳文：《孟子通》（卷十四）。
② （元）胡炳文：《孟子通》（卷十四）。
③ 《荀子·赋篇》。
④ （元）陈栎：《定宇集》（卷二），《钦定四库全书》，集部五，别集类四。

恶者也，为此论宜无足怪。①

3. 问性理二字如何解

言道理之学须兼着性理二字言之。言性不言理，则不知性中实具此理。性为何物乎？未免如荀扬之言性矣。以理言性则可见天下无不善之理，则无不善之性可知矣。言理不言性，则但知理之散在万物，而不知理之具于一性，是理自理，我自我，与吾性有何交涉哉？知在物为理，又知性之即理，则物我贯内外合矣。以理言性，则性非气禀食色之粗。就性求理，则理即吾仁、义、礼、智之实。天下无性外之理，亦不于性外而求理，此物我一理之妙而合内外之道也。以此言性理其庶几乎。②

4. 贺邓祭酒书

古者主有盛馔，宾推老者一人举酒以祭，故以祭酒称昉。自荀卿为齐三老，称祭酒焉。汉之侍中，魏之散骑常侍，功高者并为祭酒，其名重矣而犹未也。③

5. 盘庚下

爰立作相，王置诸其左右。（荀卿曰："学莫便乎近其人。"④ 置诸左右者，近其人以学也。史臣将记高宗命说之辞，先叙事始如此。）⑤

6. 血流漂杵

孟子缘当时战斗残戮，恐人以此为口实，故说此。然看上文不是武王杀他，乃纣之人自蹂践相杀。荀子云："杀之者，非周人，商人也。"⑥ 武王兴兵，初无意于杀人。观不愆于六伐、七伐，乃止齐焉。武王之心，可见矣。⑦

---

① （元）陈栎：《定宇集》（卷二）。
② （元）陈栎：《定宇集》（卷七）。
③ （元）陈栎：《定宇集》（卷十）。
④ 《荀子·劝学》。
⑤ （元）陈栎：《书集传纂疏》（卷三），《钦定四库全书》，经部二，书类。
⑥ 《荀子·儒效》。
⑦ （元）陈栎：《书集传纂疏》（卷四上）。

7. 周公摄政

所谓摄政皆在成王谅暗①之时，非以幼冲而摄其位，也不过位冢宰之位而已，亦非如荀卿所谓摄天子位之事②也。三年之丧，二十五月而毕，方其毕时，周公固未尝摄，亦非有七年而后还政之事也。③

同　恕

同恕（1254—1331），字宽甫，元代京兆人，祖籍太原。著有《榘庵集》。

送彭元亮序

元亮取所著述，循环程课，若荀子所谓"诵数以贯之，思索以通之"，可以独善其身，可以兼善天下，不待他求，而有余师矣。异时东南之士倚为考亭之柱石者，必吾元亮也。④

马端临

马端临（1254—1340），字贵与，号竹洲。元代饶州乐平人。著有《文献通考》等。

1. 自序

昔荀卿子曰："欲观圣王之迹，则于其粲然者矣，后王是也。"⑤ 君子审

---

① 谅暗：居丧时所住的房子。
② 《荀子·儒效》。
③ （元）陈栎：《书集传纂疏》（卷五）。
④ （元）同恕：《榘庵集》（卷二），《钦定四库全书》，集部五，别集类四。
⑤ 《荀子·非相》。

后王之道，而论于百王之前，若端拜而议。然则考制度，审宪章，博闻而强识之，固通儒事也。①

2. 《郊特牲》曰："礼之所尊，尊其义也；失其义，陈其数，祝史之事也。"故其数可陈也，其义难知也。荀卿子曰："不知其义，谨守其数，慎不敢损益；父子相传，以持王公，是故三代虽亡，治法犹存，是官人百吏之所以取禄秩也。"② 然则义者，祭之理也；数者，祭之仪也。③

3. 东莱吕氏曰：荒政条目始于黎民阻饥。舜命弃为后稷，播时百谷，其详见于生民之诗。到得后来，如所谓禹之水、汤之旱，民无菜色，（《荀子》：禹十年水，汤七年旱，而天下无菜色者。）④ 其荒政制度不可考。⑤

4. 高宗绍兴元年，下诏复贤良方正能直言极谏科⑥。……岁九月，命学士、两省官⑦考试于秘阁，御史监之试六论（每首五百字以上）于九经、十七史、七书、《国语》、荀、扬、管子、文中子。⑧

5. 元朔五年，置博士弟子员。

前此博士虽各以经授徒，而无考察试用之法，至是，官始为置弟子员，即武帝所谓兴太学也。

太史公曰：余读功令（名见后）至于广励学官之路，未尝不废书而叹也。……自孔子卒后，七十子之徒散游诸侯。大者为师傅、卿相，小者友教士大夫，或隐而不见。故子路居卫，子张居陈，澹台子羽居楚，子夏居西河，子贡终于齐。如田子方、段干木、吴起、禽滑厘之属皆受业于子夏之伦，为王者师。是时独文侯好学，陵迟以至于始皇，天下并争于战国，儒术既绌焉。然齐鲁之间，学者独不废也。于威宣之际，孟子、荀卿之列咸遵夫子之业，

---

① （元）马端临：《文献通考》，自序，考三，《钦定四库全书》，史部，政书类一。收录于（元）苏天爵编《元文类》（卷三十二），《钦定四库全书》，集部。
② 《荀子·荣辱》。
③ （元）马端临：《文献通考》，自序，考六。
④ 《荀子·富国》。
⑤ （元）马端临：《文献通考》，（卷二十六），《国用》（四），《赈恤》，考二五四。
⑥ 贤良方正能直言极谏科：唐代科举常选之外有制科，制科不定期举行，由天子亲策，专用于网罗选用特殊人才。
⑦ 职官合称。唐宋合称门下省与中书省为两省。宋制以门下省的给事中、起居郎、左散骑常侍、左司谏、左正言与中书省的中书舍人、起居舍人、右散骑常侍、右谏议大夫、右司谏、右正言通称为两省官。
⑧ （元）马端临：《文献通考》（卷三十三），选举六，《贤良方正》，考三一五。

而润色之，以学显于当世。及至秦季世，焚诗书，坑儒士，六艺从此缺矣。①

6. 五年，诏改元圣文宣王谥为至圣文宣王，避圣祖名也。大禧元年，以文宣王四十六代孙光禄寺丞圣祐袭封文宣公。

……

古者士之见师，以菜为挚，故始入学者必释菜，以礼其先师。……自孔子没，后之学者莫不宗焉。故天下皆尊以为先圣，而后世无以易。学校废久矣，学者莫知所师（一有则字），又取孔子门人之高弟曰颜回者而配焉，以为先师。隋唐之际，天下州县皆立学，置学官、生员，而释奠之礼遂以著令。其后，州县学废。而释奠之礼，吏以其著令，故得不废。学废矣，无所从祭，则皆庙而祭之。荀卿子曰：仲尼，圣人之不得势者也。② 然使其得势，则为尧舜矣。不幸无时而没，特以学者之故，享弟子春秋之礼。而后之人不推所谓释奠者，徒见官为立祠，而州县莫不祭之，则以为夫子之尊由此为盛甚者，乃谓生虽不得位而没有所享，以为夫子荣，谓有德之报，虽尧舜莫若。何其谬论者欤？③

7. 元丰六年，吏部尚书曾孝宽言：孟轲有庙在邹，未加爵。命诏封邹国公。

七年，礼部言：乞以邹国公同颜子配食宣圣，荀况、扬雄、韩愈并从祀于左丘明等二十二贤之间。从之。封荀况兰陵伯，扬雄成都伯，韩愈昌黎伯，颁行天下，学庙塑像，春秋释奠行礼。④

8. 齐右，掌祭祀，前齐车⑤（齐车，金路也。前齐车，立于马前，备惊奔也。杨氏曰：前期十日，乃散齐之初，此齐右。前齐车，谓齐时所乘金路也。又荀子曰："端衣元裳，冕而乘路。"⑥ 此谓齐时所服之服，及所乘之路也。）⑦

9. 蔡邕明堂论

……明堂之作不始于周公，而武王之时有之。《记》曰：祀乎明堂而民知

---

① （元）马端临：《文献通考》（卷四十），学校一，《太学》，考三八二。
② 《荀子·非十二子》。
③ （元）马端临：《文献通考》卷四十三，学校四，考四一〇，《祠祭褒赠先圣先师》。
④ （元）马端临：《文献通考》卷四十四，学校五，考四一三，《祠祭褒赠先圣先师》。
⑤ 《周礼·夏官·齐右》。
⑥ 《荀子·哀公》。原文为："夫端衣玄裳，絻而乘路者，志不在于食荤。"
⑦ （元）马端临：《文献通考》卷六十八，《郊社考》（一），《郊》。

孝是也。不特建之于内,而外之四岳亦有之。孟子之时,齐有泰山之明堂是也。(《荀子·强国篇》曰:虽为之筑明堂于塞外,而朝诸侯,使殆可也。汉有奉高明堂。)①

10. 盖先王之于神示,求之,然后礼;礼之,然后祀。函钟为宫,求之之乐也;太蔟应钟,祀之之乐也。若夫玉之黄琮、两圭,牲币之黄黑,盖祭有不一,而牲币器亦从而异也。郑氏之徒谓夏至于方丘之上,祭昆仑之示。七月于泰折之坛,祭神州之示,此惑于谶纬之说,不可考也。凡以神仕者,以冬至致天神、人鬼,以夏日至致地示、物魅。致天神,而人鬼与之者。荀卿所谓郊,则并百王于上天而祭之是也。② 郊天合百王,则郊地合物魅,宜矣。郑氏谓:致人鬼于祖庙,致物魅于坛墠,盖用祭天地之明日于经无据。③

11. 陈氏礼书曰:五祀见于《周礼》《礼记》《仪礼》,杂出于史传多矣。特祭法以司命、泰厉为七祀,而《左传》昭二十五年、《家语·五帝篇》则以五祀为重该、修、熙、黎、句龙之五官。《月令》以五祀为门、行、户、灶、中雷。《白虎通》、刘昭、范晔、高堂隆之徒以五祀为门、井、户、灶、中雷。郑氏释大宗伯之五祀,则用《左传》《家语》之说;释小祝之五祀,用《月令》之说;释《王制》之五祀,则用祭法之说。而荀卿谓五祀,执荐者百人侍西房。④ 侍西房,则五祀固非四方之五。官侍必百人,则五祀固非门户之类。然则所谓五祀者,其名虽同,其祭各有所主。七祀之制,不见他经。郑氏以七祀为周制,五祀为商制。然《周官》虽天子亦止于五祀,《仪礼》虽士亦备五祀,则五祀无尊卑、隆杀之数矣。祭法自七祀推而下之,至于适士二祀,庶人一祀,非周礼也。然礼所言五祀,盖皆门、户之类而已。门、户,人所资以出入者也。中雷,人所资以居者也。灶井,人所资以养者也。先王之于五者,不特所资如,此而又事有所本,制度有所兴,此所以祀而报之也。⑤

12. 陈氏礼书曰:庙所以象生之有朝也,寝所以象生之有寝也。建之观门之内,不敢远其亲也。位之观门之左,不忍死其亲也。《家语》曰:天子七

---

① (元) 马端临:《文献通考》卷七十三,郊社六,考六六七,《明堂》。
② 《荀子·礼论》。
③ (元) 马端临:《文献通考》卷七十六,郊社九,考六九三,《祀后土》。
④ 《荀子·正论》。
⑤ (元) 马端临:《文献通考》(卷八十六),郊社十九,考七八二,《五祀》。

庙，诸侯五庙，自虞至周之所不变也。……《礼记》、荀卿、《穀梁》皆言天子七庙，不特周制也。则自虞至周，七庙，又可知矣。然存亲立庙，亲亲之至，恩祖功宗；德，尊尊之大义。古之人，思其人而爱其树，尊其人则敬其位，况庙乎？法施于民则祀之，以劳定国则祀之，况祖宗乎？①

13. 开元十年，制创立太庙、九室。……荀卿子曰：有天下者，事七世②，谓从祢以上也。若傍容兄弟，上毁祖考，则天子有不得事七世者矣。孝和皇帝有中兴之功而无后，宜如殷之阳甲，出为别庙，祔睿宗以继高宗。于是立中宗庙于太庙之西。开元十年，诏宣皇帝复祔于正室，谥为献祖，并谥光皇帝为懿祖。又以中宗还祔太庙，于是太庙为九室。③

14. 又曰《周礼·大宗伯》以肆献祼馈食享先王，以春祠、夏禴、秋尝、冬烝享先王。《祭法》王立七庙，一坛一墠。……盖夏商之礼如此，故左丘明、荀卿、司马迁皆得以传之也。《周礼·小宗伯》：凡天地之大灾，类社稷宗庙，为位则类于宗庙者，无常时，与所谓王时类者异矣。④

15. 盖周公之为，故记礼者以为周公朝诸侯之位。……中间言武王崩，成王幼弱，周公践天子之位者，亦谓成王同坐立于斧扆之间。周公曷尝正天子之位而居之乎？礼所记甚明，陋儒初不悟，虽荀卿犹云周公履天子之籍⑤，若固有之学者，由是纷纷有异言，何周公之不幸也。右周家诸侯来朝之仪。⑥

16. 又曰：《周礼》有韦弁，无爵弁。《书》：二人雀弁。《仪礼》《礼记》有爵弁，无韦弁。士之服，止于爵弁。而荀卿则曰：士韦弁。⑦孔安国则曰：雀韦弁也，则爵弁即韦弁耳。又曰：古文弁，象形则其制上锐，如合手然，非如冕也。韦，其质也；爵，其色也。士冠礼再加皮弁，三加爵弁，而以爵弁为尊。⑧

17. 《论语》公西华曰：宗庙之事，如会同，端章甫，愿为小相焉。荀卿

---

① （元）马端临：《文献通考》（卷九十一），宗庙一，考八二六，《天子宗庙》。
② 《荀子·礼论》。
③ （元）马端临：《文献通考》（卷九十三），宗庙三，考八四三，《天子宗庙》。
④ （元）马端临：《文献通考》（卷九十六），宗庙六，考八六九，《祭祀时享》。
⑤ 《荀子·儒效》。
⑥ （元）马端临：《文献通考》（卷一百六），王礼一，考九五七，《朝仪》。
⑦ 《荀子·大略》。
⑧ （元）马端临：《文献通考》（卷一百一十一），王礼六，考九九九，《君臣冠冕服章》。

曰：端衣元裳，絻而乘路，志不在于食荤。① ……

陈氏礼书曰：司服言及诸侯、孤卿、大夫、士之服，而继之以其斋服，有元端、素端，则元端、素端非特士之斋服而已。郑氏曰：端者取其正也。……（司服凡吊事，弁绖服。《杂记》：凡弁绖，服其缞侈。少牢，主妇衣宵衣侈袂。《儒行》曰：孔子衣逢掖之衣。荀卿曰：其衣逢。②）……古者端衣，或施之于冕，或施之于冠。《大戴记》曰：武王端冕而受丹书。《乐记》曰：魏文侯端冕而听古乐。荀卿曰：端衣元裳，絻而乘路，此施于冕者也。冠礼，冠者元端，缁布冠，既冠易服，服元冠、元端。……元端皆元裳，或黄裳、杂裳可也。（郑氏曰：上士，元裳；中士，黄裳；下士，杂裳。前元后黄。荀卿曰：端衣元裳，絻而乘路，志不在于食荤。盖斋则衣裳，皆元非斋，则裳不必元。）未闻以素裳也。郑氏释仪礼，谓：云端即朝服之衣，易其裳耳。释玉藻曰：朝服冠元端、素裳，此说无据。③

18. 古者丧服用韠，无所经见。《诗》曰：庶见素韠，是祥祭有韠也。刘熙曰：韠以蔽前，妇人蔽膝，亦如之。《唐志》：妇人蔽膝，皆如其夫，是妇人有韠也。荀子曰：共、艾毕说者。④ 曰：苍白之韦是罪人，有韠也。及战国，连兵韨，非兵饰，去之。⑤

19. 陈氏礼书曰：古者革带、大带皆谓之鑿，《内则》所谓男鑿革带也。……《庄子》曰：带死牛之胁。《玉藻》曰：革带博二寸。《士丧礼》：鞶带用革，笏插于带之右旁。然则革带其博二寸，其用以系佩韨，然后加以大带而佩系于革带，笏搢于二带之间矣。……荀卿曰："缙绅而无钩带是也。"⑥

20. 荀卿曰：天子御珽，诸侯御荼，大夫服笏。⑦ ……陈氏礼书曰：天下之事，常修治于人之所慎，而废弛于人之所忽。先王于是制为之笏，或执，或搢，而毕用之，使人稽其名以见其义，观其制以思其德，庸有临事而失者乎？天子之笏以玉，诸侯以象，大夫以鱼须文竹，士竹本象，可也。盖玉德

---

① 《荀子·哀公》。
② 《荀子·非十二子》。
③ （元）马端临：《文献通考》（卷一百十一），王礼六，考一〇〇三，《君臣冠冕服章》。
④ 《荀子·正论》。
⑤ （元）马端临：《文献通考》（卷一百一十一），《王礼考》（六），《君臣冠冕服章》。
⑥ （元）马端临：《文献通考》（卷一百十一），王礼六，考一〇〇五，《君臣冠冕服章》。
⑦ 《荀子·大略》。

之美，象义之辨，竹礼之节。天子尚德，诸侯贵义，大夫士则循礼而已。此笏所以异也。①

21.《书》曰：大辂在宾阶面，缀辂在阼阶面，先辂在左塾之前，次辂在右塾之前。《礼器》曰：大路繁缨一就，次路繁缨七就。《郊特牲》曰：大路繁缨一就，先路三就，次路五就。然则《周官》驭玉路者，谓之大驭，则玉路谓之大路，独周为然。若夫商之大路，则木路而已。《春秋传》与荀卿曰：大路越席。②《礼器》与《郊特牲》曰：大路繁缨一就。《明堂位》曰：大路，商路也。孔子曰：乘殷之路，皆木路也。然《礼器》与《郊特牲》言：大路繁缨一就，则同其言；次路繁缨五就、七就，则不同者。先王之路，降杀以两，反此而加多焉，盖亦以两而已。大路一就，先路三就，则次路有五就、七就者矣。③

22. 孝文太和十四年，太皇太后冯氏崩。帝哀毁，过礼。……按古者天子之丧，七月而葬。《左传》以为同轨。至荀卿子曰：天子之丧，动四海，属诸侯。又曰：天子七月，诸侯五月，大夫士三月，皆使其须足容事。事足容成，成足容文，文足容备，曲容备物之谓道矣。④（须，待也，谓所待之期也。事丧，具也。道者，委曲容物备物者也。）盖以万乘之尊、四海之广，丧期至于三年，则必备物、尽礼，以致其孝，勿之有悔焉耳。此古孝子之心也。秦汉以来，习为短丧之制例，以既葬释服，于是惟恐葬期之不促。自两汉至六朝，人主之丧，大行在殡，少有及两月者。是天子而不克行大夫士之礼也。魏孝文力行古道，独为三年之丧，而其臣狃于历代之制，固请释服，欲释重服，则必先促葬期。而帝答诏曰：侍奉梓宫犹希仿佛山陵，迁厝所未忍闻，固请而始葬。既葬，而终不释服，贤矣哉。⑤

23. 编钟

陈氏乐书曰：先王作乐，以十有二律为之数度，以十有二声为之齐量，纪之以三平之，以六归于十二天之道也。然则以十有二辰正钟磬乐县之位，岂他故哉？凡以齐量、数度考中声，顺天道而已。盖编钟十二同在一虡，为

---

① （元）马端临：《文献通考》（卷一百一十一），王礼六，考一〇〇六，《君臣冠冕服章》。
② 《荀子·正论》。
③ （元）马端临：《文献通考》（卷一百十六），王礼十一，考一〇四六，《乘舆车旗卤簿》。
④ 《荀子·礼论》。
⑤ （元）马端临：《文献通考》（卷一百二十五），王礼二十，考一一一三，《山陵》。

一堵，钟磬各一堵为肆。……荀卿言县一钟。① 《大戴礼》言编县一言，特县钟磬如此，则编钟、编磬亦可知，岂非金石以动之常相待，以为用乎？由是观之，钟磬、编县各不过十二古之制也。②

24. 拊状如革囊，实以糠击之，以节乐。

陈氏乐书曰：拊之为器，韦表糠里，状则类鼓。声则和柔，倡而不和，非徒铿锵而已。《书传》谓以韦为鼓。《白虎通》谓革而糠是也，其设则堂上。……荀卿曰：架一钟而尚拊。③ 《大戴礼》曰：架一磬而尚拊，则拊设于一钟、一磬之东，其众器之父欤。荀卿曰：鼓，其乐之君邪④？然鼓无当于五声，五声不得不和，其众声之君欤。《乐记》曰：会守拊鼓。堂上之乐众矣，所待以作者在拊，堂下之乐众矣，所待以作者在鼓。盖堂上则门内之治，以拊为之父；堂下则门外之治，以鼓为之君。内则父子，外则君臣，人之大伦也。而乐则实通而合和之，此修身及家平均天下，所以为古乐之发也。与夫新乐之发扰杂，子女不知父子，岂不有间乎？⑤

25. 箮　箫笠　箫箫，世本曰舜所造。其形参差，象凤翼，长二尺。……

陈氏乐书曰：荀卿曰：凤凰于飞，其翼若干，其声若箫。⑥ 盖箫之为器，编竹而成者也。长则声浊，短则声清，其状凤翼，其音凤声，中吕之气，夏至之音也。然凤凰声中律吕，以五行推之，乃南方朱鸟，则火禽也。……（箫者，阴气之管也。坤以二四为六，而地数至十而止。故大者，二十四管，小者十二管，取阴气自然之数。）⑦

26. 柷（椌击）敔（楬戛）

陈氏乐书曰：周官小师掌教播鼗、柷、敔。周颂有瞽亦曰鼗。……阴始于二四，终于八十。阴数四八而以阳一主之，所以作乐则于众乐先之而已，非能成之也，有兄之道焉。此柷所以居宫县之东，象春物之成始也。敔之为器，状类伏虎，西方之阴物也，背有二十七龃龉，三九之数也。栎之长尺，十之数也。阳成三变于九，而以阴十胜之，所以止乐，则能以反为非，特不至于流而

---

① 《荀子·礼论》。
② （元）马端临：《文献通考》（卷一百三十四），乐七，考一一九二，《金之属》。
③ 《荀子·礼论》。
④ 《荀子·乐论》。
⑤ （元）马端临：《文献通考》（卷一百三十六），乐九，考一二○五，《革之属》。
⑥ 《荀子·解蔽》。
⑦ （元）马端临：《文献通考》（卷一百三十八），乐十一，考一二二三，《匏之属》。

失已，亦有足禁过者焉。此敔所以居宫县之西，象秋物之成终也。《书》曰：戛击。《礼》曰：楷击。《乐记》曰：圣人作为柷敔。荀卿曰：鞉柷拊椌楬似万物。① 盖柷敔以椌楬为体，椌楬以戛楷击为用也。……今夫堂上之乐，象庙朝之治；堂下之乐，象万物之治。荀卿以拊柷椌楬为似万物，则是以堂上之拊亦似之，误矣。柷敔椌楬皆一物而异名，荀卿以柷椌离而二之，亦误矣。……先儒以柷为立夏之音，又谓乾主立冬，阴阳终始。故圣人承天以制柷敔。②

27. 乐悬

陈氏乐书曰：古者治定制礼，功成作乐。舜之为乐，戛击鸣球，搏拊琴瑟，以咏堂上之乐也，以象庙朝之治。……柷敔，器也；戛击，所以作器也。器则卑，而在下；作器者尊，而在上，贵贱之等也。（六咏为律，六间为吕，言以间而不言律，与《周官》言"典同"③ 同意。）荀卿曰：县一钟而尚拊。《大戴礼》曰：县一磬而尚拊，为堂上之乐，则一钟一磬尚拊，亦堂上之乐也。……古之君子反情以和其志，比类以成其行，然后发以声音，文以琴瑟，而堂上之乐作矣。动以干戚，饰以羽旄，从以箫管，而堂下之乐作矣。琴瑟作于堂上，象庙朝之治；箫管作于堂下，象万物之治。则德自此显，足以奋至德之光；气自此调，足以动四气之和。其于著万物之理也何有？若夫荀卿谓：君子以钟鼓导④，将是又合堂上下之乐而杂论之，非分而序之故也。荀卿以堂上鞉柷、椌楬为似万物，则是以堂上之拊似之误矣。⑤

28. 愚尝因其说而究论之。《易》本卜筮之书也，后之儒者知诵《十翼》而不能晓占法；《礼》本品节之书也，后之儒者知诵《戴记》而不能习仪礼，皆义理之说太胜故也。先儒盖尝病之矣。然《诗》也，《易》也，《礼》也，岂与义理为二物哉？盖《诗》者，有义理之歌曲也，后世狭邪之乐府则无义理之歌曲也。《易》者，有义理之卜筮也，后世俗师之占书则无义理之卜筮也。《礼》者，有义理之品节也，秦汉而后之典章则无义理之品节也。《郊特牲》曰：礼之所尊，尊其义也。失其义，陈其数，祝史之事也。故其数，可陈也；其义，难知也。荀子曰：不知其义，谨守其数，不敢损益；父子相传，

---

① 《荀子·乐论》。
② （元）马端临：《文献通考》（卷一百三十九），乐十二，考一二三一，《木之属》。
③ 典同：负责调试各种乐器的职官。
④ 《荀子·乐论》。
⑤ （元）马端临：《文献通考》（卷一百四十），乐十三，考一二三五，《乐悬》。

以持王公，是官人百吏所以取秩禄也。① 盖春秋战国之时，先王之礼制不至沦丧，故巫史、卜祝、小夫、贱隶皆能知其数，而其义则非圣贤不能推明之。及其流传既久，所谓义者，布在方册。格言大训，炳如日星，千载一日也，而其数则湮没无闻久矣。②

29. 大濩大司乐

郑注：大濩，汤乐也。汤以宽治民而除其邪，言其德能使天下得所也。

吴季札见舞韶濩者，曰：圣人之弘也，而犹有惭德圣人之难也。

陈氏乐书曰：《吕氏春秋》曰：汤命伊尹作为大濩。晨露，周人舞之，以享先妣。荀卿曰：步中武象，趋中韶濩，所以养耳也。③ 春秋之时，宋人作桑林之舞以享晋侯，则大濩、桑林之舞。商人之后作之，非始汤也。荀卿言周之勺武起而韶濩废，是不知周兼用六乐之意也。④

30. 北狄

北狄之乐，本马上乐，自汉以来，总归鼓吹部。后魏乐府始有北歌，史所谓贡人代歌是也。……唐开元中，歌工长孙元忠之祖尝授北歌于侯将军贵昌。正观中诏，贵昌以其声教乐府能译者，亦不能通知其词，盖年岁久远，失其真矣，岂非荀卿所谓"节奏久而绝"⑤ 者乎。⑥

31. 魏惠以武卒奋（师古曰：奋盛起。），秦昭以锐士胜（师古曰：锐勇利。）。世方争于功利，而驰说者以孙吴为宗，时唯荀卿明于王道，而非之曰：彼孙吴者，上埶利而贵变诈，施于暴乱，昏嫚之国，君臣有间（师古曰：言有间隙，不谐和。），上下离心，政谋不良，故可变而诈也。⑦⑧

32. 容斋洪氏随笔曰：《虞书》象刑，惟明象者，法也。……老子曰："民常不畏死，奈何以死惧之。若使民常畏死，则为恶者吾得执而杀之，孰敢？"可谓至言。荀卿谓"象刑为治，古不然"⑨，亦正论也。⑩

---

① 《荀子·荣辱》。
② （元）马端临：《文献通考》（卷一百四十一），乐十四，考一二四六，《乐歌》。
③ 《荀子·礼论》《荀子·正论》。
④ （元）马端临：《文献通考》（卷一百四十四），乐十七，考一二六六，《乐舞》。
⑤ 《荀子·非相》。
⑥ （元）马端临：《文献通考》（卷一百四十八），乐二十一，考一二九六，《夷部乐》。
⑦ 《荀子·议兵》。
⑧ （元）马端临：《文献通考》（卷一百四十九），兵一，考一三〇六，《兵制》。
⑨ 《荀子·正论》。
⑩ （元）马端临：《文献通考》（卷一百六十三），刑二，考一四一八，《刑制》。

33. 自汉以来，书籍至于今日，百不存一二，非秦人亡之也，学者自亡之耳。按秦虽出自于西戎，然自非子秦仲以来，有国于丰岐者数百年。春秋之时，盟会聘享接于诸侯。《秦誓》纪于书，车邻小戎之属，列于《诗》，其声名文物，盖蔼然先王之遗风矣。今下令焚《诗》《书》，而曰史官非秦记皆烧之，则《秦誓》《秦风》亦秦记也，独非《诗》《书》乎？李斯者，袭流血刻骨之故，智而佐之，以人头畜鸣之伪辩，固世所羞称者。然斯学于荀卿，卿之道，盖祖述六经，宪章仲尼者也。是其初，亦自儒者法门中来。然则始皇既非声教不通之编夷而骤有中华，李斯亦非椎朴少文之俗物而盲处高位。今乃以焚灭经籍、坑戮儒生为经国之远猷者，其说有二：曰愧，曰畏。愧则愧其议己也，畏则畏其害己也。自载籍以来，《诗》《书》所称桀有暴德而天下归殷，纣有暴德而天下归周，幽厉有暴德而周室东迁寖微寖灭，五霸迭兴，七雄分据，始皇既已习闻其说矣。今虽谀曰德兼三皇，功过五帝，而其所行则袭桀、纣、幽、厉之迹耳。夫岂不自知之？而儒者记纂明以语人，曰：如是而兴，如是而亡，不啻烛照，数计龟卜，而示后来以轨范。盖始皇之所愧而畏者，此也。自夫子历聘列国，孟氏以儒术游于诸侯，思济天下之溺而引时君于当道者，至拳拳也。虽不肯枉道以求售，然思济天下之溺，至拳拳也。继而苏张之徒，专以口舌干时君，虽其所持者诡遇之术、妾妇之道，与孔孟之学如黑白薰莸之相反，然其汲汲皇皇求以用世之意则类也。而范雎之于魏冉，蔡泽之于范雎，皆逞其辩口，扼其吭，而夺之位。于是，士生斯时皆以读书游说为可以得志而取高位。李斯亦以说客进身者也。故韩非入秦，以策干始皇，则忌而诛之。天下岂无尚如非者，欲晛其后乎？盖李斯之所愧而畏者，此也。《诗》、《书》、百家语之在人间者焚之，其在博士官者存之，盖亦知其本不可废也。罢侯置守者，私其土地于己也。焚书而独存博士官者，又欲私其经术于己也。主相之心务欲灭经籍以愚天下，峻法律以威天下，而使之莫予毒，以为巩固不拔之计。……然则隳秦七庙而具斯五刑者，非《诗》《书》也，乃秦之法律也。①

34. 余读《春秋传》《礼记》《孟子》《荀子》，间与今文异同。《孟子》载《汤诰》"造攻自牧宫"，不言"鸣条"，《春秋传》述《五子之歌》衍"率彼天常"一句，证《康诰》"父子兄弟，罪不相及"，今文乃无有，疑亦

---

① （元）马端临：《文献通考》（卷一百七十四），经籍一，一五〇三，《总叙》。

未能尽善。若荀卿引《仲虺》曰：诸侯能自得师者王，得友者霸，引《康诰》"惟文王敬忌，一人以怿"，其谬妄有如此者。《礼记》以"申劝宁王之德"为"田观宁王"，以"庶言同则"亡"绎"字，其乖牾有如此者。微孔氏则何所取正？余于是知求《六经》残缺之余，于千载淆乱之后，岂不甚难，而不可忽哉。……然今世经书往往有外国本云。①

35. 朱子曰：《诗序》之作，说者不同。或以为孔子，或以为子夏，或以为国史，皆无明文可考。惟《后汉·儒林传》以为卫宏作《毛诗序》。今传于世，则《序》乃宏作明矣。……夫子之言，正为人有邪正、美恶之杂，故特言此以明皆可惩恶劝善，而使人得其性情之正耳，非以桑中之类，亦以无邪之思作之也。曰：荀卿所谓"《诗》者，中声之所止"②，太史公亦谓三百篇者，夫子皆弦歌之，以求合于韶武之音，何邪？曰：荀卿之言固为正经而发，若史迁之说，则恐亦未足为据也。岂有哇淫之曲，而可以强合于韶武之音也邪？③

36. 张无垢《中庸说》六卷　《大学说》二卷（少仪解附）

《朱子杂学辩》曰：张公始学于龟山之门，而逃儒以归于释，既自以为有得矣。而其释之师，语之曰：左右既得，把柄入手，开道之际当改头换面，随宜说法，使殊涂同归，则住世、出世间两无遗恨矣。然此语亦不可使俗辈知，将谓实有恁么事也？（见大慧禅师与张侍郎书，今不见于语录中，盖其徒讳之也。）用此之故，凡张氏所论著，皆阳儒而阴释。其离合出入之际，务在愚一世之耳目，而使之恬不觉悟，以入乎释氏之门。虽欲复出，而不可得本末指意。略如其所受于师者，其二本殊归，盖不特庄周出于子夏，李斯原于荀卿而已也。窃不自揆，尝欲为之论辨，以晓当世之惑。而大本既殊，无所不异，因览其《中庸说》，姑掇其尤甚者什一二著于篇，其他如《论语》《孝经》《大学》《孟子》之说，不暇遍为之辨，大抵匆遽急迫，其所以为说，皆此书之类也。④

37. 《帝王历纪谱》三卷

《崇文总目》不著撰人名氏，其序言：周所封诸侯子孙散于他国，孔子修

---

① （元）马端临：《文献通考》（卷一百七十七），经籍四，考一五三〇，《经（书）》。
② 《荀子·劝学》。
③ （元）马端临：《文献通考》（卷一百七十八），经籍五，考一五三八，《经（诗）》。
④ （元）马端临：《文献通考》（卷一百八十一），经籍八，考一五六〇，《经（礼）》。

《春秋》而谱其世系，上采帝王历纪而条次之。盖学《春秋》所录。今本题云荀卿撰者，非也。晁氏曰：题曰秦相荀卿撰，载周末列国、世家，故一名《春秋公子血脉图》。颇多疏略，决非荀卿所著。且卿未尝相秦，岂世别有一荀卿邪？

巽岩李氏曰：其载帝王历纪殊少，序诸侯、卿大夫之世颇详。而《崇文总目》止名《帝王历纪谱》，今从之。旧题云秦相荀卿撰，荀卿未尝相秦，其缪妄立见。盖田野陋儒依托以欺末学耳。①

38.《孔子家语》（十卷）

王肃注。后序曰：《孔子家语》者，皆当时公卿、士大夫及七十二弟子之所咨访交相对问言语也，既而诸弟子各自记其所问焉，与《论语》《孝经》并时。弟子取其正实而切事者，别出为《论语》，其余则都集录之，名之曰《孔子家语》。凡所论辩疏判较归实自夫子本旨也。属文下辞往往颇有浮说，烦而不要者，亦由七十二子各共叙述，首尾加之，润色其材，或有优劣，故使之然也。孔子既没，而微言绝；七十二弟子终，而大义乖。六国之世，儒道分散，游说之士各以巧意而为枝叶，唯孟轲、荀卿守其所习。当秦昭王时，荀卿入，秦昭王从之问儒术。荀卿以孔子之语及诸国事、七十二弟子之言，凡百余篇与之。由此，秦悉有焉。始皇之世，李斯焚书，而《孔子家语》与诸子同列，故不见灭。……臣窃惜之，且百家章句无不毕记，况孔子家古文正实而疑之哉。又戴圣皆近世小儒，以《曲礼》不足而乃取《孔子家语》杂乱者，及子思、孟轲、荀卿之书以裨益之，总名曰《礼记》。今见其已在《礼记》者，则便除《家语》之本篇，是为灭其原，而存其末也，不亦难乎。臣之愚以为宜如此为例，皆记录别见。②

39. 按前史《艺文志》俱以《论语》入经类，《孟子》入儒家类，直斋陈氏书录解题始以《语》《孟》同入经类。其说曰：自韩文公称孔子传之孟轲，轲死不得其传。天下学者咸曰孔孟。孟子之书固非荀、扬以降所可同日语也。今国家设科，《语》《孟》并列于经，而程氏诸儒训解二书常相表里，故合为一类，今从之。

---

① （元）马端临：《文献通考》（卷一百八十二），经籍九，考一五六九，《经（春秋）》。
② （元）马端临：《文献通考》（卷一百八十四），经籍十一，考一五八二，《经（语 孟子）》。

赵岐注孟子十四卷

秦焚书，以其书号诸子，故得不泯绝。又为《外书四篇》，其书不能宏深，似非孟子本真也。按韩愈以此书为弟子所会集，与岐之言不同。今考其书，载孟子所见诸侯皆称谥，如齐宣王、梁惠王、梁襄王、滕定公、滕文公、鲁平公是也。夫死，然后有谥。轲无恙时所见诸侯不应皆前死。且惠王元年至平公之卒，凡七十七年。轲始见惠王，目之曰叟，必已老矣，决不见平公之卒也。后人追为之明矣，则岐之言，非也。《荀子》载孟子三见齐王而不言。弟子问之曰：我先攻其邪心。① 扬子载孟子曰：夫有意而不至者，有矣，未有无意而至者也。今书皆无之，则知散轶也多矣。岐谓秦焚书得不泯绝，亦非也。或曰：岂见于外书邪？若尔，则岐又不当谓其不能宏深也。②

40.《删孟二篇》

晁氏曰：皇朝冯休撰。休观孟轲书时有叛违经者，疑轲没后门人妄有附益，删去之。著书十七篇，以明其意。前乎休而非轲者荀卿，刺轲者王充，后乎休而疑轲者温公，与轲辩者苏东坡，然不若休之详也。③

41. 陈氏曰：汉太史令夏阳司马迁子长撰。……张晏曰：迁没之后亡。……颜师古曰：本无兵书，张说非也。今按此十篇者，皆具在，褚所补《武纪》全写《封禅书》、《三王世家》，但述封拜策书二列，传皆猥酿不足进。而其余六篇，《景纪》最疏略，《礼》《乐书》誊《荀子·礼论》《河间王乐纪传靳列传》与《汉书》同，而将相年表迄鸿嘉，则未知何人所补也。④

42. 朱子语录曰：司马迁才高，识亦高，但粗率。……先生云：某尝谓《史记》恐是个未成底文字，故记载无叙，有疏阔不接续处，如此等是也。……某尝问伯恭，此岂马迁所能及？然子由之语虽好，又自有病处，如云帝王之道以无为宗之类。他只说得个头势大，然下面工夫又皆空疏，亦犹马迁《礼书》云"大哉！礼乐之道，洋洋乎鼓舞万物，役使群动"，说得头势甚大，然下面亦空疏，却引荀子诸说以足之。又如《诸侯年表》盛言形势之利，有国者不可无，末却云形势虽强，要以行义为本。他上文本意主张形

---

① 《荀子·大略》。
② （元）马端临：《文献通考》（卷一百八十四），经籍十一，考一五八三，《经（语 孟子）》。
③ （元）马端临：《文献通考》（卷一百八十四），经籍十一，考一五八三，《经（语 孟子）》。
④ （元）马端临：《文献通考》（卷一百九十一），经籍十八，考一六二一，《史（正史各门总正史）》。

势，而其末却如此说者，盖他也知仁义是个好底物事，不得不说，且说教好看，如《礼书》所云亦此意也。①

43.《群书备检》十卷

晁氏曰：未详撰人。辑《易》、《书》、《诗》、《左氏》、《公羊》、《穀梁》、二礼、《论语》、《孟子》、《荀子》、《扬子》、《文中子》、《史记》、两汉、晋、宋、齐、梁、陈、后周、北齐、隋、新旧唐、五代史书，以备检阅。②

44. 隋《经籍志》曰：儒者，所以助人君、明教化者也。圣人之教，非家至而户说，故有儒者宣而明之。其大抵本于仁义，及五常之道，黄帝、尧、舜、禹、汤、文、武咸由此则。《周官·太宰》以九两系邦国之人，其四曰儒是也。其后陵夷衰乱，儒道废缺。仲尼祖述前代，修正六经，三千之徒并受其义。至于战国，子思、孟轲、荀卿之流，宗而师之，各有著述发明其指。所谓中庸之教，百王不易者也。俗儒为之，不顾其本，苟欲哗众多，设问难，便辞巧说，乱其大体，致令学者难晓，故曰：博而寡要。③

45. 周氏涉笔曰：曾子一书议道褊迫，又过于荀卿，盖战国时为其学者所论也。孔子言"七十而从心所欲不逾矩"，正指圣境妙处。此书遽谓七十而未坏，虽有后过，亦可以免。七十而坏与否，已不置论。而何以为过？何以为免？圣门家法无此语也。④

46. 杨倞注，《荀子》（二十卷）

晁氏曰：赵荀况撰。汉刘向校定，除其重复，著三十二篇，为十二卷，题曰《新书》。称卿，赵人，名况。当齐宣王、威王之时，聚天下贤士稷下。是时荀卿为秀才，年十五，始来游学。至齐襄王时，荀卿最为老师。后适楚相春申君，以为兰陵令，已而归赵。按威王死，其子嗣立，是为宣王。楚考烈王初，黄歇始相。年表自齐宣王元年至楚考烈王元年，凡八十一年，则荀卿去楚时近百岁矣。杨倞，唐人，始为之注，且更《新书》，为《荀子》易其篇第，析为二十卷。其书以性为恶，以礼为伪，非谏诤，傲灾祥，尚强霸之道。论学术，

---

① （元）马端临：《文献通考》（卷一百九十一），经籍十八，考一六二一，《史（正史各门总正史）》。
② （元）马端临：《文献通考》（卷二百七），经籍三十四，考一七一一，《史（谱牒　目录）》。
③ （元）马端临：《文献通考》（卷二百八），经籍三十五，考一七一三，《子（儒家）》。
④ （元）马端临：《文献通考》（卷二百八），经籍三十五，考一七一三，《子（儒家）》。

则以子思、孟轲为饰邪说,文奸言,与墨翟、惠施同诋焉。论人物,则以平原、信陵为辅拂,与伊尹、比干同称焉。其指往往不能醇粹,故后儒多疵之云。

昌黎韩氏曰:荀氏书,考其辞时若不粹;要其归,与孔子异者鲜矣,抑犹在轲、雄之间乎?孔子删《诗》,笔削《春秋》,合于道者,著之;离于道者,黜去,故《诗》《春秋》无疵。余故削荀氏之不合者,附于圣人之籍,亦孔子之志欤。孟子,醇乎醇者也;荀与扬,大醇而小疵。东坡苏氏曰:昔者常怪李斯事荀卿,既而焚灭其书,大变古先圣王之法,于其师之道不啻若寇雠?及今观荀卿之书,然后知李斯之所以事秦者,皆出于荀卿,而不足怪也。荀卿者喜为异说而不让,敢为高论而不顾者。其言愚人之所惊,小人之所喜也。子思、孟轲,世之所谓贤人、君子也,荀卿独曰:乱天下者,子思、孟轲也。天下之人如此其众也,仁人义士如此其多也。荀卿独曰:人性恶。桀纣,性也;尧舜,伪也。由是观之,意其为人必也刚愎不逊,而自许太过。彼李斯者又特甚者耳。今夫小人之为不善,犹必有所顾忌。是以夏商之亡桀纣之残暴,而先王之法度、礼乐、刑政犹未至于绝灭而不可考者,是桀纣犹有所存而不敢尽废也。彼李斯者,独能奋而不顾,焚烧夫子之六经,烹灭三代之诸侯,破坏周公之井田,此亦必有所恃者矣。彼见其师历诋天下之贤人,自是其愚,以为古先圣王皆无足法者,不知荀卿特以快一时之论,而荀卿亦不知其祸之至于此也。其父杀人报仇,其子必且行劫。荀卿明王道,述礼乐,而李斯以其学乱天下,其高谈异论有以激之也。孔孟之论,未尝异也,而天下卒无有及者。苟天下果无有及者,则尚安以求异为哉?

程子曰:荀卿才高,其过多;扬雄才短,其过少。韩子称其大醇,非也。若二子,可谓大驳矣,且性恶一句,大本已失。

《朱子语录》曰:荀子尽有好处,胜似扬子,然亦难看。看来荀卿亦是刚明底人,只是粗。

陈氏曰:《汉志》作孙卿子者,避宣帝讳也。至杨倞,始复改为荀,分为二十卷而注释之。淳熙中,钱佃耕道用元丰监本,参校江西漕司其同异,著之篇末,凡二百二十六条,视他本最为完善。①

47. 温公集注《太元经》(十卷)

呜呼!扬子云真大儒者邪?孔子没后,知圣人之道者,非子云而谁?孟、

---

① (元)马端临:《文献通考》(卷二百八),经籍三十五,考一七一四,《子(儒家)》。

荀殆不足拟，况其余乎？观元之书，明则极于人，幽则尽于神，大则包宇宙，细则入毛发，合天地人之道以为一，究其根本，示人所出，胎育万物而兼为之母，若地履之而不可穷也，若海挹之而不可竭也，盖天下之道，虽有善者，蔑不易此矣。①

48.《文中子》十卷

程子曰：王通，隐德君子也，当时有少言语，后来为人傅会，不可谓全。书其粹处，殆非荀扬所及，若《续经》之类，皆非其作。……

朱子曰：王仲淹生乎百世之下，读古圣贤之书而粗识其用，则于道之未尝亡者盖有意焉，而于明德、新民之学，亦不可谓无其志矣。然未尝深探其本，而尽力于其实，以求必得。夫至善者而止之，顾乃挟其窥觇想像之仿佛，而谓圣之所以圣，贤之所以贤，与其所以修身，所以治人，以及夫天下、国家者，举皆不越乎此。……或曰：然则仲淹之学固不得为孟子之伦矣。其视荀、扬、韩氏亦有可得而优劣者邪？曰：荀卿之学杂于申商，子云之学本于黄老，而其著书之意盖亦姑托空言以自见耳，非如仲淹之学颇近于正而粗，有可用之实也。至于退之《原道》诸篇，则于道之大原，若有非荀、扬、仲淹之所及者。然考其平生意乡之所在，终不免于文士浮华放浪之习，时俗富贵利达之求。而其览观古今之变，将以措诸事业者，恐亦未若仲淹之致恳恻而有条理也。是以予于仲淹独深惜之，而有所不假于三子，是亦春秋责备贤者之遗意也。可胜叹哉！②

49. 郭象注《庄子》十卷

自孔子没，天下之道术日散，老聃始著书垂世，而虚无自然之论起。周又从而羽翼之，掊击百世之圣人，殚残天下之圣法，而不忌其言，可谓反道矣。自荀卿、扬雄以来，诸儒莫不辟之，而放者犹自谓游方之外。尊其学以自肆，于是乎礼教大坏，戎狄乱华而天下横流，两晋之祸是已。③

50.《慎子》一卷

陈氏曰：赵人慎到，撰《汉志》四十二篇，先于申韩称之。《唐志》十卷，滕辅注，今麻沙刻本，才五篇，固非全书也。按庄周、荀卿皆称曰骈。

---

① （元）马端临：《文献通考》（卷二百八），经籍三十五，考一七一六，《子（儒家）》。
② （元）马端临：《文献通考》（卷二百九），经籍考三十六，考一七二一到一七二二，《子（儒家）》。
③ （元）马端临：《文献通考》（卷二百十一），经籍三十八，考一七三三，《子（道家）》。

慎到，赵人；骈，齐人，见于《史记》列传。①

51.《尹子》二卷

容斋洪氏随笔曰：《尹文子》，文仅五千言，议论亦非纯本黄老者，详味其言，颇流而入于兼爱。《庄子》末序"天下之治方术者"曰："不累于俗，不饰于物，不苟于人，不忮于众，愿天下之安宁以活民命，人我之养毕足而止，以此白心。"古之道术，有在于是者。宋钘、尹文闻其风而悦之，作为华山之冠以自表，虽天下不取，强聒而不舍者也。其为人太多，其自为太少，盖亦尽其学云。《荀卿·非十二子》有宋钘而文不预。②

52. 邓析子二卷

势者，君之舆；威者，君之策。其意义盖有出于申韩之学者矣。班固《艺文志》乃列之名家。《列子》固尝言其操两奇之说，设无穷之辞，数难子产之法，而子产诛之。盖既与《左氏》异矣。荀子又言其"不法先王，不是礼义，察而不惠，辩而无用"③，则亦流于申韩矣。④

53.《墨子》十五卷

晁氏曰：宋墨翟撰，战国时为宋大夫，著书七十一篇，以贵俭、兼爱、尊贤、右鬼、非命、上同为说，荀孟皆非之。韩愈独谓辩生于末学，非二师之道本然也。……余以为辩生于末学，各务售其师之说，非二师之道本然也。孔子必用墨子，墨子必用孔子，不相用，不足为孔墨。⑤

54.《子华子》十卷

晁氏曰：其传曰：子华子，程氏，名本，晋人也。刘向校定其书。……朱子曰：会稽官书版本有子华子者云，是程本，字子华者所作。……周氏涉笔曰：子华子所著，刘向序者，文字浅陋不类向。其云善持论聚徒，著书更题，其书皆非当时事辞，大抵十卷者，编缉见意，鸠聚众语。老、庄、荀、

---

① （元）马端临：《文献通考》（卷二百十二），经籍三十九，考一七三八，《子（法家　名家　墨家　从横家)》。
② （元）马端临：《文献通考》（卷二百十二），经籍三十九，考一七三九，《子（法家　名家　墨家　从横家)》。
③ 《荀子·非十二子》。
④ （元）马端临：《文献通考》（卷二百十二），经籍三十九，考一七四〇，《子（法家　名家　墨家　从横家)》。
⑤ （元）马端临：《文献通考》（卷二百十二），经籍考三十九，考一七四〇，《子（法家　名家　墨家　从横家)》。

孟、《国语》、《素问》、韩非、《楚词》俱被剽拾，殆似百家衣葆，其实近时文字，又多解字义，盖古文屡降至汉世，今文犹未专行。①

55.《习学记言》

陈氏曰：阁学士龙泉叶适正则撰。……自孔子之外，古今百家随其浅深，咸有遗论，无得免者。而独于近世所传《子华子》笃信推崇之，以为真与孔子同时，可与六经并考，而不悟其为伪也。且既曰其书甚古，而文与今人相近，则亦知之矣。远自七略及隋唐国史、诸志、李邯郸诸家书目皆未之有，岂不足以验其非古，出于近世好事能文者之所为，而反谓孟荀以来，无道之者盖望而弃之也，不亦惑乎？②

56. 吴氏曰：汉时未以集名书，故《汉·艺文志》载赋、颂、歌、诗一百家皆不曰集。……至梁阮孝绪为《七录》，始有文集录。《隋·经籍志》遂以荀况等赋皆谓之集，而又有别集。③

57. 古者诸侯、卿大夫交接邻国，以微言相感，当揖让之时，必称诗以谕其志，盖以别贤不肖而观盛衰焉。故孔子曰："不学诗，无以言也。"春秋之后，周道寖坏，聘问歌咏不列于侯国。学诗之士，逸在布衣，而贤人失志之赋作矣。大儒荀卿及楚臣屈原离谗忧国，皆作赋以风，咸有恻隐古诗之义。④

58.《变离骚》

晁氏曰：族父吏部公编。公既集续《楚辞》，又择其余文赋，大意祖述《离骚》。或一言似之者为一编，其意谓原之作曰《离骚》，余皆曰《楚辞》。今《楚辞》又变而乃始曰《变离骚》者，欲后世知其出于原也，犹服尽而系其姓于祖云。所录自楚荀卿至本朝王令。凡三十八人通九十六首。⑤

59.《楚辞后语》

陈氏曰：朱熹撰，凡五十二篇。

---

① （元）马端临：《文献通考》（卷二百十三），经籍四十，考一七四七，《子（杂家）》。

② （元）马端临：《文献通考》（卷二百十四），经籍四十一，考一七五二到一七五三，《子（杂家）》。

③ （元）马端临：《文献通考》（卷二百三十），经籍五十七，考一八三五，《集（赋诗 别集）》。

④ （元）马端临：《文献通考》（卷二百三十），经籍五十七，考一八三五，《集（赋诗 别集）》。

⑤ （元）马端临：《文献通考》（卷二百三十），经籍五十七，考一八三六，《集（赋诗 别集）》。

朱子自序曰：《楚辞后语》目录以晁氏所集录续变二书刊补定，著凡五十二篇。……余之所以兢兢而不得不致其谨也，盖屈子者穷而呼天，疾痛而呼父母之辞也。……若其义，则首篇所著荀卿子之言指意深切，词调铿锵。君人者，诚能使人朝夕讽诵，不离于其侧。如卫武公之抑戒，则所以入耳而著心者，岂但广厦细毡、明师劝诵之益而已哉。此固余之所为，眷眷而不能忘者。①

60. 《吕衡州集》

古之为书，先立言而后体物。贾生之书首过秦，而荀卿亦后其赋，故断自《人文化成论》至《诸葛武侯庙记》为上篇。今集，先赋诗，后杂文，非禹锡本也。②

61. 孙郃文纂

晁氏曰：唐孙郃，字希韩，四明人，乾宁四年进士，好荀、扬、孟之书。③

62. 《山海经》云：猩猩知人名。据《华阳国志》曰：永昌郡有猩猩，能言。取其血，可以染朱罽。荀卿子曰：猩猩能言笑。④

袁 桷

袁桷（1266—1327），字伯长，号清容居士，元代庆元鄞县人。著有《清容居士集》《延祐四明志》等。

1. 建炎间张俊用隐士刘相如之策留明州，遂有高桥之捷。

公子曰：水至平，端不倾，心术如此象圣人，（《荀子·成相》）不在险也。请更端以教。先生曰：海物惟错寓味崒焉，任公垂饵便嬛揄竿波。⑤

2. 九经堂，宋淳化元年诏颁国子监九经，二年守陈充作堂以藏，久而堂

---

① （元）马端临：《文献通考》（卷二百三十），经籍五十七，考一八三七，《集（赋诗 别集）》。
② （元）马端临：《文献通考》（卷二百三十二），经籍五十九，考一八五三，《集（别集）》。
③ （元）马端临：《文献通考》（卷二百三十三），经籍六十，考一八五九，《集（别集）》。
④ （元）马端临：《文献通考》（卷三百二十九），四裔六，考二五八三，《夜郎国》。
⑤ （元）袁桷：《延祐四明志》（卷一），《钦定四库全书》，史部十一，地理类三。

圮书散。……宏规下踊法、持载于坤也，宏宇上庇均覆焘于乾也。大楹居璇柱石尧舜也，……通衢修涂敞孟荀之步也，墉垣壮址辟杨墨之路也，诛茅伐棘夷老庄之蔓也，除狸薰鼠去申韩之蠹也，清风扫门洗情思之氛也，明月在户开性天之悟也，是故由不正者不能得其门，行不方者不能窥其墙，道不深者不能入其室，志不高者不能升其堂。①

3. 策问

至若《大戴礼》之《哀公问》《投壶》，与《小戴礼》无异。若曾子之《大学》与《祭义》相似，其余又与《荀子》、贾谊书相出入者，则《大戴》之不及《小戴》多矣。郑康成后，汉之精礼学者独《大戴》未尝为之注。②

唐 元

唐元（1269—1349），字长孺，号敬堂，学者称"筠轩先生"，元代歙县人。存有《筠轩集》等。

送郑彦昭侍亲归西江序

汉世策士如晁、董诸公存名奏对，事尤近古，异时风益颓靡，糊名搜挟，周防百端，待士之意浸薄，向使不世之豪有如荀卿、扬雄、庄周、屈原辈，尚肯低眉俯首于其间哉？③

柳 贯

柳贯（1270—1342），字道传，自号乌蜀山人，元代婺州浦江人。著有《待制集》等。

---

① （元）袁桷：《延祐四明志》（卷八）。
② （元）袁桷：《清容居士集》（卷四十二）。
③ （元）唐元：《筠轩集》（卷九），《钦定四库全书》，集部五，别集类四。

1. 尊经堂诗

孟荀与扬韩，先后参舆卫。择精语益详，炳炳诏来裔。①

2. 中秋看月有怀正宗　其七

一瑟混百竽，众然予独不。是意岂无传，正听非妄受。圣作不必云，肇自孟荀后。韩欧望百世，仰者若山斗。②

3. 周东扬墓志铭

东扬务为深远靖简，不事暴衒。其学根柢六经，旁出入诸史百家，至庄、屈、荀、扬、左、马、韩、柳氏之书，皆手自缮写，行吟坐讽，将老不辍。③

4. 双峯先生墓表

凡天人之精蕴，义理之渊微，毫研缕究，蔀发窾露，知之而必可言，言之而必可行，若天地阴阳日月星辰之运行，春秋疆理礼乐刑政之分合。孔门诸弟，河汾关洛之绪传，荀、扬、佛、老纵横捭阖之机篇，会粹众说归于至当，则有性理要指订核礼经。④

5. 答临川危太朴手书

圣人之经以端其本，而参之以孟、荀、扬、韩之书以博其趣。⑤

虞　集

虞集（1272—1348），字伯生，号道园，世称邵庵先生、青城樵者、

---

① （元）柳贯：《待制集》（卷一），《钦定四库全书》，集部五，别集类四。
② （元）柳贯：《待制集》（卷二）。
③ （元）柳贯：《待制集》（卷十）。
④ （元）柳贯：《待制集》（卷十二）。
⑤ （元）柳贯：《待制集》（卷十三）。

芝亭老人,元代临川崇仁人。著有《道园学古录》等。

送张尚德

六月初闻雨,官河潦水生。江南归宋玉,稷下谢荀卿。雕鹗青霄迥,蒹葭白露盈。都留诗兴在,来听上林莺。①

程端学

程端学(1278—1334),字时叔,号积斋,元鄞县人。著有《春秋本义》等。

1. 九年

至程子引薄昭之言以证小白之为兄,而朱子又疑荀卿尝谓"桓公杀兄以争国",而其言固在薄昭之前,则朱子虽宗程说,固亦不能无疑于其间也。②

2. 十八年

曰:世之称五伯,其论出于荀、孟,圣人初无是言也。孔子曰:"齐桓公正而不谲,晋文公谲而不正",言桓文而已。初不及宋襄、秦穆、楚庄、吴阖闾、越句践也。而荀、孟之所谓五伯者不同,各循战国一时之称慕而立论也。孟子所谓五伯则桓、文与宋襄、秦穆、楚庄为五,荀子之所谓五伯则桓、文与楚庄、阖闾、句践为五。如前七君者,皆见乎《春秋》,而圣人独于桓、文有可否之辞。……常怪后世不审荀孟之论,概以五伯为贤,吾固辨之。③

---

① (元)虞集:《道园学古录》(卷二),《钦定四库全书》,集部五,别集类四。
② (元)程端学:《春秋或问》(卷三),《钦定四库全书》,经部五,春秋类。
③ (元)程端学:《春秋或问》(卷六)。

3. 桓公争国

问：九年，齐人取子纠，杀之。此一节，孔子不以桓公为非，程子断然谓桓公为兄，子纠为弟。朱子一依程说，今《本义》序自谓祖述程朱，而于此一事乃取荀卿，而不从程子，何也？此正人伦之大节，纲常所系，恐必合从程朱为是。

答：谓桓公为弟，子纠为兄者，《公羊》《穀梁》之论而荀卿、司马迁、杜预……凡三十余家之说也。……程子以大义推之而疑桓公为兄，非有所考也，虽引薄昭之言以为证，而朱子乃云：荀卿谓"桓公杀兄以争国"，其言固在薄昭之前，《论语集注》虽取程子之说，而又尝举荀卿之言，则亦不能无疑于其间矣。不特荀卿之言也，《史记·齐世家》亦云。①

4. 饥

荀卿论本末源流，贾谊论蓄积，皆明于为民，而知《春秋》书饥之意者也。②

陈　旅

陈旅（1288—1343），字众仲，元代莆田人。著有《安雅堂集》。

道藏经跋

荀卿子以"人心之危，道心之微"为出于《道经》，则古之所谓《道经》盖儒书也。司马谈所习于黄子者，则异于此矣。然余幼时常见《道藏》经目一卷中间多儒家古书。其黄帝、老子之言固有用以治国者，它如巫医、卜祝之说，亦儒者所不废。……《道经》亦世之所不可缺者。③

---

① （元）程端学：《春秋本义》，《春秋本义问答》，《钦定四库全书》，经部五，春秋类。
② （元）程端学：《春秋本义》（卷十七）。
③ （元）陈旅：《安雅堂集》（卷十三），《钦定四库全书》，集部五，别集类四。

苏天爵

苏天爵（1294—1352），字伯修，号滋溪先生，元代真定人。著有《滋溪文稿》等。

1. 安氏尊经堂铭　富珠哩翀

鼎鼎儒者，相与守之。孰吾尧桀，相与掊之。曾、子思、孟、荀、董、王、韩、周、程、张、朱以达圣元，不息不泯。皇衷民彝，其有能奋。①

2. 上许鲁斋先生书　王旭

盖尝隐几掩卷而深思之，以为道之大原出于天，而存于人，初无古今终始之或异也。……邵子曰：一物由来有一身，一身还有一乾坤。知乎此，则前乎鸿蒙不必为古，后乎汉唐不必为今，而方寸之地即天地之所以位人极之所以立与！惜乎三代而下，隋唐而上，道学不明，而知之者吾未见其人也。敷陈往古，持挈当世，非无，荀卿子，然以性为恶，见理差矣，何足以传斯道。上酌天时，下推人事，非无，扬雄氏。然寂寞太玄，诳耀美新，大节亏矣，何足以传斯道。通也，懿而失之陋；愈也，达而失之浅，且不免致堂胡氏之讥。盖自孔孟之殁，中间千四百余年，才得四子，而极其所致又如此。呜呼！道果易言也？虽然尧舜变而中不变，孔孟亡而道不亡，迨周、程、张、邵一出，而道学复明。②

3. 《大戴礼记》

窃意《大戴》类粹，此记多为《小戴》所取。后人合其余篇，仍为《大戴记》。……《本命》以下杂录，事辞多与《家语》《荀子》、贾傅等书相出入，非专为记礼设，《礼运》以下诸篇之比也。《小戴》文多缀补，而此皆成

---

① （元）苏天爵编：《元文类》（卷十七），《钦定四库全书》，集部八，总集类。
② （元）苏天爵编：《元文类》（卷三十七）。

篇。故其篇中章句罕所更定。惟其文字错误参互考校，未能尽正，尚以俟好古博学之君子云。①

吴　莱

吴莱（1297—1340），字立夫，本名来凤，元代浦阳人。著有《渊颖集》。

1. 观秦丞相斯邹峄山刻石墨本碑

荀卿著书本性恶，弟子承学愈言耄。古今圣贤使阁束，五三载籍遭煨爆。②

2. 读诸子

稷下三祭酒，兰陵陈诡诗。刚道人性恶，坑儒将自兹。（荀子）③

3. 读韩非子

予读韩非子书，盖法家也。至《显学篇》乃言八儒三墨皆足以蠹国而害政，必欲尽去乎是而后能治，墨不足言也。儒者之学，通古今，彻上下，有国者无不赖之，而非独不以为然。是又荀卿子弟子也，一何迂诬怪螯④若此耶？岂以荀卿子之学犹习于战国之俗，而不纯于尧舜周孔之道，或有以召之故耶？昔者孔子尝谓子夏曰"女为君子儒，毋为小人儒"。荀卿子则曰"大儒，天子三公；小儒，诸侯、大夫、士"⑤，犹向君子、小人之辨，然又非也。夫儒者，本学士之称也。荀儒矣，虽其居一国大夫之职而其为天下平治之器，举在我。惟治有广狭，则其德之及者有远迩。……然以战国之世，去圣日远，

---

① （元）苏天爵编：《元文类》（卷四十三）。
② （元）吴莱：《渊颖吴先生文集》（卷二），《四部丛刊》。
③ （元）吴莱：《渊颖吴先生文集》（卷四）。
④ 同"戾"。
⑤ 《荀子·儒效》。

而诸子之说纷起，私意揣摩，强辨相胜。荀卿子号为儒者而未纯于圣人，及其弟子又自叛去夫然。故人视儒者之学轻，而非也亦陷于形名法术之末，且曰八儒三墨皆足以蠹国而害政，至欲绌儒生，去经籍，自以其形名法术之学而施之于天下，此其罪诚不在李斯后。荀卿子岂或有以召之故耶？虽然先王之世，先王之道，无非儒也，所以为儒之名者未见于天下也。……夫既儒者之名立，而后百家异说，岁聒日斗，哓哓然矣，其昧于私溺于一偏之见，浸淫蔓衍而不知返。其诬者且谓吾道为无益，必欲煨烬灭裂以尽之而自快其所欲为，于是周公、孔子之法耗矣。故秦人之言，曰：《诗》《书》不如律令，仁义不如刑罚，《诗》、《书》、仁义荡焉无余。卒至于危急败亡，而曾不少瘳也。呜呼！荀卿子亦不为无过也哉！①

4. 读孔子集语

自孔子殁，学者言人人殊。当战国之时，遂有孟氏之学，荀卿之学，世子宓子贱、漆雕开、公孙尼子之学。盖惟孟氏之学本于曾子、子思而独得其宗。至于荀卿，则知一反孟氏，而复以人性之善者为恶，岂不远吾圣人之道哉？②

5. 新安朱氏新注黄帝阴符经后序

凡吾儒者之言兵，本以仁义言兵，而深不欲以孙、吴、韩、白韬略机权而言兵。孟子请罢秦楚之兵，则曰：去利而怀仁义。荀卿论兵于赵孝成王前，则亦曰：魏氏之技击，秦人之武力，桓文之节制，咸不敌汤武之仁义。是盖仁义云者，实当世用兵、讲武之本也。③

6. 三坟辨

呜呼！孔子殁，天下言人人殊。荀卿子激焉，至言性出于圣人之伪，卒并《诗》、《书》、六艺之正者一畀秦火而杂烧之，又岂不以其伪之胜乎？④

---

① （元）吴莱：《渊颖吴先生文集》（卷六）。
② （元）吴莱：《渊颖吴先生文集》（卷六）。
③ （元）吴莱：《渊颖吴先生文集》（卷六）。
④ （元）吴莱：《渊颖吴先生文集》（卷七）。

7. 后序

自古者帝王、公侯都邑、名氏兴灭之故,纷乎夥矣。子少时尝疏其一二,曰:古职方录且序之,然犹有可疑者,盖孔子之序《书》也,自唐虞始。荀卿曰:五帝以前无传人①,其文野。及孔安国《书》序又言:古有三坟、五典、八索、九丘②,征楚左史倚相,吾谁信哉? 信圣人而已矣。③

8. 孟子弟子列传序

太史公《孟子列传》首孟轲,继邹衍、奭、淳于髡、慎到、荀卿、墨翟、尸佼、长卢子,曰:皆在孔子后,荀卿可言也。彼数子者,不同道,奈何同传? 将以孟子置诸战国辩士之流乎? 是又非不知孟子者也。一则曰述唐虞三代之德,二则曰述仲尼之意,彼数子者亦有一于此乎?……盖战国以儒自名者八家,而四家最显,子游氏、子夏氏、荀氏、孟氏。孟子学出于曾子、子思,荀卿犹从而讥之曰"世俗之沟愚瞀儒,嚾嚾然,略法先王,案往旧造说而不知其统"④,我则异焉,治则法后王而已矣。至于子游、子夏,亦曰是儒之贱者,所重必仲尼、子弓。子弓,未审何人。……荀卿之学实出于子弓之门人,故尊其师之所自出与圣人同列,亦已浸淫于异端矣。于是孟子之没者久,所谓沟愚、瞀儒正指万章、公孙丑之徒也。荀卿在战国号称大儒,犹同门异户者如此,又况邹衍、奭、淳于髡、墨翟以下诸子,违离怪诞者甚矣,何可与同传哉? 荀卿既死,李斯用事,孟子之徒党尽矣。悲夫! 予故本太史公《孟子列传》删去诸子,且益以高第弟子万章、公孙丑之徒凡十有九人云。⑤

9. 渊颖先生碑

孟子乃亚圣人、大才,司马迁不当使与邹衍、奭、淳于髡、慎到、荀卿、墨翟、尸佼、长卢同传,因删去诸子,益以万章、公孙丑之徒作《孟子弟子列传》。⑥

---

① 《荀子·非相》。原文为:"五帝之外无传人,非无贤人也,久故也。"
② 相传作于三皇五帝时期。晚至春秋战国,出现在典籍记载之中。
③ (元)吴莱:《渊颖吴先生文集》(卷七)。
④ 《荀子·非十二子》。
⑤ (元)吴莱:《渊颖吴先生文集》(卷十一)。
⑥ (元)吴莱:《渊颖吴先生文集》(附录一卷)。

贡师泰

贡师泰（1298—1362），字泰甫，号玩斋，元代宣城人。著有《玩斋集》。

勉斋书院记

窃闻之斯道也，伏羲、神农、黄帝、尧、舜、禹、汤、文、武、周公之所以为治，孔子、颜氏、曾氏、子思、孟轲氏之所以为教，不幸而变于管、商，惨于申、韩，杂于荀、扬，暴于鞅、斯，磔裂破碎于毛、郑、贾、马、王、范之徒，幸而唐之韩愈氏能以所得著之《原道》之书。然其于性也，主三品；于仁也，专博爱，则犹未免于不详、不精之失焉。至宋全盛，濂溪启其源，伊洛溯其流，度江再世文公始集诸儒之大成，使千载不传之道复明于天下。①

史伯璿

史伯璿（1299—1354），一名史伯璇，字文玑，号牖岩，元代温州平阳人。存有《四书管窥》。

1.《集注》：恶者，可以惩创人之逸志。考证谓王文宪有《诗》，辩其意，以为秦火之后，诸经多有亡失，《诗》何以皆无恙？《礼记》《左传》《荀子》所引之《诗》多有善者，如素绚唐棣，孔门尝举而皆不见于《诗》郑声之淫。

此朱子所不敢道，而考证昌然言之，其必有以自信矣，非后学所敢

---

① （元）贡师泰：《玩斋集》（卷七），《钦定四库全书》，集部五，别集类四。

知也。①

2. 乱臣十人章

按辅氏曰：荀子治乱谓之乱，犹治污谓之污，乱训治，尚矣。窃意荀子近古，不应亦误，况诸书皆不作乿②，而作乱岂得为皆误耶？污字之例，当矣。《集注》不过存此备一说耳。前说为胜，固自有通例矣。③

3. 人皆不知性之本善。观于当时，告子、公都子所问难及后来荀扬之论可见，故孟子必称尧舜，以实之耳。《集注》谓"其知仁义，不假外求"，此说"道性善"一句，圣人可学而至，此说"称尧舜"一句，可谓道理事实两无所遗。不知双峰何为疑之耶？④

4. 告子上

首章《集注》告子言"人性本无仁义，必待矫揉而后成"，如荀子性恶之说也。辑讲告子谓人性不可以为仁义，矫揉之则可以为仁义，犹杞柳本不可以为桮棬，然不知"性者，人所禀之天理"。这天理即是仁义，是顺此性做去，便是自然，不是矫揉。譬如杞柳之可为桮棬者，毕竟是木之曲直，顺杞柳之性以为桮棬，何尝害于杞柳？自孟子观之，则是顺杞柳之性以为桮棬。自告子观之，则是戕贼杞柳之性以为桮棬。⑤

张以宁

张以宁（1301—1370），字志道，自号翠屏山人，元代古田人。著有《翠屏集》等。

书虚谷记后

荀卿氏云"弟子勉学，天不忘也"，自牧其念之哉。予当为故人子屡喜也。⑥

---

① （元）史伯璿：《四书管窥》（卷二），《论语·为政》，《钦定四库全书》，经部八，四书类。
② 乿有两义：一是古同"治"，另一是古同"乱"。
③ （元）史伯璿：《四书管窥》（卷三），《论语·泰伯》。
④ （元）史伯璿：《四书管窥》（卷四），《孟子·滕文公上》。
⑤ （元）史伯璿：《四书管窥》（卷五），《孟子·告子上》。
⑥ （元）张以宁：《翠屏集》（卷四），《钦定四库全书》，集部六，别集类五。

汪克宽

汪克宽(1304—1372),字德辅,一字仲裕,元代徽州府祁门人。著有《春秋经传附录纂疏》等。

1. 进表

愚按五霸之称不同。……《荀子·王伯篇》曰:齐桓、晋文、楚庄、吴阖闾、越勾践。①

2. 恐其终将轧(乙点反势相倾也。荀子:秦恐天下之一合而轧己。)己为后患也,故授之大邑而不为之所纵,使失道以至于乱。②

3. 信去则民不立矣,故荀卿言春秋善胥命。(《荀子·大略篇》:"春秋善胥命,而诗非屡盟,其心一也。"……春秋之变始于齐卫胥命,而终于吴晋争盟。自争盟,观胥命,所谓彼善于此也,故荀卿言善胥命。)③

4. 人主之职在论相而已矣。(《荀子·王霸篇》:若夫论一相以兼率之,使臣下百吏莫不宿道,乡方而务,是人主之职也。)④

5. 曰:孝子尽道以事其亲者也,不尽道而苟焉以从命为孝,又焉(音烟)得为孝(《荀子》:从义不从父。⑤)?故尸子(名佼,晋人。)曰:夫已多乎道。⑥

6. 朱子《或问》:程子以薄昭之言证桓公之为兄,而荀卿尝谓桓公杀兄以争国,其言固出于薄昭之前,未可以此证其必然。但以《公》《穀》春秋所书之文为据,参以夫子答子路、子贡之言断之,盖圣人之于人功罪不相掩。⑦

7. 荀子谓"桓公诈邾、袭莒,并国三十五"⑧,则所灭盖不尽书。⑨

---

① (元)汪克宽:《春秋胡传附录纂疏》(卷首上),《钦定四库全书》,经部五,春秋类。
② (元)汪克宽:《春秋胡传附录纂疏》(卷一)。
③ (元)汪克宽:《春秋胡传附录纂疏》(卷四)。
④ (元)汪克宽:《春秋胡传附录纂疏》(卷五)。
⑤ 《荀子·子道》。
⑥ (元)汪克宽:《春秋胡传附录纂疏》(卷五)。
⑦ (元)汪克宽:《春秋胡传附录纂疏》(卷八)。
⑧ 《荀子·仲尼》。
⑨ (元)汪克宽:《春秋胡传附录纂疏》(卷八)。

8. 《荀子》"燕赵起而攻之，若振槁然"①，注：若击枯叶之易也。②

9. 夫有天下者事七世，诸侯五世。（见《荀子·王制》）③

10. 乙亥葬宋文公

夫礼之厚薄称人情而为之者也。（《坊记》：礼者，因人之情而为之节文。《荀子》：礼，称情而立文。）④

11. 六者礼之文也。古之遭变异而外为此文者，必有恐惧、修省之心。主于内若成汤，以六事检身。（《荀子·大略篇》：汤旱而祷，曰：政不节与？民失职与？宫室崇与？妇谒盛与？苞苴行与？谗夫昌与？）⑤

王充耘

王充耘（1304—?），字耕野，元代江西吉水人。著有《四书经疑贯通》等。

言性

告子曰：性犹杞柳也。曰：性犹湍水也。曰：生之谓性。曰：食色性也。曰：性无善无不善也。是固荀、杨、佛氏、苏、胡言性之说矣。而先儒或谓之近，或谓之略相似，抑有说欤。⑥

熊良辅

熊良辅（1310—1380），字任重，号梅边，元代南昌人。著有《周易

---

① 《荀子·王霸》。
② （元）汪克宽：《春秋胡传附录纂疏》（卷十一）。
③ （元）汪克宽：《春秋胡传附录纂疏》（卷十四）。
④ （元）汪克宽：《春秋胡传附录纂疏》（卷十九）。
⑤ （元）汪克宽：《春秋胡传附录纂疏》（卷十九）。
⑥ （元）王充耘：《四书经疑贯通》（卷五），《钦定四库全书》，经部八，四书类。

本义集成》。

1. 晋

九四，晋如鼫鼠，贞厉。《集疏》：四虽进乎上，以其失柔顺之道，如鼫鼠之技穷而不能遂，若固执不悛，危必至矣。《荀子·劝学篇》鼫鼠本作鼫，后误也。①

2. 蒙

勿用取女，行不顺也。（顺当作慎。盖顺、慎古字通用。荀子顺墨作慎墨。且行不慎于经，意尤亲切。）②

3. 系辞传

参伍以变，错综其数，通其变，遂成天地之文，极其数遂定天下之象，非天下之至变，其孰能与于此。（案荀子云：窥敌制变，欲伍以参。）《集疏》：新安胡氏曰：荀子注伍参犹杂也，使间谍或参之，或伍之于敌间，而尽知其事。③

陈 基

陈基（1314—1370），字敬初，元代台州临海人。著有《夷白斋稿》等。

1. 马千户遗爱诗序

荀卿有言"善拊民者乃善用兵者也"④，使执干戈以卫社稷皆如侯，民有

---

① （元）熊良辅：《周易本义集成》（卷二），《钦定四库全书》，经部一，易类。
② （元）熊良辅：《周易本义集成》（卷五）。
③ （元）熊良辅：《周易本义集成》（卷七）。
④ 《荀子·议兵》。

不附者乎？①

2. 书绅斋记

圣人既没，忠信之路塞于杨墨，笃敬之门蔽于佛老，百家之说参前倚衡之昭然者隐于词章训诂之习，盖千有余岁矣。濂洛、考亭群夫子作，实始绍隆邹孟氏，一发千钧之绪，使塞者、辟蔽者、显隐者著，而荀卿、扬雄、韩愈氏之属，扶持排斥，而功未集者至是而复集。盖建诸天地而不悖，质诸鬼神而无疑，百世以俟圣人而不惑者也。②

3. 陈隐君志铭③

隐君讳谦，字子平，姓陈氏，吴人也。甫儿时即知事父母，三十始受室，谆谆色养，退则率诸生讲说周、孔、孟、荀，壹是以修身、事亲为务，年逾五十，父母尚无恙。

戴 良

戴良（1317—1383），字叔能，元代浦江建溪人。著有《九灵山房集》等。

1. 任相篇第二

人主不可以独治也，必有卿相辅佐之，足任者，然后可以君天下。……荀卿有曰强国、荣辱在于取相，其知言者哉！④

2. 袁廷玉传

廷玉尝言：吾每占人吉凶即知其心之善恶。心善必吉，其不善者反

---

① （元）陈基：《夷白斋稿》（卷十五）。《钦定四库全书》，集部五，别集类四。
② （元）陈基：《夷白斋稿》（卷二十七）。
③ 陈谦（1290—1356），元代平江路人。工诗文，尤精于《易》，有《子平遗稿》。
④ （元）戴良：《九灵山房集》（卷六），《钦定四库全书》，集部五，别集类四。

是。……曰：占人形状、气色以定其吉凶，盖自古记之矣。荀卿著书乃列《非相篇》以拒之，岂不以其相形而不论心哉？廷玉之于是术，必以形状、气色本之于其心。心有善恶则见于外者，亦从而异焉。于是吉凶之征，应矣。呜呼！若廷玉者，其可尽拒之耶？姑布子卿之后，善相者众矣，然必以袁天刚为称首，廷玉岂其苗裔也耶？①

赵 汸

赵汸（1319—1369），字子常，元代休宁人。著有《东山存稿》等。

1. 学者见《左传》《孟子》《战国策》皆有五伯之文，而荀卿书以齐桓、晋文、楚庄、吴阖庐、越勾践为五伯，因欲退阖庐、勾践而进宋襄、秦穆以当之。②

2. 荀子谓桓公杀兄争国，则子纠是于次应立，推寻到此，只见得桓公是篡。所以向上更有工夫推到极处，则圣人之意自见，而《论语》方可说。又子路、子贡亦只晓得桓公是篡。③

3. 荀子言桓公内行则杀兄而争国，④则子纠乃桓公之兄也。⑤

4. 纠兄也，小白弟也。（本《荀子》)⑥

5. 题妙绝古今篇目后

荀卿之学长于礼，其论之精者与戴氏记当并传，亦不可以文论也。夫以文为学者若唐韩、柳，宋欧、曾、王、苏氏其人欤。⑦

6. 书揭学士赠相士吴大春卷后

星历家所推往往相似，此人之所以肖形天地，此命乎天者，所以不可推

---

① （元）戴良：《九灵山房集》（卷二十七）。
② （元）赵汸：《春秋属辞》（卷十二），《内外之辩》（第五），《钦定四库全书》，经部五，春秋类。
③ （元）赵汸：《春秋师说》（卷中），《钦定四库全书》，经部五，春秋类。
④ 《荀子·仲尼》。
⑤ （元）赵汸：《春秋师说》（卷下）。
⑥ （元）赵汸：《春秋集传》（卷三），《钦定四库全书》，经部五，春秋类。
⑦ （元）赵汸：《东山存稿》（卷五），《钦定四库全书》，集部五，别集类四。

移,而姑布子卿之术所从出也。荀卿子乃独以谓古之人无有学者不道,为《非相》之篇以排之。至其言相之说,不过长短、大小、善恶之间,而所谓善恶者又不过以疾秃、跳偏为恶,美丽、妍冶为善而已。然则禀生受分,万变不同,即其人而无不可见者,卿固不及知欤。自卿为是论,儒者多宗之。然自秦汉以来,善相人者固未尝绝于世。宋之盛时,名公贵人乃或假此为知人之助。……闻者莫不惊异,以其术之精微若是,故传者鲜焉。则荀卿子之论犹不废于缙绅间,理亦无足怪者。……公之文视荀卿子之文则有间矣。夫相之为术固有难言者,不以其所不知而即其所知以为言,此所以为可贵乎?矧子能取信于人,其得失常悬于三寸之舌端,亦非他人之言所能为轻重也。①

李 简

李简,字蒙斋,元代信都人。生卒、里贯不详。著有《学易记》。

比

六三,比之匪人。《象》曰:"比之匪人,不亦伤乎。"

诚斋曰:上六无首而凶。六三与之相应,是相比者,非其人也,能无伤己乎?仲尼,兰鲍,荀卿,蓬麻,皆戒于亲非其人也。②

王天与

王天与,生卒年不详,字立大,元代梅浦人。著有《尚书纂传》。

1. 蔡氏曰:置诸左右,盖以冢宰兼师保也。荀子云:学莫便乎近其人,

---

① (元)赵汸:《东山存稿》(卷五)。
② (元)李简:《学易记》(卷一),《钦定四库全书》,经部一,易类。

置诸左右者,近其人以学之也。①

2. 泰誓

至晋世,《古文书》始出。诸儒以《泰誓》正经比较《国语》、《左传》、荀、孟诸书皆合,而伪《泰誓》始废。②

董 鼎

董鼎,生卒年不详,字季亨,别号深山,元代鄱阳德兴人。著有《书传辑录纂注》等。

1. 少正卯之事

若少正卯之事,则予尝窃疑之。盖《论语》所不载,子思、孟子所不言,虽以《左氏春秋》内外传之诬且驳而犹不道也,乃独荀况言之,是必齐鲁陋儒愤圣人之失职,故为此说,以夸其权。吾又安敢信其言。……象刑说。问:吴才老云是五典之刑,如所谓不孝之刑,不悌之刑。先生曰:此是乱说。凡人有罪,合用五刑,如何不用?荀子肖一篇专论此意③,说得甚好。④

2. 爰立作相,王置诸其左右。(荀卿曰:学莫便乎近其人,置诸左右者,近其人以学也。史臣将记高宗命说之辞,先叙事始如此。)⑤

3. 荀子曰:所以杀之者,非周人也,商人也。《书》说观武王兴兵,初无意于杀人,所谓今日之事不愆于六伐七伐,乃止齐焉是也。武王之心非好杀也。⑥

4. 吴氏曰:荀卿以弘于天谓弘,覆于天谓欲。康叔保乂民,如天之弘覆。⑦⑧

5. 吴氏曰:此所谓冢宰正百工,与《诗》所谓摄政,皆在成王谅暗之时,非

---

① (元)王天与:《尚书纂传》(卷十五上),《说命上第十二》,《钦定四库全书》,经部二,书类。
② (元)王天与:《尚书纂传》(卷十九上),《泰誓上第一》。
③ 《荀子·正论》。
④ (元)董鼎:《书传辑录纂注》(卷一),《钦定四库全书》,经部二,书类。
⑤ (元)董鼎:《书传辑录纂注》(卷三),《盘庚下》。
⑥ (元)董鼎:《书传辑录纂注》(卷四)。
⑦ 此句应是针对《荀子·富国》中引用的"《康诰》曰:'弘覆乎天,若德裕乃身'"而言的。
⑧ (元)董鼎:《书传辑录纂注》(卷四)。

以幼冲而摄，而其摄也不过位冢宰之位而已，亦非荀卿所谓摄天子位之事也。①

陈 樫

陈樫，生卒年不详，字子经，元代浙江奉化人。著有《通鉴续编》。

1. （甲子）七年（辽大康十年）五月，诏以孟轲配食孔子，追封荀况、扬雄、韩愈为伯，从祀庙庭。（况为兰陵伯，雄为成都伯，愈为昌黎伯。）②

2. （丁巳）七年（金天会十五年）五月，召胡安国。……（张浚荐安国，帝召之将行，闻陈公辅乞禁程氏之学，乃上疏曰：孔孟之道，不传久矣。自颐兄弟始发明之，然后知其可学而至。今使学者师孔孟而禁不得从颐学，是入室而不由户。本朝自嘉祐以来，西都有邵雍、程颢及其弟颐，关中有张载皆以道德名世，公卿大夫所钦慕而师尊之。会王安石、蔡京等曲加排抑，故其道不行。望下礼官讨论，故事加之封爵，载在祀典，比于荀、杨、韩氏，仍诏馆阁褒其遗书，校正颁行，使邪说者不得作。）③

董真卿

董真卿，生卒年不详，字季真，元代鄱阳人。著有《周易会通》。

1. 中行无咎

朱子语"中行无咎"，言人能刚决，自胜其私，合乎中行则无咎。但能补过而已，未是极至处。这是说那微茫，间有些个意思断未得。释氏所谓"流注想"，荀子谓"偷则自行"便是这意思，照管不著便走将那里去。爻虽无此

---

① （元）董鼎：《书传辑录纂注》（卷五）。
② （元）陈樫：《通鉴续编》（卷九），《钦定四库全书》，史部二，编年类。
③ （元）陈樫：《通鉴续编》（卷十五）。

意,孔子作象,所以裨爻辞之不足。如"自我致寇,敬慎不败"之类,甚多中行无咎。《易》中却不恁地看,言人占得此爻者能中则无咎,不然则有咎,渊中未光也。言事虽正,而意潜有所系吝。荀子云云,佛氏云云流注不断,皆意不诚之本也。铢①

2. 参伍

"参伍错综"皆古语,而参伍尤难晓。案:荀子云:窥敌制变,欲伍以参。韩非曰:省同异之言以知明党之分,偶参伍之验以责陈言之实。又曰:参之以此物,伍之以合参。《史记》曰:必参而伍之。又曰:参五不失。《汉书》曰:参伍其贾,以类相准,此足以相发明矣。……盖纪数之法以三数之,则遇五而齐;以五数之,则遇三而会。故荀子曰:至以类相准见。《集解》皆其义也。《易》所谓"参伍以变"者,盖言或以三数而变之,或以五数而变之,前后多寡,多相反复,以不齐而要其齐,如河图、洛书、大衍之数。伏羲、文王之卦历象之日月,五星章蔀纪元②是皆各为一法,不相依附而不害其相通也。错综之义,沙随得之,然错综自是两事。错者,杂互之也。综者,条而理之也。参伍错综又各是一事。参伍所以通之,其治之也简而疏;错综所以极之,其治之也繁而密僴。荀子说参伍处,杨倞解之为详。……双湖先生③曰:案杨倞荀子注伍参犹杂也,使间谍,或参之,或伍之于敌间而尽知其事。④

陈师凯

陈师凯,生卒年不详,字道勇,元代南康人。著有《书蔡氏传旁通》。

---

① (元)董真卿:《周易会通》(卷八),《钦定四库全书》,经部一,易类。
② 章蔀纪元:中国古代依据月亮盈亏为周期(朔望月)来调整年、月、日周期的一种编历制度。《后汉书·律历志》:"岁首,至也;月首,朔也;至、朔同日谓之章;同在日首谓之蔀;蔀终六旬谓之纪;岁朔又复谓之元。"
③ 即胡一桂。
④ (元)董真卿:《周易会通》(卷十二)。

陈师凯　徐硕

1. 瓠巴鼓瑟而游鱼出听，伯牙鼓琴而六马仰秣

事见《荀子》。注云：瓠巴、伯牙不知何代人。①

2. 自相屠戮，遂至血流漂杵

朱子书说云：血流漂杵。孟子说尽信《书》则不如无书者，只缘当时恁地战斗残戮，恐当时人以此为口实，故说此。然看上文自说前徒倒戈，攻于后以北，不是武王杀他，乃纣之人自蹂践相杀。荀子云所以杀之者，非周人也，商人也。②

徐　硕

徐硕，元人，里贯未详，始末亦无可考。著有《至元嘉禾志》。

1. 嘉兴路

月有书，季有考，朔望三八有讲，讲堂名正礼旧矣，盖取荀子"师者，所以正礼"③ 之义。④

2. 题思吴堂　朱之纯

然则此堂之作，一游一豫足以为政之劝沮，而刘侯之虑有出于此，其深得思吴之乐欤。荀卿曰："欲观千岁，今日是也。"⑤⑥

---

① （元）陈师凯：《书蔡氏传旁通》（卷一下），《钦定四库全书》，经部二，书类。
② （元）陈师凯：《书蔡氏传旁通》（卷四上）。
③ 《荀子·修身》。
④ （元）徐硕：《至元嘉禾志》（卷七），《钦定四库全书》，史部十一，地理类三。
⑤ 《荀子·非相》。
⑥ （元）徐硕：《至元嘉禾志》（卷三十）。

张九韶

张九韶,字美和,明初学者,清江人。著有《理学类编》等。

1. 右论人、物之始生。愚按:论人、物始生于天地肇判之初,则由气化而后有形化。……荀子曰:水火有气而无生,草木有生而无知,禽兽有知而无义,人有气、有生、有知,亦且有义,故最为天下之贵也。①②

2. 性命

盖在天在人,虽有性命之分,而其理则未尝不一。在人在物,虽有气禀之异,而其理则未尝不同。此吾之性所以纯粹至善,而非若荀、扬、韩子之云也。③

3. 论相

荀子曰:相④,古之人无有也,学者不道也。古者有姑布子卿,今之世梁有唐举,相人形状、颜色而知其吉凶、妖祥。世俗称之。古之人无有也,学者不道也。故相形不如论心,论心不如择术。形不胜心,心不胜术,术正而心顺之,则形相虽恶而心术善,无害为君子也;形相虽善而心术恶,无害为小人也。君子谓之吉,小人谓之凶,故长短、小大、善恶、形相,非吉凶也。古之人无有也,学者不道也。⑤

4. 右论相人之术。愚按:相者,视人之状貌而知其吉凶、贵贱者也。而妄诞者多以此惑世人,故荀子作《非相》之篇以论之。而东莱吕氏乃谓:彼挟相术以苟衣食者,卑冗凡贱。而荀卿乃亲屈儒者之重,以与之辨,何其不自重也。因附着其说于此。⑥

---

① 《荀子·王制》。
② (明)张九韶:《理学类编》(卷六),《钦定四库全书》,子部一,儒家类。
③ (明)张九韶:《理学类编》(卷七)。
④ "相"原文为"相人",此段话出自《荀子·非相》。
⑤ (明)张九韶:《理学类编》(卷八)。
⑥ (明)张九韶:《理学类编》(卷八)。

胡 翰

胡翰（1307—1381），字仲申，一字仲子，明代浙江金华人。著有《胡仲子集》。

1. 芳润斋记

春秋以来，若屈原、荀况之在战国，贾谊、董仲舒、司马迁、刘向、扬雄之在汉，韩愈、柳宗元、李翱之在唐，欧阳修、苏轼、曾巩、王安石之在宋，皆得其膏馥涵揉挥洒，争雄擅长于作者之场机也。①

2. 胡仲子集后序

先生以今年春正月九日卒于家。于是慕先生之德，思诵其言，有未得者咸相与欷歔太息。刚②也不敏，安敢秘先生之言而靳其德？敬仿荀卿、贾谊诸书文居诗赋之首，编次成帙，号《胡仲子集》。③

宋 濂

宋濂（1310—1381），初名寿，字景濂，号潜溪，别号龙门子、玄真遁叟等，明代金华人，被明太祖朱元璋誉为"开国文臣之首"。著有《銮坡集》等。

1. 华川书舍记

自先王之道衰，诸子之文人人殊。管夷吾氏则以霸略为文，邓析氏则以

---

① （明）胡翰：《胡仲子集》（卷六），《钦定四库全书》，集部六，别集类五。
② 胡翰作品由其门人刘刚及浦阳王懋温所编。此处"刚"应是指刘刚。
③ （明）胡翰：《胡仲子集》（卷十）。

两可辨说为文，列御寇氏则以黄老清净无为为文，墨翟氏则以贵俭、兼爱、上贤、明鬼、非命、上同为文，公孙龙氏欲屈众说，则又以坚白、名实为文，庄周氏则又以通天地之统、序万物之性、达死生之变为文，慎到氏则又以刑名之学为文，申不害氏、韩非氏宗之，又流为深刻之文，鬼谷氏则又以捭阖为文，苏秦氏、张仪氏学之，又肆为纵横之文，孙武氏、吴起氏则又以军刑、兵势、图国、料敌为文，独荀况氏粗知先王之学，有若非诸子之可及，惜乎学未闻道，又不足深知群圣人之文。凡若是者，殆不能悉数也。文日以多，道日以裂，世变日以下，其故何哉？盖各以私说臆见哗世惑众，而不知会通之归，所以不能参天地而为文。自是以来，若汉之贾谊、董仲舒、司马迁、扬雄、刘向、班固，隋之王通，唐之韩愈、柳宗元，宋之欧阳修、曾巩、苏轼之流，虽以不世出之才，善驰骋于诸子之间，然亦恨其不能皆纯，揆之群圣人之文，不无所愧也。上下一千余年，惟孟子能辟邪说、正人心，而文始明。孟子之后，又惟舂陵之周子，河南之程子，新安之朱子，完经翼传而文益明尔。①

2. 渊颖先生碑

还寓同县陈士贞家。士贞之居，与龙湫五洩邻，榛筸蒙翳，似不类人世。先生日啸咏其中，畅然自得，或至暮忘返。游览之暇，不废纂述，重取《春秋传》五十余家，各随言而逆其意，一以理折衷之，譬犹法家奏谳，传逮爰书，既得其情，而曲直真伪无所隐。至若《繁露》《释例》《纂例》《辨疑》《微旨》《折衷》《权衡》《意林》《通旨》之类皆有论著，复谓孟子乃亚圣之大才，司马迁不当使与邹衍、淳于髡、慎到、荀卿、墨翟、尸佼、长卢同传，因删去诸子，益以万章、公孙丑之徒，作《孟子弟子列传》。②

3. 子华子

予尝考其书，有云："秦襄公方启西戎，子华子观政于秦。"又稽庄周所载子华子事，则云"见韩昭僖侯"。夫秦襄公之卒在春秋前，而昭僖之事在春秋后，前后相去二百余年。子华子何其寿也？其不可知者一。《孔子家语》言

---

① （明）宋濂：《宋濂全集》（一），（卷三），《明清别集丛刊》，黄灵庚编辑校点，人民文学出版社2014年版，第75—76页。（明）宋濂：《文宪集》（卷二），《钦定四库全书》，集部六，别集类五。
② （明）宋濂：《宋濂全集》（一），（卷四十八），第1053—1054页。（明）宋濂：《文宪集》（卷十六）。

"孔子遭齐程子于郊"。程子，盖齐人。今子华子自谓程之宗君两封于周，后十一世，国并于温。程本商季文王之所宅，在西周当为畿内小国。温者，周司寇苏忿生之所封。周襄王举河内温、原以赐晋文公。温，固晋邑也。孰谓西周之程，而顾并于河内之温乎？地之远迩亦在可疑，其不可知者二。后序称子华子为鬼谷子师。鬼谷，战国纵横家也。今书绝不似之，乃反类道家言。又颇剿浮屠、老子、庄周、列御寇、孟轲、荀卿、《黄帝内经》、《春秋外传》、司马迁、班固等书而成。其不可知者三。刘向校定诸书咸有序，皆渊懿明整，而此文独不类，其不可知者四。以此观之，其为伪书无疑。①

4. 《慎子》

《威德篇》曰："立天子以为天下，非立天下以为天子也。立国君以为国，非立国以为君也。立官长以为官，非立官以为官长也。"《民杂篇》曰："大君者，太上也，兼畜下者也。下之所能不同，而皆上之用也。是以大君因民之能为资，尽包而畜之，无取去焉。"《君人篇》曰："君人者舍法而以身治，则诛赏予夺从君心出矣。然则受赏者虽当，望多无穷。受罚者虽当，望轻无已。"皆纯简明易，类非刑名家所可及。到，亦稷下能言士哉。庄周、荀卿称之，一则曰慎到，二则曰慎到，虽其术不同亦有以也。②

5. 《荀子》

《荀子》十卷，赵人荀卿撰。卿，名况。《汉志》避宣帝讳，作孙卿。刘向校定，除其重复者三十二篇为十二卷，题曰《新书》。唐杨倞为之注，且更《新书》为《荀子》，易其篇第，析为二十卷。卿以齐襄王时游稷下，距孟子至齐五十年矣，于列大夫，三为祭酒。去之楚，春申君以为兰陵令，以谗去。之赵，与临武君议兵。入秦，见应侯。昭王以聘，反乎楚，复为兰陵令。既废，家兰陵以终。

乡先正唐仲友云：向序卿事本司马迁，于迁书有三不合：春申君死，当齐王建二十八年，距宣王八十七年。向言卿以宣王时来游学，春申君死而卿

---
① （明）宋濂：《宋濂全集》（一），（卷七十九），第1899页。（明）宋濂：《文宪集》（卷二十七）。
② （明）宋濂：《宋濂全集》（一），（卷七十九），第1903—1904页。（明）宋濂：《文宪集》（卷二十七）。

废，设以宣王末年游齐，年已百三十七矣。迁书记孟子以惠王三十五年至梁，当齐宣王七年，惠王以叟称孟子，计亦五十余。后二十三年子之乱燕，孟子在齐。若卿来以宣王时，不得如向言后孟子百余岁。田忌荐孙膑为军师，败魏桂陵，当齐威王二十六年，距赵孝成王七十八年。临武君与卿议兵于王前，向以为孙膑。俙以败魏马陵疑年，马陵去桂陵又十三年矣。《崇文总目》言卿楚人，楚礼为客卿，与迁书、向序驳，益难信。其论殊精绝。然况之为人，才甚高而不见道者也。由其才甚高，故立言或弗悖于孔氏；由其不见道，故极言性恶，及讥讪子思、孟轲不少置。学者其亦务知道哉。至若李斯，虽师卿，于卿之学懵乎未之有闻。先儒遂以为病，指卿为刚愎不逊，自许太过之人，则失之矣。

6.《韩子》

《韩子》二十卷者，韩非所撰。非，韩之诸公子也，喜刑名法术之学，而归其本于黄老，与李斯同事荀卿，以书干韩王，不用。乃观往者得失之变，作《孤愤》《五蠹》《内外储》《说林》《说难》五十五篇，计十余万言。秦王见而悦之，急攻韩，得非。斯自以不如非，忌之，谮于秦王，下吏使自杀。非，惨礉人也。君臣、父子、夫妇之间，一任以法，其视仁义蔑如也。法之所及，虽刀锯日加，不以为寡恩也。其无忌惮，至谓孔子未知孝悌忠信之道，谓贤尧、舜、汤、武乃天下之乱术，谓父有贤子，君有贤臣，适足以为害，谓人君藏术胸中，以倡众端而潜御群臣。噫！是何言欤？是何言欤？是亦足以杀其身矣。①

7.《法言》

扬子《法言》十卷，汉扬雄撰。凡十三篇，篇各有序，通录在卷后。景祐初，宋咸引之以冠篇首。或谓始于唐仲友，非也。自秦焚书之后，孔子之学不绝如线，雄独起而任之。故韩愈以其与孟荀并称。而司马光尤好雄学，且谓孟子好《诗》《书》，荀子好《礼》，扬子好《易》。孟文直而显，荀文富而丽，扬文简而奥。惟其简而奥，故难知。其与雄者至矣。是《法言》者，为拟《论语》而作。《论语》出于群弟子之所记，岂孔子自为哉？雄拟之，

---

① （明）宋濂：《宋濂全集》（一），（卷七十九），第1908—1909页。（明）宋濂：《文宪集》（卷二十七）。

僭矣。至其甚者，又撰《太玄》，以拟《易》，所谓《首》《冲》《错》《测》《摛》《莹》《数》《文》《捝》《图》《告》之类，皆足以使人怪骇。由其自得者少，故言辞愈似而愈不似也。呜呼！雄不足责也，光以一代伟人，乃胶固雄学，复述《潜虚》以拟《玄》，抑又何说哉！余因为之长叹。雄之事经考亭朱子论定者，则未遑及也。①

8. 《文中子中说》

《文中子中说》十卷，隋王通撰。通，字仲淹。文中，盖门人私谥，因以名其书。世之疑通者，有三：……噫！孟子而下，知尊孔子者，曰荀、扬。扬本黄老，荀杂申商，唯通为近正，读者未可以此而轻訾之。②

9. 七儒解

游侠之儒，田仲、王猛是也，弗要于理，惟气之使，不可以入道也。文史之儒，司马迁、班固是也，浮文胜质，纤巧斫朴，不可以入道也。旷达之儒，庄周、列御寇是也，肆情纵诞，灭绝人纪，不可以入道也。智数之儒，张良、陈平是也，出入机虑，或流谲诈，不可以入道也。章句之儒，毛苌、郑玄是也，牵合傅会，有乖坟典，不可以入道也。事功之儒，管仲、晏婴是也，迹存经世，心则有假，不可以入道也。道德之儒，孔子是也，千万世之所宗也。我所愿则学孔子也。其道则仁、义、礼、智、信也，其伦则父子、君臣、夫妇、长幼、朋友也，其事易知且易行也，能行之则身可修也，家可齐也，国可治也，天下可平也。我所愿则学孔子也。今指三尺之童子而问之，则曰：我学孔子也。求其知孔子之道者，虽斑白之人，无有也。呜呼！上戴天，下履地，中函人，一也。天不足为高，地不足为厚，人不足为小，此儒者之道所以与天地并立而为三也。司马迁以儒与五家并列，荀卿谓儒有小大，扬雄谓通天地人曰儒者，要皆不足以知儒也。必学至孔子，然后无愧于儒之名也。然则儒亦有异乎？曰：有之，位不同也。三皇，儒而皇；五帝，儒而帝；三王，儒而王；皋、陶、伊、傅、周、召，儒而臣；孔子，儒而师，其道则未

---

① （明）宋濂：《宋濂全集》（一），（卷七十九），第1911—1912页。（明）宋濂：《文宪集》（卷二十七）。

② （明）宋濂：《宋濂全集》（一），（卷七十九），第1913页。（明）宋濂：《文宪集》（卷二十七）。

尝不同也。虽然自有生民以来，未有盛于孔子者也。我所愿则学孔子也。①

朱　右

朱右（1314—1376），字伯贤（一字序贤），自号邹阳子，明代临海章安人。著有《白云稿》等。

1. 文统

文与三才，并贯三才而一之者，文也。日月星汉，天文也。川岳草木，地文也。民彝典章，人文也。显三才之道，文莫大焉。羲轩之文，见诸图画。唐虞稽诸典谟，三代具诸《书》《诗》《礼》《春秋》。遭秦燔灭，其幸存者犹章章可睹。故《易》以阐象，其文奥；《书》道政事，其文雅；《诗》发性情，其文婉；《礼》辨等威，其文理；《春秋》断以义，其文严。然皆言近而指远，辞约而义周，固千万世之常经不可尚已。孔思得其宗，言醇。以至孟轲识其大，言正以辩。若左氏多夸，庄周多诞，荀卿多杂，屈宋多怨。②

2. 新编六先生文集序

三才之道备，文莫大焉。……然载道之文莫大于《六经》。孔孟既没，遭秦虐焰斯文，或几乎坠矣。汉兴，贾谊、董仲舒、刘向窥见涯涘不用于世，徒载空言。若司马迁、相如、荀、扬、班固之文虽杰，然为后学之宗犹未免于戾道之议。③

徐一夔

徐一夔（1319—1399），字惟精，又字大章，号始丰，明天台人。著

---

① （明）宋濂：《宋濂全集》（一），（卷七十八），第1880—1881页。（明）宋濂：《文宪集》（卷二十八）。
② （明）朱右：《白云稿》（卷三），《杂著》，《钦定四库全书》，集部六，别集类五。
③ （明）朱右：《白云稿》（卷五），《杂著》。

有《始丰稿》。

砺斋记

荀卿子曰：钝金必待砺而后利。① 然则砺也者，磨钝之具也。自强者有取焉，余方取以砺己，且与君志合，故终言之。②

王　祎

王祎（1322—1373），字子充，号华川，明义乌来山人。著有《王忠文公集》等。

1. 原儒

儒之名，何自而立乎？儒者，成德之称。盖其称肇于孔子，至荀卿氏论之为悉。而其后，复有八儒③之目。及秦汉以下，儒之名虽一，其学则析而为二。有记诵之学，有词章之学，有圣贤之学。……圣贤之所以为学者，何也？必其性之尽于内者，有以立其本，而才之应于外者，足以措诸用也。……内而性之尽者，其本既立矣；外而才之应者，其用复周焉，诚之至也。此所谓圣贤之学者也。呜呼！周公、仲尼已矣。孟轲以后，自荀卿、扬雄已不能臻乎此，而董仲舒、韩愈仅庶几焉，于是圣贤之学不明也久矣。盖千数百年而周、邵、张、程诸君子者出，始有以为其学，而周公、孔子不传之绪乃续焉。……是故吾所谓圣贤之学者，皆古之真儒。而今世之称记诵词章者，其不为孔子之所谓小人儒、荀卿之所谓贱儒者，几希。④

---

① 《荀子·劝学》。
② （明）徐一夔：《始丰稿》（卷七），《钦定四库全书》，集部六，别集类五。
③ "八儒"出自《韩非子·显学》。
④ （明）王祎：《王忠文集》（卷四），《钦定四库全书》，集部六，别集类五。

2. 送郑君序

夫文者，才与气为之也。……盖才命于气，气禀于志，志立于学者也。……文者，圣贤不得已而托之以垂世者也。六艺之述，七篇之作，出于历聘不遇之后，而荀卿、扬雄亦皆老而著书。当其历聘而未老也，固蕲有以见诸用也。及卒于不用，而后托之于文。则文者，岂非圣贤不得已而为之者乎？后之人志未立学未成，大之。①

3. 知学斋记

人不可以不学，而非所当学，不可以为学。知所当学而学焉，斯可以言学矣。所当学者何？圣贤之道是也。圣贤远矣，而其典籍具在，其言可考，其道可求，勉焉以至也。知其学而学焉，虽未至于圣贤，盖亦圣贤之徒也。夫人莫不有是性也。有是性，则有是才，尽其性而充其才者，圣贤之所以为学也。性者，万物之一原，非有我之得私也。尽性则理之在我者无不明，而视天下无一物之非我矣。……呜呼！三代以还，圣贤之学于是不明不行也久矣。……百家之所立，各奋其私说，一代之所尚皆徇乎时好。道术为天下裂，至于宋，盖千数百年。其间如荀卿、扬雄、董仲舒、贾谊、王通、韩愈氏、欧阳修氏庶几明圣贤之学矣，而其道不大显。……惟舂陵周子者出，始有以上续千载不传之统，河南两程子承之。而后二帝三王以来传心之妙、经世之规焕然复明于世。……圣贤之学所以为盛也。智足以知一偏而不足以尽万物之理，道足以为一方而不足以适天下之用，此百家之所立，一代之所尚，其学所以不足贵也。②

4. 孔子庙庭从祀议

孔子庙庭，从祀者凡百有五人。……及宋元丰七年，复增荀况、扬雄、韩愈，以世次先后从祀左丘明二十一人之间。……自夫孟轲既往，圣学不明，邪说盛行，异端并起。历秦至汉，诸儒继作，然完经、翼传局于颛门之学，而于圣人之道莫或有闻，惟董仲舒于其间，号称醇儒。……所以尊崇圣学者，

---

① （明）王祎：《王忠文集》（卷五）。
② （明）王祎：《王忠文集》（卷八）。

其功殆不在孟子下。以荀况之言性恶，扬雄之事新莽犹获从祀，而仲舒顾在所不取，何也？秦人之后，圣经阙逸，汉儒收拾散亡，各为笺传，而偏学异说，各自名家。……自周敦颐接圣贤千载不传之绪，而程颐兄弟承之道统，于是有所传。……按祀法有功于圣道则祀之，是七人者其有功于圣人之道，如此而从祀阙焉。……若夫荀况、扬雄、何休、王弼之徒有不当与于从祀者，兹又未敢以遽数也。嗟乎！天下之礼有似缓而实急，似轻而实重者，以其有关于名教也。①

5. 文训

太史公曰：噫！史之为文，诚难乎其尽美矣。文而为史，诚极天下之任矣。……圣人既没，道术为天下裂，诸子者出，各设户、分门立言以为文。是故管夷吾氏以霸略为文，邓析氏以两可辩说为文，老聃氏以秉要执本、持谦处卑为文，列御寇氏以黄老清净无为为文，墨翟氏以贵俭、兼爱、上贤、明鬼、非命、上同为文，公孙龙氏以坚白、名实为文，庄周氏以通天地之统、序万物之性、违死生之变为文，慎到氏以刑名之学为文，申不害氏、韩非氏复流于深刻之文，尹文氏又合黄老刑名为文，鬼谷氏以捭阖为文，苏秦氏、张仪氏因肆为纵横之文，孙武氏、吴起氏以军形、兵势、图国、料敌为文，荀卿氏、扬雄氏则以明先圣之学为文，淮南氏则以总统道德仁义而蹈虚守静出入经道为文。凡若此者，殆不可递数也。虽其文人人殊，而其于道未始不有明焉，……所谓天下一致而百虑，同归而殊涂者，言本于一揆而已。文以载道，其此之谓乎？太史公曰：诸子之文皆以明夫道，固也。然而各引一端，各据一偏，未尝窥夫道之大全。人奋其私智，家尚其私谈，支离颇僻，驰骋凿穿，道之大义益以乖，大体益以残矣。此固学术之弊，而道之所以不传也。②

6. 唐高祖武德元年

隋纳言王世充杀内史令元文都，自为左仆射，总督中外军事。……甲寅，王世充击魏公密于通济渠，大败之。密来降（以《通鉴》修）。

---

① （明）王祎：《王忠文集》（卷十五）。
② （明）王祎：《王忠文集》（卷十九）。

解题曰：荀卿曰"以诈遇诈，巧拙有幸焉者"①，其是之谓矣。唐仲友曰：世充每捷必归功于下，虏获尽以予士卒，故人争为用。密骄不恤士，素无府库，战胜无所赐予，人心始离。此胜负之分也。事见《通鉴》。②

7. 唐穆宗长庆四年

冬十一月庚申，葬光陵，庙号曰穆宗（以《通鉴》修），十二月韩愈卒（旧纪）。

解题曰：愈尝著《原道》一篇，深明圣贤仁义道德之说，以辟异端。汉魏以来，诸儒之论未有能及之者也。……夫所谓先王之教者，仁义道德。其文，《诗》《书》《易》《春秋》；其法，礼乐刑政；……其为道易明，而其为教易行也。斯吾所谓道也，非向所谓老与佛之道也。尧以是传之舜，舜以是传之禹，禹以是传之汤，汤以是传之文、武、周公，文、武、周公传之孔子，孔子传之孟轲。轲之死，不得其传焉。荀与杨，择焉而不精，语焉而不详。由周公而上，上而为君，故其事行；由周公而下，下而为臣，故其说长。然则如之何其可也？曰：不塞不流，不止不行。人其人，火其书，庐其居，明先王之道以道之，鳏、寡、孤、独、废疾者有养也，其亦庶乎其可也。宋程颢曰：韩愈亦近世豪杰之士，如《原道》中语虽不能无病痛，然自孟子后，能将大见识寻求者才见此人，至如断曰"孟氏醇乎醇，荀与杨择焉而不精，语焉而不详"，若无所见，安能由千载之后见得若是之明也？朱熹曰：愈之于道，知其用之周于万事，而未知其体之具于吾之一心；知其可行于天下，而未知其本之当先于吾之一身也。③

苏伯衡

苏伯衡（1329—1392），字平仲，明金华人。著有《苏平仲集》。

---

① 《荀子·议兵》。
② （明）王祎：《大事记续编》（卷四十九），《钦定四库全书》，史部二，编年类。
③ （明）王祎：《大事记续编卷》（六十四）。

1. 染说

是故三代以来，为文者至多，尚论臻其妙者，春秋则左丘明，战国则荀况、庄周、韩非，秦则李斯。……数千百年间，不过二十人尔，岂非其妙难臻，故其人难得欤。虽然之二十人者之于文也，诚至于妙矣。其视六经岂不有迳庭也哉。①

2. 景古斋记

杨朱、墨翟、庄周、列御寇、荀卿、管、晏、申、韩之属所著之书，太史公之《史记》，不韦、淮南之《训》《览》，以至魏晋以降，幽人狷士愤世嫉俗作为辩论，多者数十百卷，少者为言亦数万，此亦天下之古物也。今其存于世者，固足以考既往之得失。②

3. 曰：《易》《诗》《书》《三礼》《春秋》所载，丘明、高赤所传，孟、荀、庄、老之徒所著，朝焉，夕焉，讽焉，味焉，习焉，斯得之矣。虽然非力之可为也，圣贤道德之光积于中而发乎外，故其言不文，而文譬犹天地之化。……故学于圣人之道，则圣人之言莫之致而致之矣。③

赵撝谦

赵撝谦（1351—1395），名古则，更名谦，号考古，明浙江余姚人。著有《赵考古文集》等。

1. 送赵中孚诗卷后序

凡古圣贤、名士、英杰、俊良之辈闻于天下后世者，皆志之所志者也。故孔子曰：吾十有五而志于学。孟子曰：尚志。……孔孟而下，如荀况、司马迁、杨雄、班固、陈寿、韩愈、柳宗元、欧阳修、苏轼之志于文，……皆

---

① （明）苏伯衡：《苏平仲文集》（卷三），《钦定四库全书》，集部六，别集类五。
② （明）苏伯衡：《苏平仲文集》（卷八）。
③ （明）苏伯衡：《苏平仲文集》（卷十六）。

极其至而沉潜笃乐者,故其名华于后,历千万代而不漫也。①

2. 丹山书院记

苏秦、李斯、王雱、蔡卞之徒,……是未知乎书之为道者也。夫书冒天地之理,载圣贤之道,自有四海至于有家、有身者,能知而由之则安荣而显赫,昧而违之则危辱。……苏、李、王、蔡之徒特不深知而由耳,使其能充大正己,如孟、荀潜心确守,如董仲舒渊默去就……如周程张朱用则正义而蹈道,不用则高尚而乐天,此所以行藏一致而必有以称于时,而名后世也。②

方孝孺

方孝孺(1357—1402),字希直,一字希古,号逊志,亦称"正学先生",明浙江台州人。著作有《逊志斋集》等。

1. 读荀子

道之不明,好胜者害之也。周衰,先王之遗言、大法漫灭浸微。孔子出而修之,斯道皎然复章,圣人之业焕然与天地同功。彼处士者,生于其后,务怀诽讪之心,以求异于前人。其心以为尧舜之道,孔子既言之矣,复附而重言之,何以云云为哉?于是各驰意于险怪诡僻、涣散浩博之论,排击破碎先圣人之道,以伸其鬼琐一曲之偏。智若杨朱、墨翟、宋钘、列御寇、庄周、慎到之徒是也。孟子生乎其时,惧圣人之道败坏于邪说,乃敷扬孔子之意而攻黜,然后复定。盖彼之说偏驳易辨,故其入人也浅,可指其过而声之也。

若荀卿者,剽掠圣人之余言,发为近似中正之论,肆然自居于孔子之道而不疑,沛乎若有所宗,渊乎执之而无穷,尊王而贱霸,援尧舜,撝汤武,鄙桀纣,俨若儒者也。及要其大旨,则谓人之性恶,以仁义为伪也,妄为蔓

---

① (明)赵㧑谦:《赵考古文集》(卷一),《钦定四库全书》,集部六,别集类五。
② (明)赵㧑谦:《赵考古文集》(卷一)。

衍不经之辞，以蛆蠹孟子之道。其区区之私心，不过欲求异于人，而不自知卒为斯道谗贼也。盖数家者偏驳不伦，故去之也易。荀卿似乎中正，故世多惑之。惜无孟子者出以纠其谬，故其书相传至今。孔子曰："恶紫，为其乱朱也。恶郑声，为其乱雅乐也。"夫欲摈悖道之书而不用，必自荀卿始。何者？其言似是而实非也。①

2. 读法言

扬雄，子云，《法言》十三篇。子云为此书，尝自拟《论语》，而后世大儒或侪诸荀卿。其自拟者僭也，侪以荀卿者亦非也。《论语》述圣人言行，犹天地之化，子云方且窃之焉，雕镂藻绘而蕲类之，其僭甚哉！然自圣人没，明道者莫尚于子思、孟子，彼荀卿者，乃攘袂评斥，而诋生民之性为恶，其妄孰甚焉！子云则不然，措言持论不敢违乎圣人，至其为善恶混之说，及以韦玄成②与颜子并称，皆其不智而过言耳，非若卿之妄也。曰：子云胜卿与？曰：否。卿才高而果于大言，故其过多。子云才劣而笃于好古，故其过少。其未闻道则一也。曰：好古曷事莽乎？曰：好古而不能择义，则将奚所不至！故士贵乎闻道。③

3. 公子对

公子曰：圣殂教分，别为异门，曰有先师，维孔元孙。上绍参传，知道之原，述为《中庸》，性命是言。枝叶交横，本乎一根，敛入无朕，散被无垠。厥胤于邹，阚圣之垣，遂登其堂，据道发论。齐梁之君，南面僭尊，衮衣大圭，视若孤豚。狙诈相倾，辨说如云。告以仁义，耳塞不闻。退绎道要，垂诸空文。泰华让崇，菽粟拟珍，河海耻富，绮绣推温。违者虽强而踣，循者虽弱而存。疏凿齐功，典谟诰训，峻极莫继，深渺绝伦。扬雄吃而靡畅，王通谈而不纯。舂陵后奋，默契化元。揭图著书，要而不烦。河洛之间，有伉弟昆。关西之英，参翔以骞。敬以立懦，礼以摄昏。洗濯尘鉴，烨然如暾。遗书之多，宝璐玙璠。支衍而南，大发于闽。手抶众流，属之昆仑。丝缫发

---

① （明）方孝孺：《逊志斋集》（卷之四），徐光大校点，宁波出版社2000年版，第111页。
② 韦玄成，西汉大臣，曾参加石渠阁会议。
③ （明）方孝孺：《逊志斋集》（卷之四），第117页。

栉，绪引毫分。此七君子者，皆所谓立言者也。他若庄周、荀况，糠秕当世，瓦砾诸子，污漫沦瀹，无有涯涘。老聃、御寇，与周同轨，玄虚澹泊，弃蔑礼义。管商功利，晏墨吝鄙。非析翊虐，秦斯诈诡。六国之间，述者如猬。不韦致客，吕览以叙。采掠攘掇，咸有纲绪。屈原申忧，怨不至诽，瑰奇隽拔，为词赋始。刘安叛诛，其书甚斐，事糅道庬，犹传不毁。贾生智敏，计谋孔伟。仲舒守正，于道有取，迁修厥职，事核文史。造端创法，综统邅迹。班固继迹，辞直而理。东京至隋，质丧声靡。退之在唐，裂去绣缔，易淫以淳，反丽以俚。抵嘲异端，轲雄是拟。柳李皇张，胥和俱峙。金石锵鸣，黼黻交炜。载越六代，四氏继起。丰约温深，各臻厥美，此虽未足亚乎立言，亦可谓述者之次也。吾子岂非思法乎？上者而恐力未迨，欲就次者之事，而心犹耻之，故恒有所思乎？方子曰："立言之任，吾则岂敢。尝愿学焉。然古之圣贤不得已而，后言非其所乐也。"①

4. 杂问

是非褒贬，侵天职乎？彼赏罚者，又何蕃且息乎？

仪秦何积，所遇喜乎？孟荀何薄，而困辱以死乎？

岂圣贤豪俊，天所弃乎？将阘茸②委琐，人所比乎？

狐兔如丘，麟何少乎？庸夫骈肩，孰闻道乎？③

5. 答王秀才

凡文之为用，明道立政二端而已。道以淑斯民，政以养斯民。民非养不能群居以生，非教不能别于众物。故圣人者出，作为礼乐教化刑罚以治之，修其五伦、六纪、天衷、人极以正之，而一寓之于文。尧、舜、禹、汤、周公、孔子之心，见于《诗》《书》《易》《礼》《春秋》之文者，皆以文乎此而已。舍此以为文者，圣贤无之，后世务焉。其弊始于晋宋齐梁之间，盛于唐，甚于宋，流至于今，未知其所止也。

唐之士最以文为法于后世者，惟韩退之。而退之之文，言圣人之道者，

---

① （明）方孝孺：《逊志斋集》（卷之六），第192页。
② 阘茸：卑下。
③ （明）方孝孺：《逊志斋集》（卷之六），第203页。

舍《原道》无称焉。言先王之政而得其要者，求其片简之记，无有焉。举唐人之不及退之者，可知也。举后世之不及唐者，又可知也。汉儒之文有益于世、得圣人之意者，惟董仲舒、贾谊。攻浮靡绮丽之辞，不根据于道理者，莫陋于司马相如。退之屡称古之圣贤文章之盛，相如必在其中，而董、贾不一与焉。其去取之谬如此，而不识其何说也。苟以其文未粹耶？则艰险之元结①，俳谐之李观②，且在所取矣，如之何其去二子也。苟以其所述者王霸之道，不敢列之于文人之后邪？则孔子、孟子固与荀卿、屈原、李斯并称矣，安在其能尊二子也。退之以知道自居，而于董、贾独抑之，相如独进之，则其所知者果何道乎？然相如虽陋，其辞赋犹皆有为而作，非虚语也。近世则不然，一室之微，号之以美名，辄从而文之。视其名纷然杂出，皆古之所未闻。考其辞轻俳巧薄，皆古人之所未有。而求者以是望于人，作者以是夸于时，似有所为，使相如之奴隶见之，且将弃去。而今之士莫知其为非，此又退之之时所无有者也。

仆窃悲其陋，故断自汉以下至宋，取文之关乎道德、政教者为书，谓之文统，使学者习焉。违乎此者虽工不录，近乎此者虽质不遗。庶几人人得见古人文章之正，不眩惑于佹常可喜之论。祛千载之积蠹为六经之羽翼，作仁义之气，摈浮华之习，以自进于圣人。俾世俗易心改目，以勉其远且大者。穷居少暇，未有所成。吾子诚有志乎古人之文，则愿勿溺于世俗，勿为一时毁誉所变，勿以道德为虚器，勿以政教为空言，则文可得而学矣。不然则世之能文者，孰不可问？仆之昧昧，岂足副所求邪？③

6. 张彦辉文集序

昔称文章与政相通，举其概而言耳。要而求之，实与其人类。战国以下，自其著者言之，庄周为人有壶视天地、囊括万物之能，故其文宏博而放肆，飘飘然若云游龙骞不可守。荀卿恭敬好礼，故其文敦厚而严正，如大儒老师衣冠伟然，揖让进退，具有法度。韩非、李斯峭刻酷虐，故其文缴绕深切，排搏纠缠，比辞联类如法吏议狱，务尽其意，使人无所措手。……扬雄龈龈

---

① 元结，字次山，唐朝学者。有人把元结看作韩柳古文运动的先驱。
② 李观，字元宾，唐诗人。韩愈称其"才高于当世，而行出于古人"。
③ （明）方孝孺：《逊志斋集》（卷之十一），第357—358页。

自信，木讷少风节，故其文拘束悫愿，模拟窥窃，蹇涩不畅，用心虽劳，而去道实远。……呜呼！道与文俱至者，其惟圣贤乎！圣人之文著于诸经，道之所由传也。贤者之文盛于伊洛，所以明斯道也。而其文未尝相同，其道未尝不同。师其道而求于文者，善学文者也。袭其辞而忘道者，不足与论也。……道明则气昌，气昌文自至矣。文自至者，所谓类其人，而不悖乎道者也。其人高下不同，而文亦随之，不可强也。①

7. 送牟元亮赵士贤归省序

文所以明道也。文不足以明道，犹不文也。三代以上，斯道明，故其文简；三代以降，道晦而不章，人各以意求之，故其文繁。……圣人之言，如《书》《易》《春秋》之所载，孔氏弟子之所述，片辞可以善其身，而治天下。岂好为略哉？无所用繁也。庄周、荀卿之著书，其辞浩浩乎若无穷，于道邈乎未有闻，非工于言而拙于道也，求道而不得，从而以言穷之。虽欲简而不可致耳，然其文犹未弊也。自夫不徇道而徇人，不求合于古而求合于今者，始相如开其源，崔蔡②畅其支，魏氏迄乎唐初助其澜者盈天下。天下之言文者，谀乎人而已矣，宜乎时而已矣，何有于道！③

8. 畸亭记

人之所得皆不能全，受于天者深，则遇于人者必浅；合于人太甚者，必无所得于天也。夫听尽乎谋，而视极乎哲，心通乎道，而性纯乎德，此虽皆可能之，而未必皆然，以其制于天，而天不畀之也。……故凡特立之士，多不合于人，非天欲困之也，取乎天者已多，其不能兼得乎人，亦其势然也。自古昔以来，惟圣人不常困于势，自圣人以下多不免为势所屈。诗之亡，屈原之词为最雄，故原不为当时所知为最甚。庄周、荀况皆以文学高天下，故二子皆不遇。杜子美、李太白诗人之绝群拔类者也，其他以道德才艺困者甚众。夫既有得于此矣，其能与彼耶？负此以自珍，以为举天下之贵者，不愿与易，人之见知与否，尚何足论！④

---

① （明）方孝孺：《逊志斋集》（卷之十二），第401—404页。
② 崔蔡：东汉崔骃、蔡邕的并称。二人皆以文章闻名。
③ （明）方孝孺：《逊志斋集》（卷之十四），第465页。
④ （明）方孝孺：《逊志斋集》（卷之十五），第493—494页。

9. 书学斋占毕后

眉山史绳祖庆长,所著《学斋占毕》,其论荀、扬言性本于告子。皋夔以刑名声色绝世,引喻有味,可为世戒。于子罕言利,与命与仁,训与为许。谓君子怀刑,乃怀思典刑,而则效之大学。彼为善之当为,彼为不善之小人,皆可备解经之一说。①

10. 韩退之

汉后七代,道丧言梦。不有先生,孰兴斯文。先生之生,志豪气雄。手抉百川,注之使东。刮垢去腐,焕其一新。诋排佛老,扶起孟荀。谁舆朽骨,天子是迎。请投水火,以灭祸萌。喁喁鳄鱼,为潮之毒。帝念南氓,俾往歼戮。大海茫茫,五岭苍苍。发为文章,震荡激昂。山不足高,海不足深。斯文在兹,无古无今。惟邹孟子,仁义干戈。先生在唐,与之为徒。吁此何时,愈下弥衰。先生不生,孰扶孰持。是气长存,磅礴上下。有继徽猷,不在来者。②

11. 成都杜先生草堂碑

士之立言为天下后世所慕者,恒以蓄济世之道,绝伦之才,困不获施,而于此焉寓之。故其气之所至,志之所发,浩乎可以充宇宙,卓乎可以质鬼神,非若专事一艺者之陋狭也。荀卿寓于著书,屈原寓于《离骚》,司马子长寓于《史记》,当其抑郁感慨,无以洩其中,各托于言而寓焉。是以顿挫挥霍,沉醇宏伟,雷电不足喻其奇,风云不足喻其变,江海不足喻其深。卒之震耀千古,而师表无极。苟卑卑然竭所能以效一艺,虽至工巧,亦枝术之雄而已耳,乌足与大儒君子之寓于文者并称哉?③

曹 端

曹端(1376—1434),字正夫,号月川,明河南绳池人。著有《〈太

---

① (明)方孝孺:《逊志斋集》(卷之十八),第613页。
② (明)方孝孺:《逊志斋集》(卷之十九),第624—625页。
③ (明)方孝孺:《逊志斋集》(卷之二十二),第716页。

极图说〉述解》等。

通书后录

先生名张宗范之亭①曰：养心而为之说。曰：孟子曰："养心莫善于寡欲。其为人也寡欲，虽有不存焉者，寡矣；其为人也多欲，虽有存焉者寡矣。"予谓养心不止于寡而存尔，盖寡焉以至于无，无则诚立明通，诚立则实本安固，明通则实用流行。立如三十而立之立，明则不惑，知命而乡乎耳顺矣。诚立，贤也。明通，圣也。是圣贤非性生，必养心而至之。养心之善有大焉如此，存乎其人而已。荀子曰："养心莫善于诚。"先生曰："荀子元不识诚。明道先生曰：'既诚矣，又安用养耶？'"②

薛 瑄

薛瑄（1389—1464），字德温，号敬轩。明河津人，世称"薛河东"。著有《读书录》等。

1. 兰陵怀古

早发郯子国，午至兰陵邑。兰陵久已荒，禾黍带荆棘。惟有古寺存，迳入林影密。老僧知我来，出门远候立。下马问往事，为我指遗迹。苍茫古城东，墓有荀卿石。我欲往寻之，还为野水隔。忆昔周室卑，蛮荆凌上国。兹邑乃其疆，人物殊烜赫。寂寞千载余，浮云空古色。如何当日贤，重有逃谗责。只今文字存，尚为人指摘。鞭马舍之去，极目远天碧。③

---

① 北宋名士张宗范的亭园。周敦颐于合州任职时与之有交游，曾亲自题名"养心亭"，并写下《养心亭记》。
② （明）曹端：《曹端集》，《通书述解》（卷二），王秉伦点校，中华书局2003年版，第115—116页。
③ （明）薛瑄：《敬轩文集》（卷二），《钦定四库全书》，集部六，别集类五。

2. 荀、扬论性不及韩

自孔孟后，皆不识性。荀子谓性恶，扬子谓善恶混，先儒固已辨其非矣。唐韩子《原性》以仁、义、礼、知、信论性，以喜、怒、哀、惧、爱、恶、欲论情，独于性情为有见。三品之说，盖孔子"唯上智与下愚不移"之意，兼气质而言也。是虽不明推出"气"字而意在其中矣。窃谓自孟子后论性，惟韩子为精粹，又岂荀、扬偏驳者可得同年而语哉。①

3. 程子曰：克己最难。诚哉！斯言也。

易摇而难定，易昏而难明者，人心也。惟主敬则定而明。荀子性恶之论，先儒固已辨其非。然"粹而王，驳而霸"之语则甚当。其他犹知尊二帝、三王之法，屡举以为言，以圣学律之，固极偏驳。在战国时，言之视纵横之徒为近醇，韩子所以取之者，以是欤。

荀子为人，意必刚愎、咈戾。观其书，其气象可见，果为时用，未必不贻害于生人。

知莫先于知人。荀子不取孟子、子思，则是以二子为非贤也。使其见用于时，有若孟子、子思尚不为所取，则其所取者又何等人邪？既无知人之明而欲成治功也，难矣。②

4. 性

宋道学诸君子有功于天下万世，不可胜言。如"性"之一字，自孟子以后，荀、扬以来，或以为恶，或以为善恶混，议论纷然不决，天下学者莫知所从。至于程子"性即理也"之言出，然后知性本善而无恶；张子"气质之论"明，然后知性有不善者乃气质之性，非本然之性也。由是"性"之一字大明于世，而无复异议者，其功大矣。③

5. 体要

圣贤之书其中必有体要，如"明德"为《大学》之体要，"诚"为《中

---

① （明）薛瑄：《读书录》（卷一），《钦定四库全书》，子部一，儒家类。
② （明）薛瑄：《读书录》（卷二）。
③ （明）薛瑄：《读书录》（卷三）。

庸》之体要,"仁"为《论语》之体要,"性善"为《孟子》之体要,以至《五经》各有体要。体要者,何一理而足以该万殊也?荀、扬诸子之书,词亦奇矣,论亦博矣,其中果有体要,如圣贤之书乎?不然,则偏驳支离而已矣。①

6. 理与欲

为学只要分"理""欲"二字。

程子言"恶亦不可不谓性也",此指理在气中。荀子言"性恶"则专主气言,故有不同。②

7. 邦道与言行

荀卿之托身黄歇,扬雄之失节莽贼。

子曰:邦有道,危言危行;邦无道,危行言孙。其知几乎。③

8. 道之本原

天下之理,再无加于性分之外者。孟子言"性善",于道之大本、大原见之至明矣。故其一言一理皆自此出。荀、扬诸子不明道之本原,虽多言愈支矣。④

9. 性恶

荀子以人性为恶,则是诬天下万世之人皆为恶也。其昧于理如是之甚。⑤

10. 知言　知人

朱子谓程子说荀、扬等语是就分金秤上说下来,盖所谓知言、知人也。⑥

---

① (明)薛瑄:《读书录》(卷五)。
② (明)薛瑄:《读书录》(卷九)。
③ (明)薛瑄:《读书续录》(卷一)。
④ (明)薛瑄:《读书续录》(卷五)。
⑤ (明)薛瑄:《读书续录》(卷六)。
⑥ (明)薛瑄:《读书续录》(卷十)。

11. 论性须理气兼备

程子曰：荀子只一句"性恶"，大本已失。扬子亦不识性，更说甚道。盖性者，大本也。言性恶，则大本已失。道者，率性之谓；不识性，更说甚道。

……"论性不论气不备"有二说。专论性不论气，则性无安泊处，此不备也。专论性不论气，则虽知性之本善，而不知气质有清浊之殊，此不备也。"论气不论性不明"亦有二说。如告子以知觉运动之气为性，而不知性之为理，此不明也。如论气质有清浊之悬殊，而不知性之本善，此不明也。"二之则不是。"盖理气虽不相杂，亦不相离。天下无无气之理，亦无无理之气。气外无性，性外无气，是不可二之也。若分而二，是有无气之性，无性之气矣。故曰"二之则不是"。

"论性不论气不备"言孟子于极本穷原之性已明，但未备耳。"论气不论性不明"则是告子全不识性也。①

邱 濬

丘濬（1421—1495），字仲深，明琼山人。著有《大学衍义补》。

1. 崇推荐之道

臣按：天生贤才以为君用，人能引而进之，其为祥也，大矣。……

荀卿曰：下臣事君以货，中臣事君以身，上臣事君以人。② 臣按：或人问报国孰为大？曰：荐贤为大。盖竭一身之智力其效少；竭众人之智力其效多。由是以观，则人臣之所以事其君者，其高下可知矣。③

2. 礼仪之节 （下）

此章言义理、事物其轻重固有大分，然于其中又各有轻重之别。圣贤于

---

① （明）薛瑄：《读书续录》（卷十二）。
② 《荀子·大略》。
③ （明）邱濬：《大学衍义补》（卷十一），《钦定四库全书》，子部一，儒家类。

此错综斟酌，毫发不差，固不肯枉尺而直寻，亦未尝胶柱而调瑟，所以断之一，视于理之当然而已矣。臣按：此章先儒有言：饮食男女人之大欲，存焉。礼则天理，所以防闲人欲者也。礼本重，食色本轻，固自有大分也，然亦不可拘。拘于礼文之微者，又当随时、随事而酌其中焉。

荀子曰：人生而有欲，欲而不得，则不能无求。求而无度量分界，则不能不争。争则乱，乱则穷。先王恶其乱也，故制礼义以分之，以养人之欲，给人之求，使欲必不穷于物，物必不屈于欲，两者相待而长也。

礼者，人道之极也。

凡礼，事生，饰欢也；送死，饰哀也；师旅，饰威也。是百王之所同，古今之所一也。①

真德秀曰：荀子书有《礼论》，其论礼之本末甚备。至其论性，则以礼为圣人之伪，岂不缪哉？

臣按：荀况《礼论》其最纯者止此数言，其余固若亦有可取者。但其意既以礼为伪，则庄周谓所言之訾而亦不免于非，荀卿之论礼是也。臣恐后世人主或有取于其言，而小人之无忌惮者或因之以进说，故于论礼之末剟其可取者以献，使知其所谓伪者乃人之伪，非礼之伪也。礼者，敬而已矣。敬岂可以伪为哉？②

3. 祭祀之礼

臣按：祭祀之礼在上者可以兼下，在下者不可以僭上。荀卿曰"郊止乎天子，社止乎诸侯，道及乎大夫"③，是也。盖天子继天以出治，凡其治之所及，其人民、土地，皆为所有。是凡在天成象，若日月星辰之类；在地成形，若山川丘陵之类；人生其间，若先代圣君、贤相、名臣、烈士之类，其精神气魄皆与之相为流通、贯彻，虽其物之殊形，其人之已往，然吾一念之诚既立于此，则彼虽高高于九霄之上，累累于万里之远，寥寥于千百世之久，莫不翕聚于肸蠁之间，感乎之际。洋洋乎！如在其上，如在其左右也。……惟礼所得为者为之，斯为中道矣。④

---

① 《荀子·礼论》。
② （明）邱濬：《大学衍义补》（卷四十）。
③ 《荀子·礼论》。
④ （明）邱濬：《大学衍义补》（卷五十四）。

4. 从祀

神宗元丰七年，以孟子同颜子配食宣圣，荀况、扬雄、韩愈并从祀。

臣按：此孟子配享孔子之始自唐，以左丘明等二十二人从祀之后。至是始，以荀况三人者增入从祀。①

5. 因何从祀

正统中，以宋胡安国、蔡沈、真德秀，元吴澂②从祀。

臣按：有国家者以先儒从祀孔子庙庭，非但以崇德，盖以报功也。夫太上固以立德为贵，然德之在人者不可以一概论。使其仁如尧，孝如舜，文王以文治，武王以武功，固无得而可议矣。然尧、舜、文、武之祀，止于朝廷一庙，及其陵寝而已，不天下遍祀也。况于儒者之道，佩仁服义，尊德乐道，固其性命之所固有，职分之所当为，苟有德者即祀之，则亦不胜其祀矣。是以在宋言者，屡以欧阳修、苏轼、孙复、胡瑗为请，而近日亦往往有以杨时、罗从彦、李侗为言。事下儒臣议，议者皆不之从，以其无功于经也。其已列从祀者，若荀况、戴圣、马融、王弼、杜预之辈，屡有建请革去其祀者，至今犹列在祀典，岂不以弼等虽于德行有亏，然弼有功于《易》，预有功于《春秋》，圣有功于《礼》，有其举之，莫敢废也。臣考礼止释奠于先圣、先师，而无从祀之说。从祀之说始于唐太宗，时以左丘明等二十二人配食先师也。自是之后，益以荀况、扬雄、韩愈。宋南渡后，始加以周、程、张、朱、邵、马及张栻、吕祖谦，元人又加以董仲舒、许衡，皇朝又加以此四人者。盖安国传《春秋》，沈注《书》，德秀著《大学衍义》，澂著《诸经纂言》，是皆有功于圣门者也。已祀而黜者，惟扬雄一人。若孔孟以后之儒有功于圣经者，无不祀矣。惟杨时者从学于二程，载道而南，使无时焉，则无朱熹矣。何也？在宋金分裂之时，程学行于南，苏学行于北，虽伊洛之间不复知有程氏之学，则时载二程之道而南，使尧、舜、禹、汤、文、武、周公、孔子之道大明于斯世者，其功不可泯也。乃不得如言性恶之荀况，宗旨庄老之王弼，附会谶纬之贾逵并祀于孔子庙庭，以从于二程之后，朱吕之前，岂非阙典欤？……

---

① （明）邱濬：《大学衍义补》（卷六十六）。
② 即吴澄。

荀卿子曰：仲尼，圣人之不得势者也。然使其得势，则为尧舜矣。① 不幸无时而殁，特以学者之故，享弟子春秋之礼。而后之人不推所谓释奠者，徒见官为立祠，而州县莫不祭之，则以为夫子之尊由此为盛，甚者乃谓生虽不位而没有所享，以为夫子荣，谓有德之报，虽尧舜莫若，何其缪论者欤。②

6. 学

荀子曰：学恶音乌乎始？恶乎终？曰：其数则始乎诵经，终乎读礼。其义则始乎为士，终乎为圣人。真积力久则入，学至乎没而后上也。君子之学也，入乎耳，著乎心，布乎四体，形乎动静。小人之学也，入乎耳，出乎口，口耳之间，财四寸耳。③

臣按：程颐谓学未至而其言至者，循其言亦可以入道。荀子曰：真积力久乃入。荀卿元不知此。臣窃谓此所谓贤人而言圣人之道也。④

7. 六经

荀子曰：《书》者，政事之纪也。《诗》者，中声之所止也。礼者，法之大分，类之纲纪也。故学至乎礼而止矣，夫是之谓道德之极。礼之敬文也，乐之中和也，《诗》《书》之博也，《春秋》之微也，在天地之间者毕矣。又曰：礼乐法而不说，《诗》《书》故而不切，《春秋》约而不速。⑤

杨倞曰：此说六经之意，《书》所以纪政事，《诗》谓乐章，所以节音，主乎中而止，不使流淫。礼所以为典法之大分，统类之纲纪。类谓礼法所触类而长者。

真德秀曰：法而不说，谓陈列其法，使人自悟而无待于论说。故而不切，谓但述已然之得失，使人知以为监而不待于迫切。

庄子曰：《诗》以道志，《书》以道事，乐以道和，《易》以道阴阳，《春秋》以道名分。

朱熹曰：庄子此语后来人如何可及？

---

① 《荀子·非十二子》。
② （明）邱濬：《大学衍义补》（卷六十六）。
③ 《荀子·劝学》，"财"应为"则"。
④ （明）邱濬：《大学衍义补》（卷七十二）。
⑤ 《荀子·劝学》。

臣按：荀况，学圣人之道未至者，其言五经似矣。庄周则非圣人之道而自为一家言者，而亦尊崇圣人之经如此，且其言简而理尽，后之总论经者皆莫及焉。然言六经而不及礼，则彼学老聃者，则固以礼为忠信之薄，而放荡于礼法之外者乎？荀之言则重乎礼，庄之言则遗乎礼，可见儒学所以异于老庄者，其辨在乎礼而已矣。①

8. 讲明经旨

夫自有宋九儒讲明经旨，一洗汉唐之陋，六经之文如日中天，六经之道如水行地，三尺童子皆知性之本善，而有荀况、扬雄之所不及者。然揆其所至，出口入耳者，不过传习之言，而因心考义者虽若有差，终有的然之见，此古之圣贤，其教人皆引而不发，举一隅不以三隅反则不复者，有由然也。②

9. 配享孔子

神宗元丰七年，以孟子同颜子配食宣圣，荀况、扬雄、韩愈从祀。
臣按：此后世以孟子配享孔子之始。③

10. 从祀孔庙

度宗咸淳三年，始以颜回、曾参、孔伋、孟轲并配孔子。元文宗加颜回为兖国复圣公、曾参郕国宗圣公、孔伋沂国述圣公、孟轲邹国亚圣公。是岁始以董仲舒从祀。臣按：自礼经有释奠于先圣先师之说。唐贞观中，始以左丘明等二十二人有功于圣经，以为先师，从祀先圣庙庭。至宋神宗，进荀况、扬雄、韩愈于从祀。此三人者，其功又不专于一经。……夫自唐人列祀诸儒，如荀况之性恶、扬雄之诎身、王弼之虚无、贾逵之谶纬、戴圣之贪残、马融之荒鄙、杜预之短丧，多得罪圣门者。其间纯正如董仲舒者，顾不得侑食。……夫从祀于孔子之庙堂者，必其人于孔子之道有所合，而无所愧然后可以与焉。不轻与之，所以重其事。重其事，所以重其道也。（以上言褒祀先儒。）④

---

① （明）邱濬：《大学衍义补》（卷七十六）。
② （明）邱濬：《大学衍义补》（卷七十八）。
③ （明）邱濬：《大学衍义补》（卷八十）。
④ （明）邱濬：《大学衍义补》（卷八十）。

11. 六经之道

自孔子在时，方修明圣经以绌缪异，而老子著书论道德接乎周衰。战国游谈放荡之士田骈、慎到、列、庄之徒各极其辩，而孟轲、荀卿始专修孔氏以折异端，然诸子之论各成一家，自前世皆存而不绝也。夫王迹熄而《诗》亡，《离骚》作而文辞之士兴，历代盛衰文章与时高下，然其变能百出不可穷极，何其多也。呜呼！六经之道，简严易直而天人备，故其愈久而益明。其余作者，众矣。①

12. 刑

荀子曰：世俗之为说，以为治古者无肉刑，有象刑、墨黥之属，菲履赭衣而不纯（菲，草履也，纯缘也。衣不加缘，以耻之也。），是不然矣。以为治古则人莫触罪耶？岂独无肉刑哉？亦不待象刑矣。为人或触罪戾而直轻其刑，是杀人者不死，而伤人者不刑也。罪至重而刑至轻，民无所畏，乱莫大焉。凡制刑之本，将以禁暴恶恶，且惩其末也。杀人者不及，伤人者不刑，是惠暴而宽恶也。故象刑非生于治古，并起于乱今也。夫征暴诛悖治之威也，杀人者死，伤人者刑，百王之所同也。未有知其所由来者也，故治其刑重，乱则刑轻，犯治之罪固重，犯乱之罪固轻也。《书》曰："刑罚世重"，此之谓也。②

……臣按：《虞书》云象以典刑，即继以流宥五刑，及鞭作官刑，扑作教刑，若如画衣冠之说。象以典刑，为之象设可也。若夫流与鞭、扑，若何而为之制耶？意者，当时有犯者，其人在可议、可矜之辟，偶为此制耳。不然古无此制，而好事者见后世之刑惨刻，矫其枉而为此言欤。③

13. 论兵

荀子曰：观国之强弱贫富有征验。上不隆礼则兵弱，下不爱民则兵弱，已诺不信则兵弱，庆赏不渐则兵弱，将率（与帅同）不能则兵弱。④

臣按：国之强弱在乎兵。就荀子之言而反观之，是故上隆礼则兵强矣，

---

① （明）邱濬：《大学衍义补》（卷九十四）。
② 《荀子·正论》。
③ （明）邱濬：《大学衍义补》（卷一百一）。
④ 《荀子·富国》。

下爱民则兵强矣，已诺而能信则兵强矣，庆赏以其渐则兵强矣，将率能其任则兵强矣。观人之国者，不必观乎其卒伍。观是五者，有能、有不能者，则其强弱可知也已。

临武君（盖楚将，不知其姓名）与孙卿议兵于赵成王前。王曰：请问兵要。对曰：上得天时，下得地利，观敌之变动，后之发，先之至，此用兵之要术也。孙卿曰：不然。臣所闻古之道，凡用兵攻战之本在乎一民。弓矢不调，则羿不能以中征；六马不和，则造父不能以致远；士民不亲附，则汤武不能以必胜也。故善附民者，是乃善用兵也，故兵要在乎附民而已。临武君曰：不然。兵之所贵者，势力也；所行者，变诈也。善用兵者感忽（恍忽也）悠暗（远视），莫之所从出。孙吴用之无敌于天下，岂必待附民哉？孙卿曰：不然。臣之所道，仁人之兵，王者之志也。君之所贵，权谋势力也；所行攻夺变诈者，诸侯之事也。仁人之兵，不可诈也；彼可诈者，怠慢者也，路（暴露）亶（读为袒。露袒谓上下不相覆。）者也，君臣之间滑（乱也），然有离德也，故以桀诈桀，犹巧拙有幸焉。以桀诈尧，譬之以卵投石，以指挠（搅也）沸（汤也），若赴水火，入焉焦没耳。故仁人上下，百将一心，三军同力。臣之于君也，下之于上也，若子之事父，弟之事兄，若手臂之捍头目而覆胸腹也。诈而袭之，于先惊而后击之，一也。①

臣按：荀卿此言反本之论也。所谓兵要在附民。民不亲附，则汤、武不能以必胜。若权谋势力以行诈，施之于其敌，犹有工拙，若遇仁义之主，民亲附而将用命，何所用哉？

陈嚣问孙卿子，曰：先王议兵，常以仁义为本。仁者爱人，义者循理，然则又何以兵为？凡所为有兵者，为争夺也。孙卿曰：仁者，爱人；爱人故恶人之害之也。义者，循理；循理故恶人之乱之也。彼兵者所以禁暴除害也，非争夺也。故仁人之兵，所存者神，所过者化，若时雨之降，莫不说喜。②

臣按：荀卿此言可见帝王之兵非禁暴除害，不敢轻举，所以为仁义之师。故其所存者神，妙而不测；所过者化，融而无迹。此其所以为王道，而上下与天地同流，固非伯功小小补塞间隙之可比。又岂非因小忿争小利者，所可

---

① 《荀子·议兵》。
② 《荀子·议兵》。

同年语哉！①

14. 器械之利（下）

荀子曰：魏氏武卒，衣三属之甲，操十二石之弩，负矢五十个，置戈其上，轴（与胄同）带剑，赢（负担）三日之粮。②

如淳曰：上身一，髀裈一，胫缴一，凡三属。

臣按：魏之武卒，操弩负矢而置戈其上，是盖长短之兵兼用也。③

15. 为将

《荀子》。孝成王（赵君）、临武君（楚将）请问为将。孙卿（即荀子）曰：知莫大乎弃疑（不用疑谋），行莫大乎无过，事莫大乎无悔。至无悔而止矣，不可必也。故制号政令，欲严以威（此一术）；庆赏刑罚，欲必以信（二术）；处舍收藏，欲周以固（三术）；徙举进退，欲安以重，欲疾以速（四术）；窥敌观变，欲潜以深，欲伍以参（伍参，犹错杂也。五术）；遇敌决战必道（言也，又行也。）吾所明，无道吾所疑（六术），夫是之谓六术。无欲将而恶废（此一权），无急胜而忘败（二权），无威内而轻外（三权），无见其利而不顾其害（四权），凡虑事欲熟而用财欲泰（谓不吝赏，五权），夫是之谓五权。所以不受命于主有三：可杀而不可使处不完（一至），可杀而不可使击不胜（二至），可杀而不可使欺百姓（三至），夫是之谓三至。凡受命于主而行三军，三军既定，百官得序，群物皆正，则主不能喜，敌不能怒，夫是之谓至臣（谓为臣之至当也）。虑必先事而申之以敬，慎终如始，终始如一，夫是之谓大吉（言无覆败之祸）。凡百事之成也，必在敬之；其败也，必在慢之。故敬胜怠则吉，怠胜敬则灭。计胜欲则从，欲胜计则凶。战如守，行如战，有功如幸。敬谋无圹（与旷同），敬事无圹，敬吏无圹，敬众无圹，敬敌无圹，夫是之谓五无圹（无圹言无须臾不敬也）。慎行此六术、五权、三至，而处之以恭敬无圹，夫是之谓天下之将则通于神明矣。④

臣按：荀卿论为将之道，至矣，尽矣。所谓可杀而不可欺百姓，敬谋、敬事、敬吏、敬众、敬敌而总以一言曰：凡百事之成也，必在敬之；其败也，

---

① （明）邱濬：《大学衍义补》（卷一百十六）
② 《荀子·议兵》。
③ （明）邱濬：《大学衍义补》（卷一百二十二）。
④ 《荀子·议兵》。

必在慢之。卿之此言，盖有得于洙泗之余论，而与孙吴所著之书专以权谋诈力者不可同年语矣。至若所谓战如守，行如战，有功如幸，斯三如者，为将行兵而能恒以此一，敬存于心，念念在兹，事事在兹。而又以是三如者，凡战、凡行、凡有功皆如斯言，则永远无覆败之患，而可以方行于天下矣。

以上论将帅之任（上之上）①

16. 不可必也

荀子曰：知莫大乎弃疑，行莫大乎无过，事莫大乎无悔。至无悔而止矣，不可必也。②（不必其成功）③

17. 问韩

然汉魏以来，诸儒之论未闻有及之者。至唐，韩子乃能援以为说，而见于《原道》之篇则庶几其有闻矣。然其言极于正心、诚意，而无曰致知、格物云者，则是不探其端而骤语其次，亦未免于"择焉不精，语焉不详"之病矣，何乃以是而议荀杨哉。④

18. 会试策问

问性至难言也。昔之大儒，如荀卿氏、董仲舒氏、扬雄氏、韩愈氏、欧阳氏、司马氏、苏氏兄弟、胡氏父子皆不识性。今世三尺童子，稍通大义者皆知性之为善，则昔之大儒反今之童子不若矣。抑不知其所谓性善者，果真知欤，无乃亦剿人之说而附和之也？请折衷诸儒之所以得失与吾性之所以本善者以对。⑤

19. 东莞县儒学记

岭南人才最盛之处，前代首称曲江，在今世则无逾东莞者。……荀子有言：上臣报国以人，盖谓荐贤也。然荐贤止于一人，孰若养贤得人之为多？

---

① （明）邱濬：《大学衍义补》（卷一百二十八）。
② 《荀子·议兵》。
③ （明）邱濬：《大学衍义补》（卷一百四十一）。
④ （明）邱濬：《大学衍义补》（卷一百五十九）。
⑤ （明）邱濬：《重编琼台稿》（卷八），《钦定四库全书》，集部六，别集类五。

养贤止于一时，又孰若广养贤之地，以储蓄造就之，使人才有无穷之用之为多哉？学校者，养贤之地也。①

20. 琼山县学记

三尺童子，人人知性之本善，而有荀、董、扬、韩之所不及知者，岂今世童子固胜于前世巨儒乎？②

陈献章

陈献章（1428—1500），字公甫，号石斋，别号白沙子、石翁、江门渔夫等。有《白沙子集》传世。

送白沙陈先生叙

白沙先生处南海者，廿余年矣。观天人之微，究圣贤之蕴，充道以富，尊德以贵。天下之物，可爱可求，漠然无动其中者。孟子曰："饱乎仁义，不愿人之膏粱。令闻广誉，不愿人之文绣。"周子曰："见其大则心泰，心泰则无不足，无不足则富贵贫贱处之一。"其斯之谓与！夫天生物也，人为贵；其与人也，心为大。以仁居之，以礼位之，以义道之，以知出之，以信成之；以配天地，以明日月，以行鬼神，以流河海，以奠山岳，以绥万邦，以蕃草木、育鸟兽；大行为伊吕，穷居为孔孟，不其大与？孔子曰："富与贵是人之所欲也，贫与贱是人之所恶也。"先生不欲富贵而乐贫贱，独何心哉？见其大而已矣。尧舜禹天下大圣也，为天子，天下大贵也；有四海，天下大富也。孟子曰："人皆可以为尧舜。"荀子曰："途之人可以为禹。"为尧舜，为禹岂其为富贵哉？为其大而已矣。走而为大者麟，飞而为大者凤，介而为大者龟，鳞而为大者龙，人而为大者圣贤。飞走鳞介有为大者，以人而不为焉，不亦禽兽之耻乎？赵孟之所贵，彼能大之，亦能小之也。自我而大者，彼恶得而

---

① （明）邱濬：《重编琼台稿》（卷十六）。
② （明）邱濬：《重编琼台稿》（卷十六）。

小哉？大自人者，小人大之；一时大之，君子不大也。小人大之，君子大之，天下大之，后世大之，大自我也，然后可以为大也。先立乎其大者，然后小者不能夺也，然后亦可以为大也。可大者，独先生哉！①

周　瑛

周瑛（1430—1518），字梁石，自号蒙中子，又号翠渠，明莆田人。著有《翠渠摘稿》。

1. 扬子云书院记

蜀读书称扬子云氏。……惜其择义不精，失身所事，纲目以为贬，君子虽重加爱护而终不能掩其失也。予每见韩昌黎氏以孟轲、杨雄、荀卿并称，间又曰：孟氏醇乎醇，荀与杨大醇而小疵。则杨氏之学当在孟氏下，与荀氏并驾。至于司马相如辈，则非所论也。②

2. 后感兴六首

战国荀卿子，原自不识性。为国张四维，其言较纯正。四维性中物，世人或未知。反躬自点检，不觉生忸怩。③

3. 鬼说

有鬼乎？曰：无鬼也。色如削瓜（皋陶），肤如植鳍（傅说），身如断灾（周公），首如蒙倛（孔子）（以上俱见《荀子》），此其人死，且数十年鬼貌怪形，人无见者。无鬼乎？曰：有鬼也。……然则鬼有无，何居？曰：人之生也，洎乎其气耳。气聚而生，气散而死，散而未尽而祟兴焉。盖气尽而死者，魂归于天矣，魄归于地矣。祟何从兴？故皋陶、傅说、周公、孔子死不

---

① （明）陈献章：《陈献章集》（附录四），孙通海点校，中华书局1987年版，第923页。该附录为罗伦所撰，收录于（明）罗伦《一峰文集》（卷二），《钦定四库全书》，集部六，别集类五。
② （明）周瑛：《翠渠摘稿》（卷三），《钦定四库全书》，集部六，别集类五。
③ （明）周瑛：《翠渠摘稿》（卷六）。

为怪者，气尽也。气未尽，而死者魂升而沉，魄降而滞。……无鬼者，其常也；有鬼者，其暂也。虽曰暂有，终化而无，君子谓之无鬼可也。①

胡居仁

胡居仁（1434—1484），字叔心，号敬斋，明余干县梅港人。著有《居业录》等。

1. 论性

理无不善，所以发而为阴阳、五行，以生人、物者，气也。其交感错综益参差不齐，而清、浊、偏、正于是焉分，而贤、愚、善、恶出矣。虽有贤、愚、善、恶之分，然本然之善未尝不存乎其中。但贤者因其气之清而能明其理有其善，愚者因其气之浊以蔽其理而失其善流于恶矣。故孟子言性善是就所生所禀之理而言，孔子言"性相近"指气禀而言，韩退之言"性有三品"是专就气禀而言。程子言善固性也，恶亦不可不谓之性，是兼理与气禀而言。如清者为水，而浊者亦为水。盖水之源本清，流出去便有清、有浊。理之源本善，禀于人便有善、有恶。故论性至周、程、张、朱始备。若荀子言性恶，扬子性善恶混，失之远矣。

荀子只"性恶"一句，诸事坏了，是源头已错，末流无一是处。故其以礼义教化为圣人，所造作伪为以矫人之性而化人之恶，殊不知天高地下、万物散殊而礼制行矣。此皆吾性中所具之礼，圣人因而品节制作之。礼义教化既成，又足以正其情，养其性，节其欲，成其德，此足见礼乐教化自吾性中出。圣人因而成之，则性善无疑矣。孟子言性善在本源上见得，是故百事皆是。荀子在本源上见错，故百事皆错。

荀子不知性之为理，只在情欲上看，故曰性恶。遂以礼义、教化、刑政皆圣人伪为，其罪大矣。盖礼义、教化、政刑皆天理之当然，人性之固有，圣人因而裁制之。惟伊川程子言"性即理"也，真实精切，发明孟子性善最

---

① （明）周瑛：《翠渠摘稿》（卷八）（续编）。

尽。朱子又曰：性者，人心所禀之天理，则又曲而详矣。①

2. 论韩

韩退之极聪明，志大才高。故程子言：自孟子后，能将许大见识寻求才见此人，如《原道》等篇，亦窥见圣人之用，论性亦过于荀、扬。惜乎未得圣贤用功之要，故用力虽勤，多在文字言语之间。②

3. 诸家论性

孟子言性善是指本原之理而言，程子兼清浊美恶二者皆是也。……孟子在本原上看，故以性为善。荀子在情欲上看，故以性为恶。韩子在气质上看，故以性有三品。杨子见道不明，故曰善恶混。程朱通兼本原、气禀而言，斯为明备。

性即理也，故孟子言性善是也。论性不论气不备，故程张兼气质而言。自程子之说出，荀、杨、韩之说不辨而自明，故朱子以程子为密。③

4. 知性、知天

知性、知天今人多惑于怪异，是未尝知性、知天。"夫乾道变化，各正性命"，此外俱是异端，他道不必穷也。存其心，养其性，所以事天。吾心之理即是天。故程子曰言：合天人，已剩着一"合"字。人之学本于良知、良能，然全要养。养则良知、良能日长，不养则日消。孟子在良知、良能上体验，故曰性善。荀子在情欲交动处看，故曰性恶。依孟子说，则礼乐教化皆吾性中事。依荀子说，是指气质物欲为真性，故以礼乐教化为伪为也。④

5. 诚

理无不实，心无不正，谓之诚。故荀子以养心莫善于诚。周、程讥其不识诚。诚如五谷已成，果实已熟，又焉用养？孟子言养心莫善于寡欲。无欲

---

① （明）胡居仁：《居业录》（卷一），《心性》第一。
② （明）胡居仁：《居业录》（卷三），《圣贤》第三。
③ （明）胡居仁：《居业录》（卷八），《经传》第八。
④ （明）胡居仁：《居业录》（卷八），《经传》第八。

即诚也。心与理为一也。①

6. 寄夏宪副正夫

古人著书不得已也。有是书则是理明，无是书则是理缺，如布帛菽粟，生民不可一日无。盖其道明德备，修己安人，治乱兴亡，洞然于心，见得前人言有未尽，故不得已而作。如子思《中庸》、孟子七篇、程子《易传》《春秋传》、朱子《集注》《集传》《纲目》《成书》《小学》，皆所当为，岂若王仲淹好名而作，荀、扬、老、庄据己偏见而妄作哉？②

张 吉

张吉（1451—1518），字克修，号翼斋，又曰默庵，又曰怡窝，晚乃称曰古城。江西余干人。成化辛丑进士，官至贵州左布政使。著有《古城集》传世。

论蔽

予举荀子《解蔽》，远为蔽，近为蔽，轻为蔽，重为蔽之类说好。先生曰："是好，只是他无主人。有主人时，近亦不蔽，远亦不蔽，轻重皆然。"③

蔡 清

蔡清（1453—1508），字介夫，别号虚斋，明晋江人。著有《四书蒙引》等。

---

① （明）胡居仁：《居业录》（卷八），《经传》第八。
② （明）胡居仁：《胡文敬集》（卷一），《钦定四库全书》，集部六，别集类五。
③ （明）张吉：《古城集》（卷二），陆学订疑（并序），《钦定四库全书》，集部六，别集类五。

1. 异端之说，日新月盛。（芟末一条）

承上文"孟子没而遂失其传"，是指孟子没后之异端也。许氏兼言杨墨，恐非。是杨、墨在孟子时已辟之矣，故韩子曰：古者杨、墨塞路，孟子辞而辟之，廓如也，盖不复昌炽于后矣。惟若荀、扬性恶、善恶混之说，庄生、列御寇虚诞之说，申不害、韩非刑名之说，鬼谷、孙吴权谋之说，秦汉间迂怪之士、神仙、黄白之说，凡一切惑世诬民非圣人之道而别为一端者皆是也。岂必皆杨、墨、佛、老而后始谓之异端哉？①

2. 伐燕之事

独孟子以伐燕为宣王时事，与《史记》《荀子》等书皆不合，而《通鉴》以伐燕之岁为宣王十九年，则是孟子先游梁而后至齐见宣王矣。然考异亦无他据，又未知孰是也。②

3. 荀、扬

"荀与扬也"，择云云而不详。（芟四条）

择以穷究言，语以议论言，故以择为先。

又曰：孟氏"醇乎醇者也"，谓其择之精语之详也。

荀与扬，大醇而小疵。

大醇以其皆知崇正道，黜邪说也。小疵即择焉而不精，语焉而不详也。③

4. 格

"格"字不是着力字，是我本身无所不正，致使其君化之，亦去其不正而从正焉。故曰："大人者，正己而物正者也。"朱子曰：此是精神意气，自有感格处。然亦须有个开导的道理，不但默默而已。孟子曰"我先攻其邪心"，此荀卿述孟子之言也，便可见孟、荀之优劣。孟子曰："惟大人为能格君心之非。""格"字与"攻"字正相反，虽均之为正道，而精粗之辨亦昭然矣。④

---

① （明）蔡清：《四书蒙引》（卷三），《中庸章句序》，《钦定四库全书》，经部八，四书类。
② （明）蔡清：《四书蒙引》（卷九），《孟子序》。
③ （明）蔡清：《四书蒙引》（卷九），《孟子序》。
④ （明）蔡清：《四书蒙引》（卷十二），《离娄章句上》。

5. 杞柳、桮棬

告子曰："性犹杞柳也。"（章斐九条，减一百三字，更定次序）告子意谓杞柳柯生之物耳，初非有桮棬在也，必由人以创造之，而后成桮棬。人性本自蚩蚩蠢蠢耳，初非有所谓仁义也，必由人以矫揉之，而后有仁义。性即仁义也。今曰性犹杞柳，义犹桮棬，则是认气为性。而性与仁义分矣，岂所以论性哉？义犹桮棬也，依新安陈说"义"字上脱一"仁"字。以人性为仁义，犹以杞柳为桮棬，病在为字上。子思曰"率性之谓道"，未闻以人性为仁义也。有是人，即有是性；仁义即性也。孩提之童无不知爱其亲，仁也；及其长也，无不知敬其兄，义也。岂待矫揉造作哉？性者，人生所禀之天理也。（注）明非人生所禀之气也。此即孟子、告子论性之所以不同者。……以人性为仁义，是以人性本无仁义也，故曰如荀子性恶之说也。①

6. 性即理

程子曰：性即理也。（注）理是正理，乃天地生物之心，而人得以生者也，亦所谓天地之帅，吾其性者也，有何不善？故曰：理则尧舜至于涂人一也。但才禀于气，气有清浊，禀其清者为贤，则能以其才而尽其性；禀其浊者为愚，则其才有未至而不能尽其性。若"学而知之"，是曰"有性焉"而不谓之命，则气无清浊皆可至于善，以气质之浊不能掩其本然之性也。汤、武身之是也。"性即理也"，此句所以为有功于性理者，缘前面自荀子、杨子至韩子、胡子，一向俱以气为性，而性之义不白于天下者千有余年。张子曰：形而后有气质之性者，盖继之者善也，是天命流行时未有形在也。既赋形后则有气质之性矣，谓性安顿在气质，随气质之清浊而为等级也。曰"气质之性"便是对"天地之性"。说"天地之性"，纯粹至善者也；"气质之性"，内自有天地之性在矣。毕竟性自是性，气质自是气质，不可与性混也。善反之，则天地之性存焉。（注）谓始初天地之性虽为气质所浊，但经克治则初性复还矣。故气质之性，君子有弗性者焉。（注）弗性谓弗谓之性也。人之才固有昏明、强弱之不同。（注）昏明以知言，强弱以行言。不可无省察矫揉之功。（注）首篇言矫揉谓性本恶，必矫揉乃可为善；此章言矫揉谓气质之性有未

---

① （明）蔡清：《四书蒙引》（卷十四），《告子章句上》。

善，必矫揉乃可复于善，其归不同也。①

邹　智

邹智（1466—1491），字汝愚，别号立斋，又号秋囧，明四川合州人。受业于陈献章，著有《立斋遗文》等。

送太史梁先生入朝序

天下之大不能以口润也，必先自润其身。润其身，岂一朝一夕之故哉？荀子曰："学莫便乎近其人。"② 近则日润而不自知也。③

夏尚朴

夏尚朴（1466—1538），字敦夫，号东岩，明信州永丰人。常与湛若水等人共同讲学，著有《东岩集》等。

答余子积书

人得天地之气以成形，气之精爽以为心。心之为物，虚灵洞彻，有理存焉，是之谓性。性字从心，从生，乃心之生理也。……孟子言人性本善，而所以不善者，由人心陷溺于物欲而。然缺却气质一边，故启荀、杨、韩子纷纷之论。至程、张、朱子方发明一个气质出来，此理无余蕴矣。盖言人性是理，本无不善，而所以有善、不善者，气质之偏耳，非专由陷溺而然也。其曰天地之性者，直就气禀中指出本然之理而言，孟子之言是也。气禀之性乃

---

① （明）蔡清：《四书蒙引》（卷十四），《告子章句上》。
② 《荀子·劝学》。
③ （明）邹智：《立斋遗文》（卷二），《钦定四库全书》，集部六，别集类五。

是合理与气而言，荀、杨、韩子之言是也。……然尝思之，天下无性外之物，而性无不在日用之间，种种发见莫非此性之用。今且莫问性是理、是气、是理与气兼，但就发处认得是理即行，不是理处即止，务求克去气质之偏、物欲之蔽。俟他日功深力到，豁然有见处，然后看是理耶，是气耶，是理与气兼耶，当不待辨而自明矣。①

湛若水

湛若水（1466—1560），字元明，号甘泉，明广东增城县人。创立了"甘泉学派"。有《甘泉集》传世。

1. 义利

臣若水《通》曰：子罕言利，则非不言也。《易》之言利者多矣。宋牼一言不利而罢兵。罢兵，仁义之术也，而孟子所以深辩之者，何哉？盖战国之时，利欲横流，其势滔天，况又开其源耶？春秋弑君三十六，大抵皆起于一念之利，而积之其祸又有甚于交兵者，是以圣贤不得不严其防，拔其本，塞其源也。噫！仁义根于人心，利欲生于物我，其几不可不审。学之不讲，义利不明，故荀卿犹谓义利人之两有。②牼亦游说之士也，心喻之，口必言之，何怪其然哉？故学者莫先辨乎义利之几，《中庸》莫见乎隐，莫显乎微，故君子慎其独也。③

2. 心

臣若水《通》曰：大，指天理而言。曾点、漆雕开已见大意，正谓此也。泰，舒也。化，即所过者化之化。理无富贵贫贱之殊，能化其富贵、贫贱之念，则与道一，而去圣不远矣，故曰亚圣。夫心广大高明，天理浑然，何尝

---

① （明）夏尚朴：《东岩集》（卷四），《钦定四库全书》，集部六，别集类五。
② 《荀子·大略》。
③ （明）湛若水：《格物通》（卷一），《钦定四库全书》，子部一，儒家类。

不泰？人人皆有，惟颜子之心不违仁，故能见之分明而外物不累，故能化而不滞。此所以能亚于圣也。学者知其大皆我固有，而随处体认天理焉，此入圣之门也。荀卿曰：养心莫善于诚。周敦颐曰：荀子元不识诚。程颢曰：既诚矣，心安用养邪？①

3. 知心

臣若水《通》曰：皆一心也。自其生理而言谓之性，自其实理而言谓之诚，自其主一而言谓之敬，自其极实无妄而言谓之至诚。孟子曰："诚者，天之道也；思诚者，人之道也。"学至于诚，极矣。诚心，又何假于养？敬者，所以至乎诚者也。荀卿惟不识诚也，故有养心用诚之说；不识性也，故有性恶之说。不识性与诚，是不识心也，非二物也。是故知性则知诚矣，知诚则知心矣，故君子之学莫先于知心。②

4. 论赏

臣若水《通》曰：荀子以赏不当功为不祥也。③ 夫赏必以功，无功而赏则侥倖之门开，而祈请之风行。在国，则空其府库之积；在民，则夺其衣食之源而乱亡之祸起矣。非所谓不祥乎？④

5. 夏齐侯卫胥命于蒲。

圣人以信易食，答子贡之问。君子以信易生，重桓王之失。信去则民不立矣，故荀卿言春秋善胥命。⑤

王守仁

王守仁（1472—1529），本名王云，字伯安，号阳明，明浙江余姚

---

① （明）湛若水：《格物通》（卷二十）。
② （明）湛若水：《格物通》（卷二十）。
③ 《荀子·正论》。
④ （明）湛若水：《格物通》（卷九十三）。
⑤ （明）湛若水：《春秋正传》（卷四），《钦定四库全书》，经部五，春秋类。

人。有《王文成公全书》传世。

1. 论诚

志道问:"荀子云:'养心莫善于诚。'先儒非之,何也?"先生曰:"此亦未可便以为非。'诚'字有以工夫说者。诚是心之本体。求复其本体,便是思诚的工夫。明道说'以诚敬存之',亦是此意。《大学》'欲正其心,先诚其意'。荀子之言固多病,然不可一例吹毛求疵。大凡看人言语,若先有个意见,便有过当处。'为富不仁'之言,孟子有取于阳虎。此便见圣贤大公之心。"①

2. 性无定体

问:"古人论性,各有异同。何者乃为定论?"先生曰:"性无定体,论亦无定体。有自本体上说者,有自发用上说者。有自源头上说者,有自流弊处说者。总而言之,只是这个性,但所见有浅深尔。若执定一边,便不是了。性之本体,原是无善无恶的。发用上也原是可以为善,可以为不善的。其流弊也原是一定善一定恶的。譬如眼,有喜时的眼,有怒时的眼。直视就是看的眼,微视就是觑的眼。总而言之,只是这个眼。若见得怒时眼,就说未尝有喜的眼;见得看时眼,就说未尝有觑的眼,皆是执定,就知是错。孟子说性,直从源头上说来,亦是说个大概如此。荀子性恶之说,是从流弊上来,也未可尽说他不是,只是见得未精耳。众人则失了心之本体。"问:"孟子从源头上说性,要人用功在源头上明彻。荀子从流弊说性,功夫只在末流上救正,便费力了。"先生曰:"然。"②

韩邦奇

韩邦奇(1479—1556),字汝节,号苑洛,明西安府朝邑县人。撰有

---

① 陈荣捷:《王阳明〈传习录〉详注集评》(第121条,门人薛侃录),台北:学生书局1998年版,第144页。

② 陈荣捷:《王阳明〈传习录〉详注集评》(第308条,门人黄省曾录),第353页。

《志乐》等。

1. 编钟

《陈氏乐书》曰:"先王作乐,以十有二律为之数度,以十有二声为之齐量,纪之以三,平之以六,归于十二,天之道也。然则以十有二辰正钟磬乐县之位,岂他故哉?凡以齐量数度考中声,顺天道而已。盖编钟十二同在一虡为一堵,钟磬各一堵,为四。《春秋》传歌钟二四,则四堵也。小胥之职,凡县钟,磬半为堵,全为肆。"

是钟磬皆在所编矣。磬师掌教,击磬击编钟,于钟言编,则磬可知。《明堂位》曰:"叔之离磬,编则杂,离则特。"谓之离磬,则特悬之磬,非编磬也。言磬如此,则钟可知也。荀卿言:"县一钟。"① 《大戴礼》言:"编县一。"言特县钟磬如此,则编钟、编磬亦可知。岂非金石以动之,常相待以为用乎?由是观之,钟磬编县各不过十二,古之制也。②

2. 革

其用则先歌。《周礼》所谓"登歌令奏",击拊是也。荀卿曰:"架一钟而尚拊",《大戴礼》曰:"架一磬而尚拊",则拊设于一钟一磬之东,其众器之父欤?荀卿曰:"鼓其乐之君邪?"③ 然鼓无当于五声,五声弗得不和,其众声之君欤?《乐记》曰:"会守拊鼓。"堂上之乐众矣,所待以作者在拊;堂下之乐众矣,所待以作者在鼓。盖堂上则门内之治,以拊为之父;堂下则门外之治,以鼓为之君。④

3. 木 柷敔

《陈氏乐书》曰:"周官,'小师掌教,播鼗柷敔,周颂有瞽。'"亦曰:"敔磬柷敔,盖堂下乐器。以竹为本,以木为末。"则管籥本也,柷敔末也。

---

① 《荀子·礼论》。
② (明) 韩邦奇:《韩邦奇集》,魏冬点校整理,西北大学出版社2015年版,第1032页。(明) 韩邦奇:《苑洛志乐》卷九,编钟,《钦定四库全书》,经部九,乐类。
③ 《荀子·乐论》。
④ (明) 韩邦奇:《韩邦奇集》,第1085页。(明) 韩邦奇:《苑洛志乐》卷十。

柷之为器，方二尺四寸，深一尺八寸，中有椎柄连撞之，令左右击也。阴始于二四，终于八十，阴数四八而以阳一主之，所以作乐则于众乐先之而已，非能成之也，有兄之道焉。此柷所以居宫县之东，象春物之成始也。敔之为器，状类伏虎，西方之阴物也。背有二十七龃龉，三九之数也。栎之长尺曰：籈，十之数也，阳成三变于九，而以阴十胜之，所以止乐则能以反为用，特不至于流而失己，亦有足禁过者焉。此敔所以居宫县之西，象秋物之成终也。《书》曰："戛击。"《礼》曰："楷击。"《乐记》曰："圣人作为柷敔。"荀卿曰："鼜柷拊椌楬似万物。"① 盖柷敔以椌楬为体，椌楬以戛、楷击为用也。《尔雅》曰："所以鼓敔谓之止，所以鼓柷谓之籈"，则柷以合乐而作之，必鼓之，欲其止者，戒之于蚤也。敔以节乐而止之，必鼓之，欲其籈者，洁之于后也。然乐之出虚，故其作乐虚。椌必用空，琴必用桐，拊必用糠，皆以虚为本也，及其止，则归于实焉。此敔所以为伏虎形欤？然乐之张陈戛击必于堂上，柷敔必于堂下，何耶？曰：柷敔，器也；戛击，所以作器也。器则卑而在下，作器者尊而在上，是作乐也在下，所以作之者在上。在上，命物者也；在下，受命者也。岂非贵贱之等然邪？今夫堂上之乐，象庙朝之治；堂下之乐，象万物之治。荀卿以"拊柷椌楬为似万物"，则是以堂上之拊亦似之，误矣。柷、敔、椌、楬，皆一物而异名。荀卿以柷敔离而二之，亦误矣。桓谭《新论》谓"椌楬不如流郑之乐"，真有意哉？宋朝太乐：柷为方色以图瑞物，东龙西虎，南凤北龟，而底为神螾。敔因唐制，用竹以二尺四寸，析为十二茎。乐将终，先击其首，次三戛龃龉而止。与柷四面画山卉用木栎龃龉者异矣。虽曰因时制宜，要之非有意义，孰若复古制之为愈哉？先儒以柷为立夏之音，又谓："乾主立冬，阴阳终始，故圣人承天以制柷。"敔一何疏邪？晋宋故事，四箱各有柷敔，同时戛作，亦非古人之制也，隋牛弘罢之，不亦宜乎。②

季 本

季本（1485—1563），字明德，号彭山，明会稽人。著有《诗说解

---

① 《荀子·乐论》。
② （明）韩邦奇：《韩邦奇集》，第1087—1088页。（明）韩邦奇：《苑洛志乐》卷十。

颐》等。

1. 传授《诗》

徐坚《初学记》：荀卿授鲁国毛享①诂训，传以授赵国毛苌。时人谓享为大毛公，苌为小毛公。②

2. 授《诗》传闻

鲁申公，汉文帝时人；辕固，景帝时人；韩生，名婴，文帝时人；皆为博士。或谓子夏四传至荀卿，传大毛公。此传闻之未有定者也。③

3. 束矢

束矢，古者一弓百矢，以赐诸侯者，言之彤弓一，则彤矢百也。惟荀卿《兵论》以负矢五十个为一弩，则或分百矢为二束也。然兵行常一发四矢，如孟子所谓发乘矢而后反也。盖原其未发时言，则通名为束矢耳。④

邹守益

邹守益（1491—1562），字谦之，号东廓，明江西安福县人。著有《东廓邹先生文集》。

1. 高吾司马陈公文集

荀氏之言曰：道义重则轻富贵，志意得则骄王公。⑤彼挟所有以自较于高，志犹未醇也。居仁由义，直养无害，浩然天地，不移不屈，大丈夫全生

---

① "享"应为"亨"。
② （明）季本：《诗说解颐》总论（卷二），《钦定四库全书》，经部三，诗类。
③ （明）季本：《诗说解颐》总论（卷二）。
④ （明）季本：《诗说解颐》字义（卷八）。
⑤ 《荀子·修身》。

全归，舍是将安准的哉？①

2. 圣学之正脉

维圣学之正脉，自唐虞至洙泗，可稽也。克明俊德，始于《尧典》；若有恒性，发于《商书》，而曾子、子思演之，以范来学。性善之旨，至荀、杨而淆。为训诂，为词章，为功利，为老佛，贸贸焉莫或正之。天启濂洛，克续其绪。论圣之可学，则以一者无欲为要；辨性之常定，则以大公顺应学天地圣人之常，宛然洙泗家法也。迹二先生之学，曰致良知，曰体认天理，超然独接濂洛，一洗夹杂支离而归之明物察伦之实，故好德所同，揭虔昭范，若有驱之而欣其成者。是诚何心哉？道南之派，衍于洛水，数传而考亭勃然以显。②

欧阳南野

欧阳德（1496—1554），字崇一，号南野，明泰和人。著有《欧阳南野集》。

答彭云根

愿静观默识，姑置古人种种议论，如生在未有文字以前，直从自心虚灵独知处涵养扩充，以得其炯然不可欺、勃然不可已者，则凡荀、程、欧子之言，其精纯者，皆发吾心所自有，而其疵驳者，亦足以知其受病之所自，以为内省之助，此固古人多识畜德之道。③

---

① 董平编校整理：《邹守益集》（卷三），凤凰出版传媒集团、凤凰出版社2007年版，第116页。
② 董平编校整理：《邹守益集》（卷六），第369页。
③ 陈永革编校整理：《欧阳德集》（卷三），《答彭云根》，凤凰出版传媒集团、凤凰出版社2007年版，第112页。

胡 直

胡直（1517—1585），字正甫，号庐山，明吉安泰和人。著有《衡庐精舍藏稿》。

1. 刻乔三石先生文集序

文章之作，何近代品议之异乎？盖近代作者暗于大道而专仿子长以称胜。其语人曰是规矩在焉，其实袭也。夫古之文，众矣。子长与庄、荀、孙、韩、老、左，凡六七家，咸未尝相袭等而上之。读《彖》《象》者，若未知有《典谟》；读《雅》《颂》者，若未知有训诂；读《语》《孟》者，若未知有《系辞》。何则？彼文者，道法之所出，不得而袭焉，故也譬之为居栋角肖也。①

2. 王氏内外篇序

夫学得其本而后治得其要，学不得其本而独堂皇其言，曰：吾学在是，吾治天下在是。是犹举乱丝不辨其绪，其祸斯人，必无救矣。往荀况氏好论修身治世，缅缅焉其言之也。然而其待试之，则以乱世。……何以故？荀氏迄不知性。②

3. 赵浚谷先生文序

自《易》象以风、水语文，而文之变备矣。……此非天下之至神，其孰与之？自邹孟氏以后，其文之尽变，有若此者。唯庄、荀、司马太史、韩、苏数子擅之，柳、欧以下亦颇得其七八。然予又观江河下，上有三峡龙门，其变不在风而在石。彼其石之巀嶫崛屼，与波舂撞，天下希奇也。而庄、荀、太史数子间极其变，亦或有似之，然不常有也。③

---

① （明）胡直：《衡庐精舍藏稿》（卷八），《钦定四库全书》，集部六，别集类五。
② （明）胡直：《衡庐精舍藏稿》（卷八）。
③ （明）胡直：《衡庐精舍藏稿》（卷九）。

4. 张氏续修旌忠录序

予尝怪荀子言性恶。及读其书，曰：物之动者有气而无知，禽兽有知而未有义，人生有气、有知而有义。① 夫人有气有知而有义，则性未始恶也。荀子之言不自左矣乎。今观履翁事，予益知人心之义之不可后也。孟氏云所欲有甚于生，岂不谅哉？②

5. 梦记

予以甲子孟冬某日之夜梦人署余考，曰：小醇大疵。梦中惕曰：余不及荀扬，尚何言哉？既觉，忆余少驰宕，壮虽学，常兴仆不一。每自考，曰：难乎有恒。既强，颇自饬，然未可以言仁。复自考曰：色取行违。今稍知所求而习心未瘳，谅哉，所谓小醇而大疵也。即使余醒而自验，亦何以易此？以是益自惕已。③

6. 辞胜者之弊作论文上篇

古今文不一体，学文者亦不能以一体局。圣人之文大都在道，其次在法，法所以维道也。……是故必有孔子，然后知所以尽变。孔子非好变也，其道法通也。繇是推之，苟有近于道法，则易之变为玄、为老、为南华、冲虚、参同，为后之论说，传注不一。体诗之变为成相、为离骚、为琴操、乐府，为后之赋、颂、五七言，古近不一体。……诸书不一体，《学》《庸》、孟氏变为荀、韩，以下诸子为汉唐宋之论议不一体。……然则孔子奚诋？诋在道法离焉而已。故道法离，虽郑、卫出于《春秋》，词非不工也，而圣人必删而绌之。道法合，虽《秦誓》出于戎狄，词非独工也，圣人反存之，列六经之中。……孔子未尝诋文之变体为也，今天下文盛矣。然语者惟祖秦汉而忘六经，推子长而薄孔、孟。韩、苏之文实，孔、孟出也，则尤今世之所深诋。……予将不暇忧文而忧斯世。予少虽喜文，后自审才诎，竟自舍置，然于古今作者微有辨。夫道法备于身，不得已而文之，不以一体局，此上也，

---

① 《荀子·王制》。
② （明）胡直：《衡庐精舍藏稿》（卷十）。
③ （明）胡直：《衡庐精舍藏稿》（卷十一）。

孟氏以上是也。是谓圣贤依仿道法而笼挫于百家，囊括于群体者，中也，庄、荀、屈子、子长、扬雄、韩苏以下诸子是也。……予尝作乔氏文序，箴之其略曰：古之文众矣。司马子长与庄、荀、孙、韩、老、左，凡六七家，咸未尝相袭，等而上之。①

7. 策问

问：学术为天下裂，廓而正之者存乎其人。盖自孟轲氏没，学者不一家，杨墨之下可略而言稽之。周秦之间有鹖熊子、老子，已而有南华、冲虚、文始三子，有子华、亢仓、邓析、鹖冠、尹文子五人，有慎子、鬼谷子、文子、商子、孙子、吴子、尉缭子、公孙子、韩非子、孔丛子，其最著者荀子。②

8. 策问

夫道之本，果安在哉？心者，斯道之日月也。性，其贞明之体也，率之为五伦，散之为万行，置之塞天地、横四海、贯古今，则贞明之寓于山川草木者也。是则有本即有末，夫恶得二？唯孔子既没，大义既乖，微言几绝，而天下之异议起。异议则二之为患也，虽孟氏独得其传，而当其时固已有杨、墨诸子并驾其说于天下。……而愚非其人也，请得而仿佛其大都。鹖熊著书二十篇，老聃著五千余文，……荀况著三十二篇，此则周秦间之著作者。……嗟乎！自周秦而下，何其多言哉！何其多言哉！不有周、程则漫然无旦，天下曷所趋？……于庄子则惜其未见孟子，于列子则疑其多同竺法，于荀子则讥其才甚高而不见道，于扬子则云杂黄老，于文中子则辨其附托而取其为近。其他评骘是非、鉴别真伪，若辨白黑而于篇终，则惟以周程为归宿，其旨瞭矣。③

9. 欧阳乾江先生行状

公乃属令从双溪曾公，日治经义，旁及外经史百家，有余力焉。一日曾公试李斯学帝王之术论，通篇罪荀卿不及斯，惟结语乃逮斯。曾公与公

---

① （明）胡直：《衡庐精舍藏稿》（卷十四）。
② （明）胡直：《衡庐精舍藏稿》（卷十七）。
③ （明）胡直：《衡庐精舍藏稿》（卷十七）。

皆奇。①

10. 言未下

荀氏曰：钩木必待檃括而后直，钝金必待砻砺而后利，人之性恶必待师法而后正。② 夫木之待檃括，金之待砻砺，人之待师法，皆其性之本具而后能也。假令木之性若金，金之性若木，人之性若金木，又恶能檃括而直，砻砺而利，师法而正也哉？人性之能为善也，明矣。荀氏见恶不见善，夫斯以言恶焉，健彼固不知健恶之贼于善也，而贼善益以翊恶也。……此四家者③健而雄者也，彼其隅耶，厄耶，裂耶，阕耶？彼弗皇省也。尝试辟之，天地无弗全矣，而见者自异。天有高虚，地有广漠，彼见而健言之，则老氏之家似也。天有冥晦，地有险塞，彼见而健言之，则荀氏之家似也。天之四时异运，地之五方殊风，彼各见而各健言之，则杨墨之家似之。④

11. 论良知

曰："今之言良知者有当乎？"曰：良知即觉也，即灵承于帝者也。良知而弗当，则畴焉当？虽然，昔之觊良知者致之，今之觊良知者玩之。彼玩焉者，譬诸子夜睹日于海云之间，辄跳跃呼曰：日尽是矣。然而未逮见昼日也，又况日中天乎？何者？玩其端，不求其全，重内而轻外，喜妙而遗则，概不知天权天度之所存、天星天寸之所出，骋于汪洋，宅于苟简，而恣所如往，出处取予之间不得其当，益令天下变色而疑性，则曰吾无它肠，鲜不滨于琴张、牧皮之徒，此犹其高等也。其下则多几于妨人而病物，荀氏所谓饮食贱儒，非若人哉！尝试较之，世儒惩二氏过焉者也，其流执物理而疑心性；今儒惩世儒过焉者也，其流执心性而藐物则。之二者盖不知心性非内也，物则非外也。子思不云性之德也，合内外之道也，故时措之宜也，是知当也，此尧舜相传中旨也。⑤

---

① （明）胡直：《衡庐精舍藏稿》（卷二十四）。
② 《荀子·性恶》。
③ 荀氏、杨朱、墨氏、老氏。
④ （明）胡直：《衡庐精舍藏稿》（卷二十八）。
⑤ （明）胡直：《衡庐精舍藏稿》（卷二十九）。

12. 论性

问曰理弗晰于世者,以性弗明故也。昔孟子独曰性善,而孔子曰"性相近",又有"上智下愚不移"之说,故荀氏言性恶,杨氏言善恶混,韩氏言性有三品。宋儒怔惑三子之言而又不能异孟子,辄又曰:有天地之性,有气质之性,意以为天地之性即孟子所言性善是也,为气质之性即韩氏所言上中下三品是也。又有言孔子所称"性相近者"谓中人,孟子所称善者谓"上智",荀氏所称恶者谓"下愚",是皆不能出韩氏之说也,其果然与?曰:孟子言性善,非好言也。……且夫气者,阴阳五行错杂不一者也,二五之气成质为形,而性宅焉。性者即维天之命,所以宰阴阳五行者也。在天为命,在人为性,而统于心。故言心即言性,犹言水即言泉也。泉无弗清,后虽汨于泥淖,澄之则清复矣。性无弗善,后虽汨于气质,存之则善复矣。由是观之,性自性,气质自气质,又乌有气质之性哉?①

13. 读荀

弟子问曰:荀卿曰人性伪,又曰性恶。始未尝不讶之。及读其书,曰:草木有气而无知,禽兽有气、有知而无义,人心有气、有知而有义。若是,则人性未始恶也。荀卿之言不自背矣乎?若世儒必谓人心无理,是何别于荀卿之性恶哉?虽然,荀卿犹知人心有义,而世儒不云然也。世儒亦愎矣哉。先生曰:然。曰:若是,则子所谓蝼蚁、虎狼之有君臣、父子,又何以哉?曰:禽兽有有知无义者,有有知有义而弗全者,人心得其全者也。故理莫备人心。理备者,性全者也,故曰天地之性人为贵。②

14. 意见曷生?

先生曰:今之学者有二病。卑者溺嗜欲,高者滞意见。其不得入道,均也。曰:意见曷生?曰:学不见本心,故或牵文义,或泥名迹,此意见所由生。自荀、杨以至今日,意见之害不鲜矣。③

---

① (明)胡直:《衡庐精舍藏稿》(卷三十)。
② (明)胡直:《衡庐精舍藏稿》(卷三十)。
③ (明)胡直:《衡庐精舍藏稿》(卷三十)。

15. 少保赵文肃公传

其问学渊源上探尧、孔之微而并包，逮于伯阳、子羽，爰达泥洹①，雅自命曰：经世、出世其亦希古之博。大人哉，将与天地精神往来，邈乎其初，荀、扬、诸子未足窥其奥也。海内士业文章者争高模拟。②

16. 罗鹏

（罗鹏）少学文于公弟昱。昱教读《五经》《左氏传》，通其大义。既长，又读《荀子》、《老》、《庄》、董、贾、韩、柳、欧阳、三苏皆精熟。③

章 潢

章潢（1527—1608），字本清，江西南昌人，明代易学家。著有《周易象义》《图书编》等。

1. 辨在乎礼

荀子曰：《书》者，政事之纪也。《诗》者，中声之所止也。礼者，法之大分，类之纲纪也，故学至乎礼而止矣。夫是之谓道德之极。礼之敬文也，乐之中和也，《诗》《书》之博也，《春秋》之微也，在天地间者毕矣。又曰：礼乐法而不说，《诗》《书》故而不切，《春秋》约而不速。④

庄子曰：《诗》以道志，《书》以道事，《乐》以道和，《易》以道阴阳，《春秋》以道名分。

荀之言重乎礼，庄之言遗乎礼，可见儒学所以异于老庄者，其辨在乎礼而已矣。⑤

---

① 即涅槃。
② （明）胡直：《衡庐续稿》（卷十一），《钦定四库全书》，集部六，别集类五。
③ （明）胡直：《衡庐续稿》（卷十一）。
④ 《荀子·劝学》。
⑤ （明）章潢：《图书编》（卷九），《钦定四库全书》，子部十一，类书类。

2. 观圣人之道

韩子曰：尧以是传之舜，舜以是传之禹，禹以是传之汤，汤以是传之文、武、周公，文、武、周公传之孔子，孔子传之孟轲。轲之死，不得其传焉。荀与扬也，择焉而不精，语焉而不详。又曰：孟氏醇乎醇者也，荀与扬大醇而小疵。……自孔子没，独孟轲氏之传得其宗，故求观圣人之道者必自孟子始。①

3. 论天

朱子曰：天只是一个大底物，须是大著心胸看他始得。以天运言之，一日固是转一匝，然又有大转底时候，不可如此偏滞求也。又曰：天之外无穷而其中央空处有限，天左旋而星拱极仰观可见。

西山真氏曰：按杨倞注荀子，有曰：天实无形，地之上空虚者皆天也。②

4. 释天

朱子曰：天运不息，昼夜辊转，故地榷在中间，使天有一息之停，则地须陷下。惟天运转之急，故凝结得许多渣滓在中间。地者，气之渣滓也。所以道轻清者为天，重浊者为地。天包乎地，天之气又行乎地之中，故横渠云：地对天不过。问：天地之所以高深？曰：天只是气，非独是高。只今人在地上，便只是如此高。要之连地下，亦是天。又云：世间无一个物事大，故地恁地大；地只是气之渣滓，故厚而深也。问：康节天地自相依附之说。某以为此说与周子《太极图》，程子动静无端、阴阳无始之义一致，非历家所能窥测。曰：康节之言大体固如是矣。然历家之说亦须考之，方见其细密处。如《礼记·月令疏》及《晋·天文志》皆不可不读也。

西山真氏曰：按杨倞注荀子，有曰：天无实形，地之上空虚者皆天也。

按天圆地方人皆知之。然天之圆者，气之运也，固流行于地之四周。地之方者，质之凝也，实在天范围之内。邵子谓天地自相依附。程子谓地者特中天一物。朱子谓地者气之渣滓俱为确论，惟岐伯大气举之一语则尤精也。

---

① （明）章潢：《图书编》（卷十五），《学孟子七篇叙》。
② （明）章潢：《图书编》（卷十六），《天道总叙》。

虽然乾统天，坤顺承天，欲穷天地者须穷天地之原。如文中子所谓圆者动，方者静，见天地之心其果然欤。①

5. 性善

古今论性者纷然不齐。孟子一言以蔽之曰性善。是性善一言果足以尽性之蕴乎？诸家之说果皆邪说淫词，不足与言性乎？盖性一也，有指其源而言之者，有指其流而言之者，有指其末流之远而言之者，又有不得已合源流而并言之者。谓非言性，则不可；谓其知性之本源而其言有功于世，终不若孟氏道性善之简而尽也。何也？维皇上帝，降衷下民，厥有恒性。此性学之所自来，未闻有善、不善之说。由上之人无异教，下之人无异学，而天下同归于善，则性学固无待于多言也。时至战国，处士横议，性学之晦也，甚矣。姑即诸家之说，观之有所谓性无善无不善者，非止言其源乎？有所谓可以为善可以为不善者，非止言其流乎？有所谓有性善有性不善者，非止言其末流之弊乎？有所谓为我至于无君，兼爱至于无父，执中至于无权，非各执其偏见，而举一废百者乎？其余杞柳、湍水，生之谓性，食色性也之说，均之为一偏而非知性之全者。故孟氏直从天命之本源而言之曰善。凡诸家，或言其源，或言其流，或言其末流之弊，或言其源流之同，皆不与之辨是非，论同异，惟性善一言真有以砥柱障狂澜，而功不在禹下也。但天载无声无臭，不可得而窥也，乃自其所发端者验之，曰："天下之言性也，则故而已矣。"故者，以利为本。曰："乃若其情，则可以为善矣。"乃所谓善也，以溯其流，而恻隐、羞恶、辞让、是非一皆吾性之顺应；以探其源，而仁、义、礼、智一皆吾性之本真。观之孩提而知爱、知敬，无不同也。观之众人而乍见孺子入井，无不同也。观之于行道乞人而不受呼蹴之食，无不同也。惟其性善之同，此所以人皆可为尧舜，而充之可以保四海也。此岂孟子之独见乎？孔子系《易》有曰："一阴一阳之谓道，继之者善也，成之者性也。"孟氏愿学孔子，而其言岂无所本乎？是故性善之说一倡，凡诸论纷纷者归诸一矣。奈何人心好异，性道难闻，其余不著不察者吾无论已。秦汉而下，若荀，若董，若扬，若韩，若欧，俱一代巨擘，不曰性恶，则曰"性者，生之质"，不曰善恶混，则曰性有三品，曰圣人性非所先。且佛氏见性之说，使天下高明之士

---

① （明）章潢：《图书编》（卷二十八），《天圆地方图》。

群然争奔走之，若洪水滔滔，将胥天下陷溺于颓波中而莫之觉矣。宋儒欲倡明孔孟之学，以正人心，熄邪说，宜乎一宗性善之旨，以挽其流而归之中也已。吾尝得之程氏焉，曰：人生而静以上，不容说，才说性，便已不是性。是亦言性之源也。曰：善是性，恶亦不可不谓之性。譬之水清是水，浊亦不可不谓之水。是亦言性之流也。曰：论性不论气，不备；论气不论性，不明，二之则不是。是又合性之源流而并言之也。言虽不同，无非发明孟氏之旨。①

6. 穷理尽性至命

今之论性者何止三品，而知性愈难也。呜呼！五性感通，善恶分。善是性，恶亦不可不谓之性，则荀子性恶之说几与孟子性善之说交相胜矣。所以曰：善恶皆天理也。恶有恶之理，置勿论已。如仁、义、礼、智各有条理，有仁之仁，仁之义，仁之礼，仁之知；有知之知，知之仁，知之义，知之礼。身心万善，已不可穷诘矣。且有一物即有一物之理也。如木有木之理，得水则生，得土则荣，得火则燃，得金则尅之类。高下散殊，群分类聚，可胜穷哉？……孟子本欲一之，其如后儒纷纷好异何？②

7. 仁人

夫仁人者，正其谊不谋其利，明其道不计其功。是以仲尼之门，五尺童子羞称五霸③，为其先诈力而后仁义也。韩子《原道篇》略曰：……其为道易明而为教易行也。曰：斯道何道也？曰：斯吾所谓道也，非向所谓老与佛之道。尧以是传之舜，舜以是传之禹，禹以是传之汤，汤以是传之文、武、周公，文、武、周公传之孔子，孔子传之孟轲。轲之死，不得其传焉。荀与杨择焉而不精，语焉而不详。……圣人之道，仁义中正而已矣。……圣人之道入乎耳，存乎心，蕴之为德行，行之为事业。彼以文辞而已者，陋矣。④

8. 采诗之官

古有采诗之官，王者所以观风俗，知得失，自考正也。……汉时言《诗》

---

① （明）章潢：《图书编》（卷七十五），《性善》。
② （明）章潢：《图书编》（卷七十五），《穷理尽性至命》。
③ 《荀子·仲尼》。
④ （明）章潢：《图书编》（卷七十六），《古今言道总考》。

者四家。……荀卿授鲁国毛亨、毛苌。①

9. 祀七世

荀卿子曰：有天下者祀七世②，谓从祢以上也。若旁容兄弟，上毁祖考，则天子有不得祀七世者矣。③

10. 周之官制

虽然周之官制非至秦而始变也，苏秦为国相，许历为国尉，孙庞仕魏为将军，而须贾亦为魏中大夫，吴起守西河，冯亭守上党，西门豹令邺，荀卿令兰陵，是则守令将相之名在战国则已然，特至秦而始定耳。④

11. 论势

柳子厚论曰：天地果无初乎？吾不得而知之也。生人果有初乎？吾不得而知之也。然则孰为近？曰：有初为近。孰明之？由封建而明之也。彼封建者更古圣王尧、舜、禹、汤、文、武而莫能去之，盖非不欲去之也，势不可也。势之来，其生人之初乎？不初，无以有封建。封建，非圣人意也。彼其初，与万物皆生，草木、榛榛、鹿豕、狉狉，人不能搏噬，而且无毛羽，莫克自奉自卫。荀卿有言：必欲假物以为用者也。夫假物者必争，争而不已，必就其能断曲直者而听命焉。其智而明者所服必众，告之以直而不改，必痛惩之而后畏。由是君长刑政生焉。故近者聚而为群，群之分，其争必大，大而后有兵、有德。又有大者众群之长，又就而听命焉，以安其属。于是，有诸侯之列，则其争又有大者焉。德又有大者，诸侯之列又就而听命焉，以安其封。于是有方伯、连帅之类，则其争又有大者焉。德又有大者，方伯连帅，又就而听命，以安其人。然后天下会于一，是故有里胥而后有县大夫，有县大夫而后有诸侯，有诸侯而后有方伯、连帅，有方伯、连帅而后有天子。自天子至于里胥，其德在人者，死必求其嗣而奉之。故封建，非圣人意也，

---

① （明）章潢：《图书编》（卷七十七），《道统总叙》。
② 《荀子·礼论》。
③ （明）章潢：《图书编》（卷七十八），《唐虞夏商周世系》。
④ （明）章潢：《图书编》（卷八十二），《历代官制变革》。

势也。①

12. 五礼考

荀子曰：人生而有欲，欲而不得则不能无求。求而无度量、分界则不能不争。争则乱，乱则穷。先王恶其乱也，故制礼义以防之，以养人之欲，给人之求，使欲必不求于物，物不必屈于欲。两者相待而长也。②

凡礼，事生，饰欢也，送死，饰哀也，师旅，饰威，是百王之所同，古今之所一也。③

按古礼之不能行于今世，犹今礼之不可行于古也。然万古此天地，万古此人心，圣人缘人情而制礼，何有古今之异哉？若夫衣服、器用之类则有不能以尽同，亦在时王斟酌而损益之耳。盖三代以前以礼为治天下之大纲，三代以后以礼为治天下之一事。古今治效，所以有污隆之异者。④

13. 论七庙昭穆递迁

范祖禹作《唐鉴》论唐九室之制，而以为天子七庙自古以来未之有改。……荀卿曰：有天下者祀七庙⑤，而《穀梁》亦言天子七庙，是则春秋、战国之时是说犹存。至汉始有原庙，有郡国庙，而东都则又有所谓四亲庙。故是制始不明于汉。……历汉历唐未甚明，阅数千百年而废，遂大明于宋。愚于是而知宋朝儒学之盛焉。论礼者，宜有考于此。……愚以为后王之失礼者，岂独庙制一事。而庙制之说，自汉以来，诸儒讲究非不详明，而卒不能复古制者，盖有由矣。⑥

14. 宗庙制义昭穆禘祫庙寝祭享总论

窃惟宗庙之制议者纷纭，自汉以下迄无定见，大抵惑于世儒附会之言，而不本圣人制礼之意。……亲亲之恩无分于贵贱，故孟子言三年之丧，棺椁

---

① （明）章潢：《图书编》（卷八十六），《古今郡国沿革》。该条编自柳宗元的《封建论》。
② 《荀子·礼论》。
③ 《荀子·礼论》。
④ （明）章潢：《图书编》（卷九十三），《五礼考》。
⑤ 《荀子·礼论》。
⑥ （明）章潢：《图书编》（卷九十七），《论七庙昭穆递迁》。

之度,皆曰自天子以至于庶人,以其无异情也。又谓君子、小人之泽皆五世而斩,则高、曾祖考之亲,人岂有异哉?特以战国诸儒附会古义。《穀梁》则曰:天子七庙,诸侯五,大夫三,士二。其徒荀况传闻师说,则曰:有天下者事七世,有一国者事五世,有五乘之地者事三世,有三乘之地者事二世,持手而食者不得立宗庙。至汉儒,孔安国撰次《家语》则曰:天子立七庙,三昭三穆与太祖之庙而七。有一坛一墠,曰考庙,曰王考庙,曰皇考庙,曰显考庙,曰祖考庙,皆月祭之,远庙为祧。……祧者,超然远去之意。远祖皆谓之祧。此言二祧者,特举高祖之父及祖,以足三昭三穆与太祖而为七庙。及《戴记》纂辑《王制》《祭法》,二篇盖皆剽窃《家语》之文,分析而互载之,人皆以为古礼矣,而其传实自《穀梁》始。原其本意盖谓德厚者流光,德薄者流卑。名位不同,礼亦异数。故自上以下降杀以两,殊不知天子至于庶人所以别等威者,惟在器物、牲牢、祼献、乐舞之数而已。……自契为诸侯时言之,则六世之后皆当立五世之庙而止,未宜有七世之名也。自成汤为天子时言之,则自汤距契已十余世,亦不应七世止,而况语于太甲时乎?故曰:七世之庙,必指相土之一君也。惟此义不明,而后《穀梁》、荀况及诸儒之言得以惑世矣。故亲庙以四礼之正也,正统相传父子为世,复何议哉?①

15. 罢况等从祀

弘治元年,上视学,从吏部尚书忠请薄奠,用太牢加币。是年,谏官请罢况、融、弼、雄从祀,进祀礼部侍郎兼翰林学士薛瑄。下礼官集议,言:雄已出于洪武时,瑄无著述,况等皆有羽翼圣经之功,遂以当是时以詹事兼侍讲学士敏政言融、弼、戴圣、刘向、贾逵、何休、王肃、杜预八人宜罢从祀;郑众、卢植、郑玄、服虔、范甯五人宜祀于其乡。况、雄实相伯仲,言者并欲黜。……嘉靖九年,世宗皇帝从辅臣璁议作正孔子祀典说,改大成文宣王为至圣先师孔子,四配为复圣颜子、宗圣曾子、述圣子思子、亚圣孟子从祀,及门弟子先贤、左丘明以下称先儒,去塑像,设木主,罢公侯伯,诸封爵申党、申枨二人,存枨,去党寮、冉、何、况、圣、向、逵、融、休、肃、弼、预、澄十三人罢祀。……行释奠,礼迎送神各拜三、乐三、奏六、武六佾,配从祀贤儒。又启圣祠,分奠用酒脯,遂幸太学南京遣官祭告。(先

---

① (明)章潢:《图书编》(卷九十九),《宗庙制义昭穆禘祫庙寝祭享总论》。

师先是称大成至圣文宣王,四配兖国复圣公、郕国宗圣公、沂国述圣公、邹国亚圣公。十哲……泗水侯孔鲤、兰陵伯荀况、睢阳侯穀梁……)①

16. 从祀

王者亲祭必寡,故设官以代祭,名曰祭酒。……神宗以孟子同颜子配食宣圣,荀况、杨雄、韩愈并从祀。②

17. 洪武十七年

按以先儒从祀,非但崇德,盖以报功也。……其已列从祀者,若荀况、戴圣、马融、王弼、杜预之辈,屡有建请革去其祀者,至今犹列在祀典,岂不以弼等虽于德行有亏,然弼有功于《易》,预有功于《春秋》,圣有功于《礼》,有其举之莫敢废也。……从祀之说始于唐太宗。以左丘明等二十二人配先师也。自是之后,益以荀况、扬雄、韩愈。宋南渡后,始加以周、程、张、朱、邵、马及张栻、吕祖谦,……皆有功于圣门者已。祀而黜者,惟扬雄一人。若孔孟以后之儒,有功于圣经者无不祀。夫惟杨时者……使尧、舜、禹、汤、文、武、周、孔之道大行于斯世,其功不可泯也。乃不得于言性恶之荀况、宗旨老庄之王弼、附会谶纬之贾逵并祀于孔子之庙庭,以从于二程之后,朱吕之前,岂非阙典欤?

先师祀典自嘉靖九年厘正,改大成至圣文宣王为至圣先师孔子,四配为复圣颜子、宗圣曾子、述圣子思子、亚圣孟子从祀,及门弟子俱称先贤,左丘明以下称先儒,去塑像,设木主,罢公侯伯,诸封爵申党、申枨二人,存枨去党。……如荀况、戴圣、刘向、贾逵、马融、何休、王弼、王肃、杜预、吴澄俱照扬雄例罢祀。……噫!况以言性恶黜,弼以崇庄老黜,逵以忽细行黜,至扬雄、吴澄所学又非诸儒比,又皆以事莽、事见黜。士君子立身行己,其于一言一行可不慎哉!③

18. 典章 义理

秦汉而后之典章,则无义理之品节也。《郊特牲》曰:礼之所尊尊,其义

---

① (明)章潢:《图书编》(卷一百四),《启圣祠》。
② (明)章潢:《图书编》(卷一百四),《释奠先师考》。
③ (明)章潢:《图书编》(卷一百四),《释奠先师考》。

也。失其义，陈其数，祝史之事也。故其数可陈也，其义难知也。荀子曰：不知义，谨守其数，不敢损益。父子相传，以待王公，是官人百吏所以取秩禄也。① 盖春秋、战国之时，先王之礼制不至沦丧，故巫史、卜祝、小夫、贱隶皆能知其数，而其义则非圣贤不能推明之。及其流传既久，所谓义者，布在方册。格言大训，炳如日星，千载一日也。而其数则湮没，无闻久矣。姑以汉事言之，若《诗》，若《礼》，若《易》，诸儒为之训诂，转相授受，所谓义也。然制氏能言铿锵鼓舞之节，徐生善为容，京房、费直善占，所谓数也。今训诂则家传人诵，而制氏之铿锵，徐生之容，京费之占，无有能知之者矣。盖其始也，则数可陈而义难知。及其久也，则义之难明者简编可以纪述，论说可以传授。而所谓数者，一日而不肄习，则亡之矣。数既亡，则义孤行。于是疑儒者之道有体而无用，而以为义理之说太胜。夫义理之胜，岂足以害事哉？②

19. 天地、宗庙、君臣之乐总论

《乐书》引荀卿"大师审诗商"③之言，盖周以木德王天下，商声属金也。因金剋木，故音乐之间不用商音。及佩玉，左徵、角，右宫、羽，亦去商声。即此观之，周去商声，义有在也。后之作乐者，以商声肃杀，悉去商声，谓之何哉。④

焦 竑

焦竑（1540—1620），字弱侯，号漪园、澹园，明江宁人，祖籍山东日照。著有《澹园集》等。

1. 本末

夫有本必有末，末亦岂能离本哉？本则无为之理耳，知其理而顺之，则五者自行而已矣。故曰：此五者须精神之运，心术之动，然后从之者也。夫

---

① 《荀子·荣辱》。
② （明）章潢：《图书编》（卷一百十五），《乐歌考》。
③ 《荀子·王制》。
④ （明）章潢：《图书编》（卷一百十五），《天地宗庙君臣之乐总论》。

《庄子》此篇深明自然之理,所谓知于天而已。至此而言,君臣、父子、兄弟、少长、男女、夫妇、尊卑、先后之序亦所谓知于人而已。荀子讥庄子蔽于天而不知人,周岂为不知于人欤?①

2. 论知

未有天地之前,果可知乎?以有天地之后,推之则可知矣。荀子云:百王之道,后王是也。千载之前,今日是也。②……无古、无今、无始、无终,以神言也。本无死也,因生生死。本无生也,因死生生。死生各有一体,皆不相待也。……盖取诸此。③

3. 区盖

《荀子》:"言之信者,在乎区盖之间。"区即丘。区以别矣之区,与此同。④

潘士藻

潘士藻,生卒年不详,字去华,明婺源人。著有《读易述》等。

1. 咸

荀况曰:于《咸》见夫妇。⑤ 夫妇之道,不可不正也,君臣、父子之本也。咸,感也。以高下下,以男下女,柔上而刚下。聘女之义,亲迎之道,重始也。⑥

2. 论不足

王介甫曰:荀子曰:不足者,天下之公患⑦也。苟知劳民劝相之道而以不

---

① (明)焦竑:《庄子翼》(卷四),《天道》第十三,《钦定四库全书》,子部十四,道家类。
② 《荀子·不苟》。
③ (明)焦竑:《庄子翼》(卷五),《知北游》第二十二。
④ (明)焦竑:《俗书刊误》(卷六),《钦定四库全书》,经部十,小学类二。
⑤ 《荀子·大略》。
⑥ (明)潘士藻:《读易述》(卷六),《钦定四库全书》,经部一,易类。
⑦ 《荀子·富国》。原文为:"夫不足,非天下之公患也。"

足为患者，未之有也。①

顾允成

顾允成（1554—1607），字季时，号泾凡，明江苏无锡人，顾宪成之弟。"东林八君子"之一。著有《小辨斋偶存》等。

真假与善恶

韩持国曰：道无真假。程伯子②曰：既无真，则是假耳。既无假，则是真矣。真假皆无，尚何有哉？此最勘透无善无恶本病。李见翁③曰：无善无恶既均，则作善作恶亦等。此最勘透无善无恶末病，本病只是一个空字，末病只是一个混字。故始也，见谓无一之可有；究也，且无一不可有。始也，等善于恶；究也，且混恶于善原。其指直驾孟子之性善而上之极，其弊乃更甚于荀卿之性恶。其至善也，乃其所以为至恶也。④

冯从吾

冯从吾（1557—1627），字仲好，号少墟，创办关中书院，明代关学代表人物。著有《冯少墟集》等。

1. 论性

问："夫子说'性相近'不曾言善，而孟子专言性善，何也？"曰：人之气质虽有不同，而天命之性总之皆善，惟其皆善，故曰相近。相近者，是就

---

① （明）潘士藻：《读易述》（卷八）。
② 韩持国即韩维。程伯子即程颢。
③ 李见翁，抚州路崇仁县人，由象州蒙古字学学正，授柳州路柳城东泉镇巡检。
④ （明）顾允成：《小辨斋偶存》（卷三），《钦定四库全书》，集部六，别集类五。

善之中论耳。若因气有清浊，质有厚薄，而遂谓性有善有不善，则善不善相去甚远，便说不得相近矣。孟子"道性善"，正是发明所以"相近"处。或谓孟子性善之说不如孔子"相近"之言为浑融，是惑于三品之说，而昧"相近"之旨者也。

荀子"性恶礼伪"之说，真是以学术杀天下后世者。性既是恶，礼又是伪，安得不纯用刑法？此李斯所以亡秦而贻祸至今未已也。①

2. 读孟子下

尧舜之道不以仁政不能平治天下，孟子"法先王"之说真足为万世君臣之法。荀卿欲胜其说不得，乃曰："法后王。"不知孟子所谓先王，不专指古之先王，即父有作而子述之，是亦法先王也。不论本朝，前代皆是先王。荀卿后王之说尤是乱道。②

3. 论荀卿非十二子 （阁试）

昔荀卿以儒自命，而立言指事壹禀于仲尼，可谓伟矣。然仲尼之徒惟思孟独得其宗，而卿之非十二子也，以思孟为闻见杂博，猥与墨翟、惠施辈同类而共讥之，是何敢于高论异说而不让邪？胡其悖也！卿之言曰："它③、魏不可合文通治，陈、史不可合众明分，墨、宋不可容辨异、县君臣，慎、田不可经国定分，惠、邓不可为治纲纪"，似也，而犹曰："持之有故，言之成理"。若有不尽非者，何至以"僻违无类，幽隐无说，闭约无解"，乃归之思孟，而以唱和为有罪哉？

孔氏既没，异端棼如，战国以来，从衡捭阖之习盛，而吾道不绝如线矣。仲尼之道灿然复明于世者，唱和之力也，而可曰罪也邪？卿固尊信仲尼者，正宜以思孟为津筏，而后可以窥洙泗之源委。"案饰其辞而祇敬之，曰：此先君子之言也。"繇斯以观，卿顾不当祇敬先君子哉！果尔，则卿亦世俗之沟犹瞀儒嚾嚾，莫知其非者矣，岂不自言而自悖之邪？尊仲尼而非仲尼之徒，亦太惑矣。

---

① （明）冯从吾：《冯从吾集》（卷三），刘学智、孙学功点校整理，西北大学出版社2015年版，第95页。
② （明）冯从吾：《冯从吾集》（卷三），第107页。
③ 它即它嚣，诸子百家之一。

或谓卿妄以道自任，明知思孟之学，故为排之，以自继仲尼之统。不知有此一念之胜心，而已不可与入道矣，何足为思孟损益哉？且卿之尊信仲尼也甚笃，而子弓虽贤，与仲尼并称，已失低昂之实，又何论思孟？卿受学于子弓，意推尊子弓，以彰己学所从来，故不得不与仲尼并称，是卿之尊信仲尼，亦桓、文之尊周室，不过阳浮慕之已耳。不然，子弓固不在仲尼下，而思孟岂遂在子弓下哉？是仲尼而非思孟，余诚不知其何说矣。

大抵卿惩叔季不学之弊，而归咎于性恶。见霸功之算计见效也，而曰法后王。故闻思孟之称性善，而谈法古，不翅如枘凿，然此其诋思孟之根，不可救药者也。独不思"相近"之训，安所称恶？而尧、舜、汤、文岂不惓惓于垂训，无乃仲尼非乎？它、魏、慎、墨之流，仲尼之徒羞称之，至如史鳅之直，固其所深嘉乐与者，亦不可概例于诸子。老、庄辈诋圣侮法，不遗余力，乃置之不论，甚矣。卿之好奇也。

然则卿之非十二子也，其诚敢为高论异说而不顾者哉？或又谓后世儒者借喙思孟，行实悖之，才无可用世，而窃儒名以盖其愆，卿诚有激乎！其言之者，不知果有激而言也，非其窃儒名者可矣，并真儒而非之可乎哉？昔人称卿才高而不见道，谅矣。

呜呼！卿一非思孟，而李斯遂焚书坑儒，以促秦二世之亡，非学而遂以亡人之国也。学可非乎哉？祸秦者斯，而祸斯者卿也，此古今治乱得失之林也。①

高攀龙

高攀龙（1562—1626），字存之，又字云从，明南直隶无锡人，世称"景逸先生"。"东林八君子"之一。著有《高子遗书》等。

1. 三年春正月

夏齐侯、卫侯胥命于蒲。

---

① （明）冯从吾：《冯从吾集》（卷十四），第268—269页。

古者不盟，结言而退胥命，相命也。相命，近正也。故荀卿曰：春秋善胥命。①

2. 纳纠

《左传》书纳子纠。《公》《穀》书纳纠。杜氏注：子纠、小白皆僖公庶子，而纠长。荀卿亦谓桓公杀兄以争国，独《史记》载薄昭谏。淮南厉王有曰：齐桓杀其弟以反国，程子取此以证子纠之为弟，未知谁是。今以《公》《穀》为据，纠不书子，小白系齐，又参以夫子答子路、子贡之言，不责管仲之忘君事雠，则其长幼是非见矣。②

刘宗周

刘宗周（1578—1645），字起东，别号念台，明浙江绍兴府山阴人，因讲学于山阴蕺山，学者称蕺山先生。所著辑为《刘子全书》《刘子全书遗编》。

1. 子曰："性相近也，习相远也。"

此孔门第一微言，为万世论性之宗。"性相近"犹云相同，言性善也。圣人就有生以后，气质用事，杂揉不齐之中，指点粹然之体，此无啬，彼无丰，夫何间然者？但人生既有气质，此性若囿于气质之中，气质用事，各任其所习而往，或相倍蓰，或相什百，或相千万而无算，圣贤庸愚，判若天壤矣。此岂性之故也哉！夫习虽不能不岐于远，然苟知其远而亟反之，则远者复归于近，即习即性，性体著矣。此章性解纷纷，只是摸一"近"字。语云："执柯以伐柯，其则不远。睨而视之，犹以为远。"此"近"之说也。两下只作一处看，故曰"夫道一而已矣"。千万人千万世较量只是一个。若是仿佛相违，便是利与善之间，差之毫厘、谬以千里矣。此个争差些子不得。今说"习相

---

① （明）高攀龙：《春秋孔义》（卷二），桓公。
② （明）高攀龙：《春秋孔义》（卷三），庄公。

远",亦只差些子便了。难说相近是一尺,相远是寻丈。如两人面孔相像,毕竟种种不同,安得为近?且所为"近",果善乎?恶乎?善恶混乎?善只是一个,恶亦只是一个,有善有恶便是天渊,岂有善恶总在一处者?如说恶则恶是一个,如说无善无恶则近在何处?盖孔子分明说性善也。说者谓孔子言性只言近,孟子方言善、言一。只为气质之性、义理之性分析后,便令性学不明,故谓孔子言性是气质之性,孟子言性是义理之性。愚谓:气质还他是气质,如何扯着性?性是就气质中指点义理者,非气质即为性也。清浊厚薄不同,是气质一定之分,为习所从出者。气质就习上看,不就性上看。以气质言性,是以习言性也。圣人正恐人混习于性,故判别两项分明若此。曰"相近"云者,就两人寻性,善相同也。后人"不相近"之说,始有无善、无不善,可以为善、可以为不善之说,至荀卿直曰"恶"、杨子"善恶混",种种滥觞,极矣。①

2.《做人说三》

他日,又问曰:"矫治之法,譬之治病者,头疗头,足疗足,分投而应,不胜穷也。将亦有一言而操调元之匕者乎?"予乃喟然而叹曰:"是非汝所知也,是非汝所知也。无已,汝姑识人而已乎。夫人者,天地之秀也,万物之灵也。将谓其能饥食渴饮、夏葛冬裘、男女居室而已乎?则亦与禽兽无以异也,而何以称焉?孟子曰:'人之所以异于禽兽者几希,庶民去之,君子存之。'夫此几希何物耶?以为非口体,不离口体也;以为非男女,不离男女也;以为在一身,仍不离天下也。微乎!希乎!正目而视之,不可得而见;倾耳而听之,不可得而闻也。其禀乎命也,则元之善也;其具于性也,则喜怒哀乐未发谓之中,发而皆中节谓之和也;其宰于身也,为视听言动,视曰明,听曰聪,言曰忠,动曰敬也;其率之于人伦也,在父子谓之仁,在君臣谓之义,在夫妇谓之别,在长幼谓之序,在朋友谓之信也;其达于天下,则民之胞也,物之与也;其俯仰于天地之间,则乾之健也,坤之顺也,日月之代明,四时之错行,而鬼神之柄也。而孰知日囿于七尺之躯者,则竖首之禽

---

① (明)刘宗周:《刘宗周全集》(第2册),《经术下》之《论语学案》(卷四),阳货第十七,浙江古籍出版社2012年版,第486—487页。此条收录于(明)黄宗羲《黄宗羲全集》(第三册),《宋元学案》(一),《伊川学案上》(卷十五),第738—740页。接续下句:"杨开沅谨案:蕺山云'气质就习上看',则可,若以气质'为习所从出',似不尽然。胎教以前,气质由于习;既生以后,则有习由于气质者。然究竟气质由习而成者多。"

也、兽也。然则人也、禽兽也,合体而分之者也。忽然而去之,人即兽;忽然而存之,兽即人。是以君子有存之之法,择之精、守之一也。本吾独而戒惧之,所以致中和也。天地位焉,万物育焉,存之极功也。尧舜之所以帝,三王之所以王,伊周之所以相,孔孟之所以师,濂、洛、关、闽之所以断断辨说焉而儒,皆是物也。然而庶民未尝不存也,夫妇之愚可以与知焉,夫妇之不肖可以能行焉。有时而去耳,知其去,斯存矣;偶知其有存,而又去矣。是以君子有存之之法,以戒慎还不睹,以恐惧还不闻,以中和还喜怒哀乐,以仁义还父子、君臣,以位育还天地万物,如斯而已矣。故孟子又举舜以为法,而曰:'明于庶物,察于人伦。由仁义行,非行仁义也。'其旨微矣。后世学术不明,有二氏者,既欲弃伦物,槌仁义而逃之于虚无;若申、韩之刑名,管、商之富强,苏、张之短长,汩没于功利者无论矣,其有稍知圣人之道,如杨、墨、荀、杨、马、郑之流,又或失之颇僻附会、影响支离,而几希之脉薄蚀于人心久矣。幸有宋诸子起而绍绝学,一线相传,为濂溪之'立极',伊洛之'识仁',考亭之'居敬穷理',指示最为亲切。又数百年,我明有阳明子者,特揭'致良知'三字,为几希写照,而人益有以识寻真之路,决起死之功,此真所谓良医折肱,一剂当调元,而纷纷随病补治之方,亦有所不必用矣。鲁斋氏曰:'万般补养皆虚伪,只有操心是要归。'盖亦得其大意云耳。学者欲为人,不必问庸人与好人阶级,但自反人身中,几希一点果然存否?存则是人,人即是圣人之人,更无一点做法;去即是兽,兽中人,亦更无做法。"于是儿起而茫然,曰:"必竟几希是何物?"曰:"此尔父三十年来未了公案,难为汝作答。汝还问之几希,从事读书而证之。"乃再拜而退。①

3. 原性

告子曰:"性无善无不善也。"此言似之而非也。夫性无性也,况可以善恶言?然则性善之说,盖为时人下药云。夫性无性也,前人之言略矣。自学术不明,战国诸人始纷纷言性,立一说复矫一说,宜有当时三者之论。故孟子不得已而标一善字以明宗,后之人犹或不能无疑焉。于是又导而为荀、杨、韩,下至宋儒之说益支。然则性果无性乎?夫性因心而名者也。盈天地间一性也,而在人则专以心言。性者,心之性也。心之所同然者,理也。生而有

---

① (明)刘宗周:《刘宗周全集》(第3册),《语类十》,《做人说三》,第265—266页。

此理之谓性，非性为心之理也。如谓心但一物而已，得性之理以贮之而后灵，则心之与性，断然不能为一物矣。吾不知径寸中，从何处贮得如许性理，如客子之投怀，而不终从吐弃乎？盈天地间一气而已矣，气聚而有形，形载而有质，质具而有体，体列而有官，官呈而性著焉，于是有仁义礼智之名。仁非他也，即恻隐之心是；义非他也，即羞恶之心是；礼非他也，即辞让之心是；智非他也，即是非之心是也。是孟子明以心言性也。而后之人必曰心自心，性自性，一之不可，二之不得，又展转和会之不得，无乃遁已乎！至《中庸》，则直以喜怒哀乐逗出中和之名，言天命之性即此而在也，此非有异指也。恻隐之心，喜之变也；羞恶之心，怒之变也；辞让之心，乐之变也；是非之心，哀之变也。是子思子又明以心之气言性也。子曰"性相近也"，此其所本也。而后之人必曰理自理，气自气，一之不可，二之不得，又展转和会之不得，无乃遁已乎！呜呼！此性学之所以晦也！然则尊心而贱性可乎？夫心囿于形者也，形而上者谓之道，形而下者谓之器。上与下一体而两分，而性若踞于形骸之表，则已分有常尊矣。故将自其分者而观之，灿然四端，物物一太极；又将自其合者而观之，浑然一理，统体一太极。此性之所以为上，而心其形之者与？即形而观，无不上也；离心而观，上在何所？悬想而已。我故曰："告子不知性"，以其外心也。

先儒之言曰："孟子以后，道不明，只是性不明。"又曰："明此性，行此性。"夫性何物也，而可以明之？但恐明之之尽，已非性之本然矣。为此说者，皆外心言性者也。外心言性，非徒病在性，并病在心。心与性两病，而吾道始为天下裂。子贡曰："夫子之言性与天道，不可得而闻也。"则谓之性本无性焉亦可。虽然，吾固将以存性也。①

4. 重刻王阳明先生《传习录》序

良知之教，如日中天。昔人谓"天不生仲尼，万古如长夜"，然使三千年而后，不复生先生，又谁与取日虞渊、洗光咸池乎！盖人皆有是心也，天之所以与我者本如是。其虚灵不昧，以具众理而应万事，而不能不蔽于物欲之私。学则所以去蔽而已矣，故《大学》首揭"明明德"为复性之本，而其功要之知止。又曰"致知在格物"，致知之知不离本明，格物之至只是知止，即

---

① （明）刘宗周：《刘宗周全集》（第3册），《原性》，第252—253页。

本体,即工夫,故孟子遂言良知云。孔孟既殁,心学不传,浸淫为佛、老,荀、杨之说,虽经程朱诸大儒讲明救正,不遗余力,而其后复束于训诂,转入支离,往往析心与理而二之。求道愈难去道愈远,圣学遂为绝德。于是先生特本程朱之说而求之,以直接孔孟之传,曰"致良知",可谓良工苦心。自此人皆知吾之心即圣人之心,吾心之知即圣人之无不知,而作圣之功,初非有加于此心,此知之毫末也。则先生恢复本心之功,岂在孟子道性善后与?①

孙奇逢

孙奇逢(1584—1675),理学家,字启泰,号钟元,世称夏峰先生。与李颙、黄宗羲齐名,合称明末清初三大儒。著有《理学宗传》等。

王侍郎瀹

宣德四年,王就国累月,不视朔。瀹又上书,谏不听。顷之,拟《荀卿·成相篇》,撰十二章以献,语尤激切,而左右有不便者日又浸润,由是与王不合。上闻之,移书让王。王终不听。……有《退庵集》六卷。②

黄宗羲

黄宗羲(1610—1695),字太冲,一字德冰,号南雷,别号梨洲老人、梨洲山人、蓝水渔人、鱼澄洞主、双瀑院长、古藏室史臣等,学者称"梨洲先生",明浙江余姚人。著有《明儒学案》《明夷待访录》等。

---

① (明)刘宗周:《刘宗周全集》(第5册),《重刻传习录序》,第520—521页。
② (明)孙奇逢:《中州人物考》(卷四),《钦定四库全书》,史部七。

1. "伐燕"章

《语类》:"'齐人伐燕',《孟子》以为齐宣,《史记》以为湣王,温公不喜孟子,及作《通鉴》,却不取《史记》而独取《孟子》,皆不可晓。《荀子》亦云'湣王伐燕',然则非宣王明矣。问:'孟子必不误。'曰:'想是湣王后来做得不好,门人为孟子讳,故改为宣王尔。'"按:宣王之伐燕,明有《国策》可据,不止孟子也。《通鉴》之所据,据《国策》,非据《孟子》也。《史记》之牴牾处甚多,如《鲁世家》自伯禽至惠公。《史记》凡三百二十一年,《汉志》凡三百八十二年,较差六十五年,而历家上推,用《汉志》而不用《史记》,用《史记》则不可通矣。其大者如此,何况区区伐燕之先后哉!至言门人为孟子讳,尤为碍理。孟子可讳,《国策》又谁为讳乎?以湣王之暴,孟子去齐,犹曰"王由足用为善",孟子之暗若此哉?①

2. 许行章

《路史》云:"禹疏九河,齐威公塞其八,河决始此。"

张南轩云:"滕文亦可谓贤君矣,而不克终用孟子之说,寂然无闻于后,意者许行之言有以夺之也。"此说可谓深文矣。许行之言,粗疏不可行,滕文公岂受惑哉?当时文公已知事势不可支持,犹慨然举世所不为者而为之,乃是得正而毙也。

"他日,子夏、子张、子游以有若似圣人,欲以所事孔子事之",此承上居丧而言。"他日"者,居丧之日也。"以所事孔子事之"者,如祭祀之为尸也。曾子云云,言夫子虽亡,洋洋乎如在其上,如在其左右,不必以尸而见夫子也。若以平时事之,圣门无此呆事。

许行之学出于墨子,荀卿言"墨子蔽于用而不知文",欲使上下勤力,股无肢,胫无毛,而不知贵贱等级之文饰也。孟子辟之,即是辟杨墨。②

3. 墨者夷之章

墨子著书,有尚同、兼爱、非乐、尚俭、薄葬,孟子置其余者,单就

---

① (明)黄宗羲:《黄宗羲全集》(第一册),《孟子师说》(卷一),第57页。
② (明)黄宗羲:《黄宗羲全集》(第一册),《孟子师说》(卷三),第81—82页。

"薄葬"一节，发其恻隐之心，所谓攻其瑕则坚者自破。王道如春风和气，披拂万物，墨者之憔劳瘠毂，纯是一团阴气。荀子引诗"天方荐瘥，丧乱弘多，民言无嘉，憯莫惩嗟"① 以刺之，深中其病。

"爱无差等，施由亲始"，似乎所对非所问，夷之却不言其厚葬之故，只言"施由亲始"，以薄者从亲始乎？厚者从亲始乎？盖夷之之意，吾厚葬其亲，亦欲天下人之皆厚其亲，于墨子薄葬之制，稍为变通，仍不失夫"爱无差等"之义，如此乃通。②

4. 养生章

圣人制礼，于凶礼特详，以送死之为大事也。荀子曰："厚其生而薄其死，是敬其有知而慢其无知也，是奸人之道而倍叛之心也。君子以倍叛之心接臧毂，犹且羞之，而况以事其所隆亲乎！故死之为道也，一而不可得再复也。臣之所以致重其君，子之所以致重其亲，于是尽矣。"③

人子之事亲，承欢膝下，事更无大于此者，顾不即以当大事许之，至于送死之时④则养生自此而尽，人子之大事始毕，始可谓之当大事。即送死无憾，养生有憾，仍是不足以当大事也。⑤

5. 公行子章

郝仲舆据《荀子》以"公行子有子之丧"，"子之"读为人名，即燕相子之也，齐伐燕，哙死，子之自燕归齐，至是死。按：《荀子》"公行子之至燕，遇曾元于涂"⑥，杨倞注云："孟子曰：'公行子有子之丧，右师往吊。赵岐云：'齐大夫也。'子之，盖其先也。"杨倞所谓"其先"者，言其先世，同出公行氏耳，引此以证子之之为公行氏，未尝言丧者之即子之也。然《荀子》亦不足凭。《史记》"曾子少孔子四十六岁，生于周敬王十五年丙申"，孔子卒时，敬王四十一年壬戌，曾子已二十七岁矣。曾子之卒不可考，然后此不

---

① 《荀子·富国》。
② （明）黄宗羲：《黄宗羲全集》（第一册），《孟子师说》（卷三），第82页。
③ 《荀子·礼论》。
④ 此处"时"字似为"事"字。
⑤ （明）黄宗羲：《黄宗羲全集》（第一册），《孟子师说》（卷四），第109页。
⑥ 《荀子·大略》。

过五十余年。孟子言"曾元养曾子",《檀弓》言:"曾子寝疾病,曾元、曾申坐于足",计曾元已壮年矣,其年当与子思不相上下。孟子受业于子思,后儒略辨其妄,以为年不相接者近百年,则曾元可知子之与孟子同时,安得与曾元问答也!且齐之伐燕,《年表》云:"君哙及太子相子之皆死。"《汲冢纪年》曰:"齐人擒子之而醢其身。"安得归齐而为寓公!甚矣,仲舆之好怪也。圣贤于人,只就事论其理之当然者,如待王驩出吊于滕,只说不必有言,吊于公行子,只说朝廷之礼,未尝以其为小人而有绝之之意,不若后世立朝,先分一君子小人之界限,凡事必相龃龉,至成朋党之祸。此等处恐东汉君子,尚未能到也。①

6. 性犹杞柳章

"性犹杞柳也,义犹桮棬也",告子之意,以为人生所有,唯此知觉,理则在于天地万物,学者必当求天地万物之理,使与我知觉为一,而后为作圣之功,故以杞柳喻知觉,以桮棬喻天地万物之理。以杞柳为桮棬,喻求天地万物之理融会于我之知觉,此与先儒知是知此事,觉是觉此理,故必格物穷理以致此知,其徒恃此知觉者,则释氏本心之学,亦复何殊?第先儒言性即理也,既不欲以性归之知觉,又不可以性归之天地万物,于是谓性受于生之初,知觉发于既生之后。性,体也,知觉,用也,引《乐记》"人生而静,天之性也。感物而动,性之欲也"以证之。静是天性之真,动是知觉之自然,因恻隐、羞恶、辞让、是非之在人心,推原其上一层以谓之性,性反觉堕于渺茫矣。告子不识天性之真,明觉自然,随感而通,自有条理,即谓之天理也,先儒之不以理归于知觉者,其实与告子之说一也。晦翁谓如荀子性恶之说,有何交涉?孟子言其比喻之谬,杞柳天之所生,桮棬人之所为,杞柳何尝带得桮棬来?故欲为桮棬,必须戕贼。仁义之性,与生俱来,率之即是。若必欲求之于天地万物,以己之灵觉不足恃,是即所谓戕贼也。②

7. 先名实章

功利之学,必核之以名实,故当时之辨名实者纷然。荀子曰:"'见侮不

---

① (明)黄宗羲:《黄宗羲全集》(第一册),《孟子师说》(卷四),第118页。
② (明)黄宗羲:《黄宗羲全集》(第一册),《孟子师说》(卷六),第132—133页。

辱'、'圣人不爱己'、'杀盗非杀人也',此惑于用名以乱名者也。'山渊平'、'情欲寡'、'刍豢不加甘,大钟不加乐',此惑于用实以乱名者也。'非而谒楹'、'有牛马非马也',此惑于用名以乱实者也。"① 淳于髡亦是此意。髡之所论在迹,孟子之所论在心。②

8. 复余子积论性书

尊兄谓"理在万物,各各浑全,就他分上该得处皆近于一偏,而不得谓之理",则是此理沦于空虚,其于老氏所谓"无有入无间",释氏所谓"譬如月影散落万川,定相不分,处处皆圆"者,何以异哉! 自尧、舜以来,都不曾说别个道理,先说个中,所谓中,只是一个恰好也。在这事上必须如此,才得恰好;在那事上,必须如彼,才得恰好。许多恰好处,都只在是心上一个恰好底理做出来。故中有不偏不倚、无过不及之名,所论"恰好",即"该得如此"之异名,岂可认此理为虚空一物也? 古圣贤论性,正是直指当人气质内各具此理而言,故伊川曰:"性即理也。"告子而下,荀、扬、韩诸人,皆错认气质为性,翻腾出许多议论来,转加鹘突。今尊兄又谓性合理与气而成,则恐昧于形而上、下之别。夫子曰:"一阴一阳之谓道",又曰"易有太极",皆在气上直指此理而言,正以理气虽不相杂,然亦不曾相杂,故又曰"形而上者谓之道,形而下者谓之器"。若性合理气而成,则是形而上、下者可以相杂。理在天地间,元不曾与气杂,何独在人上便与气相杂? 更愿尊兄于此加察。

然此亦非出于尊兄,先儒谓有天地之性,有气质之性,分作两截说了,故尊兄谓既是天地之性,只当以理言,不可遽谓之性,气质之理,正是性之所以得名,可见理与气质合而成性也。窃尝考诸古圣贤论性有二:其一以性与情对言,此是性之本义,直指此理而言。或以性与命对言,性与天道对言,性与道对言,其义一也。古性情字皆从心从生,言人生而具此理于心,名之曰性,其动则为情也。此于六书,属会意,正是性之所以得名。其一以性与习对言者,但取生字为义,盖曰天所生为性,人所为曰习耳。性从生,故借生字为义,程子所谓生之谓性,止训所禀受者也。此于六书,自属假借。六

---

① 《荀子·正名》。
② (明)黄宗羲:《黄宗羲全集》(第一册),《孟子师说》(卷六),第145—146页。

书之法，假借一类甚多，后儒不明，训释六经多为所梗，费了多少分疏，尊兄但取字书观之，便自见得，今不能详也。

六经言性，始于成汤，伊尹《汤诰》："惟皇上帝，降衷于下民，若有恒性。"此正直指此理而言。夫子《易大传》曰："乾道变化，各正性命。"又曰："继之者善也，成之者性也。"子贡谓"夫子之言性与天道，不可得而闻"，子思述之于《中庸》曰："天命之谓性。"孟子道性善，实出于此。其曰："乃若其情，则可以为善矣，乃所谓善也。"又发明出四端，又谓"君子所性仁义礼智，根于心"，可谓扩前圣所未发，忒煞分明矣。伊尹曰："习与性成"，《论语》曰："性相近也，习相远也"，《家语》谓："少成若天性，习惯如自然"，可见这性字但取天生之义。《中庸》论"天命之谓性"，又曰："自诚明谓之性，自明诚谓之教"，孟子道性善，又曰："尧舜性之，汤武反之"，皆与前性字不同，虽不与习对说，然皆以天道、人道对言，可见二性字元自不同也。先儒只因"性相近也"一句，费了多少言语分疏，谓此性字是兼理与气质来说，不知人性上不可添一物，才带着气质，便不得谓之性矣。荀子论性恶，扬子论性善恶混，韩子论性有三品，众言淆乱，必折诸圣。若谓夫子"性相近"一言，正是论性之所以得名处，则前数说皆不谬于圣人，而孟子道性善，却反为一偏之论矣。孟子道性善只为见得分明，故说得来直截，但不曾说破性是何物，故荀、扬、韩诸儒又有许多议论。伊川一言以断之，曰："性即理也"，则诸说皆不攻自破矣。孟子道性善，是扩前圣所未发，明道何以又谓"论性不论气，不备；论气不论性，不明，二之则不是"？盖孟子只说人性之善，却不曾说人有不善，是被气禀蔽了他；其论下手处，亦只是说存心养性，扩充其四端，不曾说变化气质与克治底功夫，故明道谓"论性必须说破气质"，盖与孟子之言相发明也。但明道又谓："善固性也，恶亦不可不谓之性，人生而静以上不容说，才说性时便已不是性也。"此则未免失之大快矣。噫！人性本善，何得有恶？当其恶时，善在何处？此须着些精彩看。上天之载，无声无臭，其在吾人，性之本体，亦复如是。性上添不得一物，只为他是纯粹至善底。圣人气禀淳厚清明，略无些渣滓，但浑是一团理，庄生所谓"人貌而天"，曾子所谓"江汉以濯之，秋阳以暴之，皓皓乎不可尚已"。自大贤以下，才被些气禀与物欲夹杂，便生出恶来。恶乃气禀物欲所为，自与吾性无与，故虽蔽固之深，依然有时发见，但不能当下识取，又被气禀物欲汨没了他，不能使之光明不蔽耳。人性惟善是真实，一切诸恶，尽成虚妄，非吾性之固有。若当恶念起时，与他照勘，穷来穷去，便都成空矣。夫学而见性不明，则无必为圣贤之志，故尊兄汲汲于论性，然观尊兄所论，反能沮人进修。①

9. 答余子积书

《性书》之作，兼理气论性，深辟性即理也之言，重恐得罪于程、朱，得罪于敬斋，不敢不以复也。人得天地之气以成形，气之精爽以为心。心之为物，虚灵洞彻，有理存焉，是之谓性。性字从心，从生，乃心之生理也。故朱子谓："灵底是心，实底是性，性是理，心是盛贮该载、敷施发用底，浑然在中，虽是一理，然各有界分，不是儱侗之物，故随感而应，各有条理。"程子谓"冲漠无朕，万象森然已具，未应不是先，已应不是后"者，此也。孟子言人性本善，而所以不善者，由人心陷溺于物欲而然，缺却气质一边，故启荀、扬、韩子纷纷之论，至程、张、朱子方发明一个气质出来，此理无余蕴矣。盖言人性是理，本无不善，而所以有善、有不善者，气质之偏耳，非专由陷溺而然也。其曰：天地之性者，直就气禀中指出本然之理而言，孟子之言是也。气禀之性，乃是合理与气而言，荀、扬、韩子之言是也。程、朱之言，明白洞达，既不足服执事之心，则子才、纯甫之言，宜其不见取于执事也，又况区区之言哉！

然尝思之，天下无性外之物，而性无不在日用之间，种种发见，莫非此性之用。今且莫问性是理，是气，是理与气兼，但就发处认得是理即行，不是理处即止，务求克去气质之偏、物欲之蔽，俟他日功深力到，豁然有见处，然后看是理耶，是气耶，是理与气兼耶？当不待辩而自明矣。《答余子积书》。②

10. 与唐仁卿

圣人之语心，恐非足下一手能尽掩也。又谓："圣人不语心，不得已言思。"思果非心乎？此犹知人之数二五，而不知二五即十也。约礼之约，本对博而言，乃不谓之要约，而谓之"约束"；先立其大，本对小体而言，乃不谓

---

① （清）黄宗羲：《明儒学案》（修订本）（卷三），《崇仁学案》（三），《复余子积论性书》，中华书局2008年版，第55—58页。
② （明）黄宗羲：《明儒学案》（卷四），《崇仁学案》（四），《答余子积书》，第75—76页。

之立心，而谓之"强立"。则欲必异于孔孟也。是皆有稽乎？无稽乎？于圣人为侮乎？非侮乎？又以"求放心立其大，见大心泰，内重外轻，皆非下学者事"。天下学子，十五入大学，凡皆责之以明德、亲民、正心、诚意、致知之事，宁有既登仕籍，临民久矣，而犹谓不当求放心立大者，圣门有是训乎？且今不教学者以见大重内，则当教之以见小重外可乎？此皆仆未之前闻也。窃详足下著书旨归，专在尊称韩愈，闯予诸儒之上，故首序中屡屡见之。夫韩之文词气节，及其功在潮，非不伟也。至其言道，以为孟轲、扬雄之道，又以臧孙辰与孟子并称。及登华岳，则震悼呼号，若婴儿状，淹潮阳则疏请封禅，甘为相如。良由未有心性存养之功，故致然耳。安得谓之知道？贾逵以献颂为郎，附会图谶，遂致贵显。徐干为魏曹氏宾客，名在七子之列。二子尤不可以言道。足下悦其外，便其文以为是，亦足儒矣。则其视存养自得，掘井及泉者，宁不迂而笑之且拒之矣？乃不知饰土偶猎马捶者，正中足下之说，足下亦何乐以是导天下而祸之也？且夫古今学者，不出于心性，而独逞其意见，如荀卿好言礼，乃非及子思、孟子，诋子张、子夏为饮食贱儒，况其他乎？近时舒梓溪，贤士也，亦疑白沙之学，将为王莽，为冯道。以今观之，白沙果可以是疑乎？皆意见过也。闻足下近上当路书，极訾阳明，加以丑诋。又诋先师罗文恭，以为杂于新学。是皆可忍乎？仆不能不自疚心，以曩日精诚，不足回足下之左辕故也。虽然，犹幸人心之良知，虽万世不可殄灭，子思、孟子之道，终不以荀氏贬。至白沙、阳明乃蒙圣天子昭察，如日月之明，岂非天定终能胜人也哉！矧天下学者，其日见之行存养自得者不鲜。而在足下，既负高明，自不当操戈以阻善，自当虚己求相益为当也。仆不难于默然，心实不忍，一恃畴昔之谊，一恐真阻天下之善，故不辞多言，亦自既厥心尔。程子有言："若不能存养，终是说话。"今望足下姑自养，积而后章，审而后发，有言逆心，必求诸道。仆自是言不再。以上与唐仁卿。①

11. 杨豫孙论性

（杨豫孙）② 先生以"知识即性，习为善者，固此知识，习为不善者，亦此知识"。故曰："恶亦不可不谓之性。"又曰："刚柔气也，即性也。刚有善

---

① （清）黄宗羲：《明儒学案》（卷二十三），《江右王门学案》（八），第530—531页。
② 杨豫孙，字幼殷，号朋石，南直隶松江府华亭人，与徐阶同时、同乡。

者焉，有不善者焉；柔有善者焉，有不善者焉。善不善，习也。其刚柔则性也。"窃以为气即性也，偏于刚，偏于柔，则是气之过不及也。其无过不及之处，方是性，所谓中也。周子曰："性者，刚柔善恶中而已矣。"气之流行，不能无过不及，而往而必返，其中体未尝不在。如天之亢阳，过矣，然而必返于阴。天之恒雨，不及矣，然而必返于晴。向若一往不返，成何造化乎？人性虽偏于刚柔，其偏刚之处，未尝忘柔，其偏柔之处，未尝忘刚，即是中体。若以过不及之气，便谓之性，则圣贤单言气足矣，何必又添一性字，留之为疑惑之府乎？古今言性不明，总坐程子"恶亦不可不谓之性"一语，由是将孟子性善置之在疑信之间，而荀扬之说，纷纷起废矣。①

12. 学必有宗

古之学者必有宗，学无宗则无以一道德。孔子既没，此时当立宗，子夏、子游、子张欲事有若，正此意也。时年长莫如子贡，学醇莫如曾子，然子贡又独居三年，曾子年最少，惟有若年亚子贡，而学亦大醇，故门人多宗焉。使曾子稍能推之，则宗立矣。七十子之徒，朝夕相依，各陈孔子之业，则微言岂易绝哉！惟失此举，其后子夏居魏，子张居陈，子贡居齐，漫无统一，阙里散后，诸贤再无丽泽之资。西河之人疑子夏为夫子，而荀况、庄周、吴起、田子方之徒，皆学于孔子，而自为偏见，惟其无以就正之耳。汉时五经师传最盛，有数百年之宗。彼经术耳，且以有宗而传，我孔氏之道德，再传而失之者，宗之散也。②

13. 气与性

宇宙只是一气，浑是一个太和，中间清浊刚柔，多少参差不齐。故自形生神发、五性感动后观之，知愚贤不肖、刚柔善恶中，如皋陶论九德，孔子所言柴、参、师、由，偏处自有许多不同。既同出一个太和，则知的是性，愚者岂不是性？善者是性，恶者岂不是性？孟子却又何故独言性善？此处非功夫与天命合一，不能知也。动而无动，静而无静，一动一静之间，是天命本体，造化所以神者在此。故工夫到得勿忘勿助之间，即便是此体，那纯粹

---

① （清）黄宗羲：《明儒学案》（卷二十七），《南中王门学案》（三），第620页。
② （清）黄宗羲：《明儒学案》（卷二十七），《南中王门学案》（三），第623页。

至善的头面即便现出来，便知天知性，知柔知刚，恻隐、羞恶、辞让、是非，便随感而应。孟子言性善，正于此处见得。荀、韩诸子不知性，正由不知此一段学问工夫。如今只须用功，不须想像他如何。工夫到得真默处，即识之矣。盖气一分殊，即分殊约归动静之间，便是本体。先儒却以善恶不齐为气质，性是理，理无不善，是气质外别寻理矣。①

14. 学术之历古今

学术之历古今，譬之有国者。三代以前，如玉帛俱会之日，通天下之物，济天下之用，而不必以地限也。孟荀以后，如加关讥焉，稍察阻矣。至宋南北之儒，殆遏籴曲防，独守溪域，而不令相往来矣。陈公甫尝叹宋儒之大严。惟其严也，是成其陋者也。夫物不通方则用穷，学不通方则见陋。且诸子如董、扬以下，苏、陆以上，姑不论。晦翁法程、张矣，而不信程、张，尊杨、谢矣，而力辟杨、谢。凡诸灵觉明悟，通解妙达之论，尽以委于禅，目为异端，而惧其一言之污也。顾自日看案上《六经》《论》《孟》及程氏文字，于一切事物理会，以为极致，至太极无极，阴阳仁义，动静神化之训，必破碎支离之。为善稍涉易简疏畅，则动色不忍言，恐堕异端矣。夫如此学道，乌得不陋？夫谓灵觉明妙禅者所有，而儒者所无，非灵觉明妙，则滞窒昏愚，岂谓儒者必滞窒昏愚，而后为正学耶？②

15. 论工夫

功夫就是本体，不容添得一些，寻见本体不走作，才是真功夫，若以去人欲，做存天理工夫，便如捕贼保家。所谓克己复礼，惟其礼，故己克。所谓闲邪存诚，惟其诚，故邪闲。故存天理，是去人欲的下手处。荀卿性恶之说，不曾教人从恶，只要人反转克治，这便矫枉过正，不在本体上做工夫，却从外边讨取。不自信，将谁以为据乎？《论工夫》③

16. 冯从吾

（冯从吾）先生受学于许敬庵，故其为学，全要在本原处透彻，未发处得

---

① （清）黄宗羲：《明儒学案》（卷二十八），《楚中王门学案》，第631页。
② （清）黄宗羲：《明儒学案》（卷三十三），《泰州学案》（二），第754—755页。
③ （清）黄宗羲：《明儒学案》（卷四十），《甘泉学案》（四），第958页。

力，而于日用常行，却要事事点检，以求合其本体。此与静而存养，动而省察之说，无有二也。其儒佛之辨，以为佛氏所见之性，在知觉运动之灵明处，是气质之性；吾儒之所谓性，在知觉运动灵明中之恰好处，方是义理之性。其论似是而有病。夫耳目口体质也，视听言动气也。视听言动流行，而不失其则者，性也。流行而不能无过不及，则气质之偏也，非但不可言性，并不可言气质也。盖气质之偏，大略从习来，非气质之本然矣。先生之意，以喜怒哀乐视听言动为虚位，以道心行之，则义理之性在其中，以人心行之，则气质之性在其中。若真有两性对峙者，反将孟子性善之论，堕于人为一边。先生救世苦心，大将气质说坏耳。盖气质即是情才，孟子云："乃若其情，则可以为善矣。若夫为不善，非才之罪也。"由情才之善，而见性善，不可言因性善而后情才善也。若气质不善，便是情才不善，情才不善，则荀子性恶不可谓非矣。①

17. 唐伯元

（唐伯元）② 先生学于吕巾石，其言："性一天也，无不善；心则有善不善。至于身，则去禽兽无几矣。性可顺，心不可顺，以其附乎身也。身可反，心不可反，以其通乎性也。故反身修德，斯为学之要。"而其言性之善也，又在不容说之际，至于有生而后，便是才说性之性，不能无恶矣。夫不容说之性，语言道断，思维路绝，何从而知其善也？谓其善者，亦不过稍欲别于荀子耳。孟子之所谓性善，皆在有生以后，恻隐、羞恶、辞让、是非之心，何一不可说乎？以可说者，谓不能无恶，明已主张夫性恶矣。以性为恶，无怪乎其恶言心学也。③

18. 诸家所记夫子之言

《鲁论》记夫子之言至矣，《家语》得其十之七，荀子、刘向、大、小戴十之五，庄、列十之三。以下《论语解》。④

---

① （清）黄宗羲：《明儒学案》（卷四十一），《甘泉学案》（五），第982页。
② 唐伯元（1540—1597），明潮州府人。存有《醉经楼集》等。
③ （清）黄宗羲：《明儒学案》（卷四十二），《甘泉学案》（六），第1002页。
④ （清）黄宗羲：《明儒学案》（卷四十二），《甘泉学案》（六），第1003页。

19. 布政陈克庵先生选

陈选字士贤，台之临海人。天顺庚辰试礼部，丘文庄得其文，曰："古君子也。"置第一。及相见而貌不扬，文庄曰："吾闻荀卿云，圣贤无相，将无是乎？"授监察御史。[①]

20. 世之谈道

笺诂者，圣经之翼也；诸子者，微言之遗也；史牒者，来今之准也；杂文者，蕴积之叶也。世之谈道者，每谓心苟能明，何必读书？吾夫子既斥仲由之佞矣。又谓皋、夔、稷、契何书可读？然则《三坟》《五典》之书，传自上古者，胡为诵法于删述之前耶？《十三经注疏》中，多有可取者，如郑氏释道不可离，曰"道犹道路也，出入动作由之，离之恶乎从也？"其言似粗而实切，苟谓真儒不是康成，而颛求明心见性，则又入禅矣。荀、扬虽大醇小疵，而不敢拟经，其言亦有所见。近世乃有取于《文中子》，以为圣人复起，不能易也。谓之何哉？执事曰："二程谓老氏之言，无可辟者，惟释氏之说，衍蔓迷溺至深，故宋儒多取道家言。如周茂叔自无而有，自有归无，乃李荃之阴符也。张子厚清虚一大，乃庄周之太虚也。朱子之《调息箴》乃老聃之玄牝也。矧又注《参同契》《阴符经》，盛传于世邪？盖去圣日远，而内圣外王之学，老庄颇合吾儒，遂至此尔。"[②]

21. 性习说

孔、孟之言性也，一而已矣，而以为有性气之分者，二之，则不是也。孔子曰："性相近也"，众人之性则近求、由矣，求、由之性则近游、夏矣，游、夏之性则近渊、骞矣，渊、骞之性则近夫子矣。性固相近也。又曰："习相远也"，习于舜、禹，则为舜禹之徒矣；习于盗跖，则为盗跖之徒矣；习固相远也。以瞽瞍、伯鲧为父，而有舜禹，习乎善而不习乎其父；以柳下惠为兄，而有盗跖，习乎恶而不习乎其兄。故曰"上智与下愚不移"。人惟习于利欲，旦昼之气梏其性而亡之，为放辟邪侈之事，在罟擭陷阱之中，曾莫之觉也。

---

① （清）黄宗羲：《明儒学案》（卷四十五），《诸儒学案上》（三），第1084页。
② （清）黄宗羲：《明儒学案》（卷五十一），《诸儒学案中》（五），第1201页。

向晦定息至于中夜，而清明之体还焉，良心复萌，所谓"继之者善"，其在是矣。谁无此心，岂非相近乎哉？孔孟之后，周人世硕乃曰"性有善有恶"，荀卿则为"性恶，其善者伪也"，则又甚于世硕矣。其论性恶，累数千百言，至援引尧、舜问答之词以为证。其出于尧舜与否，吾不得而知也。"妻子具而孝衰于亲"，则是妻子未具之先，尝有孝矣；曰："爵禄荣而忠衰于君"，则是爵禄未荣之先，尝有忠矣。由是言之，则性固本善而无恶也。《性习说》。①

22. 五行说

问："儒者皆言火生土，土生金。"曰："土之体，博厚无疆，非火所能生。今湖荡之中，或浮沙成洲，平地之上，或积壤成丘，火何所用其力耶？但火之精气行于地中，土因是而成金，故金之明在内，则金乃火之所生，土之所成也。孟子之言性善，指仁义礼智而言者也。仁义礼智，乌有不善？但以人之禀受言之，则或全或缺，或有此而无彼，如'仁者见之谓之仁，知者见之谓之知'之类，此韩子性有三品之说，优于荀、杨。然自予言之，虽谓性有万品可也，岂特三品而已哉？以五行之生言之，则金生于火也，火性烈而金性刚；木生于水也，水性缓而木性柔。此则一理之赋，所谓性相近也。然水之行也而向于下，木止也而向于上，火散也而向于无，金遒也而向于有，此则土之所为，所谓气禀之拘也。气以理行，故理之在天者，若有知觉，在人为此心之灵也。圣人有教，以觉庸愚，谓之'为天地立心，为生民立命'者以此。"②

23. 论庶民

问："小人悖之，是庶民乎？是学者乎？"曰："是学者。如孔子之所谓佞人，孟子所谓乡愿，《大学》之闲居，《中庸》之无忌惮，皆是也。若夫庶民盗贼之违理犯义，则非其性之滋伪，由于上之人不能立极，使之无道，而教之无素也。《书》曰："惟皇上帝，降衷于下民，若有恒性，克绥厥猷惟后。荀卿子曰：'天下有道，盗贼其先变乎？'③ 由是推之，则知庶民之违礼，盗

---

① （清）黄宗羲：《明儒学案》（卷五十一），《诸儒学案中》（五），第1214页。
② （清）黄宗羲：《明儒学案》（卷五十三），《诸儒学案下》（一），第1283—1284页。
③ 《荀子·正论》，原文引称"孔子曰"。

贼之犯义，特以极之不立耳，非庶民盗贼之罪也。"①

24. 性善说

人性虽善，必学习而后成圣贤。赤子虽良，养之四壁中，长大不能名六畜。虽有忠信之资，不学不成令器。荀卿疑人性为恶以此。夫性本虚灵，人之生理，何有不善？如五谷果实，待人栽培，委之闲旷，其究腐败耳，可谓五谷果实，本无生理乎？浮屠称无学以求见性，所以荒宕驰骋，败常乱俗也。②

25. 论万物

问："万物看来，只是好生恶死，天地亦是生物之性。孟子说尽心知性，想此好生之心，充拓得尽便是性体，与天地一般。"某云："此处极是，但有不同。凡物有性有情有命。好生恶死，是万物之情；方生方死，是万物之命；或得偏而生，或得偏而死，是万物之性。虎豹之有慈仁，蜂蚁之有礼义，鱼鳖草木之有信智，具种种性，与人一般，只是包罗充拓，全藉吾人。《大壮》说'天地之情'，《无妄》说'万物之性'，天地乘时，无一非礼之动，万物纯质，无一诈伪之萌，人能尽此两端，便是参赞手段。"情是性之所分，性是情之所合，情自归万，性自归一。古今唯有周、孔、思、孟识性字，杨、荀、周、程只识得质字，告子亦错认质字耳。《易》云："继之者善，成之者性"，善继天地，性成万物。继天立极，是性根上事；范围曲成，是性量上事。善是万物所得以生，性是万物所得以成。猿静狙躁，猫义鼠贪，鹰直羔驯，雁序雉介，此皆是质上事。如性者，自是伊得以生，伊得以成，入水入林，能飞能跃的道理，此是天地主张，不关品汇，能尽得天地主张道理，何患万物陶铸不成！③

26. 言性图

孟子性善，〇。可使为不善●。上圈即性相近，下圈乃习相远。

---

① （清）黄宗羲：《明儒学案》（卷五十三），《诸儒学案下》（一），第1284页。
② （清）黄宗羲：《明儒学案》（卷五十五），《诸儒学案下》（三），第1322页。
③ （清）黄宗羲：《明儒学案》（卷五十六），《诸儒学案下》（四），第1347—1348页。

告子无分，善，○。不善，●。两者不存，并性亦不立。

宋儒○性即理。才禀于气，气有清浊。○清贤，●浊愚。

如此并衡，便把真性来做两件。孟子说"性善"，即习有不善，不害其为性善。后人既宗"性善"，又将理义气质并衡，是明堕"有性善，有性不善"，与"可以为善，可以为不善"之说了。且告子说"无分"，虽不明指性体，而性尚在。后人将性参和作两件，即宗性善而性亡。

孟子谓"形色天性也"，而后儒有谓"气质之性，君子有弗性者焉"。夫气质独非天赋乎？若天赋而可以弗性，是天命之性，可得而易也。孟子谓"为不善，非才之罪也"，而后儒有谓"论其才，则有下愚之不移"。夫使才而果有"下愚"，是"有性不善"与"可以为不善"之说是，而孟子之言善非也。孟子谓"故者以利为本"，而荀子直谓"逆而矫之，而后可以为善"。此其非人人共知。但荀子以为人尽不善，若谓清贤浊愚，亦此善彼不善者也。荀子以为本来固不善，若谓形而后有气质之性，亦初善中不善者也。夫此既善，则彼何以独不善？初既善，则中何以忽不善？明知善既是性，则不善何以复系之性？然则二说，又未免出入孟荀间者也。荀子矫性为善，最深最辨。唐、宋人虽未尝明述，而变化气质之说，颇阴类之。①

27. 命说

《易》云："利贞者，性情也。"又云："各正性命。"夫性其命者，所以合天，性其情者，所以坊人。其本则所谓刚健中正，纯粹精也。而世说天命者，若除理义外，别有一种气运之命，杂糅不齐者。然因是则有理义之性、气质之性。又因是则有理义之心、形气之心。三者异名而同病。总之不过为为不善者作推解说。夫世之为善者少，而不为善者多，则是天之生善人也少，而生不善人也多，人之得性情之善于天也少，而得性情之不善于天也多。诬天诬人，莫此为甚，以是有变化气质之说。夫气质善，而人顺之使善，是以人合天，何极易简？若气质本有不善，而人欲变化之使善，是以人胜天，何极艰难？且使天而可胜，即荀子矫性为善，其言不异，而世非之何哉？孟子曰："天之高也，星辰之远也，苟求其故，千岁之日至，可坐而致也。"是天之气运之行，无不齐也。而独命人于气运之际，顾有不齐乎哉？《中庸》曰：

---

① （清）黄宗羲：《明儒学案》（卷五十九），《东林学案》（二），第 1453—1454 页。

"文王之所以为文也,纯亦不已。"夫使天果不齐,是纯独文王之所有,而举世性情之所无也。又非独世性情之所无,而亦天命之所本无也。将所谓纯粹精者,何在乎?《命说》①

28. 答归绍隆问

独无色,故睹不得;无声,故闻不得。睹不得,闻不得,却有一个独体在。非谓不睹不闻之时,是独也。独体本自惺惺,本自寂寂,而却有不惺惺不寂寂之物欲。独体本自无起,本自无灭,而却有常起常灭之人心。这里所以用着戒慎恐惧四个字,能于惺惺寂寂中持此四个字,而后不惺惺不寂寂之物欲可灭;能于无起无灭中持此四个字,而后常起常灭之人心可除。此是有着落的工夫,所谓本体上作工夫者是也。荀子曰:"养心莫善于诚。"周子曰:"荀子原不识诚,既诚矣,心安用养耶?到得心不用养处,方是诚。"《答归绍隆问》②

29. 原性

告子曰:"性无善无不善也。"此言似之而非也。夫性无性也,况可以善恶言?自学术不明,战国诸人,始纷纷言性,立一说复矫一说,宜有当时三者之论。故孟子不得已而标一善字以明宗,后之人犹或不能无疑也。于是又导而为荀、杨、韩,下至宋儒之说,益支。然则性果无性乎?夫性因心而名者也。盈天地间一性也,而在人则专以心言。性者,心之性也。心之所同然者理也,生而有此理之谓性,非性为心之理也。如谓心但一物而已,得性之理以贮之而后灵,则心之与性,断然不能为一物矣。盈天地间一气而已矣,气聚而有形,形载而有质,质具而有体,体列而有官,官呈而性著焉,于是有仁义礼智之名。仁非他也,即恻隐之心是;义非他也,即羞恶之心是;礼非他也,即辞让之心是;智非他也,即是非之心是也。是孟子明以心言性也。而后之人,必曰心自心,性自性,一之不可,二之不得,又展转和会之不得,无乃遁已乎!至《中庸》则直以喜怒哀乐,逗出中和之名,言天命之性,即此而在也,此非有异指也。恻隐之心,喜之变也;羞恶之心,怒之变也;辞

---

① (清)黄宗羲:《明儒学案》(卷五十九),《东林学案》(二),第 1467 页。
② (清)黄宗羲:《明儒学案》(卷六十),《东林学案》(三),第 1486 页。

让之心，乐之变也；是非之心，哀之变也。是子思子又明以心之气言性也。子曰："性相近也。"此其所本也。而后之人，必曰理自理，气自气，一之不可，二之不得，又展转和会之不得，无乃遁已乎？呜呼！此性学之所以晦也。然则尊心而贱性，可乎？夫心囿于形者也，形而上者谓之道，形而下者谓之器也，上与下一体两分，而性若踞于形骸之表，则已分有常尊矣。故将自其分者而观之，灿然四端，物物一太极；又将自其合者而观之，浑然一理，统体一太极。此性之所以为上，而心其形之者与？即形而观，无不上也；离心而观，上在何处？悬想而已。我故曰："子不知性，以其外心也。"先儒之言曰："孟子以后道不明，只是性不明。"又曰："明此性，行此性。"夫性，何物也？而可以明之。只恐明得尽时，却已不是性矣。为此说者，皆外心言性者也。外心言性，非徒病在性，并病在心，心与性两病，而吾道始为天下裂。子贡曰："夫子之言性与天道，不可得而闻也。"则谓之性本无性焉，亦可。虽然，吾固将以存性也。《原性》①

30. 荆公新学与苏氏蜀学

荆公《淮南杂说》初出，见者以为《孟子》。老泉文初出，见者以为荀子，已而聚讼大起。《三经新义》累数十年而始废，而蜀学亦遂为敌国。上下学案者，不可不穷其本末也。且荆公欲明圣学而杂于禅，苏氏出于纵横之学而亦杂于禅。甚矣！西竺之能张其军也！述《荆公新学》及《蜀学略》。第九十八卷、九十九卷。②

31. 睢阳子集③补

孔子而下，称大儒者，曰孟轲、荀卿、扬雄，至于董仲舒，则忽而不举，何哉？仲舒对策，推明孔子，抑黜百家，诸不在六艺之科者皆绝其道，勿使并进，斯可谓尽心于圣人之道者也。暴秦之后，圣道晦而复明者，仲舒之力。《董仲舒》。④

---

① （清）黄宗羲：《明儒学案》（卷六十二），《蕺山学案》，第1565—1566页。
② （明）黄宗羲：《黄宗羲全集》（第三册），《宋元学案》（一），卷首《宋元儒学案序录》，第47页。
③ 作者为孙复。
④ （明）黄宗羲：《黄宗羲全集》（第三册），《宋元学案》（卷一），《泰山学案》，第139页。

32. 《常语辩》

孟子曰："尽信《书》，则不如无书。仁人无敌于天下，以至仁伐不仁，而何其血之流忤也？"曰："纣一人恶邪？众人恶邪？众皆善而纣独恶，则去纣久矣，不待周也。夫为天下逋逃主，萃渊薮，同之者可遽数邪？纣存则逋逃者曷归乎？其欲拒周者人可数邪？血流漂杵，未足多也。"或曰："前徒倒戈攻于后，以北。故荀卿曰：'杀者皆商人，非周人也。'然则商人之不拒周，审矣。"曰："如皆北也，焉用攻？"又曰："甚哉，世人之好异也。孔子非吾师乎？众言骧骧，千径百道，幸存孔子，吾得以求其是。《虞》《夏》《商》《周》之书出于孔子，其谁不知？孟子一言，人皆畔之。畔之不已，故今人之取《孟子》以断《六经》矣。呜呼，信《孟子》而不信经，是犹信他人而疑父母也。"①

33. 章望之

（章望之）② 先生喜议论。宗孟子言性善，排荀卿、杨雄、韩愈、李翱之说，著《救性》七篇。欧阳修论魏、梁为正统，先生以为非，著《明统》三篇。江南李盱江著《礼论》，谓仁、义、智、信、乐、刑、政皆出于礼，先生订其说，著《礼论》一篇，其议论多有过人者。③

34. 养心

先生名张宗范之亭曰"养心"，而为之说曰：孟子曰："养心莫善于寡欲。其为人也寡欲，虽有不存焉者寡矣。其为人也多欲，虽有存焉者寡矣。"予谓养心不止于寡焉而存尔。盖寡焉以至于无，无则诚立明通。诚立，贤也；明通，圣也。是圣贤非性生，必养心而至之。养心之善，有大焉如此，存乎其人而已。

荀子言"养心莫善于诚"。先生曰："荀子元不识诚。"明道曰："既诚矣，心焉用养邪！"

---

① （明）黄宗羲：《黄宗羲全集》（第三册），《宋元学案》（卷一），《高平学案》，第218页。
② 章望之，字表民，宋建州浦城人。著有《救性》《明统》《礼论》等。
③ （明）黄宗羲：《黄宗羲全集》（第三册），《宋元学案》（卷一），《士刘诸儒学案》（卷六），第325页。

顾谨案：子刘子曰："告子原不识性，故曰'生之谓性'，买椟而还珠。荀子原不识诚，故曰'以诚养心'，握灯而索照。若识得，即如此说亦不妨。"①

35. 姜定庵

百家又忆姜定庵先生希辙②，尝于其家两水亭问先遗献"学而时习"之解，答云："《白虎通》云：'学者，觉也，觉悟所未知也。'朱子曰：'学之为言，效也。'总是工夫之名。荀子所谓'诵数以贯之，思索以通之，为其人以处之，除其害以持养之'，皆是。然必有所指之的，则合其本体而已矣，明道之'识仁'是也。'时习'者，孟子：'必有事焉而勿正，心勿忘、勿助长也。'明道：'识得此理，以诚敬存之而已。不须防检，不须穷索。若心懈则有防，心苟不懈，何防之有！理有未得，故须穷索；存久自明，安待穷索！'盖其间调停节候，如鸟之肆飞，冲然自得，便是说也。"③

36. 不识天道

刘蕺山曰："荀子二语并称，亦见他请事斯语，分明笃恭而天下平气象。却嫌'四勿'犹落声臭，支离在。而象山又本程子之言以推尊仲弓，不知孔子教人，何尝不皆是天道，但不可得而闻耳。仲弓资性厚重，而用功于敬，至此夫子只是要打成他一片处，近乎'一贯'之呼矣。荀子虽未为无见，抑亦佛、老之学。即是论性之解，此派相沿，误尽后人，总之不识所谓天道也。"④

37. 论性

问："人性本明，因何有蔽？"曰："此须索理会也。孟子言'人性善'

---

① （明）黄宗羲：《黄宗羲全集》（第三册），《宋元学案》（一），《濂溪学案下》（卷十二）（全祖望补本），附录，第631—632页。
② 姜希辙，字二滨，别字定庵，浙江会稽人。著有《理学录》。专门讨论可参见彭国翔《近世儒学史的辨正与钩沉》（中华书局2015年版）一书相关论文。
③ （明）黄宗羲：《黄宗羲全集》（第三册），《宋元学案》（一），《明道学案上》（卷十三），第660页。
④ （明）黄宗羲：《黄宗羲全集》（第三册），《宋元学案》（一），《明道学案上》（卷十三），第676页。

是也。虽荀、扬亦不知性也。孟子所以独出诸儒者，以能明性也。性无不善，而有不善者，才也。性即是理，理则自尧、舜至于涂人，一也。才禀于气，气有清浊，禀其清者为贤，禀其浊者为愚。"又问："愚可变否？"曰："可。孔子谓'上知与下愚不移'，然亦有可移之理。惟自暴自弃者，则不移也。"曰："下愚所以自暴弃者，才乎？"曰："固是也。然却道不可移不得。性只一般，岂不可移？却被他自暴自弃，不肯去学，故移不得。使肯学时，亦有可移之事。"

　　百家谨案：孟子云："非天之降才尔殊也。"又云："乃若其情，则可以为善。若夫为不善，非才之罪也。"明明言无不善之才矣。今夫秠麦播种，能抽芽发穗，结实成熟者，其才也。就其中之生意为性。盖性之善由才之善而见，不可言性善而后才善也，又恶可言性善而才有不善也？然而"上知下愚"实不可移，将谓才无不善、降无尔殊乎？嗟乎！此从来言性学之葛藤，最难剖断。于是后儒遂谓有气质之性、义理之性。孔子之言"近"，言"上知下愚"，气质之性也。孟子之言"善"，义理之性也。将一性岐而二之。不知性者，从气质中指其义理之名。义理无气质，从何托体？气质无义理，不成人类。气质、义理，一物也，即一性也。试为从本言之。《易传》不云乎："一阴一阳之谓道。继之者善也，成之者性也。"自继之而言，阴阳天命之流行，尚未著于人物，其时道体之冲和於穆，粹然至善者也。及其有所赋予，或成而人，或成而物。就人之气质得阴阳天命之全而性善焉，是性者因气质而有也。有是气质而后有是性，则性之善亦因气质之善而善之也。如将一粒麦种看，生意是性，生意默默流行便是气，生意显然成象便是质。如何将一粒分作两项，曰性善气质不善？然而知愚贤不肖生来不等者，天命至精，著于生初，当其在胎之时，即有习染，所以古人有胎教之言。如此秠麦落地，而有肥硗雨露人事之不齐，说不得秠麦之性不同也。孔子言"习相远"，习不仅在堕地之后，其在胎时即有习矣。总之，于天命之性无与也。[①]

38. 天体物不遗

　　天道四时行，百物生，无非至教。圣人之动，无非至德。夫何言哉！

[①] （明）黄宗羲：《黄宗羲全集》（第三册），《宋元学案》（一），《伊川学案上》（卷十五），第738—740页。

天体物不遗，犹仁体事无不在也。"礼仪三百，威仪三千"，无一物而非仁也。"昊天曰明，及尔出王；昊天曰旦，及尔游衍"，无一物之不体也。

朱子曰：此数句从赤心片片说出来，荀、扬岂能到！

刘蕺山曰："天无一物不体处，即是仁无一事不在处。"

上天之载，有感必通。圣人之为，得为而为之也。

高忠宪曰："上天之载，寂然不动，而感则必通。圣人之心，寂然无为，而得为则为。明其顺应而无所矫强也。"①

39. 论性

黄勉斋曰："自孟子言性善，而荀卿言性恶，扬雄言善恶混，韩文公言三品，及至横渠，分为天地之性、气质之性，然后诸子之说始定。盖自其理而言之，不杂乎气质而为宗，则是天地赋与万物之本然者，而寓乎气质之中也。故其言曰：'善反之，则天地之性存焉。'盖谓天地之性，未尝离乎气之中也。其以天地为言，特指其纯粹至善，乃天地赋予之本然也。"曰："形而后有气质之性，其所以有善恶之不同者，何也？"曰："气有偏正，则所受之理随而偏正；气有昏明，则所受之理随而昏明。木之气盛，则金之气衰，故仁常多而义常少。金之气盛，则木之气衰，故义常多而仁常少。若此者，气质之性有善恶也。"曰："既言气质之性有善恶，则不复有天地之性矣！子思子又有'未发之中'，何也？"曰："性固为气质所杂矣，然方其未发也，此心湛然，物欲不生，则气虽偏而理自正，气虽昏而理自明，气虽有赢乏而理则无胜负。及其感物而动，则或气动而理随之，或理动而气挟之，由是至善之理听命于气，善恶由之而判矣。此未发之前，天地之性纯粹至善，而子思之所谓'中'也。《记》曰：'人生而静，天之性也。'程子曰：'其本也真而静，其未发也五性具焉。'则理固有寂感，而静则其本也，动则有万变之不同焉。尝以是质之先师，答曰：'未发之前，气不用事，所以有善而无恶。'至哉此言也！"②

---

① （明）黄宗羲：《黄宗羲全集》（第三册），《宋元学案》（一），《横渠学案上》（卷十七），第818页。

② （明）黄宗羲：《黄宗羲全集》（第三册），《宋元学案》（一），《横渠学案上》（卷十七），第833—834页。

40. 言才

百家谨案：先生之言才，就人有气质之偏，故有才有不才。言性，亦因有气质之偏之混，故必待尽性而后成性。若论其本然，孟子言性善，又曰"若夫为不善，非才之罪"，则性固不待人为而后成，才亦无有才不才之别。何以言之？气质者，天地生人之本，宇宙圣愚之所同也。因气质而指其有性，是性者即从气质之本然者而名之，非气质之外别有性也。性既是气质，则气质之偏者，非惟不可言性，并不可言气质也，奈何将气质之偏者混扰于性中乎？盖气质之偏者，习也。习不因堕地后而始有。五方土地之风俗，父母胎中之习养，此即黍麦之肥硗、人事、雨露也，岂得谓黍麦之才有殊乎？先遗献曰："气质即是情才，由情才之善而见性善，不可言性善而后情才善也。若气质有不善，便是情才不善；情才不善，则荀子之性恶可谓非矣。"至于成性与尽性，则大有分别。尽性属人力，成性则本成之性，是天之所生，人力丝毫不得而与。故但有知性，而无为性之理。先生之言性，由人而成，失《大易》之旨矣！①

41. 引《荀》

"弓调而后求劲焉，马服而后求良焉，士必悫而后智能焉。不悫而多能，譬之豺狼，不可近。"②

高忠宪曰：调者，木心正，脉理直，制作如法也。服，驯也。良，善走也。见《荀子》。③

42. 天理

今之性，灭天理而穷人欲，今复反归其天理。古之学者，便立天理；孔、孟而后，其心不传，如荀、扬皆不能知。

顾谨案：明道程子曰："天理二字，是自家体贴出来。"先生亦拈天理，

---

① （明）黄宗羲：《黄宗羲全集》（第三册），《宋元学案》（一），《横渠学案上》（卷十七），第837—838页。
② 《荀子·哀公》。
③ （明）黄宗羲：《黄宗羲全集》（第三册），《宋元学案》（一），《横渠学案上》（卷十七），第872页。

而曰"归"曰"立",发明"自家体贴"之意,尤为吃紧。①

43. 华阳文集②

古之士与君言,言使臣;与人臣言,言事君;与幼者言,言孝悌;与居官者言,言忠信。自童子以至于成人,自洒扫应对以入于道德,学不陵节,教不躐等。有非其所问而问者,乡先生君子不以告也。譬如拱把之桐梓,长之养之,至于成材,无不适于用。如其未至而曰至,未能而曰能,则是贼夫人之子,非先王长育之意也。盖孔子之教曰:"文、行、忠、信。""兴于《诗》,立于礼,成于乐。"孟子曰:"谨庠序之教,申之以孝悌之义。"其所教者皆以明人伦也。

以孔子之圣,四十而始不惑,五十而知天命。虽曰知之,犹罕言之。性与天道,自子贡不得而闻,况其下者乎?近世学士、大夫,自信至笃,自处甚高。未从师友,而言天人之际;未多识前言往行,而穷性命之理。其弊浮而无实,锲薄而不敦。虽然,"十室之邑,必有忠信",天下之大,岂无豪杰不待文王而兴者?然圣人之教,必为中人设也。

比年以来,朝廷患之,诏禁申、韩、庄、列之学,流风寖息,而犹未绝。夫申、韩本于老,而李斯出于荀卿。学者失其渊源,极其末流,将无所不至。故秦之治,文具而无恻隐之实;晋之俗,浮华而无礼法之防。天下靡然,卒之大乱。此学者之罪,不可以不戒也。《省试策问》。③

44. 以师为圣

荀卿之弟子与叔孙通之弟子皆以其师为圣人。范阳祀安、史,亦曰"二圣"。

祖望谨案:此消蔡卞之以荆公为圣也。④

---

① (明)黄宗羲:《黄宗羲全集》(第三册),《宋元学案》(一),《横渠学案上》(卷十八),第907—908页。
② 宋仪望(1514—1578),字望之,吉安永丰人。师从聂豹。存有《华阳文集》等。
③ (明)黄宗羲:《黄宗羲全集》(第四册),《宋元学案》(二),《华阳学案》(卷二十一),第85—86页。
④ (明)黄宗羲:《黄宗羲全集》(第四册),《宋元学案》(二),《景迂学案》(卷二十二),第96页。

45. 为己成物

古之学者为己，其终至于成物。今之学者为物，其终至于丧己。杞柳，荀子之说也。湍水，杨子之说也。①

46. 发而中节

朱子曰：圣人发而中节，故为善；众人发不中节，故为恶。世儒乃以善恶言性，邈乎辽哉，此亦性无善恶之意。然不知所中之节，圣人所自为邪？将性有之邪？谓圣人所自为，则必无是理。谓性所固有，则性之本善也明矣。○南轩曰：所谓世儒，殆指荀、杨。荀、杨盖未知孟子所谓善也。此一段大抵意偏而辞杂，当悉删去。○朱子曰：某详此段，不可尽删。但自"圣人发而中节"以下删去，而以一言断之云："亦曰天理人欲之不同尔！"○南轩曰：所谓"轻诋世儒之过而不自知其非"，恐气未和而语伤易。析理当极精微，毫厘不可放过。至于尊让前辈之意，亦不可不存也。○朱子曰：某观此论，切中浅陋之病，谨已删去讫。②

47. 黄钟

黄钟，云濠案：钟一作锺。字器之，兴化人。号定斋，从陈昭度游。乾道中登第，待次德化尉，讲学授徒，里人服其教。调漳州录事参军。先生喜著述，有《周礼集解》《荀杨续注》《杜诗注释》《史要》诸书。补。③

48. 与陈同甫

偶记《荀子》论儒者进退处，有一句云"不用则退编百姓"④ 而愍似有味。畎浍之水，涓涓安流，初何足言！唯三峡、九河，抑怒涛而为伏槽循岸，乃可贵耳。颜子犯而不校，淮阴侯俯出跨下，路径虽不同，都欠不得，幸深

---

① （明）黄宗羲：《黄宗羲全集》（第四册），《宋元学案》（二），《景迂学案》（卷二十二），第98—99页。
② （明）黄宗羲：《黄宗羲全集》（第四册），《宋元学案》（二），《五峰学案》（卷四十二），第679页。
③ （明）黄宗羲：《黄宗羲全集》（第四册），《宋元学案》（二），《艾轩学案》（卷四十七），第799页。
④ 《荀子·儒效》。

留意！谚曰："赤梢鲤鱼，就虀瓮里浸杀。"陈拾遗一代词宗，只被射洪令断送，事变岂有定哉！著书大是难事，虽高明之资，亦不可不思"有余不敢尽"之语。以上《与陈同甫》。①

49. 水心著述

云濠案：谢山《学案剳记》：先生著有《习学记言》五十卷，《水心文集》二十八卷，《拾遗》一卷，《别集》十六卷，《制科进卷》九卷，《外稿》六卷，《荀杨问答》。②

50. 与章彦节

荀卿、扬雄、韩愈皆不世出，至言性则戾。近世巨儒性理之论，犹或有安。某乃稽百氏异同之论，出入于释、老，反覆乎孔子、子思、孟子之言，潜思而独究之，焕然有明焉。穷天地，亘万世，无易乎此也。然世无是学，难以谕人。离形色而言性，离视听言动而言仁，非知性者。以上《与章彦节》。③

51. 提刑唐说斋先生仲友 父尧封

唐仲友，字与政，金华人也，侍御史尧封之子。侍御以清德有直声，先生兄弟皆自教之。成绍兴二十一年进士，兼中宏辞，通判建康府。上万言书论时政，孝宗纳之。召试，除著作郎，疏陈正心诚意之学。出知信州，以善政闻。移知台州，尝条具荒政之策，请以司马光旧说，令富室有蓄积者，官给印历，听其举贷，量出利息，俟年丰，官为收索，示以必信，不可诳诱，从之。锄治奸恶甚严。晦翁为浙东提刑，劾之。时先生已擢江西提刑，晦翁劾之愈力，遂奉祠。先生素伉直，既处摧挫，遂不出。益肆力于学，上自象纬、方舆、礼乐、刑政、军赋、职官，以至一切掌故，本之经史，参之传记，旁通午贯，极之茧丝牛毛之细，以求见先王制作之意，推之后世，可见之施

---

① （明）黄宗羲：《黄宗羲全集》（第五册），《宋元学案》（二），《东莱学案》（卷五十一），第25—26页。
② （明）黄宗羲：《黄宗羲全集》（第五册），《宋元学案》（三），《水心学案》（卷五十四），第113页。
③ （明）黄宗羲：《黄宗羲全集》（第五册），《宋元学案》（三），《梭山复斋学案》（卷五十七），第262—263页。

行。其言曰："不专主一说。苟同一人，隐之于心，稽之于圣经，合者取之，疑者阙之。"又曰："三代治法，悉载于经，灼可见诸行事。后世以空言视之，所以治不如古。"痛辟佛、老，斥当时之言心学者，从游尝数百人。初晦翁之与先生交奏也，或曰："东莱向尝不喜先生，晦翁因申其意。"陈直卿曰："说斋恃才，颇轻晦翁，而同甫尤与说斋不相下。"同甫游台，狎一妓，欲得之，属说斋以脱籍。不遂，恨之，乃告晦翁曰："渠谓公尚不识字，如何为监司。"晦翁衔之，遂以部内有冤狱，乞再按台。既至，说斋出迎稍迟，晦翁益以同甫之言为信，立索印，摭其罪具奏。说斋亦驰疏自辩。王鲁公淮在中书，说斋姻家也，晦翁疑其右之，连疏持之。孝宗以问，鲁公对曰："秀才争闲气耳。"于是说斋之事遂解，而晦翁门下士由此并诋鲁公，非公论也。或曰："是时，台州倅高文虎谮晦翁。"案：东莱最和平，无忮忌，且是时下世已一年矣。同甫《与晦翁书》曰："近日台州之事，是非毁誉参半。"且言有拖泥带水之意，则似亦未尽以晦翁之所行为至当者。同甫又曰："平生不曾说人是非，与政乃见疑相潜，真足当田光之死。"则当时盖有此疑，而同甫亟自白也。是皆失其实矣。文虎，小人之尤，殆曾出于其手。然予观晦翁所以纠先生者，忿急峻厉，如极恶大憝，而反复于官妓严蕊一事，谓其父子逾滥，则不免近于诬抑，且伤□□□。且蕊自台移狱于越，备受棰楚，一语不承。其答狱吏云："身为贱妓，纵与太守有滥，罪不至死，但不欲为妄言，以污君子，有死不能也。"于是岳商卿持宪节卒释之。然则先生之诬可白矣。又以在官尝刊荀、扬诸子为之罪，则亦何足见之弹事。晦翁虽大贤，于此终疑其有未尽当者。且鲁公贤者，前此固力荐晦翁之人也，至是或以姻家之故，稍费调停，然谓其从此因嗾郑丙、陈贾以毁道学，岂其然乎！丙、贾或以此为逢迎，鲁公岂听之？夷考其生平，足以白其不然也。盖先生为人，大抵特立自信，故虽以东莱、同甫，绝不过从，其简傲或有之。晦翁亦素多卞急，两贤相厄，以致参辰，不足为先生概其一生。①

52.《说斋文集》唐仲友

荀卿有性恶之说，扬雄有善恶混之说，韩愈有上中下之说。性恶之说，

---

① （明）黄宗羲：《黄宗羲全集》（第五册），《宋元学案》（三），《说斋学案》（卷六十），第355—357页。

为害尤大。世之言性恶者,皆以象藉口。吾观象之行事,适足以见性之善,不知其恶也。象之往入舜宫,郁陶之思,以伪为也,忸怩之颜,以诚发也。欺形于言,愧形于色,象之本心,固知伪之不可为也,其性岂不善哉?使象而性恶,则欺舜之言,居之必安,何愧之有?《易》言天地之情则于《咸》,言天地之道则于《恒》,至言天地之心则必于《复》。盖方群阴剥阳,而至于六阴之用事,则天地之心或几乎隐,及一阳动于下,有来复之象,则天地之心始可见。人之诱于物也,阴之剥也,俄然而复,阳之复也。象之忸怩,盖其复性之际,复则不妄,至诚之道也。善言性者,当于复观之。《性论》。

孟子书七篇,荀卿书二十二篇①,观其立言指事,根极理要,专以明王道,黜霸功,辟异端,息邪说,二书盖相表里。以吾观之,孟子而用,必为王者之佐,荀卿而用,不过霸者之佐,不可同日语也。王霸之异,自其外而观之,王者为仁义,霸者亦有仁义;王者有礼信,霸者亦有礼信。自其内而观之,王者之心,一出于诚,故正其谊不谋其利,明其道不计其功;霸者之心杂出于诈,故假仁以为利,利胜而仁衰。仗义以率人,人从而义废,汤、武、桓、文由此分也。荀卿之书,若尊王而贱霸矣,乃言性则曰"本恶,其善者伪也"。夫善可伪,则仁、义、礼、信,何适而非伪也?四者既伪,何适而非霸者之心?吾以是知卿而用必为霸者之佐也。李斯之学,实出于卿,盖卿有以启之。或曰:"卿之言曰:'君子养心,莫善于诚。'又曰:'诚者,君子之所守,而政事之本也。'卿岂不知王道之出于诚哉!"曰:"子以为诚者,自外至邪,将在内邪?性者,与生俱生;诚者,天之道,非二物也。以性为恶,则诚当自外入。外入则伪,恶睹所谓诚乎?吾观告子先孟子不动心,又其言辩,几与孟子埒。至于以义为外,以性为'犹杞柳',故孟子力诋之。荀卿'化性起伪'之说,告子之俦也。"《荀卿论》。

卿谓圣人恶乱,故制礼,然则礼强人者也。恶乱,故制乐,然则正声乃矫揉,而淫声乃顺其情者也。见礼乐之末,而未揣其本,即性恶之说,吾故谓告子之流。《读荀子礼乐二论》。②

---

① 现存通行《荀子》为三十二篇。
② (明)黄宗羲:《黄宗羲全集》(第五册),《宋元学案》(三),《说斋学案》(卷六十),第362—363页。

53. 唐说斋文钞序

谢山《唐说斋文钞序》曰：唐台州说斋以经术、史学负重名。于乾淳间，自为朱子所纠，互相奏论，其力卒不胜朱子，而遂为世所訾。方乾淳之学初起，说斋典礼经，制本与东莱、止斋齐名。其后浙东儒者绝口不及，盖以其公事得罪宪府，而要人为之左袒者，遂以伪学诋朱子，并其师友渊源而毁之，固宜诸公之割席。而要人之所以为说斋者，适以累之，可以为天下后世之任爱憎者戒也。详考台州之案，其为朱子所纠，未必尽枉。说斋之不能检束子弟，固无以自解于君子。然弹文事状多端，而以牧守刻荀、扬、王、韩四书，未为伤廉，其中或尚有可原者。况是时之官，非一跌不可复振者也。说斋既被放，杜门著书以老，则其人非求富贵者，不可以一偏遽废之，是吾长于善善之心也。予少时未见说斋之文，但从深宁《困学纪闻》得其所引之言，皆有关于经世之学。深宁私淑于朱子者也，而津津如此，则已见昔人之有同心。说斋著书，自《六经解》而下，共三百六十卷，《文集》又四十卷，今皆求之不可得。近于《永乐大典》中得其文若干首，诗若干首，钞而编之，以备南宋一家之言。因为论其人之本末，或谓说斋自矜其博，常诋朱子不识一字，故朱子劾之；或又言说斋不肯与同甫相下，同甫构之于朱子，此皆小人之言，最为可恶。要之，说斋之被纠，所当存而不论，而其言有可采者，即令朱子复起，或亦以予言为然也。①

54. 三山郡泮五贤祠记

孔君又言曲阜旧有五贤祠，乃祀荀、扬诸贤，今祠已毁，归当请之衍圣公，更议以此五贤易之。此不惟大明洙、泗之正传，亦以一洗汉、唐之陋习，扶世立教，抑邪崇正之功宏矣。因其行也，力赞勉之。私窃自谓山中一时绵蕞之礼，或者因莆、福二郡以为之兆，亦区区之志也。忽三山朋友以书来诘，谓"旧祠以邵、马以下凡十有四人，皆从改撤，公议之戈，莫不倒指于首议之人，子当何以解之？且贤牧、乡贤二祠，亦闻有所建白。若其果然，慎勿复言可也。"余盖深叹世衰道微之余，学校无公论，乃至于此，自可忘辩。然

---

① （明）黄宗羲：《黄宗羲全集》（第五册），《宋元学案》（三），《说斋学案》（卷六十），第364—365页。

斯道所关,则亦不可以不直者,辄申其义,或者傥有察焉,亦学校风化之一助也。《三山郡泮五贤祠记》。①

55. 诸贤从祀之论

或谓:"邵、马与张、吕诸贤,秩在从祀,固无以议为也。但此五先生者,所在郡县,别立祀庭,自为专享,得不伤于烦乎?"曰:"学校之祀典,不正久矣。五贤者,所在郡县,非无祀秩,然学校各别为专祠,或以所居之邦,或以游宦过化之地,或特以义起,载在先儒文集与夫碑志之类,其来非一日矣。揆之人心,稽之公议,未有不以为允者。是果何故?吾闻道统于一,祀典亦当定于一,后世乃裂而二之,谓之不伤于烦,不可也。此事之失,源流阔远,岂一言可断哉!两庑从祀,理宜损益。孔庭之祀,按贞观二十一年,颜回以下,次以左丘明等二十二人,升侑尼父。开元八年,始塑十哲,绘七十弟子及二十二贤于壁。二十七年,又以曾参而下止六十七人,遂以杜佑《通典》所载,益以林放等五人,以足七十二人之数。此不过唐礼官一时建议云耳。宋仍唐制,不复更改,至今按为定式。窃谓学者尊事圣贤,春秋祭享,非但崇饰俎豆,姑以尽吾报本之心而已。必其平时方寸之间,真有信慕服行之素,则斯道气脉相属。今也姓名昧昧,年代阔远,寻常方册之间,耳目尚有不接,一旦对越之际,肹蠁岂易遽通?此文公竹林之祀,所以止于颜、曾、思、孟配享,六君子从祀。今所在书院,但按此为法,亦恐其烦也。程子本言十哲,世俗之论,予之昼寝短丧,求之聚敛具臣,已见责于圣门。况颜子既升配享,又增子张为十哲,果何义邪?十哲之外,若南宫适、宓子贱、蘧伯玉、曾皙、漆雕开、澹台灭明、原宪、有若、公西赤之徒,班班见于传记所载,亦可数矣。此其当正者一。又七十二贤之下,益以诸儒二十二人,此盖唐礼官一时见其《六经》《三传》,曾有训诂之劳,故悉从而位置之,不复甄别。西都承秦绝学,若伏生之《书》,毛苌之《诗》,大、小戴之《礼》,左氏、公、穀之《春秋》,与郑、孔诸儒之传疏,虽其间不无同异,谓其无羽翼圣经之功,不可也。学者言必根理,文必称行。马融为窦宪作奏草一事,诬陷忠良,汉祚以倾。平日聚徒著书,竟亦何用?杜预建短丧之议,自背于

---

① (明)黄宗羲:《黄宗羲全集》(第五册),《宋元学案》(三),《潜庵学案》(卷六十四),第364—365页。

《春秋》。王弼尚老、庄之学，自背于《易》。凡若此类，训诂何取？此其当正者二。又如孟氏之后无传，濂、洛未兴之前，寥寥千载，独一董仲舒，学最正，行最醇，顾不得秩在从祀。而扬雄美新投阁，不能掩《纲目》莽大夫之书。荀况以性为恶，以礼为伪，大本已失，便学何事？至今二人，上敢与孟子同列，下犹不失与王通、韩愈并称。向微文公品论权衡之定，则孟子终贬，而荀、扬辈偃然得在弟子列矣。世教不明至此，可胜叹哉！此其当正者三。宋诸儒如康节、涑水、南轩、东莱四贤，固已在从祀之典。溯其渊源，岂无尚有考论者？龟山载道而南，再传为延平李氏，学行醇正，其传是为文公。竹林从祀，亦在六君子之次。又文公之学，惟勉斋黄氏独接其传，问学操行，一出于正，且其羽翼《四书》《三礼》之功为大。三山郡泮为之大耳。道无二统，不合不公，诚有作者，表章正学，统一圣贤，首之京师，达之郡县，大明学校祀典，一正天下人心，凡若此类，首宜损益，决不可以唐开元一时礼官无识之轻议，遂以为千万世不刊之定典也。"①

56. 刘刚中

刘刚中，字德言，光泽人。尝读老、庄、荀、扬之书，有所得，皆为发明。及游朱子之门，先生以所业请质。朱子曰："老、庄书坏人心术。"自是笃志于道。朱子易其字曰近仁。与黄勉斋为友。既归，筑室讲学，号曰琴学，四方人士翕然从之。荐于乡，登嘉定四年进士，授汉阳簿，调兰溪丞，卒。②

57. 文懿赵南塘先生汝谈

（赵汝谈）先生天资绝人，沈思高识，自少至老，无一日去书策。其论《易》，以为为占者作；《书》，《尧》《舜》二典宜合为一，禹功只施于河、洛，《洪范》非箕子作；《诗》不以《小序》为信；《礼记》杂出诸生之手；《周礼》疑傅会女主之书。要亦卓绝特立之见。其为文章有天巧。常论"韩非、李斯皆有荀卿之才，惟其富贵利欲之心重，故世得而贱之；惟卿独能守其身，不苟希合，士何可不自重哉。"所著有《易》《书》《诗》《论语》《孟

---

① （明）黄宗羲：《黄宗羲全集》（第五册），《宋元学案》（三），《潜庵学案》（卷六十四），第490—492页。
② （明）黄宗羲：《黄宗羲全集》（第五册），《宋元学案》（三），《沧洲诸儒学案上》（卷六十九），第732页。

子》《周礼》《礼记》《荀子》《庄子》《通鉴》《杜诗注》。参史传。①

58. 势与变

天下之势，穷则变。由治而趋乱者，其变易，虽一憸人坏之而有余；由乱而趋治者，其变难，虽合天下之智力为之而不足。由秦以来，天下之变数矣，议者莫不慨然欲追复先王之旧，历汉、唐千数百年，而卒循乎秦人之敝者，此岂其势难而力不足哉？荀卿子曰："法后王，一天下制度。"又曰："法贰后王，谓之不雅。"②盖卿有以启之也。自卿之论兴，其徒李斯用之以相秦，凡可以变古者，莫不假秦之柄，奋其恣睢之心而为之，虽商鞅之刻薄，不若是之烈也。鞅废井田，止秦之土地；改法令，止秦之人民。而斯也尊王为皇帝，举天下以为郡县，举天下不复有井田，夷其城郭，销其兵刃，人主之势孤立于上，而怨起于下。计无所出，益倒行而逆施之，燔《诗》《书》以涂民之耳目，黜儒术以灭天下之口说，所守者律令也，所师者刀笔吏也。其变既极，其习既成，秦之而汉承之。③

59.《天道》

杨倞注《荀子》曰："天无实形，地之上，空虚者尽皆天也。"其说本于张湛《列子注》谓："自地而上则皆天矣，故俯仰喘息，未始离天。"《天道》。④

60. 孔子之言

孔子之言散见于经，不独《论语》也。他如《庄》、《荀》诸书，以及诸子百家，亦多传述，第记载不同，辞气顿异，往往各肖所记者之口吻，几有毫厘千里之谬。

至《家语》，莫考纂述何人，相传为孔子遗书，观《相鲁》《儒行》及《论礼乐》等篇，揆诸圣经，若出一辙。乃各篇中似尚有可疑处。盖传闻异

---

① （明）黄宗羲：《黄宗羲全集》（第五册），《宋元学案》（三），《沧洲诸儒学案上》（卷六十九），第760—761页。
② 《荀子·儒效》。
③ （明）黄宗羲：《黄宗羲全集》（第六册），《宋元学案》（四），《北山四先生学案》（卷八十二），第280—281页。
④ （明）黄宗羲：《黄宗羲全集》（第六册），《宋元学案》（四），《深宁学案》（卷八十五），第369页。

辞，述所传闻又异辞，其间记载之不同，亦无足怪。或有竟疑是书为汉人伪托，此又不然。然尽信为圣人之言，则亦泥古太甚。夫去圣已远，何从质证？千载而下，傥有任道者出，体任微言，阐扬奥旨，与庄、荀及诸子百家所传述，节而汇录之，别为一书，其有功于圣门匪浅鲜矣。《读家语》。①

61. 集庆路江东书院讲义

端礼窃闻之朱子曰："为学之道，莫先于穷理。穷理之要，必在于读书。读书之法，莫贵于循序而致精。而致精之本，则又在于居敬而持志。"此不易之理也。其门人与私淑之徒，会萃朱子平日之训，而节取其要，定为读书法六条：曰循序渐进，曰熟读精思，曰虚心涵泳，曰切己体察，曰著紧用力，曰居敬持志。其所谓循序渐进者，朱子曰："以二书言之，则通一书而后及一书；以一书言之，篇章句字，首尾次第，亦各有序而不可乱也。量力所至而谨守之，字求其训，句索其旨，未得乎前，则不敢求乎后；未通乎此，则不敢志乎彼。如是，则志定理明，而无疏易陵躐之患矣。若奔程趁限，一向趲看了，则看犹不看也。近方觉此病痛不是小事。元来道学不明，不是上面欠工夫，乃是下面无根脚。"其循序渐进之说如此。所谓熟读精思者，朱子曰："《荀子》说诵数以贯之，见得古人诵书亦记遍数，乃知横渠教人读书，必须成诵，真道学第一义。遍数已足，而未成诵，必欲成诵；遍数未足，虽已成诵，必满遍数。但百遍时，自是强五十遍时；二百遍时，自是强一百遍时。今所以记不得，说不去，心下若存若亡，皆是不精不熟之患。今人所以不如古人处，只争这些子。学者观书，读得正文，记得注解，成诵精熟，注中训释文意、事物、名件、发明相穿纽处，一一认得，如自己做出来底一般，方能玩味反复，向上有通透处。若不如此，只是虚设议论，非为己之学也。"其熟读精思之说如此。所谓虚心涵泳者，朱子曰："《庄子》说，'吾与之虚而委蛇'，既虚了，又要随他曲折去。读书须是虚心，方得圣贤说一字是一字，自家只平著心去称停他，都使不得一毫杜撰。学者看文字，不必自立说，只记前贤与诸家说便了。今人读书，多是心下先有个意思了，却将圣贤言语来凑他底意思，其有不合，便穿凿之使合。"其虚心涵泳之说如此。所谓切己体

---

① （明）黄宗羲：《黄宗羲全集》（第六册），《宋元学案》（四），《东发学案》（卷八十六），第409—410页。

察者，朱子曰："入道之门，是将自个己身入那道理中去，渐渐相亲，与己为一。而今人道在这里，自家在外，元不相干。学者读书，须要将圣贤言语体之于身，如'克己复礼'，如'出门如见大宾'等事，须就自家身上体覆，我实能克己复礼、主敬行恕否？件件如此，方有益。"其切己体察之说如此。所谓著紧用力者，朱子曰："宽着期限，紧着课程，为学要刚毅果决，悠悠不济事。且如'发愤忘食，乐以忘忧'是甚么精神，甚么筋骨！今之学者，全不曾发愤。直要抖擞精神，如救火治病然，如撑上水船，一篙不可放缓。"其著紧用力之说如此。所谓居敬持志者，朱子曰："程先生云：'涵养须用敬，进学则在致知。'此最精要。方无事时，敬以自持，凡心不可加入无何有之乡，须是收敛在此。及其应事时，敬于应事；读书时，敬于读书，便自然该贯动静，心无不在。今学者说书，多是捻合来说，却不详密活熟。此病不是说书上病，乃是心上病，盖心不专静纯一，故思虑不精明。须要养得虚明专静，使道理从里面流出方好。"其居敬持志之说如此。愚按：此六条者，乃朱子教人读书之要，故其诲学者，告君上，举不出此，而自谓其为平日艰难已试之效者也。①

62. 荆公新学与蜀学

祖望谨案：荆公《淮南杂说》初出，见者以为《孟子》。老泉文初出，见者以为《荀子》。已而聚讼大起。《三经新义》累数十年而始废，而蜀学亦遂为敌国上下。《学案》者，不可不穷其本末也。且荆公欲明圣学而杂于禅，苏氏出于纵横之学而亦杂于禅，甚矣，西竺之能张其军也。述《荆公新学略》及《蜀学略》。梓材谨案：是条《序录》兼蜀学而言之，谢山以其并为杂学，故列之《学案》后，别谓之《学略》云。②

63. 《跋鸣道集说》

谢山《跋鸣道集说》曰：屏山《鸣道集说》，钝翁驳之详矣。云濠案：《汪尧峰文钞》《鸣道集说序》云："其说根柢性命，而加以变幻诡谲，大略以尧、舜、禹、汤、文、武之

---

① （明）黄宗羲：《黄宗羲全集》（第六册），《宋元学案》（四），《静清学案》（卷八十七），第427—429页。

② （明）黄宗羲：《黄宗羲全集》（第六册），《宋元学案》（四），《荆公新学略》（卷九十八），第792页。

后，道术将裂，故奉老聃、孔子、孟子、庄周洎佛如来为五圣人，而推老、庄、浮屠之言，以为能合于吾孔、孟。又推唐之李习之，宋之王介甫父子、苏子瞻兄弟，以为能阴引老、庄、浮屠之言，以证明吾孔、孟诸书。于是发为雄辞怪辩，委曲疏通其所见，而极其旨趣，则往往归之于佛。凡宋儒之辟佛者，大肆掊击，自司马文正公而下，讫于程、朱，无得免者。"又云："盖自唐、宋以来，士大夫浸淫释氏之学，借以附会经传，粉饰儒术者，间亦有之，然未有纵横捭阖敢于偭圣人之规矩如屏山者。一何卫浮屠如是之诚，而翦吾儒之羽翼如是之严且力欤？迹其流弊，视荀卿氏之言性恶，墨翟子之论短丧，殆加甚焉。"偶阅湛然居士所为序，言其二十九岁阅《复性书》，知李习之亦年二十九岁参药山而退，因发愤参万松师，著此书。嘻！屏山历诋诸儒，以恣其说，自我成佛足矣，何必援昔人以自重？习之断非佞佛者，即或其言间为未纯，不过学之小疵耳。浮屠辈迨为此说以诬之，而屏山援之以为例，可为一笑。①

王船山

王夫之（1619—1692），字而农，号姜斋，人称"船山先生"，明湖广衡阳县人。著有《周易外传》《尚书引义》等。

1. 性、道、善

人物有性，天地非有性。阴阳之相继也善，其未相继也不可谓之善。故成之而后性存焉，继之而后善著焉。言道者统而同之，不以其序，故知道者鲜矣。

性存而后仁、义、礼、知之实章焉，以仁、义、礼、知而言天，不可也。成乎其为体，斯成乎其为灵。灵聚于体之中，而体皆含灵。若夫天，则未有体矣。

相继者善，善而后习知其善，以善而言道，不可也。……故成之者人也，继之者天人之际也，天则道而已矣。道大而善小，善大而性小。道生善，善生性。道无时不有，无动无静之不然，无可无否之不任受。善则天人相续之

---

① （明）黄宗羲：《黄宗羲全集》（第六册），《宋元学案》（四），《屏山鸣道集说略》（卷一百），第885—886页。

际，有其时矣。善具其体而非能用之，抑具其用而无与为体，万汇各有其善，不相为知，而亦不相为一。性则敛于一物之中，有其量矣。有其时，非浩然无极之时；有其量，非融然流动之量。故曰"道大而善小，善大而性小"也。

小者专而致精，大者博而不亲。然则以性说善，恢恢乎其欲大之，而不知其未得其精也。恢恢乎其欲大之，则曰："人之性犹牛之性，牛之性犹犬之性"亦可矣。当其继善之时，有相犹者也，而不可概之已成乎人之性也，则曰"天地与我同根，万物与我共命"亦可矣。当其为道之时，同也共也，而不可概之相继以相授而善焉者也。惟其有道，是以继之而得善焉，道者善之所从出也。惟其有善，是以成之为性焉，善者性之所资也。方其为善，而后道有善矣。方其为性，而后善凝于性矣。

故孟子之言性善，推本而言其所资也，犹子孙因祖父而得姓，则可以姓系之。而善不于性而始有，犹子孙之不可但以姓称，而必系之以名也。然则先言性而系之以善，则性有善而疑不仅有善、不如先言善而纪之以性，则善为性，而信善外之无性也。观于系传，而天人之次序乃审矣。

甚哉，继之为功于天人乎！天以此显其成能，人以此绍其生理者也。性则因乎成矣，成则因乎继矣。不成未有性，不继不能成。天人相绍之际，存乎天者未妙于继。然则人以达天之几，存乎人者，亦孰有要于继乎！……继之则善矣，不继则不善矣。天无所不继，故善不穷；人有所不继，则恶兴焉。……天命之性有终始，而自继以善无绝续也。……知其性者知善，知其继者知天，斯古人之微言，而待于善学者兴！故专言性，则"三品""性恶"之说兴；溯言善，则天人合一之理得；概言道，则无善、无恶、无性之妄又熺矣。大者其道乎！妙者其善乎！善者其继乎！壹者其性乎！性者其成乎！性可存也，成可守也，善可用也，继可学也，道可合而不可据也。至于继，而作圣之功蔑以加矣。①

2. 性

"性"以气质习俗之所成者言之，与前章"皆有性也"之"性"同。②

---

① （明）王夫之：《周易外传》（卷五），《船山全书》（第一册），岳麓书社2011年版，第1006—1008页。

② （明）王夫之：《礼记章句》（卷五），岳麓书社2011年版，第336页。

3. 《乐记》与荀卿之说

乃此篇（《乐记》）之说，传说杂驳，其论性情文质之际，多淫于荀卿氏之说而背于圣人之旨，读者不察，用以语性道之趣，则适以长疵而趋妄。故为疏其可通者，而辨正其驳异者，以俟后之君子。①

4. 先王制乐之意

此章言先王制乐之意，推之礼与刑政而皆协于一，其论赹矣！抑尝论之：喜怒哀乐之发，情也。情者，性之绪也。以喜怒哀乐为性，固不可矣，而直斥之为非性，则情与性判然为二，将必矫情而后能复性，而道为逆情之物以强天下，而非其固欲者矣。若夫爱敬之（感）发，则仁义之实显诸情而不昧者，乃亦以为非性，是与告子"杞柳桮棬"之义同，而释氏所谓"本来无一物"，"缘起无生者"，正此谓矣。至云"先王慎所以感之者"，而礼乐刑政以起，则又与荀子之言相似。盖作此记者，徒知乐之为用，以正人心于已邪，而不知乐之为体，本人心之正而无邪者利导而节宣之，则亦循末而昧其本矣。②

5. 信

信未闻之中有声，则其聪密；信未见之中有色，则其明浚；信未合之中有理，则其学精。"将予就之，继犹伴奂"，我乃以知其将而就者之果予就也，而伴奂者既皎然于心目矣。宋襄之于义，赵括之于兵，王通之于经世，荀、杨、韩之于性，怙之以死，而徒为天下蠹心肾肺肝之藏，无未至之境焉耳。③

6. 善与利

"一阴一阳之谓道"，道不可以善名也。"成之者性也"，善不可以性域也。善者，天人之际者也，故曰"继之者善也"。然则道大而善小乎？善大而性小乎？非性有不善而行不足以载善也。欲知舜与跖之间，善与利而已。利

---

① （明）王夫之：《礼记章句》（卷十九），第888页。
② （明）王夫之：《礼记章句》（卷十九），第891页。
③ （明）王夫之：《诗广传》（卷五），《船山全书》（第三册），第498页。

者，习之所薰也。以是验舜性，而跖非性矣。乃有所利而为恶者，习之责也。此愚不肖者之常也。

夫不有无所利而为恶者哉？色不足以愉吾目，声不足以穆吾耳，臭不足以适吾鼻，味不足以悦吾口，货财不足以惠吾妻子，狂瞀以逞，莫喻其故，而极天下之大恶、人情之至不忍者甘之如饴，如莒庚舆之铸剑必试诸人，此又奚所自来而成乎其为恶哉？于是性善之说穷，而告、荀、韩、杨之说乘之而起。谓庚舆之恶自性而有，固不得也；谓庚舆之性无恶而善，其将能乎？曰：此夫以性域善，而不知善之蕃变者之过也。故可曰善钟于性，而不可曰性可尽善也。①

7.《礼论》

按荀卿《礼论》云："有五乘之地者事三世。"三世，大夫之祀也。赋车五乘，则为田三百二十井，井公田百亩，是大夫之禄田三万二千亩也。上推卿，下推士，皆可知已。②

8. 善言德行

宰我节"善言德行"谓之曰言，则亦言也，非谓其有德行也。凡立言有二，论事谓之"说辞"，论道谓之"言德行"。如苏、张、范、蔡等乃"说辞"不善者，杨、墨、庄、荀等乃"言德行"之不善者。善则无"邪""遁""诐""淫"之失，故此节直专顶上节"知言"。注分顶"养气"，非是。"知言"本知他人之言，此以己所言言之者，知人之不善而后己无不善，己之言无不善乃以知人言之"蔽""陷""离""穷"也。③

9. 入太庙

若说"入太庙"是助祭，则当"奏假无言"之时而谆谆诘难，更成甚礼！荀子所记孔子观欹器事④，亦是闲时得入。想古宗庙，既无像主，又藏于寝，盖不禁人游观；而诸侯觐、问、冠、昏皆行于庙中，或有执事之职，君

---

① （明）王夫之：《续春秋左氏传博议》（卷下），《船山全书》（第五册），第597—598页。
② （明）王夫之：《四书稗疏》，《船山全书》（第六册），第79页。
③ （明）王夫之：《四书笺解卷六》，《船山全书》（第六册），第292—293页。
④ 《荀子·宥坐》。

未至而先于此待君,故得问也。①

10. 立言

除孔子是上下千万年语,自孟子以下,则莫不因时以立言。②

11. 贵王贱伯

自孟、荀有贵王贱伯之说,儒者遂为已甚之论,虽折衷以圣人之言而犹未定也。③

12. 体天德,备王道

盖凡不能体天德以备王道,而亦足以建功业者,恒有二途,而得失各因之:其守正以行者,恒患其粗疏,而无以致远行久。密谋曲计者,可以持天下之成败,而人心风俗,亦繇以坏。功之迟速,效之浅深,莫不各肖其量也。故齐桓图伯三十年而后成,而晋文得之于五年之中;齐不再世,而晋以久长。乃其假仁义,尚诈利,如荀、孟、董、贾所讥,则皆晋文之所为,而非桓公之过也。④

13. 学

荀卿五十始学,朱云四十始受《易》与《论语》。乃以其所知者,与世之黠慧小儿较,果谁为上而谁为次也?其将王雱之答獐鹿者为圣,而卫武公之"睿圣",反出于其下耶?必将推高尧、舜、孔子,以为无思无为而天明自现,童年灵异而不待壮学,斯亦释氏夸诞之淫词。学者不察,其不乱人于禽兽也鲜矣!⑤

14. 守故而不问其利

古今历法,唯郭守敬为得理,用天而不用人,……因其自然之利,而尽

---

① (明)王夫之:《读四书大全说》(卷四),《船山全书》(第六册),第620页。
② (明)王夫之:《读四书大全说》(卷四),《船山全书》(第六册),第653页。
③ (明)王夫之:《读四书大全说》(卷六),《船山全书》(第六册),第803页。
④ (明)王夫之:《读四书大全说》(卷六),《船山全书》(第六册),第805页。
⑤ (明)王夫之:《读四书大全说》(卷七),《船山全书》(第六册),第854页。

撤黄钟、大衍之死法，方与孟子言性就当人之心四端上求故一理。若旁引陈迹，不必其固然；而执以为固然，未有能利者也。仁山之论历，王安石之回河，荀、杨之言性，皆守故而不问其利，凿而已矣。①

15. 管仲

问管仲，曰："人也。夺伯氏骈邑三百，饭疏食，没齿无怨言。"（……盖桓公夺伯氏之邑以与管仲，伯氏自知己罪，而心服管仲之功，故穷约以终身而无怨言。荀卿所谓"与之书社三百，而富人莫之敢拒"② 者，即此事也。）③

16. 孟子序说

《史记·列传》曰：孟轲，（赵氏曰："孟子，鲁公族孟孙之后。"《汉书》注云："字子车，一说字子舆。"）驺人也。（驺，亦作邹，本邾国也。）受业子思之门人。（子思，孔子之孙，名伋。索隐云："王劭以'人'为衍字，而赵氏注及《孔丛子》等书亦皆云孟子亲受业于子思，未知是否？"）道既通，（赵氏曰："孟子通《五经》，尤长于《诗》《书》。"程子曰："孟子曰：'可以仕则仕，可以止则止，可以久则久，可以速则速。''孔子，圣之时者也。'故知《易》者莫如孟子。又曰：'王者之迹熄而《诗》亡，《诗》亡然后《春秋》作。'又曰：'春秋，天子之事。'故知《春秋》者莫如孟子。尹氏曰："以此而言，则赵氏谓孟子长于《诗》《书》而已，岂知孟子者哉。"）游事齐宣王，宣王不能用。适梁，梁惠王不果所言，则见以为迂远而阔于事情。（按《史记》，梁惠王之三十五年己酉，孟子始至梁。其后二十三年，当齐湣王之十年丁未，齐人伐燕，而孟子在齐。故古史谓孟子先事齐宣王，后乃见梁惠王、襄王，齐湣王。独孟子以伐燕为宣王时事，与《史记》《荀子》等书皆不合，而《通鉴》以伐燕之岁为宣王十九年，则是孟子先游梁而后至齐见宣王矣。然考异亦无他据，又未知孰是也。）当是之时，秦用商鞅，楚、魏用吴起，齐用孙子、田忌。天下方务于合从连衡，以攻伐为贤。而孟轲乃述唐、虞、三代之德，是以所如者不合。退而与万章之徒序《诗》《书》，述仲尼之意，作《孟子》七篇。（赵氏曰："凡二百六十一章，三万四千六百八十五字。"韩子曰："孟轲之善，非轲自著。轲既没，其徒万章、公孙丑相与记轲所言焉耳。"愚按：二说不同，《史记》近是。）

韩子曰："尧以是传之舜，舜以是传之禹，禹以是传之汤，汤以是传之

---

① （明）王夫之：《读四书大全说》（卷九），《船山全书》（第六册），第1033页。
② 《荀子·仲尼》。
③ （明）王夫之：《四书训义》（上），《船山全书》（第七册），第776页。

文、武、周公，文、武、周公传之孔子，孔子传之孟轲。轲之死，不得其传焉。荀与扬也，择焉而不精，语焉而不详。"（程子曰："韩子此语，非是蹈袭前人，又非凿空杜撰得出，必有所见；若无所见，不知言所传者何事。"）又曰："孟氏醇乎醇者也。荀与扬，大醇而小疵。"（程子曰："韩子论孟子甚善，非见得孟子意，亦道不到。其论荀、扬则非也。荀子极偏驳，只一句'性恶'大本已失，扬子虽少过，然亦不识性，更说甚道！"）又曰："孔子之道大而能博，门弟子不能遍观而尽识也，故学焉而皆得其性之所近。其后离散分处诸侯之国，又各以其所能授弟子，源远而末益分。惟孟轲师子思，而子思之学出于曾子。自孔子没，独孟轲氏之传得其宗。故求观圣人之道者，必自孟子始。"（程子曰："'孔子言，参也鲁'，然颜子没后，终得圣人之道者曾子也。观其启手足时之言，可以见矣。所传者子思、孟子，皆其学业也。"）又曰："扬子云曰：'古者杨、墨塞路，孟子辞而辟之，廓如也。'夫杨、墨行，正道废。孟子虽贤圣，不得位。空言无施，虽切何补？然赖其言，而今之学者尚知宗孔氏，崇仁义，贵王贱霸而已。其大经大法皆亡灭而不救，坏烂而不收。所谓存十一于千百，安在其能'廓如'也！然向无孟氏，则皆服左衽而言侏离矣！故愈尝推尊孟氏，以为功不在禹下者，为此也。"①

17. 告子

告子曰："性，犹杞柳也；义，犹桮棬也。以人性为仁义，犹以杞柳为桮棬。""性"者，人生所禀之天理也。"杞柳"，柜柳。"桮棬"，屈木所为，若卮匜之属。告子言人性本无仁义，必待矫揉而后成，如荀子性恶之说也。②

18. 宋牼

赵注以宋牼为宋人，《荀子》注亦同。③

19. 乡愿

乡原，非有识者。"原"与愿同。《荀子》"原悫"字皆读作愿，谓谨愿之人也。故乡里所谓愿人，谓之乡愿。孔子以其似德而非德，故以为德之贼。

---

① （明）王夫之：《四书训义》（下），《船山全书》（第八册），第21—22页。
② （明）王夫之：《四书训义》（下），《船山全书》（第八册），第676页。
③ （明）王夫之：《四书训义》（下），《船山全书》（第八册），第773页。

过门不入而不恨之,以其不见亲就为宰,深恶而痛绝之也。①

20. 李斯

李斯之对二世曰:"明主灭仁义之涂,绝谏争之辩,荦然行恣睢之心。"盖古今概贤不肖,无有忍言此者,而昌言之不忌。呜呼!亦何至此哉!斯亦尝学于荀卿氏矣,亦尝与始皇谋天下而天下并矣。岂其飞廉、恶来之所不忍言者而言之不忌,斯之心其固以为然乎?②

21. 立说之患

立说者之患,莫大乎忿疾一时之流俗,激而为不必然之虑,以鄙夷天地之生人,而自任以矫异;于是刻核寡恩成乎心,而刑名之术,利用以损天地之和。荀卿性恶之说,一传而为李斯,职此故也。且夫乐道古而为过情之美称者,以其上之仁,而羡其下之顺;以贤者匡正之德,而被不肖者以淳厚之名。使能揆之以理,察之以情,取仅见之传闻,而设身易地以求其实,则尧、舜以前,夏、商之季,其民之淳浇、贞淫、刚柔、愚明之固然,亦无不有如躬阅者矣。唯其浇而不淳、淫而不贞、柔而疲、刚而悍、愚而顽、明而诈也,是以尧、舜之德,汤、武之功,以于变而移易之者,大造于彝伦,辅相乎天地。若其编氓之皆善邪?则帝王之功德亦微矣。③

22. 道不明

此道不明,正由懵者略知体虚空为性(差愈于告子"食色性也"、荀子性恶之论尔。),不知本天道为用(天即道为用,以生万物。诚者,天之道也,阴阳有实之谓诚。),反以人见之小因缘天地(但见来无所从,去无所归,遂谓性本真空,天地皆缘幻立,事物伦理一从意见横生,不睹不闻之中别无理气。近世王氏之说本此,唯其见之小也。)。④

23. 畏圣人之言

陶渊明"读书但观大意"。盖自汉以后,注疏家琐琐训诂,为无益之

---

① (明)王夫之:《四书训义》(下),《船山全书》(第八册),第962页。
② (明)王夫之:《读通鉴论》(卷一),《船山全书》(第十册),第71页。
③ (明)王夫之:《读通鉴论》(卷二十),《船山全书》(第十册),第762—763页。
④ (明)王夫之:《张子正蒙注》(卷一),《船山全书》(第十二册),第25页。

长言，如昔人所诮"曰若稽古"四字释至万余言，如此者不得逐之以氾滥失归。陶公善于取舍，而当时小儒惊为迥异。乃此语流传，遂谓慵惰疏狂者之口实。韩退之谓"《尔雅》注虫鱼"，为非磊落人，而其讥荀、扬择不精，语不详，则自矜磊落者必至之病。读书者……方可谓畏圣人之言。①

24. 言性

言性者皆曰吾知性也。折之曰性弗然也，犹将曰，性胡不然也？故必正告之曰，尔所言性者非性也。今吾勿问其性，且问其知。知实不知名，知名不知实，皆不知也。言性者于此而必穷。……谓有名字必有实，而究不能得其实。如是者执名以起用，而茫然于其体，虽有用，故异体之用，非其用也。……夫言性者，则皆有名之可执，有用之可见，而终不知何者之为性。盖不知何如之为知，而以知名当之，名则奚不可施哉？谓山鸡为凰，山鸡不能辞，凰不能竞也。谓死鼠为璞，死鼠不知却，玉不能争也。故浮屠、老子、庄周、列御寇、告不害、荀卿、扬雄、荀悦、韩愈、王守仁各取一物以为性，而自诧曰知，彼亦有所挟者存也。苟悬其名，惟人之置之矣。名之所加，亦必有实矣。山鸡非凰，而非无山鸡。死鼠非璞，而非无死鼠。以作用为性，夫人之因应，非无作用也。以杳冥之精为性，人之于杳冥，非无精也。以未始有有无为性，无有无无之始，非无化机也。以恶为性，人固非无恶，恶固非无自生也。以善恶混为性，欻然而动，非无混者也。以三品为性，要其终而言之，三品者非无所自成也。以无善无恶为性，人之昭昭灵灵者，非无此不属善不属恶者也。情有之，才有之，气有之，质有之，心有之，孰得谓其皆诬，然而皆非性也。故其不知性也，非见有性而不知何以名之也。惟与性形影绝，梦想不至，但闻其名，随取一物而当之也。于是浮屠之遁词曰有三性。苟随取一物以当性之名，岂徒三哉！世万其人，人万其心，皆可指射以当性之名，不同之极致，算数之所穷而皆性矣。故可直折之曰，其所云性者非性，其所自谓知者非知。②

---

① （明）王夫之：《俟解》，《船山全书》（第十二册），第489—490页。
② （明）王夫之：《姜斋文集》，《船山全书》（第十五册），第83—85页。

25. 全身远害

鱼沈冥以呴沫兮，憺忘情于洲渚。（若庄周、荀卿之流，皆楚人也。全身远害，退隐已耳。渔父鼓枻之歌，且欲己之置安危于罔恤。）①

26. 咏史二十七首

箕子生传洪范，刘歆死击谷梁。叛父祇求媚莽，称天原是存商。
堕泪曲江秋燕，白头小范黄花。变雅三年破斧，续骚一部怀沙。
桎梏荀卿性恶，逍遥王衍无为。指鹿不迷物则，问蛙方证希夷。②

27. 以贻来者

书契以来，孔孟尚矣。其下儒家则有荀卿、王通，及宋之周程张朱诸子，抱用世之具无所遇，著书名山，以贻来者。……后之读是书者，论其世，知其人，则于先生所志所学，犹是圣贤豪杰之用心，方之王马顾诸君固无多让，由是上溯荀王周程张朱之道，有不造阈而入室者乎？③

---

① （明）王夫之：《九昭》（卷五），《姜斋文集》，《船山全书》（第十五册），第155页。
② （明）王夫之：《五十自定稿 六言诗》，《姜斋文集》，《船山全书》（第十五册），第293页。
③ （清）刘毓崧：《王船山先生年谱》（曾国荃序），《船山全书》（第十六册），第138页。